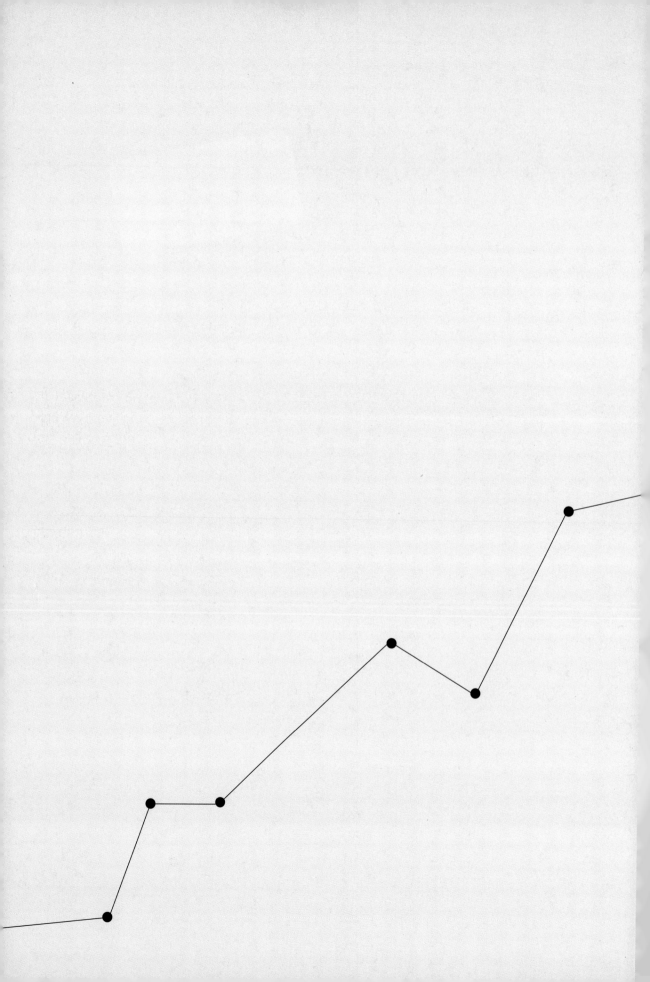

•广告学精品教程

广告心理学教程

（第二版）

Advertising Psychology Tutorial

主　编　舒咏平
副主编　李贞芳　铁翠香
编写者　（按姓氏笔画为序）
　　　　邓　东　阮　卫　汪　浩　沈幼平
　　　　李贞芳　李彩霞　张贤平　张红池
　　　　张若瑶　铁翠香　梁晓丽　黎泽潮

北京大学出版社
PEKING UNIVERSITY PRESS

图书在版编目(CIP)数据

广告心理学教程/舒咏平主编. —2版. —北京：北京大学出版社, 2010.9
（广告学精品教程）
ISBN 978-7-301-14542-5

Ⅰ. 广… Ⅱ. 舒… Ⅲ. 广告心理学－教材 Ⅳ. F713.80

中国版本图书馆 CIP 数据核字（2009）第 005966 号

书　　　名：广告心理学教程（第二版）
著作责任者：舒咏平　主编
策 划 编 辑：叶　楠
责 任 编 辑：叶　楠
标 准 书 号：ISBN 978-7-301-14542-5/F·2068
出 版 发 行：北京大学出版社
地　　　址：北京市海淀区成府路 205 号　100871
网　　　址：http://www.pup.cn　电子邮箱：em@pup.pku.edu.cn
电　　　话：邮购部 62752015　发行部 62750672　编辑部 62752926　出版部 62754962
印 刷 者：三河市北燕印装有限公司
经 销 者：新华书店
　　　　　787 毫米×1092 毫米　16 开本　25 印张　534 千字
　　　　　2004 年 9 月第 1 版
　　　　　2010 年 9 月第 2 版　2017 年 1 月第 3 次印刷
印　　　数：8001—10000 册
定　　　价：48.00 元

未经许可，不得以任何方式复制或抄袭本书之部分或全部内容。
版权所有，侵权必究
举报电话：010-62752024　电子邮箱：fd@pup.pku.edu.cn

前　言

在我看来，20世纪是个心理学的世纪，不仅是因为心理学在这个世纪里蔚然成势发展成最有影响的学科之一，而且因为心理学的诞生与发展，标志着人们第一次真正把"人"当做研究的对象，关心起人内心这个丰富而博大的世界。而在我们面前正精彩展开的21世纪，我认为将是一个传播学的世纪。这个新世纪是由心理学的世纪延伸而来的，因为传播是以受众为导向，而受众又是受其心理所驱使的。针对受众心理进行卓有成效的传播与沟通，这就是21世纪人类的使命。而"广告心理学"就是在此背景下所要研究、探讨的心理学与传播学相交叉的领域之一。

把广告与心理联系起来是从19世纪末开始的。1895年，美国明尼苏达大学心理实验室的H.盖尔开展了关于消费者对于广告与广告商品态度的调查研究，这可以看做是广告心理研究方面最早的工作。而在广告心理研究方面最有影响的是美国心理学家W.D.斯科特。他于20世纪初，就提出了广告应发展成为一门科学——心理学的见解，并随后出版了《广告心理学》，这标志着广告心理学的诞生。在整个20世纪，经过无数学者前赴后继的研究，对广告心理的研究已由最初的说服消费者购买商品的研究，发展为以研究消费者为主体的研究，并催生了消费心理学的问世。如今，在西方国家，广告心理与消费心理已融为一体，很少将二者割裂开来。

随着市场经济的发展与社会的进步，人们在进行商品消费以及广告接受中，已开始发生显著的变化。著名未来学家托夫勒曾经在《未来的震荡》一书中写道："人类正从一种饱肚子经济走向心理经济。"确实，当人们的生活越来越多地追求精神心理需求时，对复杂的消费心理以及广告接受的研究就显得尤为重要。可是，在广告活动中所涉及的心理现象却又远远超出了以消费者心理为主的消费心理与广告接受心理，而且也超出了一般研究较多的广告人进行广告创意活动的心理；它还涉及广告主对广告投资战略决策、广告投放战术选择的心理，涉及传媒人进行广告发布服务的心理，涉及广告人创意活动之外的、与广告主与传媒沟通合作的心理。正是出于如上考虑，本教程不仅是对现有广告心理学成果的一个综合与介绍，而且还列出专章进行了一些开拓性的研究。如第三章"广告主心理"、第四章"广告传媒人心理"、第六章"广告人的沟通心理"等，相对于既有的广告心理学著作与教材来说，均是具有开创性意义的。而从广告心理学一般所探讨的重点——消费者心理来看，本教程则主要体现出一种在动态视野中来审视的科学视角：首先，静态地、细分化地审视"广告受众的社会心理"；其次，从信息接触层面来看待"广告受众的知觉接受"；再次，由感性层面出发来解读"广告受众的情感发生"；随后，上升到理性层面来认识"广告受众的态度形成与改变"；最后，各环节心理的结果所导致的则必然是"广告受众的行为产生"。如此，则构成了一个由广告接受、消费心理导致消费行为的逻辑结构。

应该说，本教程进行如上的思考与追求，均是出于广告心理学学科本体科学性的考虑,同时又是为了广告专业教学的科学性。因为使用本书的广告学专业的学生,将来从事广告或营销职业时,需要一个专业的、科学的理论知识结构,如此才可能在其职业生涯中游刃有余、绩效卓然。

在本教程的编写中,我们考虑到"广告心理学"从一定意义上来讲是广告学专业核心课程中理论性最强的一门课程,因此为了对教师授课以及同学们课后阅读提供方便,本教程在各章前列示了知识要求和技能要求,并在各章的内容之间随机地以文本框形式穿插了"文本卡片"、示例图表;而在章后,则归纳出本章提要并设计了"案例分析"、"情景模拟"、"小组讨论"等具体化、形象化的思考内容,以弥补一般教材单纯列出抽象思考题的不足。

着眼于学科的科学化,体会于授课的适教性,想象着读者的易读性,是编写本教程的出发点。我们真诚地期望,本教程能得到使用者暨读者心理上的认可。

舒咏平

2010年夏·武汉喻园

目录

第一章
广告心理概说 /1
第一节　广告传播与广告心理　　/3
第二节　广告心理与消费行为　　/9
第三节　广告心理学的研究　　/14

第二章
广告心理学的产生与发展 /27
第一节　广告心理学诞生的理论背景　　/29
第二节　广告心理学出现的社会基础　　/38
第三节　广告心理学的产生与发展　　/45

第三章
广告主心理 /59
第一节　广告投资心理　　/61
第二节　广告战略思维　　/69
第三节　广告作品评判心理　　/78

第四章
广告传媒人心理 /87
第一节　传媒经营与广告收入　　/89
第二节　广告载具开发思维　　/96
第三节　广告载具营销观念　　/108

第五章
广告人的基本素质 /115
第一节 广告人的角色意识 /118
第二节 广告人的知识结构 /127
第三节 广告人的能力结构 /132

第六章
广告人的沟通心理 /145
第一节 广告公司的市场开发 /147
第二节 客户服务与沟通 /157
第三节 媒体联系与沟通 /166

第七章
广告人的创意心理 /185
第一节 广告的定位与诉求 /187
第二节 创意思维与创意灵感 /206
第三节 系统思维与方案策划 /214

第八章
广告受众的社会心理 /227
第一节 广告受众的个体心理 /229
第二节 广告受众群的接受心理 /242

第九章
广告受众的知觉接受 /259
第一节 广告知觉产生的心理基础 /261

第二节　广告知觉发生的心理过程　　/277
第三节　广告知觉的偏误与消减　　/285

第十章
广告受众的情感发生　　/293
第一节　广告受众的情感基础　　/295
第二节　广告的感性诉求　　/306
第三节　广告移情效应的发生　　/320

第十一章
广告受众的态度形成与改变　　/333
第一节　广告受众的认识基础　　/335
第二节　广告的理性诉求　　/341
第三节　广告受众态度的形成　　/349
第四节　广告受众态度的改变　　/356

第十二章
广告受众的行为产生　　/365
第一节　广告受众行为的分类　　/367
第二节　广告受众的接受效应　　/373
第三节　广告心理向消费心理的转化　　/380

再版后记　　/391

广告心理学教程（第二版）

第一章 广告心理概说

知识要求

通过本章学习，掌握：
- 什么是广告传播
- 广告传播中的传播五要素
- 广告传播效果理论
- 消费者行为的模型
- 广告心理学的研究意义
- 广告心理学研究的基本步骤
- 广告心理学的研究方法

技能要求

通过本章学习，能够：
- 运用拉斯韦尔的"五W"模式来描述广告传播过程
- 运用传播方式的划分来分析广告传播的特点
- 分析广告传播的效果
- 把握科利的广告目标四阶段
- 分析广告传播效果的层次
- 描述消费者行为的模型
- 应用广告心理学的基本研究方法

第一节 广告传播与广告心理

一、广告传播中的心理要素

（一）广告是一种传播

传播的英文是 communication，国内的译法有"传"、"交流"、"交通"、"通信"、"沟通"等好几种。有关传播的定义，也有信息共享说、行为影响说、信息互动说等。但是，通俗意义上的传播是指人类交流信息的一种社会性行为，是人与人之间，人与他们所属的群体、组织和社会之间，通过有意义的符号所进行的信息传递、接受与反馈的行为的总称。简而言之，传播即信息的传递、接受与反馈。

传播对于人类社会如此重要，整个人类的历史在一定程度上可以说是传播不断发展的历史，每一次传播史上的革命，都为人类社会展开了眺望的新视野，促进了人类向更高境界的发展。

早期的人类在由猿进化到人的过程中，逐渐意识到集体行动的重要性，他们必须成群结队地捕捉野兽才能受到较少的伤害。群居生活迫切需要交换彼此的信息以协调共同行动,诸如要让同伴知道什么地方有野兽、野兽的数量、个头的大小等,由此产生了人类独有的传播载体——语言。语言的出现为人类沟通信息、进行传播提供了前所未有的便利,人类从此开始区别于其他动物,逐渐发展、强大起来。其后,随着文字的发明,人类的空间距离缩短了,尤其是随着印刷术、无线电技术的出现,到今天互联网的广泛运用,地球成为一个村落。

在现代传播日益发达所形成的"传播过多"的社会中,人们逐渐学会了有选择地接受信息,传播学家研究的主要问题是探讨怎样让传播变得有效,让更多的人能接受某种特定的传播讯息。因此,传播学家更多地致力于传播过程及传播效果的研究。

关于传播过程的几种代表性的模式分别是:

美国传播学者戴维-伯洛(1960年)的讯息来源(sender)—讯息(message)—渠道(channel)—接受者(receiver)的"S-M-C-R"模式,强调传播是一个过程,是动态的、没有界限的,但同时又是由讯息来源、讯息、渠道、接受者这几个因素顺序单向运动的过程。

拉斯韦尔的"五W"模式(1948年)认为,谁传播(who)、说什么(says what)、通过什么渠道(in what channel)、对谁说(to whom)、取得什么效果(with what effects)五因素构成一个完整的传播过程。

奥斯古德-施拉姆的循环模式(1954年)认为,传播过程是一个由传播者把自己所欲传播的讯息,按照通用习惯转化为一定的符号,如语言、图像等(即编码),然后通过一定渠道将信息传送出去,再由接受者将之还原成具有原来意义的信息活动(即译码)。同时,该模式强调编码、译码是一个循环往复的过程。奥斯古德-施拉姆的循环模式的一个重要功绩在于引申出"传播单位"的思想,即每一个传播过程的参加者,都可看做是"传播单位",都兼有传者、受者这两种身份(统称释码者),以及发信(传送信息)、受信(接受信息)、编码(也叫符号化)、译码(也叫符号读解)这四种功能。奥斯古德-施拉姆循环模式如图1-1所示。

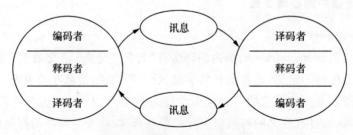

图1-1 奥斯古德-施拉姆模式

根据传播对象介入的多少及信息传递的方式不同,一般将传播方式划分为三种:

第一种是自我传播,即人的内向交流,是每个人自身的信息沟通。每个人在接触外部信息时都会产生自身的反馈,不同的人即使面对同一信息,反应也不同。自我传播这一方式中信息的传播者和接受者是融为一体的,如人们日常的思考、内心斗争甚至自言自语都是其表现形式,因此,自我传播多属心理学的研究范畴。

第二种是人际传播。狭义的人际传播仅指个人与个人之间面对面的信息交流,又称亲身传播;广义的人际传播则还包括群体传播和组织传播。群体传播是指人数不多、联系紧密的小团体内部交流,如小组讨论、同学聚会等;组织传播则是一种有组织、有领导、有一定规模的信息交流活动,它又可分为组织内传播和组织之间传播两种形式。

第三种是大众传播。大众传播是指传播组织通过现代化的大众传播媒体,对极其广泛的受众所进行的信息传播。大众传播是现代社会中最常运用的传播方式。

由亲身传播、群体传播、组织传播所构成的传播方式都是人与人之间的传播,只是传播对象介入的数量、传播目的有所不同。亲身传播方式只有两个人介入,群体传播扩展到小团体,虽然介入者数量有所差异,但这两种方式的传播目的却都是不确定的。在大众传播日益泛滥的今天,有些广告主却转而重视亲身传播和人际传播,并将之付诸具体的促销及广告活动中,直销、一对一营销、口碑营销等都是人际传播方式在广告传播中的具体运用。

广告是一种传播的方式。我们从广告的定义看一下广告是一种什么样的传播活动:

"广告,是讯息中所明示的广告主,将商品、劳务或特定的观念,为了使其对广告主采取有利的行为,所作的非个人付费的传播。"①

1. 广告是一种付费的传播活动

与一般人际传播和利用大众媒体进行的新闻传播不同,广告是由广告主支付一定的费用所作的传播。广告主支付的广告费用一般包括媒介购买费、节目设计制作费、广告公司的佣金、市场调查费,等等。

2. 广告是一种非人际传播的方式

与古代广告不同的是,随着广告媒体的不断发展,现代意义的广告传播主要借助大众媒体和其他媒体。将广告归入非人际传播方式,有助于区分广告与其他以人际传播方式传播商品信息的方式的区别,如人员销售等。

3. 广告有明确的信息发布人(广告主)、有选择的传播对象(广告受众)以及确定的信息内容。

广告主、广告受众、广告内容加上广告媒体成为广告传播的主要构成因素。

我们可以运用拉斯韦尔模式来表示广告传播的过程,如图1-2所示。

图1-2 广告传播的过程

---

① 樊志育:《广告学原理》,上海人民出版社1994年版,第2页。

广告是一系列信息传递活动，是一种非常典型的传播行为。它必须明确广告主的意图，在收费的基础上，把产品、服务等信息针对接受者进行传播。传播学把广告现象作为一种特有的传播现象进行系统分析，系统地概括了各种传播媒介的特点，其研究范围包括所有传播媒介及附属媒介的种类、性质与功能，探讨广告媒介的选择与应用。广告学是在传播学所揭示的信息传播整体运动的一般规律的基础上，进一步研究广告领域的特殊矛盾和特殊规律。广告业的实践运用问题，基本上都可以在传播学中找到相应的对位，如控制者研究、传播过程研究、受传者研究、传播效果研究。

简而言之，广告是一种传播行为，其传播过程包括了传播的五要素：广告主（who）、广告内容（say what）、广告媒体（in which channel）、广告受众（to whom）和广告效果（with what effect）。广告学的研究对象正对应着广告传播的五个要素：广告主、广告创意和制作、广告媒体计划、广告受众和广告效果测量。

（二）广告传播中的心理要素

人的心理是客观存在的精神现象，它是人脑的机能，是客观事物在人脑中的反映。人通过实践活动使心理得到发展。人的心理存在于人类的一切实践领域。在生产劳动过程中有人的心理活动，在商业活动中有人的心理活动，在文学艺术创作和欣赏过程中有人的心理活动，在传授知识的教育活动中也有人的心理活动。而在人类所有实践过程中都离不开传播活动，所以广告传播过程中也必然有人的心理活动。

作为人与人之间信息（消息、意见、思想、理论等文化形态与观念形态）的传递与分享，广告传播是一种社会行为，由传播者、传播媒介、接受者共同参与，缺乏任何一方即构不成广告传播。因为参与广告信息传播的双方以及运作传播媒介的都是人（或人的集合体），所以在整个传播过程中就存在着传播者、传播媒介人、接受者各方的心理活动。传播者（传者）、媒介人和受传者（受众）之间存在着心理上的联系，他们在心理上是互相影响的。传、受双方及媒介人各自的心理行动及其相互影响制约着信息传播效果。广告传播效果是广告心理学研究的着眼点。

广告传播中的广告主、广告人共同构成传播者，目标消费者是其理想受众，广告是一种非人际的传播方式，它主要借助大众传播媒介，所以媒介人的心理活动也是影响广告传播效果的重要一环。广告主的认知水平，广告人的认知、情感过程和能力、气质、个性等个性心理特征，广告媒介人的动机等都是影响广告传播效果的因素，因此，他们的心理活动是广告心理学研究的内容。

受众的心理对于广告传播效果有着更为直接的影响。最初的广告心理学研究的主要对象就是受众心理。受众是由个体组成的，广告心理学研究个体在广告活动中的动机、个性、态度、认知、情感等心理因素。

二、广告心理中的传播效果

广告心理学的主要研究目的是达成理想的广告传播效果,因此广告传播效果成为广告心理学的一个重要组成部分。

传播效果,是指受传者在接受了传播媒介传递的信息后,在情感、态度、行为等方面所发生的变化。从传播者的角度讲,是指传播者通过媒介发出信息以后对受众产生的作用和影响。大众传播效果研究的理论模式的变化经历了三个阶段:

第一阶段(1935—1955年)是所谓"魔弹论"阶段。研究者们普遍认为,传播媒介具有巨大威力,是万能的。这一传播效果理论的依据之一,就是美国纽约麦迪逊大道上的广告公司对全世界的消费者的生活消费风尚所产生的巨大影响。

第二阶段(1950—1960年)是"有限效果理论"阶段。有限效果理论认为,传播媒介极难改变受众的意见、态度和行为,媒介并没有多大威力甚至是无能的。劝服效果研究是这一阶段的代表。劝服效果的研究有两大主要流派:一个是以拉扎斯菲尔德等哥伦比亚大学学者为代表的哥伦比亚学派,他们的研究发现了"两级传播"和"意见领袖"的存在,此外还包括由此延伸出的罗杰斯等衣阿华学者的"创新—扩散"研究;另一个是以霍夫兰为代表的耶鲁学派,他们的"传播与态度变化研究"采用控制实验方法,通过一系列的实验设计,突出某一个主要因素如传播者的"可信度",操纵其他外在的干扰因素,然后进行比较,观察该主要因素的解释力量。

第三阶段(1960年至今)是"适度效果理论"阶段。适度效果理论认为,传媒具有很大的影响力,但并不是万能的。它包括信息寻求典范理论、使用—满足模式、议题设定功能模式。信息寻求典范理论假定一个人具有某种心理倾向,不会回避与自己既有的观点不一致的信息,因为他觉得这个信息对他具有很大的威胁性,所以,他总是希望能找到与自己观点相同或相近的信息,佐证自己的观点,这样可以获得某种心理平衡。使用—满足模式则研究人们如何为达到某种需要的实现和满足而使用媒介。议题设定功能模式,探讨传播媒介对社会的影响,认为在特定的一系列议题中,那些受到媒介更多关注的议题,在一段时间内将日益为人们所熟悉,它们的重要性也将日益为人们所感知,而那些较早受到媒介关注的议题将日益为人们所淡忘。

广告传播的效果通常被认为包括三个部分:

(1)广告传播的心理效果,指广告呈现后使受众产生的各种心理效应,包括感知、记忆、思维、情绪、情感及态度、动机、行为等诸多心理特征方面所受的影响。

(2)广告的经济效果,指广告的销售效果,即基于广告活动而导致的企业产品销售及利润的变化。

(3)广告的社会效果,指广告对整个社会的文化、伦理道德、价值取向等方面的影响。

与对传播效果的研究相对应,对广告传播的心理效果的研究亦经历了一个从强效果模型到弱效果模型的变化。①旧的广告的强效果模型认为广告很重要,因为消费者得以知道品牌并成为品牌购买者;新的广告的弱效果模型认为广告信息不重要,因为消费者并未从中获得多少新信息,所广告的产品和品牌都是他们所熟悉的,即人们并不是看了广告之后进行购买,购买行为的发生是因为他们有消费的需要。旧模型认为,消费者是一页白纸,广告在上面书写品牌信息。新模型认为,消费者控制着广告信息,他们筛掉绝大部分,只选择少量与他们相关的广告信息;广告的有效性与否是由消费者生活中发生的事情决定的而很少是由广告决定的;广告信息通过碰巧遇见一个有准备的消费者而起作用。

至今仍深有影响的广告的传播效果的早期研究当数美国人路易斯1898年提出的AIDA法则。他认为,广告的说服功能是通过广告信息刺激受众而实现的。一个广告要引起人们的关注并取得预期的效果,必然要经历引起注意(attention)、产生兴趣(interest)、培养欲望(desire)和促成行动(action)这样一个过程才能达到目的。路易斯AIDA法则的提出,主要是从心理学的角度,也就是从广告受众的心理活动过程这个视角来探讨如何提高广告在营销过程中的效果问题,因而引起了人们的高度重视。后人在此基础上加以补充,增添了信任(conviction)、记忆(memory)和满意(satisfaction)等内容,被称为AIDMA法则。AIDMA法则高度概括了广告受众的社会心理过程,也强调了"广告的最终目的是引起购买行为"。

1961年瑞瑟·H.科利(Russell H. Colley)在为美国全国广告主协会所作研究并出版的《制定广告目标以测定广告效果》(Defining Advertising Goals for Measured Advertising Results)中提出:要想测出广告效果,必须先确定广告目标,广告目标包括一系列的心理目标,消费者购买行为即销售量的变化只是广告目标总体中的一个组成部分。他明确区分了广告目标和市场营销目标。市场营销目标直接指向购买行为,而广告目标则是一个阶梯,这个阶梯有四个阶段:(1)知名(awareness),即潜在顾客首先要知道某品牌或公司的存在;(2)了解(comprehension),即潜在顾客要"了解"这个产品是什么,以及这个产品能为他做什么;(3)信服(conviction),即潜在顾客达到某一心理倾向或"信服",想去买这种产品;(4)行动(action),即采取行动。

科利还提出了如下六个原则:(1)广告目标是记载营销工作中有关传播方面的简明陈述。这表明只有广告才具有这种能力完成特定工作,而不包括与其他营销组合因素共同发挥作用。(2)广告目标是用简洁、可测定的词句写成的。如果广告人员已经对期望广告所完成事项达成协议,将广告的目标书写出来并不是件困难而讨厌的工作;如果对广告目标尚未达成协议,那么在制作广告之前就要把广告目标找出来,而非事后再找。(3)广告的各种目标要得到创作与核准各部门的一致同意。制订计划与执行计划要分开。在花费时间和金钱执行计划前,需要在"说什么,对谁去说"上面达成协议。(4)广

---

① John Philip Jones (1990), "Advertising: Strong Force or Weak Force? Two Views An Ocean Apart", *International Journal of Advertising*, (9).

告目标的制定,应当以在市场及各种购买动机方面精湛的知识为基础。它们是以缜密小心地衡量市场的各种机会为依据而表示出非常实际的期望。它们并不表示毫无事实根据的希望与欲望。(5)基准点是依据其所完成的事项能够测量而制定的。心理状态——认识、态度与购买习性——要在广告刊播之前或之后加以鉴定,或者以广告达到与未达到之不同视听众作比较。(6)用来在日后测定广告成果的方法,在建立广告目标时即应制定。科利法则最重要的主题为有效的广告目的是既明确又能测定的。他的见解是,测定广告效果的关键首先要能界定要达成的广告目标。

在科利提出六个原则的同年,Lavidge 和 Steiner 在《市场营销》杂志上发表了一篇题为"广告效果预测方法的一个模型"(A Model for Predictive Measurement of Advertising Effectiveness)[①]的文章,提出了广告效果的三个层次:认知、情感和行为,这三个层次又各可以细分为两个阶段:知名(awareness)、理解(knowledge),喜爱(liking)、偏好(preference),信服(conviction)、购买(purchase)。

广告效果理论的最新发展是迈克尔·L.雷(Michael L. Ray,1973)作出的。他综合了前期的三个层次理论,提出不同的情况下分别有不同的效果层次:一种是学习层次(认知—情感—行为);一种是认知失谐层次(行为—情感—认知),此时广告可以解决认知失谐和问题;一种是低卷入层次(认知—行为—情感),强调广告重复的重要性。[②]

对广告传播效果的研究是广告心理学的一个重要内容。以广告的心理效果为对象的研究十分丰富,同时研究广告传播的社会效果者也不少,美国学者迈克尔·舒德森(Michael Schudson)是其中的翘楚。他的代表作是《广告,艰难的说服——广告对美国社会影响的不确定性》。他反对广告主控制公众思想的说法,主张广告对社会并无强烈影响,因为广告只是营销传播组合中的一个因素,企业并不完全依赖广告;消费者对产品的了解,除了广告之外,通常还有很多别的来源,而且他们对其信任程度超过了广告;消费者对广告的反应是谨慎的。一般来说,广告的社会效果都在文化研究的范畴内,广告心理学则较少涉及。

第二节　广告心理与消费行为

一、广告心理对消费行为的导引

日本美津浓已成为运动用具的代名词,人们都知道它是年销40亿日元的世界性运动用具厂商。但在该公司装有运动内衣的袋子里都附有一张纸条,纸条上写着这样一段话:"这件运动内衣在日本用最优秀的染料、最优秀的技术加工而成。但遗憾的是茶色的运动

[①] Lavidge and Steiner (1961), "A Model for Predictive Measurements of Advertising Effectiveness", *Journal of Marketing*, October, 59—62.

[②] Ray (1973), "Marketing Communication and the Hierarchy of Effects", in Clarke(ed), *New Models for Communication Research*, 146—175.

内衣,还没有达到完全不褪色的境界,仍稍有褪色。"

高露洁在美国发布的广告中宣称:战胜牙垢的最好办法是在牙垢还没结硬时将其清除。新生的高露洁防垢牙膏以其独有的除垢配方,可以轻而易举地做到这一点。高露洁防垢牙膏能清除牙齿上的细菌,使之无法形成坚硬难看的牙垢。使用高露洁,你的牙齿要多清洁有多清洁,自信开心的微笑源自高露洁。你微笑的方式将持续一生。附美国牙科协会声明:在日常口腔卫生中,经常使用高露洁可以有效防止龋齿。高露洁防垢牙膏可以减少牙龈上牙垢的形成,但对牙周病并无疗效。高露洁来到中国也使用了同样的广告,所不同的只是美国牙科协会改成了中华医学会。

以上两例都是成功的品牌的广告,它们的成功意味着消费者已经用自己的购买行为高度认可了其广告中双面信息的诉求。广告心理学中的说服理论有一个原则,即双面信息的诉求可以赢得消费者,尤其是文化程度较高的消费者。如果在市场上观察一下消费者的行为,我们可以看到处处都体现着广告心理学研究所得出的结论。那么广告心理究竟是怎样对消费行为起作用的呢?我们现在来看一看广告在消费行为的过程中的影响方式。

个体消费行为,是指消费者寻找、购买、使用和评价用以满足其所需要的物品和劳务设施而表现出的一切脑体活动,如图1-3所示。

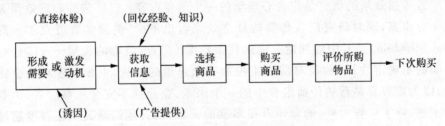

图1-3 消费行为一般过程图示

从图1-3中可以看出,消费行为是从形成需要开始的。而需要的形成是对生理上或心理上的某种缺乏的意识或认知。通常未被意识到的需要,称为潜在需要。它为活动提供了前提条件,但并不构成活动的动力,只有当它被意识到时,才可能激发起活动的动机。问题是,潜在需要是否可能被直接体验到。一位科学家曾经考察过生理上的潜在需要与意识到的需要之间的关系,具体来说,即以胃收缩作为生理潜在需要的指标,而以饥饿感的报告表明意识到了需要。结果发现,在正常体重者中,71%的人在胃收缩时报告了有饥饿的感受。这个科学事实表明,潜在需要不一定都能被直接体验到(即意识到),特别是对于心理上的高层次需要,因为这类需要弹性很大。

> **文本卡片 1-1**
>
> ## 广告战即心理战
>
> 　　在经济全球化和新经济的浪潮中,广告成为企业开拓市场、赢得公众的第一法宝。"优质产品+优质服务+优秀广告",往往成为企业征战市场的理想模式。广告界有句名言说得好:"科学的广告术是遵循心理学法则的。"也就是说,广告欲要获得成功,必须要符合消费者的心理与行为特点,必须要满足广告受众的心理需求。广告界的大量事实也证明"广告战即心理战"。
>
> 　　宝洁公司在我国刚推出"安儿乐"纸尿裤时,主要诉求是纸尿裤"方便妈妈",免除年轻妈妈洗尿布之苦。但在大规模推向市场的过程中,产品销售并不理想。宝洁公司便委托市场调查公司进行调查。在对广大年轻妈妈的心理调查中,发现原来安儿乐纸尿裤诉求的"方便妈妈",使花钱买纸尿裤的妈妈容易有偷懒之嫌。特别是中国自古就有婆媳关系难处的说法,这其中一个主要原因就是婆婆总是误会媳妇偷懒。那些想买纸尿裤的妈妈会因为避嫌而放弃购买。消费者心理的原因找到了,于是,宝洁公司便改变了广告诉求,突出宣传纸尿裤"能更好地保护宝宝健康成长,同时方便妈妈"。这样,年轻的妈妈就可以理直气壮地购买该产品,享受安儿乐纸尿裤给宝宝带来的舒适,给自己带来的方便。如此针对消费者心理的广告诉求调整,很快在市场上获得了成功。
>
> 　　资料来源:江波,《广告心理新论》,暨南大学出版社2002年版,第2页。

　　在现实的购买活动中,许多购买者事先也不一定有明确的购买意图和目标,却把东西买下来了。佛罗里达国际大学彼得·迪克松(Peter Dickson)和佛罗里达大学阿兰·索耶(Alan Sawyer)领导的一项研究发现,当受到装扮成商店盘点员的研究人员的询问时,知道自己刚挑选物品价格的顾客还不到一半,大多数购物者低估了自己所选取物品的价格,有高达20%的人甚至没有信心去猜一下。这说明大多数消费者并没有明确的购买计划。可见,众多的有潜在需要的消费者等着诱发他们的购买愿望。广告成为一种诱因是显然的。

　　广告引导和创造消费需要,尤其是随着人们生活水平的提高,有了一定的货币能力的支持,广告在创造人们的较高层次的需要方面有了更大的空间。如消费者对化妆品的需求,广告的贡献十分显著。IMI的统计数据显示,在2002年上半年各大品类产品广告投放额排名中,药品、食品和化妆品名列三甲,合计占总投放额的49%;2003年上半年,化妆品超过食品和药品位居第一,这三类产品的投放额仍占49%左右的份额。

　　消费者有了一定的需要或指向某种物品或劳务之后,便产生了如何具体满足的问题,这就是获取信息阶段。一般来说,消费者首先是回忆自身的经验,从记忆中获取有关商品的信息。但是,记忆中的经验和知识毕竟有限,特别是对于满足需要的大件贵重物品,更要求有各种信息源,广告便是提供商品信息的重要途径。IMI 2003 年对北京、上海、广州、西安、沈阳、重庆和南京七城市居民消费行为与生活形态的调查数据显示:消费者在购买洗涤日用品、化妆品、食品、饮料、烟酒和家电产品时,"产品品牌知名度"和"产品品牌形象"都是消费者重点考虑的因素;相比之下,消费者购买药品时,"品牌"因素对消费者的影响则相对较弱。但是,只有少数的广告能有效地为消费者提供商品信息,不能遵循心理学的科学原理的广告往往不能完成这一使命。在 2004 年美国广告协会(American Association of Advertising Agencies)的一次会议上,行业顾问 Yankelovich Partners 表示,通过其 2004 年 2 月对 601 名被访者进行的电话调查显示,消费者对于广告越来越抱着抵触的情绪和否定的态度,61%的消费者认为信息量已经失控了,69%的消费者倾向于使用某种工具来完全跳过或阻止广告。Yankelovich 还把此调查结果与 1964 年美国广告协会做的同样调查进行比较,如表 1-1 所示。

表 1-1　消费者对广告、营销的态度

消费者对广告/营销的态度 ——过去和现在的比较			
1964 AAAA 调查:对广告的态度		2004 Yankelovich 调查:对营销的态度	
喜欢	41%	完全肯定	28%
不喜欢	14%	完全否定	36%
混合态度	34%	中立/混合态度	36%

Yankelovich 的调查进一步揭示出,被调查者中每 10 人中就有 6 人觉得营销人或广告商没有尊重顾客,59%的人认为大部分营销广告信息跟他们没有一点关系,65%的人认为对于营销广告应该有更多的规章制度进行限制。

广告心理对消费行为的导引,表现在广告可以引导和创造消费需要,为消费行为提供商品的信息,说服消费者在选择商品时采纳有利于所广告商品品牌的态度,促使消费者购买该商品,但只有成功运用广告心理学的广告方能达成此效果。

二、消费行为对广告心理的验证

(一)影响消费者购买行为的模型

消费者的购买行为是消费者行为过程的一个重要环节。购买过程本身也是一项复杂的决策活动。它的复杂性体现在受诸多因素的影响,如图 1-4 所示。

图 1-4 说明消费者的购买行为受到外部和内部两大类因素的影响。前者包括市场营销者所发出的各种信息,如产品、定价、分销渠道和促销措施(广告是促销措施中的一种方式),以及社会文化的影响因素,如家庭、非正式渠道、社会阶层、文化等。内部因素涉及个体的内在心理过程,如认知结构、学习能力、态度、动机和人格特点等。如果说外部因素的影响是间接的,那么自身的内部因素则产生直接的影响。

(二)广告的影响

广告影响着消费者,同时又受消费者因素和环境因素的影响。它们之间的相互关系,

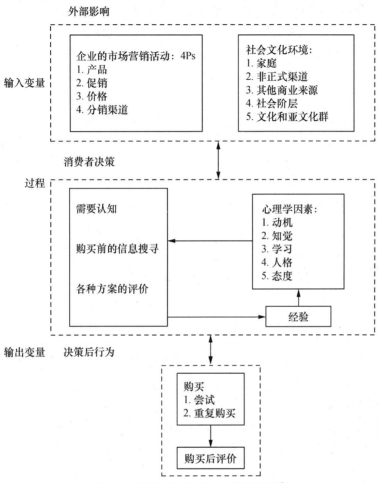

图 1-4　消费者决策的一个简单模型①

从消费者决策的简单模型中可以看出。在通常条件下,广告影响消费者的购买并不遵循刺激—反应模式。因为在刺激与反应之间,存在着诸多中间变量。个体的心理因素也受制于环境因素,也就是社会文化的影响。个体的心理因素对广告的影响反映在如下方面:广告如果不符合消费者的需要,与其动机不符,首先就会在消费者的选择性注意时被过滤掉;人们对信息的理解往往根据自己的方式,因而可能被曲解;消费者各有其不同的人格特征,因此其选择商品或品牌类型时将会倾向于能表达其人格者。

消费行为包括消费者接受外部影响、消费者的决策过程、消费者的决策后行为,广告作为外部影响中的一部分,主要在消费者决策和决策后行为中产生影响。

2003 年 7 月 19 日,北京伊美尔健翔医院在北京昆仑饭店召开新闻发布会,宣布启动"美女制造"工程。从 7 月 21 日第一次手术起,北京女孩郝璐璐开始了历时近 200 天、全

---

① Leon G. Schiffman, Leslie Lazar Kanuk (2000), *Consumer Behavior*, 7e, Prentice Hall, p.7.

身10多处手术的全面整形。整个手术过程号称耗资30万元,并在2003年年底正式完成"变脸"。在打造"中国第一人造美女"之前,伊美尔健翔医院是2002年5月18日才跻身整形业的普通民营医院,由于赶上"非典"后期,再加上地处较偏僻的地带,价格又比公立医院高很多,几乎没有什么顾客,刚开张时一个月的营业额只有十几万元人民币。而从2003年9月份开始,该医院的营业额已经上升到每月两三百万元人民币,12月份以来营业额飙升到了每天十几万元人民币。不仅如此,自伊美尔健翔医院的人造美女广告成功之后,媒体充斥着"人造美女"一词,使之成为2003年的热门词汇。来自中国工商联的统计数据表明,到2003年年底,中国内地共有美容机构154万家,年产值1 680亿元人民币,占全国GDP的1.8%,推动相关化妆品行业消费1 600亿元人民币,并以每年20%的速度增长。这是一个消费者通过广告来认知自己的需要的典型例证。

美国宾夕法尼亚大学的一项研究发现,白酒消费者可以划分为四类:爱交际的饮酒者、寻求补偿的饮酒者、沉溺的饮酒者和海量的饮酒者,不同饮酒者有不同的个性,不同的个性的饮酒者选择不同品牌的酒。我们将这个结果放到国内的消费者中研究,就会发现,爱交际的饮酒者通常喜欢饮用五粮液等名贵酒,试图得到别人的赞赏,显示其地位;而其他类型的饮酒者通常饮用一般及高浓度烈性酒,对口味的考虑会高于品牌。

D. 爱尔里西(D. Ehrlich)等心理学家作了一项调查研究。他们给新的汽车买主们呈示了8份广告单。这些广告单涉及各种汽车,让他们去挑选自己认为合适的广告。结果表明,有80%的买主选择了各自拥有的汽车的广告。[①] 这说明消费者在购买后的行为中,仍深受广告的影响。

消费者无论是在认知自己的需要,进行购买前的信息搜寻和品牌选择,还是购买后的行为方面,都在验证着广告心理对他的影响。

第三节 广告心理学的研究

一、广告心理学研究的对象

广告学是广告学科体系的核心和基础。广告心理学作为广告学科体系中的一员,也具有广告学的交叉性和综合性的特点。广告心理学的研究对象是广告活动中的人的心理和行为的规律。现代广告活动是一个整体,包括市场调查与研究、广告目的的确立、广告诉求的定位、广告的创意与表现、广告的媒体调查、媒体的选择与组合、广告效果的测定等一系列广告活动的整体广告运动,因此,广告心理学研究的对象包括在这个活动中所涉及的所有的人的心理和行为的规律。

早期的广告心理学的研究对象从传播学的角度看,主要是受众的接受心理;从市场营

---

① D. Ehrlich et al. (1957), "Post Decision Exposure to Relevant Information", *Journal of Abnormal and Social Psychology*, 54, 98—102.

销学的角度看,是消费者对广告信息的反应;从心理学的角度看,是作为广告诉求对象的人在广告活动中的注意、知觉、学习、态度形成与改变、动机、人格等心理过程和个性心理特征。随着现代广告概念的确立,广告的形态从最初的广告作品发展成为包括一系列活动的广告运动整体,广告心理学研究的对象也拓宽了,除了广告活动中的受众或者消费者以外,广告活动中的其他主体,包括广告人(广告客户服务人员、创意和制作人员、广告媒体计划和购买人员)、广告主、广告传媒人的心理和行为的规律也被纳入广告心理学的研究。广告心理学研究对象的拓展,可以揭示广告活动中的人的心理和行为的规律,从而对于指导广告实践有着重要的意义。

具体来说,首先,广告心理学研究广告主的心理,以便于广告公司与广告主进行有效的沟通,这是一个成功的广告活动的第一步。其次,广告心理学研究广告人,包括广告创意和制作人员、广告媒体计划人员在进行广告创意和制作中的心理现象和规律。广告主和广告人构成广告传播中的传播者。再次,广告心理学研究媒介人,包括传媒经营者、传媒广告经营者、编辑、记者等,以了解传媒经营与广告收入的关系、广告载具的开发思维、广告载具的营销策略,他们是广告传播中的传播媒介人。最后,广告心理学研究的最核心的对象是广告受众,无论是广告主、广告人和广告媒介人,他们最关心的都是广告受众在广告活动中的心理规律。为了达成有效的广告传播,受众自广告心理产生之日起就是主要研究对象,至今仍是广告心理学、消费者行为学的主要内容。

二、广告心理学研究的意义

现代市场营销是在有利于社会福利的基础上,以满足消费者需求为中心的让渡消费者价值的活动。

研究广告心理学可以更好地满足消费者的需求,从而提高广告主的经济效益。广告就是为了传播有关商品、服务和思想观点的信息,并获得预期的受众反应。这种反应对于营利性的广告主来说,是其利润预期,即扩大销售,增加利润;对于非营利性的广告主来说,是为了传播某种思想观点。对于二者来说,广告要想获得成功,都须借助广告心理学的研究成果,以便按照广告活动过程中的心理规律来进行。

研究广告心理学有利于传播理性的消费观点,建立社会主义的文化、伦理道德和价值观。

戈公振在1927年出版的《中国报学史》中,利用丰富的广告史料,较系统地论述了关于广告学的理论和观点,并着重论述了广告的政治思想和文化价值。他认为,"广告为商业发展之史乘,亦即文化进步之记录","不仅为工商界推销产品之一种手段,实负有宣传文化与教育群众之使命"。

> **文本卡片1-2**
>
> ### 关于广告
>
> 广告一定是一个时代、一个社会的影子,是市场经济的晴雨表。应该说,市场经济状态发展到什么程度,广告就处于相应的位置。当一个产品供过于求的时候,它的广告一定是不讲究的,就在那里大喊大叫。但是当商品同质化现象越来越严重的时候,产品的广告就越来越追求个性化,因为只有这样,才能使你的产品脱颖而出。应该说,中国目前的广告水准就是中国目前市场经济水平的写照。有什么样的经济状态,就有什么样的广告。广告清晰地反映着市场经济弄潮儿们的意志、观念和水平,而广告的行为主体,也就是掏钱做广告的人,在很大程度上决定着中国目前的广告水平。严格地说,广告就是广告主的脸面,就是广告主的形象,因为大多数消费者只能通过广告来认识广告主,所以一条广告清晰地反映了广告主的社会责任心、价值观念。中国的市场经济还不够完善,中国的广告水平也就还有很多需要提高的地方。但是,中国的广告确实发展进步非常之快,有远见、负责任的企业家越来越多,所以我们的广告水平也就越来越高。当然,我们的受众需求和欣赏水平也越来越高,所以,中国广告的飞速进步是由企业家和受众共同创造的。
>
> 资料来源:路盛章,《电视批判》,http://www.cctv.com,2003-5-16。

三、广告心理学研究的方法

(一)广告心理学研究方法的演变

研究方法对于科学研究能否真实地提示事物规律起着至关重要的作用。广告心理学作为心理学的应用分支,主要沿用心理学的研究方法。心理学的研究方法,与同时代的其他社会科学研究方法一样,经历了一个实证主义方法到后现代主义方法的发展历程。

实证主义科学观和方法论影响下的西方心理学,崇尚观察、实验等经验方法,追求心理学的自然科学化。以S.科克(S. Koch)为代表的理论心理学家和以K. J.格根(K. J. Gergen)、S.苛费尔(S. Kvale)等为代表的后现代心理学工作者,曾对科学主义心理学的理论特征进行过系统而深刻的研究,他们认为科学心理学追求四大主题:(1)外在合法性(extrinsic legitimation),效仿自然科学,用物理学的语言来表述心理学;(2)普适性(the quest for university),用公式来表述理论法则,并期待这种法则对所有行为的解释都适用;(3)抽象合理性(an abstract rationality),将预测和控制作为"科学"与否的标准,使用规范的定量的方法,形成关于推理过程的法则;(4)可通约性(commensurable),像其他自然科学一样具有可公度性、可通约性和数学化,用数量表示行为理论,追求行为数学像机械数学一样精确。①

后现代主义思潮的出现从根本上否定了实证主义的基础。它认为：不能寻求价值中立；不能把方法作为纯粹的追求；不受主观意识影响的客观实证是不存在的；不存在"普遍的真理"。受此影响，后现代心理学提倡超个体主义的研究，反对个人主义，淡化个人，强调内在关系；倡导创造性；倡导多元论，尊重差异性；重视高级心理研究，不停留在实验室研究方面；注重心理投射。根据格根的预测，后现代心理学中的描述方法也许是一个多元化的形式，即本人的观察、研究者的观察、各种各样的统计数据、视频信息、某种作业行为等的组合。

以 W. 狄尔泰（W. Dilthey）为代表的方法论解释学，是后现代主义的一个代表。狄尔泰一方面通过把人文世界看做有待解释的文本（text），在 F. 施莱尔马赫（F. Schleimacher）的基础上，将用来研究神学和文献的解释学扩大到研究人文科学领域，认为解释学不仅是人们达到正确理解文本的重要手段，而且是人们进入精神世界、历史世界，获取人文科学知识的有效途径；另一方面，狄尔泰通过对自然科学和人文科学的比较，发现了自然科学和人文科学在知识性质上的本质区别，认为自然科学研究的是外在于人的客观或物质现象，而人文科学研究的则是人的心理生活，心理生活的中心或基本内容是价值和意义的体验、表达和理解。

在狄尔泰看来，心理学是首要的和最基本的人文科学，它真正构成了人文科学进一步发展的基础，并应像所有其他人文科学一样，独立地决定与其研究对象的特性相适应的研究方法。立足于此，他提出以"描述心理学"去替代艾宾浩斯的以自然科学为样板的"说明心理学"，明确反对艾宾浩斯"说明心理学"无视心理学的人文科学性质盲目搬用自然科学方法论的倾向，指出心理学的对象乃活生生的心理生命，整体描述与理解则为心理学的基本方法。描述心理学的任务，就是尽可能完整地分析、描述心理生命，同时，通过进入他人的内心世界，重新体验他人的心理活动来达到对心理生命及其意义的客观理解。②

（二）实证研究方法的基本步骤

科学研究方法可以提供客观公正的资料评价。实证研究有八个主要步骤：（1）参阅相关的理论和研究；（2）提出关于课题的假设或要研究的问题；（3）设计合适的研究方法和研究计划（包括是否采用质化研究或量化研究）；（4）设定问题；（5）收集相关资料；（6）分析和说明研究成果；（7）用适当的形式发表研究成果；（8）必要时进一步重新研究这一课题。

这八个研究步骤中，每一个步骤都相互依存，为完成课题研究发挥最大的效能。在开始搜集资料前，需要先确定要研究的问题。要设计最佳的研究方案，就必须了解哪些类型的课题已经被研究过。各步骤间又相互作用：每一个步骤的结论都与另一个步骤相互联

---

① K. J. Gergen (1990), "Toward A Postmodern Psychology", *The Humanistic Psychologist*, 18(1).
② 转引自李超杰：《理解生命》，中央编译出版社1994年版，第103页。

系。例如,在搜集资料的过程中,可能会发现以前的步骤中存在的问题,便于及时改进。研究的目的在于解释问题和预测未来。

广告心理学研究方法属于社会科学方法论范畴,它通常包括以下几个步骤:

1. 研究论题的选定

对于初学者而言,学术刊物、新闻媒体和日常的杂志都能提供很多有价值的创意。例如,美国的《消费者研究》(JCR)、《消费心理学》(JCP)、《广告时代》(Advertising Age)、英国的《广告世界》(Admap)等都是具有广泛影响的学术期刊和行业杂志。其中刊载的论文都有许多创见,观点值得借鉴之处也很多;行业杂志上的文章则能反映广告行业的新问题、新现象,可以提供关于研究论题的线索;相关的研究公报、简报和研究摘要(比如,我国有《人大复印报刊资料》、《高校文科学报文摘》、《新华文摘》等),有助于我们一目了然地了解学术进展;另外,相关的日常生活中的信息传播,如读书、看报等,也能使专门从事学术研究的人发现问题;其他如档案资料、调查资料等都具有参考价值。例如,标准评价和数据服务公司(Standard Rate and Data Service,SRDS)、美国西蒙斯市场调研局(Simmons Market Research Bureau)的报告,以及媒体标尺研究公司(Mediamark Research Inc.,MRI)等调研机构的数据对研究人员来说都具有很高的价值,都能使其从中发现问题,并受到启发,发现新的研究视角。

2. 确定与论题相关的问题

一旦研究选题已经确定,接下来的工作就是要证实这一论题的价值。这一步骤可通过对下列问题的回答来完成:

(1)论题是否大而无当?
(2)这个问题确定能够调查吗?
(3)资料分析是否可行?
(4)这一问题是否有意义?
(5)研究结果是否具有普遍性?
(6)分析所投入的经费与时间是多少?
(7)预计的研究途径是否符合研究需要?
(8)是否会对受访者或被试者造成潜在的伤害?

3. 文献探讨

实证研究十分注重文献探讨。文献探讨可以提供以往研究的方法和结果等信息。从阅读文献中不仅可以得到过去研究的资料,而且省时、省力、省钱,避免做无用功,对调查研究的成败具有决定性的影响。在进行调查之前,研究人员需要回答以下问题:

(1)这个问题以往有什么形态的研究?

(2) 过去的研究有什么发现？
(3) 其他研究者对研究有什么建议？
(4) 还有哪些问题尚未研究？
(5) 如何为研究领域提出新的见解？
(6) 过去的研究采用什么研究方法？

4. 拟定研究假设与研究问题

一方面，假设是对"变量"关系的一种描述，从研究中可测试出假设是否成立。另一方面，"研究问题"陈述的是某些现象的方向，而不仅仅局限于"变量"之间的关系，它往往是研究者在问题本质不确定时运用合理方法进行的验证过程，"假设"也正是从研究问题结果的资料中发展出来的。

5. 调查与实验设计

对于不同的研究对象，采用的研究路线也不相同。有的问题宜采用问卷调查，有的宜采用深度访谈，而有的则需采用控制实验以排除外生变量。研究途径的选择取决于研究目的和研究经费情况。甚至一些表面看来很简单的研究，也得采用十分复杂的调查研究方法。在进行研究之前，应决定如何搜集和分析资料。在搜集了资料以后再勉强把研究纳入某种特定的研究途径或统计方法之中，只会造成错误。例如，对某广告的心理效果进行了解，如果在未作计划的情况下，便设计问卷来搜集信息，受访者对于问题的回答与选择并不充分，不良的问卷设计无法作出有意义的结论，得到的只能是一堆无意义的数据。因此，研究的程序都必须事先规划好，这样，研究结果才会有信度和效度。

学术部门项目研究工作往往会受到人手方面的限制，因此委托专门的调查代理机构来进行调查会节省大量的时间和精力。例如，当电话采访的样本数很多时，就需要有很多人手参与，这时就需要委托专门的公司来进行这项工作。全程参与的调查代理机构往往要参与研究读者论坛，负责资料收集，将资料列表，并对结果进行分析。外勤服务机构通常专门从事电话访问、街头访问或登门造访工作，为团体制订调查机构的研究计划以及为焦点小组招募受访者，有些外勤服务机构也提供问卷设计和资料制表的服务。

6. 资料分析和解释

搜集的资料数据需要进行分析，这往往需要很长时间，根据研究方法和目的的不同，需要的时间也不尽相同。每一项分析都必须按照分析的规则计划并执行。结果出来后，研究人员就应思考发现的问题。结果必须在符合外在效度和准确的条件下进行分析。通过分析来确定研究的内在及外在效度。所谓内在效度(internal validity)，是指研究是否确实检验了预计的研究课题；而外在效度(eternal validity)，则是指研究结果能够推论到不同母体、环境和时间的程度。

7. 重复实验

重要实验的目的在于确保研究符合科学性。任何一项研究的结果，只能是事实存在的一个指标。研究所提供的信息只能用"也许是这样"来表达，而不是某一问题研究的最终答案。为了提高研究结果的可靠性,必须反复地进行实验。一个问题或假设,在呈现有意义的研究结果之前,必须经过不同角度的检验。研究方法和设计必须避免设计导向结果(design-specific results)的出现,也就是特殊的研究设计而导致某种结果。同样,从不同角度研究具有不同特征的调查对象,可以避免抽样导向结果(sample-specific results)的出现;统计分析也应有所变化,以避免方法导向结果(method-specific results)的出现。为防止研究结果受研究方法左右的状况,就必须反复进行测试。重复实验的方法有以下四种:(1)逐项重复;(2)操作上的重复;(3)测量工具的重复;(4)建议性的重复。

(三)广告心理学的具体研究方法

广告心理学的研究方法有调查法、实验法、内容分析法、观察法和测量法。这些都是科学方法,具有一致的基本过程,即根据所要解决的问题提出假设,进行研究设计;采用恰当的方法技术搜集资料;按照一定程序进行结果的统计处理;进行理论分析,得出结论。

1. 调查法

调查法是发现和了解问题、搜集资料、检验理论和总结经验所不能缺少的。调查法又可分为抽样调查法、问卷调查法、访谈调查法和查阅文献法。

(1)抽样调查法

抽样调查法是指从研究对象的全部单位中抽取一部分单位进行考察和分析,并且用这部分单位的数量特征去推断总体的数量特征的一种调查方法。其中,被研究对象的全部单位被称为"总体";从总体中抽取出来、实际进行调查研究的那部分对象所构成的群体被称为"样本";说明总体数量特征的指标被称为"总体指标";从样本的统计计算中得到的指标被称为"样本指标";从样本指标推算总体指标的过程被称为"抽样推断"。

抽样调查法有四个特点:

① 推断总体的目的性。它所关注的是总体的性质及其数量特征,而不是为了了解样本本身的情况。

② 推断形式的整体性。抽样法以抽取的全部样本单位作为一个"代表团",用整个"代表团"来代表总体,而不是以个别样本单位来代表总体,即抽样推断总是以样本指标的平均数的形式来表现的。

③ 样本抽取的随机性。正确的抽样推断的前提是样本必须是总体的缩影,总体的特征应尽可能在选出的样本中得到充分显现。而能够做到这一点的关键是样本的抽取必须按照随机原则进行,即排除任何主观因素的选择,使总体中的每一个个体都具有完全相等的被抽中的机会或可能性。

④ 抽样误差的可控性。任何调查都会有误差,而抽样调查独特的优点在于它的抽样误差可以事先计算并能通过样本量的调查等手段加以控制。

(2)问卷调查法

"问卷"是指为进行标准化的调查而编制的、由一组有机联系的提问所构成的表格。问卷一词是法文"questionnaie"的意译,即"一种为统计或调查用的问题表格"。问卷是现代社会调查中最常用的一种搜集资料的工具,它的内容是将调查目的和调查要求具体化为一系列有机联系着的提问项目和可测指标,以便进行相应的定性和定量分析,研究和确定各种变量间的相关关系及因素关系。在广告心理学研究中,问卷调查主要用于研究消费者对广告的反应,以及广告效果的测量。

问卷调查法的主要特点是:

① 标准化。问卷调查具有统一提问、回答的形式和内容,并且对于所有被调查者都以同一种问卷进行询问,从而既可以反映具有某种同质性的被调查者的平均趋势和一般情况,又可以对某种异质性的被调查者的情况进行比较和分析,甚至还可以对同一被调查者群体进行追踪性调查。使用标准化工具收集来的资料可以进行计算机统计处理,有利于进行定量分析。

② 匿名性。问卷调查一般不要求被调查者在问卷上署名,这样有助于减少被调查者的顾虑,进行某些敏感性问题的调查,并得到被调查者的真实回答。

③ 操作性。问卷中所有提问项目都是由特定的理论假设操作而来的,这种操作性使问卷的每个提问项目均能有效、精当。

(3) 访谈调查法

访谈调查法的主要优点是灵活性。研究者通过各种方式从被调查者那里获得信息,如被调查者对商品或广告的态度、偏好等。访谈调查法的接触方式包括:邮件、电话访谈、个体访谈、焦点小组访谈(focus group interviewing)。焦点小组访谈通常由6—10人组成,专业人员引导他们谈论某个产品或广告,气氛轻松自由,可以畅所欲言。随着技术的进步,焦点小组访谈的形式也由原来的观察人员隔着单向玻璃观察,发展到通过互联网、视频会议系统远距离观看小组成员的反应和态度。如今,网上调查和在线焦点小组正成为访谈调查的重要方式。

(4) 查阅文献法

2. 实验法

实验法是指人为地、有目的地控制和改变某种条件,使被试者产生所要研究的某种心理现象,然后进行分析研究,以得出这一心理现象发生的原因或起作用的规律性的结果。实验者在进行实验研究时,必须考虑到三种变量:第一,自变量(independent variable),即实验者安排的刺激情境或实验情境;第二,因变量(dependent variable);第三,控制变量(controlled variables),即实验变量之外的其他可能影响实验结果的变量。虽然实验者的目的不是研究它们,但是为了避免它们对实验结果产生影响,需要设法予以控制。总之,采用实验法研究个体行为时,主要目的是在控制的情境下探究自变量和因变量之间的内在关系。

实验法有两种:自然实验法和实验室实验法。

（1）自然实验法

自然实验法是指在实际生活情境中，由实验者创设或改变某些条件，以引起被试者的某些心理活动，并进行研究的方法。在这种实验条件下，由于被试者摆脱了实验可能产生的紧张心理而始终处于自然状态中，因此，得到的结果比较切合实际。但是，自然实验中由于实验情境不易控制，在许多情况下还需要由实验室实验来加以验证和补充。

（2）实验室实验法

实验室实验法是指在实验条件严格控制下，借助于专门的实验仪器，引起和记录被试者的心理现象，并进行研究的方法。广告心理学的许多课题都可以在实验室进行研究，通过实验室严格的人为条件的控制，可以获得较精确的研究结果。另外，由于实验条件严格控制，运用这种方法有助于发现事件的因果关系，并可以对实验结果进行反复验证。但是，由于实验者严格控制实验条件，使实验情境带有很大的人为性质，被试者处在这种情境中，意识到正在接受实验，就有可能干扰实验结果的客观性，并影响到将实验结果应用于日常生活，因而有一定的局限性。

3. 内容分析法

内容分析法是一种传播学研究中的常见方法。美国传播学者贝雷森推崇的《内容分析:传播研究的一种工具》[①]中曾下过这样的定义:"内容分析是一种对传播内容进行客观的、系统的和定量的描述的研究方法。"这个定义包含了三层含义，即客观性、系统性、定量性。所谓客观性，是指研究者必须从现有的材料出发，排除个人的主观好恶，对传播内容作出客观的、实事求是的评价和分析;所谓系统性，是指按系统论原则把所有的材料看做一个整体，用严密的、系统的抽样方法把所要分析的内容挑选出来，然后用标准统一的方法进行分析处理;所谓定量性，是指对所要分析的内容进行量化，每个阶段、每个过程、每个细节都用百分比、平均数、概率等有关数量概念进行统计分析。

广告心理学借用了传播学的内容分析方法，它的一般步骤是:(1)确定研究方法;(2)抽取分析样本;(3)制定分类标准;(4)检验分类标准的可信度;(5)对内容进行量化评分;(6)统计分析;(7)得出结果，撰写报告。这几个步骤又可简括为"选择"、"分类"、"统计"三个阶段。

内容分析法具有材料易获取、费用较低等特点，研究信息内容也是大众传播过程研究中的重要一环，因此内容分析法在广告心理学中得到广泛的应用。

4. 观察法

观察法是指在自然情境中对人的行为进行有目的、有计划的系统观察并记录，然后对所作记录进行分析，以期发现心理活动变化和发展的规律的方法。所谓自然情境，是指被观察者不知道自己的行为正在受到观察。观察法一般适用于下面的条件:对所研究的对象出于多种原因无法进行控制的情况，以及研究对象在控制条件下会发生质的改变，或由

---

① 罗吉·威默和约瑟夫·多米尼克:《大众媒体研究》，台湾亚太图书出版社1995年版，第50页。

于道德伦理等因素不应该对之进行控制的那些行为。

观察法是对被观察者的行为进行直接的了解,因而能收集到第一手资料。因为被观察者不知道自己正受到观察,其行为和心理活动很少受到干扰,保持了资料的客观性和真实性,这是观察法的优点。它的不足之处是观察者处在被动的地位,实验者只能消极地等待预期的行为出现,而且自然条件下的行为很难按照人的主观意愿发展,因此观察的结果难以重复。此外,观察结果的记录与分析还容易受到观察者的预期和偏见的影响。

研究者对观察法的分类各不相同,有的按观察的参与程度划分,有的则按观察的结构程度划分。实际上,大多数观察都不是一种单一的形式,而是几种形式的混合。因此,可以从两个维度对观察法的主要形式进行划分:一个维度是观察的结构程度,该维度包括高结构性、半结构性和无结构三个水平;另一个维度是观察者的参与程度,包括完全参与、部分参与(包括作为观察者的参与者和作为参与者的观察者)和非参与。几乎每一项观察研究的形式都可以从上述两个维度所构成的坐标系中找到自己的位置。

5. 测验法

测验法是指使用特定的量表为工具,对个体的心理特征进行间接了解,并作出量化结论的研究方法。使用测验法,可以了解消费者的人格特征以及消费者对广告的态度,还可以把广告可能产生的效果分成若干等级和类别,并用分数表示。采用问卷形式让消费者填写,评定处在哪个等级,再经过心理统计分析结果,可得到广告效果的量化指标。

目前,心理测验的种类繁多,运用广告心理学的通常有人格测量、态度测量。任何测验都只具有特定的功能,适用于特定的群体,不是放之四海而皆准。因此,使用测验法的时候,必须注意测验的目的及其适用的目标群体,遵照规定的方法实施,才能收到应有的效果。

人格测量以测量个人的人格特征为目的,测验涉及人的心理状态、情感或行为等非智力方面的多个因素,通常包括对性格、情绪状态、人际关系、动机、兴趣和态度的测量。人格测量最常用的是问卷法、情景测量法和投射法。目前,人格测量已有几百种,但由于各国人格心理学家对人格构成分歧很大,因而没有一致的看法。而且人格是动态的,不是静态的,常常随着情景的变化而变化。因此,对人格的测量应运用多种方法的结合,交叉使用,互相补充,互相印证,才能达到较好的效果。目前,人格测量已经广泛应用于人才选拔、健康人格的培养、心理辅导、广告心理等多个领域。较有代表性的人格量表包括瑟斯顿等距量表、斯特里劳气质量表等。

瑟斯顿等距量表是美国心理学家瑟斯顿(L. L. Thurstone)于1953年编制而成的,他采用因素分析法,测量7个人的人格特质。全量表共140题,每20题测量一个人格特质,这7个特质是因素A——活动性(active)、因素V——健壮性(vigorous)、因素D——支配性(dominant)、因素E——稳定性(stable)、因素S——社会性(sociable)、因素R——深思性(reflective)、因素I——冲动性(impulsive)。

态度的测量通常使用间接的方法,如行为观察法、问卷法。对态度进行测量,并使之量表化,是态度测量的一般程式。态度测量是从20世纪20年代中期,首先由瑟斯顿开始的。态度测量是一项非常复杂和困难的工作,除了要考虑态度的特征、态度的方向和态度的强度以外,还要考虑与态度相联结的情感的强度、态度的双向性和重要性、认知的复杂度、表现于行为的程度,以及与其他态度的关联度、灵活性和意识化的程度,等等。

影响态度测量的因素有:(1)测定方法本身的科学性;(2)研究者本人的特点;(3)被测定者的特征;(4)测量情境的特征等。这些因素的相互作用往往也会影响态度测量的效果。

态度量表大致可分为单维度量表和多维度量表两类。前者有瑟斯顿的等距测量法、美国社会心理学家利克特的累加评定法、美国社会心理学家格特曼的量表解析法等。在多维度量表中有SD法,即语义分化法、多维度量表法、博加达斯的社会距离量表等。在制定态度量表前,首先须确定自变量、因变量,以控制和排除无关变量;其次应注意测量指标,使之能测出态度倾向的程度,即对态度作定量分析。使用量表测量态度应及时,若有可能,应采取追踪测量,以获得态度变化的资料。

本章提要

传播是人与人之间的信息交流。广告是一种传播。广告传播的特点是:广告是一种付费的传播;广告是一种非人际传播的方式;广告有明确的信息发布人(广告主)、有选择的传播对象(广告受众)以及确定的信息内容。广告主、广告受众、广告内容加上广告媒体成为广告传播的主要构成因素。根据拉斯韦尔的传播模式,广告传播中的"五W"分别是:广告主、广告内容、广告媒体、广告受众、广告效果。广告学的研究对象正对应着广告传播的五个要素:广告主、广告创意和制作、广告媒体策略、广告受众和广告效果测量。因为参与广告信息传播的双方以及运作传播媒介的都是人(或人的集合体),所以在整个传播过程中就存在着传播者、传播媒介人、接受者各方的心理活动。传播者(传者)、媒介人和受传者(受众)之间存在着心理上的联系。他们在心理上是互相影响的。传、受双方及媒介人各自的心理行动及其相互影响制约着信息传播效果。广告传播效果是广告心理学研究的着眼点。

广告心理学的主要研究目的是达成理想的广告传播效果,因此广告传播效果成为广告心理学的一个重要组成部分。传播效果,是指受传者在接受传播媒介传递的信息后,在情感、态度、行为等方面所发生的变化。广告传播的效果通常被认为包括三个部分:(1)广告传播的心理效果;(2)广告传播的经济效果;(3)广告传播的社会效果。对广告的心理效果和经济效果的研究在广告心理学中占据着主导地位。一般来说,广告的社会效果都在文化研究的范畴内,广告心理学则较少涉及。

个体消费行为,是指消费者寻找、购买、使用和评价用以满足其所需要的物品和劳务设施而表现出的一切脑体活动。消费行为是从形成需要开始的,广告引导和创造消费需要;广告是提供商品信息的重要途径,说服消费者在选择商品时采纳有利于所广告商品品牌的态度,促使消费者购买该商品,但只有成功运用广告心理学的广告方能达成此效果。

消费者的购买行为受到外部和内部两大类因素的影响。前者包括市场营销者所发出的各种信息,如产品、定价、分销渠道和促销措施(广告是促销措施中的一种方式),以及社会文化的影响因素,如家庭、非正式渠道、社会阶层、文化等。内部因素涉及个体的内在心理过程,如认知结构、学习能力、态度、动机和人格特点等。消费者无论是在认知自己的需要,进行购买前的信息搜寻和品牌选择,还是购买后的行为方面,都在验证着广告心理对他的影响。

广告心理学的研究对象是广告活动中的人的心理和行为的规律。现代广告活动是一个整体,包括市场调查与研究、广告目的的确立、广告诉求的定位、广告的创意与表现、广告的媒体调查、媒体的选择与组合、广告效果的测定等一系列广告活动的整体广告运动,因此,广告心理学研究的对象包括在这个活动中所涉及的所有的人的心理和行为的规律。

研究广告心理学可以更好地满足消费者的需要,从而提高广告主的经济效益。研究广告心理学有利于传播理性的消费观点,有利于建立社会主义的文化、伦理道德和价值观。

广告心理学作为心理学的应用分支,主要沿用心理学的研究方法。心理学的研究方法,与同时代的其他社会科学研究方法一样,经历了一个实证主义到后现代主义方法的发展历程。

广告心理学的研究方法属于社会科学方法论范畴,它通常包括以下几个步骤:(1)研究论题的选定;(2)确定与论题相关的问题;(3)文献探讨;(4)拟订研究假设与研究问题;(5)调查与实验设计;(6)资料分析和解释;(7)重复实验。广告心理学的具体研究方法有调查法、实验法、内容分析法、观察法和测量法。

案例分析

动感地带"用音乐为奥运加油"

音乐一直是动感地带品牌元素中的核心部分,把年轻人热爱的音乐与对奥运的热情结合起来,就汇成了"用音乐为奥运加油"的概念。

2008年4月28日,中国移动动感地带启动了其2008年第一个奥运宣传活动——"用音乐为奥运加油"。这项活动包括电视、平面、广播、网络互动、演唱会、歌友会等多种渠道的360度整合营销活动,由奥美广告公司策划并执行,旨在激起年轻人对2008年奥运会的兴趣与参与热情,从而使得中国"粉丝"们的奥运激情延续整个夏天。

4月1日在全国播出的电视广告以动感地带的知名品牌代言人周杰伦、潘玮柏和S.H.E.为主角。影片中这些明星在城市、街道和学校闲逛时,会因为突遇的紧急状况停下脚步,以独特的"加油团"形式和非常"无厘头"的方式伴随着音乐的节奏进行加油。广告中融入了很多幽默的元素,令人捧腹。

作为本次活动主题的延伸,动感地带还邀请消费者创建个性化的加油动作视频,并上传到动感地带网站。获胜者将赢得奥运会门票和其他众多奖品。

在活动网站(http://m-zone.youku.com/)上,访问者不仅可以上传他们自己的视频,而且可以进一步了解动感地带在全国各地赞助的近220场"用音乐为奥运加油"演唱会、歌友会的情况。

为了在中国市场有效宣传动感地带,奥美广告公司将充分利用不同的传播渠道,包括电视广告、平面广告、广播广告、户外广告、在线广告和零售渠道对这次活动进行推广。活动预计将持续到2008年9月中旬。

资料来源:《中国广告》,2008年第7期。

请分析:
1. 动感地带"用音乐为奥运加油"的活动引起你怎样的心理感受?
2. 根据动感地带所设计的一系列活动创意,你会对其品牌产生怎样的认识?

情景模拟

晴朗的天空下,一位美丽的女孩正在与男友热情地拥抱。合体的连衣裙勾勒出她迷人的曲线,以至于在她与男友相会的路上,每个见到她的人都为之倾倒。一个小丑因为看她而忘记了手中的杂耍。是什么使她如此出众?原来,在赴约前她在时装店里选择了那件杜邦莱卡(人造弹性纤维品牌)的连衣裙……

广告语:许多梦想,因杜邦而实现。

请根据杜邦莱卡产品的特点及其在相关消费者心里应该留下的印象,模拟上面的情景,再联想、创作几个类似的情景画面。

小组讨论

1. 运用拉斯韦尔的"五W"模式来描述广告传播过程。
2. 请运用传播方式的划分来分析广告传播的特点。
3. 广告传播的效果有哪三个部分?
4. 科利的广告目标四阶段是什么?
5. 广告传播效果的层次有哪几种观点?
6. 描述消费者行为的一个简单模型。
7. 广告心理学研究的基本步骤是什么?
8. 广告心理学的基本研究方法有哪些?

广告心理学教程（第二版）

第二章 广告心理学的产生与发展

知识要求

通过本章学习,掌握:
☞ 七种现代心理学流派
☞ 心理学的研究对象
☞ 现代心理学的发展趋势
☞ 市场营销学的新发展
☞ 传播学研究的主要内容
☞ 广告心理学出现的社会基础
☞ 西方广告心理学的研究动向

技能要求

通过本章学习,能够:
☞ 对各种现代心理学的思潮进行分析
☞ 廓清心理学、营销学、传播学的研究对象
☞ 综合心理学、营销学、传播学研究的内容
☞ 分析广告心理学出现的社会基础
☞ 运用西方广告心理学研究的成果

第一节 广告心理学诞生的理论背景

理论广告学主要是以心理学、传播学、市场营销学的基本原理和方法为理论基础,结合广告运行的原则、观念、方法及运行机制的特点而构建的理论体系。学科体系的构成主要包括广告原理、广告心理、广告市场、广告媒体、广告管理、广告文化等主要内容。这其中,广告心理学是广告学中发展最早也较为成熟的学科分支。

19世纪末20世纪初,西方资本主义市场经济得到快速发展,在这一大背景下,广告活动开始沿着职业化、规范化的方向发展。为培养广告人才,西方新闻、商业、广告界的专家学者开始结合广告实践对广告理论进行总结。这一时期,美国学者陆续出版和发表了一些文章和学术专著,内容涉及广告历史、产品推销、广告宣传、广告心理等各个层面,进一步拓宽了广告学研究的领域和视野。1866年,美国学者莱坞德(Laiwood)和哈顿(Hatton)合著《路牌广告的历史》一书,开始进行广告理论研究。1900年,美国心理学家哈洛·盖尔(Harlow Gale)在多年广泛调查研究的基础上写成《广告心理学》一书,强调商品广告的内容应该使消费者容易了解,并应适当运用心理学原理以引起消费者的注意和兴趣。1901年,美国西北大学校长、社会心理学家瓦尔特·狄尔·斯科特(Walter Dill Scott)在西北大学做报告时,系统地提出心理学如何应用于广告宣传的诸要点。随后,他连续发

表有关论文12篇,并整理成册出版《广告论》(又译为《广告原理》)一书。1903年问世的《广告理论》认为心理学应用十分广泛,不只在广告业范围,各种产业莫不可行。它不仅标志着广告心理学的诞生,而且是理论广告学产生的基础。

广告学是一门综合性的边缘学科,研究广告活动的整体,而研究广告活动中人的心理现象和规律的广告心理学在其产生和发展的过程中,也借鉴了许多其他学科的研究成果,这其中,心理学、市场营销和传播学的基本原理和方法构成了广告心理学的学理基础。

文本卡片 2-1

广告心理学的早期学者:斯科特

"广告是现代商业方法的必要元素,商业人士要想聪明地广告,就必须了解他的顾客心理,知道如何有效地影响它们,总而言之,他必须懂得将心理学运用于广告。"斯科特在《广告心理学》[1]上如此说道。

1869年5月1日,斯科特出生于伊利诺依州的Cooksville,父亲是农场主,母亲是学校教师。1898年7月21日,他与Anna Marcy Miller结婚,育有二子。斯科特于1955年9月23日去世。他一生经历丰富,做过大学教授、校长,也做过美国军队的上校,并在教育管理和心理学领域卓有成绩,对广告的贡献尤为卓著。斯科特的主要学术兴趣在心理学,后期将主要精力放在伊利诺依州Evanston西北大学校长一职上。

20世纪初心理学还是一个新领域,当时许多欧洲心理学家都致力于心理学理论研究,而较少关注将之应用于其他领域。大约从1901年开始,斯科特开始在商业集会上讲广告心理学。尽管斯科特不是第一个研究广告的心理学家,但他是最先将心理学运用于广告的人之一。斯科特力图考察广告的科学的一面:研究人类行为将更好地打动消费者,但广告主总是更关心制作实际广告作品的物理技巧。斯科特在研究了一段时间广告之后,将心理学原理运用于人力资源管理和销售人员管理、商业效率和公开演讲。

最能使斯科特被记住的作品是其1913年出版的《广告心理学》一书。在此书中,斯科特研究了许多具体的题目,如记忆、情感和情绪、人类本能、建议、意志和习惯。例如,心智活动的三个方面:知识、情感、意志;提高记忆的四个原则:重复、紧张度、联想、和谐;使人应答广告并购买其产品的最有效的概念;产品或公司的可信赖性,商品提供一种需要,钱的考虑,如便宜、投资、赢利的机会、省力、方便或有用、健康、有风格、有吸引力且经常重复的广告。

斯科特的一些广告建议和观察结论是:在广告中,建议不应服从于说服而应补充说服;改掉旧习惯或形成新习惯非常费力,但广告主应该作出必要的努力,否则将完蛋;我可能不记得看过某则广告,但却很熟悉该产品,我觉得可能是几年前熟人推荐过;质量比数量更重要,某种广告风格在任何版面都有效,而有的即使填满整个页面也没什么价值……

资料来源:http://www.thoemmes.com/psych/scott.html。

---

[1] 引自《大西洋月刊》,1904年1月,第36页。

一、现代心理学的形成

心理学运用于广告学,是广告学形成的重要标志之一,而广告运作过程中对心理学原则的运用,又使广告心理学成为广告学的重要学科分支。

心理学是研究人的心理活动及其产生、发展规律的科学。古希腊哲学家亚里士多德(Aristotle,公元前384—公元前322年)的《论灵魂》一书,是人类文明史上首部关于心理现象的专著。自那时起,直至19世纪中叶的漫长岁月中,心理学始终隶属于哲学范畴而无独立地位,是哲学家与思想家运用思辨的方法进行研究的领域。1590年德国麻堡大学教授R.葛克尔(R. Gockel)开始用"心理学"来标明自己的著作。然而,直到19世纪中叶以前,心理学的研究方法都是思辨式的,研究成果多带经验描述性质。因而那时的心理学还不能称其为科学。

19世纪中叶,德国医学博士、生理学讲师、心理学家威廉·冯特(William Wundt,1832—1920)把实验法引进心理学,并于1879年在德国莱比锡大学创建了世界上第一个专门的心理学实验室,对感觉、知觉、注意、联想和情感开展系统的实验研究,创办了刊登心理学实验成果的杂志《哲学研究》,出版了第一部科学心理学专著《生理心理学纲要》。现代心理学自此诞生。

从19世纪末到20世纪初,心理学家对心理学内容、方法以及研究目的提出了不同的看法,产生了不同的学说和流派。根据研究者们不同的理论以及各自对心理学课题的不同的实验与研究,大致可以分为七种学派和思潮:以冯特为代表的构造心理学(structural psychology),分析以感觉、意象和感情为基本元素的意识经验;以美国心理学家W.詹姆士(W. James)为代表的机能心理学(functional psychology),强调意识的作用和功能;以美国心理学家J.华生(J. Watson)为代表的行为主义心理学,研究可观察、可测量的行为和刺激—反应(stimuli-response)之间的关系;以德国心理学家M.魏特墨(M. Wertheimer)为代表的格式塔心理学(gestalt psychology),研究作为整体的知觉和行为;以奥地利精神病医生S.弗洛伊德(S. Freud)为代表的精神分析理论(psychoanalysis),用潜意识等概念来解释人的行为的内在动力、个体心理发展历程和个体的人格结构;以美国心理学家A.马斯洛(A. Maslow)为代表的人本主义心理学(humanistic psychology),用人的需要层次理论来研究人的心理活动的各个层面的问题;而现代心理学的新思潮——认知心理学(cognitive psychology),则是研究人们对知识的获得、贮存、提取和运用的过程。

目前已达成共识的是,心理学研究的对象包括心理过程和个性心理。心理过程包括人的认识过程、情绪情感过程和意志过程三个方面。个性是指一个人的整个心理面貌,它是个人心理活动的稳定的心理倾向和心理特征的总和。个性的心理结构主要包括个性倾向性(需要、动机、兴趣、理想、价值观和世界观)和个性心理特征(能力、气质和性格)两个方面。

现代心理学的发展趋势是越来越与社会生活中的各个领域相结合,从而产生了以应用为目的的心理学分支学科,研究消费者在消费活动中的心理现象和行为规律的消费心理学正是其中的一个重要分支。消费心理学涉及两个主要方面:消费行为的内部因素,如消费动机、消费信息的认知以及消费决策等;消费行为的外部因素,如广告、商标、销售服务和企业形象等。

广告心理学是消费心理学中涉及广告活动的部分,如广告活动中消费信息的认知过程、消费决策,它的产生早于消费心理学。尽管消费心理学在不断发展,但是广告心理学仍然是它的一个重要组成部分。

文本卡片 2-2

人本主义心理学

人本主义心理学是20世纪五六十年代在美国兴起的一种心理学学派,作为这一时期的文化背景,西欧强调精神生活价值的存在主义哲学思潮和强调对精神生活进行经验描述的现象学方法论在美国开始传播。因此,人本主义运动发展迅速,特别在反对行为主义上,在社会上引起较大的反响。人本主义心理学研究的主题是人的本性及其与社会生活的关系,他们强调人的尊严和价值,反对行为主义的动物化、机械化的倾向,主张心理学要研究对个人和社会的进步富有意义的问题。在方法论上,他们反对以动物实验结果推论人的行为。人本主义者强调研究方法要和研究对象相适应,心理学研究应以问题为中心,而不是以方法为中心。他们指出,近代传统心理学在反对抽象思辨时,曾不适当地强调实验方法,甚至不惜以牺牲心理学对内部意识活动的研究为代价,这等于把婴儿和脏水一起倒掉。心理学史表明,近代心理学从思辨哲学分立出来,以强调实验法为特征。但在早期,冯特以意识为研究对象,以实验为研究方法,不可避免地会遇到对内隐的意识难以进行外部实验控制的问题。解决这个矛盾有两种可能的方式:一种是从改进研究方法入手,以适合心理学研究对象的特点;另一种是避开心理学研究对象的特点,以便进行实验室的实验。行为主义采取第二种方式。行为实验方法在生理心理和学习心理等方面的研究中曾取得引人注目的成功,但它是以牺牲很多研究领域为代价的,当涉及人格、社会心理等方面的问题时,或者完全回避,或者勉强推论,因而陷入机械论的错误。人本主义则强调心理学研究应以第一种方式解决问题。人本主义发起人马斯洛提出了他的整体分析方法论。马斯洛认为,整体分析并没有完全反对实验,但就人格问题而言,整体分析要比实验室的元素分析更有效。马斯洛的整体分析法有这样几个特点:(1)把某一人格群综合征既看做本身是一个复杂的结构整体,又作为整体有机功能作用的一种表现;(2)研究的目的在于理解它自身内部各个方面之间的关系、它和整个有机体的关系,以及它和有机体其他表现的关系;(3)实施这种方法的一个根本要点是要先对作为整体的人有所理解;(4)对于整体的理解不可能一开始就很完善。因此,需要有一个对整体和部分进行反复研究的过程,这一过程马斯洛称之为反复研究法,以这样的方法论为指导,作为具体的研究方法就是个别案例研究,包括访谈、问卷调查、档案传记研究、人格测量和评估法。马斯洛著名的对自我实现者的研究就是按这个思路进行的。

> 当人本主义以西方心理学"第三种力量"而引人注目时,信息加工的认知心理学(狭义的认知心理学)也作为对行为主义的反抗而迅速得到发展。它是由许多接受信息加工观点的美国心理学家共同创立的一个学派(如以研究注意和记忆著称的 G. A. 米勒,以研究思维著称的 H. A. 西蒙和 A. 纽艾尔)。它有这样一些特点:一是反对行为主义的由动物研究推论人的行为,而是直接研究人的认知过程(从感知到思维);二是进行研究的指导思想是把人看成类似电子计算机的信息加工系统,试图用信息加工观点说明各自的具体研究对象;三是在研究方法上,他们认为,在把人看成计算机式的信息加工器的前提下,需要用较为抽象的分析原则研究人的认知过程,而不能企图靠了解人的行动赖以发生的生理机制去达到目的。在具体研究中,采用实验、观察(包括自我观察)和计算机模拟等方法。以反应时和作业成绩为指标的实验特别受到重视,利用被试者的出声思考的观察法也得到发展。一般来说,当涉及快速的信息加工过程时,多利用以反应时为指标的实验;而涉及较慢的信息加工过程时,则可应用出声思考形式的观察法。计算机模拟既可运用于快速的信息加工过程,又可运用于慢速的信息加工过程的研究。不管应用哪一种方法,认知心理学都强调将条件与结果加以对照,即将输入和输出联系起来进行推理,以发现某一心理现象的内部机制,这就是抽象分析原则。这样既冲破了行为主义心理学的禁忌,又克服了古典内省法的弊端。
>
> 有这样一句谚语:"我不要你的金子,我要你点石成金的指头。"这神奇珍贵的"指头"在科学研究中就是研究方法,而对方法本身的认识、思考、评价就是方法论。方法论的进步,代表着科学研究达到一个新的水平。在现代心理学的发展中,20世纪五六十年代所出现的行为主义的衰落和认知、人本心理学的兴起这种现象,从方法论角度看,是一种方法论的完善和进步。也正是这种学派的兴衰,推动着心理学不断地向前发展。
>
> 资料来源:徐速,《行为主义心理学的衰落和人本心理学、认知心理学的兴起》,http://www.studa.com,2004-1-13。

二、现代营销学的问世

市场营销学于 20 世纪初期产生于美国。几十年来,随着社会经济及市场经济的发展,市场营销学发生了根本性的变化,从传统市场营销学演变为现代市场营销学,其应用从营利组织扩展到非营利组织,从国内扩展到国外。市场营销学(marketing)又叫市场学、行销学(港台地区称谓)、市场经营学、市务管理或营销学。它最初脱胎于经济学"母体",经过近一个世纪的发展和演变,它已不属于经济科学,而是建立在多种学科基础上的一门管理学应用学科。该学科最有影响的学者之一菲利普·科特勒(Philip Kotler)指出:"市场营销学是一门建立在经济科学、行为科学、现代管理科学理论基础上的应用科学",它研究以满足消费者需求为中心的企业市场营销活动及其规律性。

市场营销学研究的基本领域是交换关系,同时还关注促进交换的各种制度和结构、社会营销活动的各种社会规范的内涵,以及营销过程的法律、道德和伦理的各个方面。市场营销学在理论体系上以营销原理为框架,主要包括:学科思想研究、核心概念、市场及消费者研究方法、满足市场需求的战略策略、营销与社会等内容。市场营销学初期作为应用经济学的一支,注重分销渠道的研究,之后偏向管理学科,致力于销售量研究。20世纪70年代以来,应用行为科学的比重上升,它更关注顾客的行为及其关系,消费心理学在市场营销学中占据了重要的地位。

广告心理学的相关原理分布在市场营销学的理论体系中的两个部分,一是消费者市场及其购买行为,在这一部分涉及影响消费者购买行为因素中的个人心理因素(注意、知觉、学习、态度、动机、个性),以及消费者购买决策过程;二是作为市场营销主要内容的4Ps(产品、定价、地点、促销)之一的促销方式——广告,对广告主、广告媒介、广告创意与表现、广告受众、广告效果的研究都涉及广告心理学。

市场营销学的新发展,一方面是市场营销哲学由原来的五种观点,即生产观点(production concept)、产品观点(product concept)、推销观点(selling concept)、营销观点(marketing concept)和社会营销观点(societal marketing),演变为六种观点,增加了客户观点(customer concept),客户观点强调对消费者的研究,广告与消费心理学因此成为市场营销新发展中的一个趋势;另一方面是营销模式的创新,包括网络营销、病毒营销(viral marketing)、逆向营销(reverse marketing)、口碑营销、定制营销、整合营销传播、一对一营销、交叉销售、数据库营销、客户价值分析(customer value analysis)、客户关系管理(customer relationship management)、供应链管理等。从营销哲学的演变到营销模式的创新,进一步强化了消费者研究在市场营销中的地位,使对广告心理学的主体——消费者的接受心理的相关研究进一步深化;同时,广告心理学研究中的广告设计心理的研究也逐步细致深入。

市场营销的实践和理论都经历了一个发展的过程。理性营销始于1823年美国人A. C.尼尔逊创建的专业市场调查公司,自此,市场研究建立营销信息系统并成为营销活动的重要部分。C. E.克拉克指出,市场信息是"对事实或近乎事实的收集与解释,或对事实的估计与推测"。广告媒体的广泛应用把简单的回归分析、抽样技术和定性研究引入市场研究。

营销从传统的经济学转入管理学研究,标志着营销管理时代的开始。"经济学是营销学之父,行为科学是营销学之母,数学是营销学之祖父,哲学乃营销学之祖母。"经济学侧重于效用、资源、分配、生产研究,核心是短缺,而营销是公司管理的重要部分,核心是交换。

50年代营销环境和市场研究成为热点。营销管理必须置于而且适应其不断变化的环境,消费者行为是消费者定性与定量研究的重点,有助于制造商更好地理解其生活方式与态度。特别是当商品不再短缺时,消费者的差异逐渐扩大,于是"市场细分"的概念浮出水面。市场细分是根据消费者的社会经济特征来判断消费者的行为模型。60年代,威廉、莱泽提出了比市场细分更理想的方法,即消费者的价值观念与人生态度比其所处的社会、阶层更准确地解释消费者的消费方式。自此,市场研究强化了对消费者态度与使用的研究,从态度与习惯判断生活方式。1960年杰罗姆·麦卡锡提出了著名的4Ps理论。

20世纪70年代末,随着服务业的兴起,服务营销为服务业提供了思想和工具,也为制造业开拓了新的竞争领域。

80年代,顾客满意度(customer satisfaction)开始流行。满意是一种感觉状态的水平,源于对产品的绩效或产出与人们的期望所进行的比较。顾客的期望源于自己和别人的经验、公司的承诺,而绩效源于整体顾客价值(产品价值+服务价值+人员价值+形象价值)与整体顾客成本(货币成本+时间成本+体力成本+精神成本)之差异。它与顾客对品牌或公司的忠诚度密切相关。80年代另一流行概念是品牌资产(brand equity)。大卫·A.艾克(David A. Aker)提出构筑品牌资产的五大元素为品牌忠诚、品牌知名度、心目中的品质、品牌联想和其他独有资产。作为公司的无形资产,品牌资产往往又构成公司最有价值的资产。

伴随全球一体化进程,西奥多·莱维特提出"全球营销"(global marketing)的思想,强调产品与手段的一致性,认为过于强调各地方的适应性会导致规模经济损失。然而,他忽略了地域文化差异的影响,受文化影响的产品更多强调各方市场的适应性,而不受文化影响的产品可以更加标准化。

舒尔兹(Schultz)提出整合营销(integrated marketing)的概念,它包括营销战略与活动的整合、信息与服务的整合、传播渠道的整合、产品与服务的整合。

一开始人们对整合营销传播的概念仅作直观的理解,认为其是协调和管理营销传播,包括广告、销售促进、公共关系、人员销售和直接销售等层面,保持企业信息一致的一种途径。后来,人们从营销传播的角度提出了更加全面的整合营销传播观念,认为其是企业或品牌通过发展与协调战略传播活动,使自己借助各种媒介或其他接触方式与员工、顾客、利益相关者以及普通公众建立建设性关系,从而建立和加强与他们之间的互利关系的过程。企业经常采用的四种整合层次,包括统一形象、统一声音、好听众与世界级公民,强调前后一致的形象与声音,信息的双向传播,以及关心社会、注重企业文化与社会责任等。国内学者将整合营销传播的内涵概括为:以消费者和品牌之间的关系为目的,以"一种声音"为内在支持点,以各种传播媒介的整合运用为手段。整合营销传播努力的目标就是加强企业与其顾客及其他利益相关者之间的关系,进而培植品牌忠诚,最终形成品牌资产。

巴巴拉·本德·杰克逊强调关系营销(relationship marketing)的重要性,它有别于传统的交易营销,为客户增加经济的、社会的、技术支持等附加值,更好地把握了营销概念的精神,强调了营销的人文性。

信息技术的迅速发展,使得企业"一对一"沟通顾客成为可能,因而出现了数据库营销。它能够更好地了解顾客,加强与顾客的忠诚关系。

20世纪90年代,企业营销理念发生了变化,企业开始反思传统的营销活动,意识到营销不仅要考虑消费者的需要,更要考虑消费者与社会的长远利益,如环境保护与人身健康等。公司制定的组织目标不应是利润最大化或消费者的选择和满意度最大化,而应是兼顾消费者的满意与长期福利。于是,4Cs(customer, cost, convince, communication)开始向传统的4Ps(product, price, place, promotion)发起挑战,并进而演化为整合营销传播。

文本卡片 2-3

整合营销传播

关于整合营销传播最流行的谬误就是从"整合"的字面理解着手,认为只要挖空心思把一切可能的传播工具用上,造成所谓"海陆空立体攻势",就是整合营销传播了。实际上在科特勒那里,就已经一再强调营销过程的整合和要素的整合。

1. 营销过程的整合和要素的整合

(1) IMC旨在"整合"所有的品牌,而非某个品牌传播工具的"整合"

单一品牌的整合在"4P时代"就已经完成了,哪里还用得上IMC出手。当代的营销难题在于多个品牌跨越不同的事业领域,甚至其定位也截然不同,如何跨品牌地进行整合?这个课题既面临寻求协同效应的难度,又面临克服内部条块分割的"品牌经理制"(brand manager)的难度,IMC就是从"科特勒营销"中绝未言及的这一点中切入的,IMC是战略上的整合,而不仅仅是战术上的整合。

(2) IMC进一步强调对客户、接触点、信息的"整合"

其实大多数整合营销传播规划都是对单一特征客户("目标市场")进行的,在此基础上很容易做到"整合"。然而事实上,购买者常常绝非一类,如果让我们对很多类偏好不同、行为也不同的客户进行整合营销传播,恐怕难度就极大了。另外,IMC的核心是"接触点管理",然而每个接触点不仅传播效果不同,而且其成本投入和管理难度也有所不同。最后,传播信息的整合也是个难题,不少人都认为信息整合就是"speak in one voice"(用同一个声音说话),那岂不是"copy"(复制)就是整合,其实品牌不同、客户不同、接触点不同,就不能用一样的信息。

2. 整合营销传播不等于营销化的传播或传播化的营销

关于整合营销传播常见的谬误还有从"营销传播"的字面理解着手,认为IMC不过是营销和传播相互渗透,是更"营销"的传播或是"更传播"的营销,舒尔兹提到的"营销即传播"更加深了他们对这种片面见解的执著。其实,IMC是一个专业用语,并非I+M+C,就好比"系统"的内涵不是"系"的内涵加"统"的内涵。IMC和Marketing是两个不同的概念,就好比"战略"和"战术"虽然同有一个"战"字,但完全是两回事。

> **（1）两者目标完全不同**
>
> 打开一份营销计划，我们可以看到"营销目标"一定是销售额、利润率等交易指标，IMC的目标则完全在于加强顾客关系、创造顾客资产。所以Marketing比较适用于相对单纯的环境、生命周期的成长期、竞争虽然激烈但尚未饱和的情形，而IMC则适用于复杂分化的环境、生命周期的成熟期、竞争超饱和的状况。
>
> **（2）两者针对的对象完全不同**
>
> Marketing针对的对象是最终顾客。顺便提到，目前中国"科特勒营销"最薄弱的环节就是在通路上，把经销商仅仅当做通往最终顾客的渠道，而不是把经销商当做目标市场之一则是其根源所在。
>
> 而IMC不仅强调消费者，而且强调内部员工、经销商，甚至还有公众等，范围大得多，影响程度也广得多。
>
> 资料来源：刘威，《整合营销传播不是销售工具大杂烩》，http://www.newmarketing.cn，2004-4-29。

三、现代传播学的发展

传播学是研究人类一切传播行为和传播过程发生、发展的规律以及传播与人和社会的关系的学问。简言之，传播学是研究人类如何运用符号进行社会信息交流的学科。传播学是20世纪40年代以来跨学科研究的产物。其学科基础包括社会学、心理学、社会心理学、符号学、语义学、新闻学、三论（信息论、控制论、系统论）。在这种学科背景下诞生的传播学，具有边缘性的鲜明特色。19世纪末的传播学是新闻学取向的，20世纪20年代的传播学是社会学和心理学取向的，与其关系最密切、直接构成其学术渊源、奠定其理论基础的学科首推行为科学，包括社会学、心理学、社会心理学等。最具代表性、经典性的研究成果如库利、米德的"象征互动理论"（社会心理学），卢因的"群体动力学"和"场论"（社会心理学），霍夫兰对"劝服态度改变"的研究（实验社会心理学），都来自心理学领域。

传播学研究的范围很广泛，其中最主要的内容是传播五要素的研究，即信息传播者的研究、信息的研究、传播媒介的研究、受众的研究、传播效果的研究，同时，传播过程中还有反馈和前馈。传播学研究的核心问题是传播对社会的影响与控制问题。

一般认为，传播学有三大分支：大众传播学、人际传播学、组织传播学。

大众传播是指传播组织通过现代化的传播媒介——报纸、广播、电视、电影、杂志、图书等，对极其广泛的受众所进行的信息的传播活动。大众传播学是研究大众传播事业的产生、发展及其与社会的关系，大众传播的内容、过程、功能与效果的学科。它从属于传播学，是传播学的一个重要组成部分。大众传播有三个特点：面向大量的、异质的和匿名的受众；信息公开传播，通常同时到达大部分受众；传播者通常在一个支出甚巨的复杂机构中活动。①

大众传播的一般特点为：(1) 它需要借助特定的传播媒介传递信息，这些媒介的特性各不相同，统称为大众传播工具；(2) 大众传播所传递的信息是公开的、面向社会的，受众则是大量的、匿名的、各不相干的；(3) 大众传播基本上是信息的单向流动，来自受众的信息反馈也是有限的、滞后的；(4) 现代科学技术特别是电子技术的飞速发展，使大众传播的信息传递更为快捷与广泛；(5) 大众传播的内容多半是由组织（传播机构）和职业传播者发布的，而不是由个人发出的。

广告正是一种典型的大众传播形式。因此，广告学也被纳入大众传播学的学科体系，并以大众传播学的概念和原理来解释广告活动的现象和过程。

广告心理学一方面直接运用了传播学中的心理学研究成果，如劝服态度改变研究，就探讨了消费者行为中的态度改变问题；另一方面，由于广告是一种大众传播，因而传播学的基础理论，如传播模式的研究以及传播中的噪声、反馈等概念也成为广告心理学的学理基础。

第二节 广告心理学出现的社会基础

一、市场经济的建立

16—17 世纪，资产阶级革命在欧洲取得胜利，资本主义制度在欧洲得以全面建立。随着资本主义的海外扩张，海外殖民地与海外贸易蓬勃兴起。18 世纪 60 年代始于英国的工业革命，相继在法、德、美等资本主义国家完成。这些因素共同促进了欧洲社会的商品化，西方社会的商品经济获得高速发展。资本主义生产方式普遍确立，机器大工业日益发展，特别是社会分工进一步发展和世界市场的拓展，使得生产力迅速提高，产品作为商品来生产，城市经济迅猛发展。19 世纪，西方资本主义国家进入了自由竞争的资本主义的黄金时代。正如《共产党宣言》所描述的："资产阶级在它的不到一百年的阶级统治中所创造的生产力，比过去一切世代所创造的全部生产力还要多、还要大。"② 由价格来配置资源的市场经济在此时期成为社会经济生活中占主导地位的方式。自由竞争的资本主义的特点是政府对经济不予干预，任由"看不见的手"引导资源的配置；激励的竞争，催生了对广告的巨大需求。这是自由资本主义在欧洲、美国向垄断资本主义发展的二十年。许多对人类文明有重要影响的新技术，如电、内燃机等都是在这个阶段发明的，横贯北美大陆的铁路也于此时建成。大工业的普及、发达促进了经

---

① Werner J. Severin, James W. Tnkard, Jr., *Communication Theories: Origins, Methods, and Buses in the Mass Media*, 4e, Longman, p. 4.

② 《马克思恩格斯选集》（第 1 卷），人民出版社 1972 年版，第 256 页。

济的迅速发展,新产品大量出现。市场经济转入激烈的竞争阶段,商业竞争成为资本主义经济的一大特点。大量商品需要通过某种渠道使消费者熟悉,以便促进销售,广告因此得到了空前的发展。

二、大众传播的崛起

在传播技术层面,8世纪的中国,蔡伦发明了造纸术,后相继传入伊斯兰世界和信奉基督教的欧洲。11世纪,毕昇又发明了活字印刷术,遗憾的是并没有得到普遍的推广运用,朝廷的官报和书籍传播,仍以手抄或雕版印刷为主。直至明朝才开始采用活字印刷,应用于社会的文化传播。

1445年,德国人谷登堡(Gutenberg)发明了金属活字印刷术,引发了欧洲传播领域的革命性变革,催生了西方的报媒。17世纪初,在德国出现了被称为世界上最早的报纸 *Starssbvry*,此后,在英国、法国、德国、丹麦,甚至墨西哥,许多公报、新闻类的报纸相继面世。

广告迅速开始了对报纸的运用。1650年,英国的《新闻周刊》刊登了一则悬赏广告,以找回12匹被盗的马,它被认为是世界上第一条报纸广告。报纸广告的出现,是广告发展的一次飞跃,为世界各地的广告带来了新的发展机会。此后,报纸广告长期成为广告形式的主流。

广告的产生与发展,显然是源于社会经济发展对广告的需求。资本主义商品经济更广范围的动作与扩张,更需要具有突破传统媒介传播局限的广告传播的支持,使其成为真正意义上的"广而告之",近代报媒的出现,终于使其成为可能。

近代报纸和杂志的出现,为广告提供了新媒介,促使近代广告发生具有重大变革意义的历史性变迁。但是,近代的报纸和杂志,其发行范围往往限于社会上层,发行量大致都在几百份,最多也只有几千份,还谈不上真正意义上的大众传媒。

现代传播媒介的大众化进程,始于19世纪初,其标志性事件就是本杰明-戴所发动的"便士报"运动。由本杰明-戴创办的《太阳报》于1833年在纽约创刊,其发刊词为"普照大众",由于采用一便士一份报纸的销售方式,其发行量一路飙升,到1837年,其日售量高达3万份。此后,《先驱报》、《纽约论坛报》、《纽约时报》等,相继跟进。"便士报"运动促进了现代报媒的快速增长,从而进入真正意义上的大众化时期。到1920年,美国每户平均订报量达1.34份。

19世纪末,无线电技术的发明催生了广播媒介;20世纪头20年,广播媒介走出军事运用领域,开始了它的大众化进程;接下来,便是电视的发明及其大众化。

从19世纪开始,现代传播才真正进入大众化的历史阶段,广告也进入了大众传播时代。

17、18世纪,随着近代报媒的出现,以及广告对报媒的运用,广告经历了处于媒体依附地位的媒体推销时代和脱离媒体的媒体掮客时代。早期的媒体推销,是应媒体自身发展的需要,以媒体的立场而诞生的。具体来说,其中一部分推销员为报业自身的广告业务员,他们直接面对营销主即广告主销售报纸版面;一部分则为社会人员,其受雇于报业,代表报业向营销主推销版面,从报业领取推销佣金作为个人酬劳。由于媒体的发展和广告活动的频繁,一方面,各媒体为拓展广告业务,在其组织内部纷纷设置广告部,集中经营广告业务;另一方面,原先受雇于媒体的版面推销员,开始脱离媒体,介于媒体和广告主之间,从媒体廉价批量购买版面,然后分割高价零售给各广告主,赚取其中的差额利润,成为自主的媒体掮客。这种媒体掮客在职能上仍仅限于媒体的购买与销售,但其自主经营,已初具广告代理的意义。

19世纪,世界经济的中心开始由英国向美国转移,世界广告的中心也随之发生相应的转移,美国广告业出现空前的繁荣,从而催生了真正意义上的现代广告代理业。近似现代概念的广告代理公司,最先出现在美国费城。1869年,一个年仅20岁的年轻人F.魏兰德·艾耶(F. Wayland Ayer),向他父亲借了250美元,并以他的名义(担心客户认为他年轻不可信,只好借其父的名义)开设了艾耶父子广告公司。起初,他也与别人一样,只是一个广告掮客。1890年左右,艾耶设计了一份报价单,并告诉客户自己购买版面的真实价格,加上一定比例的佣金,就是他的转卖价。他还为客户设计、撰写文案,建议和安排合适的媒介并制作广告。艾耶父子广告公司被广告历史学家称为"现代广告公司的先驱"。

现代广告的产生有赖于大众传播的崛起,从产生之日起,其目的就是树立企业形象、促进产品销售、传播广告主预期的观念等。

广告是一种付费的传播活动,传播的目的在于最终达成广告主所预期的受众的反应。一则广告如果所用费用适宜,能到达更多的目标受众,并达成理想的反应,如经济收益的增加或观念的广泛传播,就会被认为是一则成功的广告。在传播费用低、传播速度快、传播面广等方面,大众传播无疑比人际传播更有优势。正是基于费用与效果的考虑,现代广告普遍以媒体(尤其是大众媒体)传播取代古老的人际传播。大众传播的兴起,成为现代广告发展的基础。随着新技术的运用和消费行为个性化带来的受众的不断细分,广告传播又从大众传播走向分众传播、窄众传播,甚至回到人际传播(如一对一的营销传播)。多种传播形态的百花齐放,为广告的发展提供了基础,也为广告心理学的发展与研究提供了广阔的空间。

表 2-1　2007 年度中国媒介单位广告营业额前 30 名排序　　（单位：人民币万元）

序号	单位全称	营业额
1	中央电视台	1 000 000
2	上海文广新闻传媒集团广告经营中心	370 908
3	深圳报业集团广告中心	336 510
4	北京电视台	211 000
5	南方广播影视传媒集团广告总公司	202 955
6	广州日报社广告处	201 700
7	百度	174 100
8	湖南电视台	170 300
9	深圳广播电影电视集团广告中心	161 000
10	江苏省广播电视集团	160 000
11	新浪网	120 600
12	安徽电视台广告中心	112 500
13	杭州日报报业集团广告中心	104 300
14	广东羊城晚报广告公司	104 000
15	解放日报报业集团	103 877
16	国家广播电影电视总局电影卫星频道节目中心	100 000
16	广东电视台	100 000
18	天津日报报业集团	88 500
19	搜狐公司	85 700
20	河南电视台	81 770
21	新华日报报业集团	81 000
22	四川广播电视集团	79 392
23	湖北广播电视总台	76 700
24	重庆广播电视集团	76 000
25	天津电视台	75 000
26	湖北日报传媒集团楚天广告总公司	71 000
27	华西都市报社	68 000
28	武汉长江报业广告总公司	67 700
29	天津市今晚传媒广告有限公司	66 000
30	钱江晚报有限公司	65 083

资料来源：《现代广告》，2008 年第 7 期。

三、消费选择的多元化

改革开放以来，随着社会的发展，一方面，我国居民的可支配收入日益增加，可用于消费的货币资源越来越多；另一方面，社会提供的消费选择也日益多元化，无论是满足同样需求的商品和服务的形式，还是同样形式的商品和服务的品牌，都极为丰富多样，彼此可以互相替代，在这样一个消费热情高涨、消费品类繁多的环境下，可以提供产品信息和消费选择的广告获得了极大发展。

由新生代市场监测机构与英国市场研究局联合进行的 2000 年中国市场与媒体研究,采集了全国 20 个重点城市 5 万多名 15—64 岁的城区和郊区被访者的资料,获得了中国城市居民的收入情况和消费习惯。研究表明,至少 69.7% 的家庭月收入在 1 000 元以上。据国家统计局数据,中国的居民消费总额在 2002 年比 1985 年增长了 950%,说明我国居民消费能力在改革开放以后增长十分迅速。

品牌已渐成为引领人们生活风尚和标识社会阶层的核心符号,这种符号与人们的购买力、文化品位、家庭教育、职业分工和个人素养直接联系,而这种联系就来自于广告教育。可以说,消费选择的多元化与广告是相辅相成的,众多的商品需要通过广告来确立自己的形象,同时又为广告运动的发展提供了物质基础。

表 2-2　全球前 100 名广告主
——按 2006 年全球广告花费总额排名　　　　　　　　　（单位:百万美元）

排行		广告主	总部	全球广告花费		
2006	2005			2006	2005	变化率(%)
1	1	宝洁	美国辛辛那提	8 522	8 184	4.1
2	2	联合利华	伦敦/鹿特丹	4 537	4 197	8.1
3	3	通用汽车	美国底特律	3 353	4 059	-17.4
4	5	欧莱雅	法国克里奇	3 119	2 768	12.7
5	4	丰田汽车	日本丰田市	3 098	2 840	9.1
6	6	福特汽车	密歇根州	2 869	2 643	8.5
7	7	时代华纳	纽约	2 136	2 477	-13.8
8	10	雀巢	瑞士 Vevey	2 114	2 109	0.2
9	8	强生	新泽西州	2 025	2 334	-13.2
10	9	戴姆勒-克莱斯勒	密歇根/德国斯图加特	2 003	2 118	-5.4
11	11	本田汽车	东京	1 910	1 833	4.2
12	14	可口可乐	亚特兰大	1 893	1 754	7.9
13	12	沃特迪士尼	加利福尼亚州	1 755	1 823	-3.7
14	17	葛兰素史克	英国米德尔塞克斯	1 754	1 606	9.3
15	13	尼桑汽车	东京	1 670	1 780	-6.2
16	19	索尼	东京	1 620	1 537	5.4
17	18	麦当劳	伊利诺伊州	1 611	1 554	3.7
18	21	大众汽车	德国沃尔夫斯堡	1 609	1 610	-0.1
19	16	利洁时家化	英国伯克郡	1 550	1 446	7.2
20	15	百事可乐	美国纽约州浦奇斯	1 530	1 670	-8.4
21	20	卡夫食品	伊利诺伊州	1 513	1 500	0.9
22	23	达能集团	巴黎	1 297	1 260	3.0
23	22	通用电气	康涅狄格州	1 253	1 345	-6.8
24	26	百胜餐饮	肯塔基州	1 178	1 118	5.4
25	25	新闻集团	纽约	1 104	1 119	-1.3
26	27	戴尔	得克萨斯州	1 097	1 092	0.5

(续表)

排行		全球广告花费				
2006	2005	广告主	总部	2006	2005	变化率(%)
27	28	标致雪铁龙	巴黎	1 021	983	3.8
28	35	现代汽车	首尔	978	818	19.5
29	30	松下电器	日本大阪	943	900	4.8
30	32	玛氏食品	弗吉尼亚州	894	894	0.0
31	29	Sears Holdings Corp.	伊利诺伊州	887	922	−3.8
32	34	Kellogg Company	密歇根州	885	823	7.5
33	43	辉瑞制药	纽约	878	693	26.8
34	36	Tchibo Holding	德国汉堡	859	811	6.0
35	33	雷诺汽车	法国 Boulogne-Billancourt	834	840	−0.8
36	24	沃达丰	英国纽伯里	813	1 247	−34.8
37	42	高露洁棕榄	纽约	791	710	11.4
38	45	汉高	德国杜塞尔多夫	777	687	13.2
39	37	微软	美国华盛顿	769	796	−3.4
40	38	惠普	加利福尼亚州	739	778	−5.0
41	31	维亚康姆	纽约	735	894	−17.8
42	40	法国电信	巴黎	730	736	−0.9
43	48	美国庄臣	美国威斯康星州	728	670	8.8
44	41	花王公司	东京	709	736	−3.6
45	46	佳能	东京	704	685	2.8
46	39	沃尔玛	美国阿肯色州	687	737	−7.1
47	51	三星集团	首尔	675	647	4.3
48	44	瑞士诺华	瑞士巴塞尔	654	692	−5.5
49	54	费列罗	意大利 Pino Torinese	643	582	10.4
50	50	通用磨坊	明尼苏达州	621	649	−4.3
51	57	威望迪	巴黎	614	536	14.7
52	60	惠氏	新泽西州	590	518	13.9
53	55	万事达卡国际组织	美国纽约州浦奇斯	580	547	6.1
54	49	美国运通公司	纽约	571	666	−14.3
55	56	拜耳	德国勒沃库森	570	544	4.8
56	63	Metro Group	德国杜塞尔多夫	568	490	16.0
57	53	马自达汽车	日本广岛	551	590	−6.7
58	62	西班牙电信	马德里	549	507	8.2
59	71	菲亚特	意大利都灵	542	418	29.6
60	65	VISA 国际组织	美国圣弗朗西斯科	538	467	15.2
61	52	Anheuser-Busch Cos.	密苏里州圣路易斯	517	635	−18.5
62	59	Clorox Co.	加利福尼亚州	515	520	−1.0
63	95	默克制药	新泽西州	514	278	85.1

(续表)

排行		广告主	全球广告花费			
2006	2005		总部	2006	2005	变化率(%)
64	58	箭牌糖果	芝加哥	494	522	-5.4
65	61	吉百利	伦敦	493	517	-4.6
66	67	台铃汽车	日本滨松	492	453	8.6
67	47	花旗集团	纽约	491	684	-28.2
68	75	Campbell Soup Co.	新泽西州	467	403	15.9
69	83	夏普	日本大阪	465	338	37.3
70	79	路易威登	巴黎	456	352	29.5
71	73	先灵葆雅	新泽西州	451	415	8.5
72	69	宝马	德国慕尼黑	448	439	1.9
73	81	LG 集团	首尔	425	341	24.7
74	64	金佰利	得克萨斯州	412	473	-12.9
75	68	起亚汽车	首尔	410	444	-7.6
76	70	富士重工	东京	405	419	-3.3
77	78	Doctor's Associates	美国康涅狄格州	402	364	10.4
78	66	诺基亚	芬兰	396	465	-14.7
79	72	美泰玩具	加利福尼亚州	389	416	-6.4
80	82	Burger King Holdings	迈阿密	362	339	6.8
81	91	阿尔迪集团	德国埃森	361	293	23.1
82	76	帝亚吉欧	伦敦	359	370	-3.0
83	118	苹果电脑	加利福尼亚州	351	190	85.2
84	87	喜力啤酒	荷兰阿姆斯特丹	338	304	11.1
85	74	SABMiller 啤酒	伦敦	321	413	-22.1
86	85	索尼 BMG 音乐娱乐公司	纽约	321	308	4.2
87	88	家乐福	法国 Levallois-Perret	318	302	5.3
88	93	任天堂	日本京都	310	288	7.8
89	98	耐克	美国俄勒冈州	308	272	13.3
90	99	资生堂	东京	306	262	16.7
91	100	宜家	瑞典代尔夫特	301	259	16.2
92	77	IBM	纽约 Armonk	290	368	-21.1
93	89	日立	东京	286	300	-4.9
94	90	Sanofi-Aventis	巴黎	271	297	-8.8
95	102	Joh. A. Benckiser	德国 Ludwigshafen	271	254	6.3
96	92	莫尔森库尔斯啤酒公司	美国丹佛/加拿大蒙特利尔	267	291	-8.4
97	96	东芝	东京	267	274	-2.7
98	84	菲利普	荷兰阿姆斯特丹	259	314	-17.5
99	101	荷兰国际集团	荷兰阿姆斯特丹	253	258	-1.8
100	103	保乐力加集团	巴黎	247	248	-0.4

资料来源:中国广告协会,《国际广告动态》,2008 年第 37 期。

第三节 广告心理学的产生与发展

一、广告心理学的产生

通常人们以 1903 年科斯特出版的《广告理论》一书作为广告心理学诞生的标志。当时的广告心理学,主要侧重于研究广告受众的接受心理,如由 H. 闵斯特·伯格(H. Munsterberg)对报刊的面积、色彩、文字、编排等广告效果的影响所作的实证研究,都是从生产者的角度展开的,主要目的是更好地达成广告的销售效果。

在学术研究上,研究消费者的广告接受过程,便于制作更有效的广告。广告心理学自产生之后,很快便融入了有关消费者的消费决策和消费行为的广泛研究。消费者行为学作为独立的市场营销学科,源起于市场营销观念的转变。从早期的以生产者为中心的生产观念、产品观念、推销观念,发展到以消费者为中心的市场营销观念和社会市场营销观念,消费者的需要和欲望成为市场营销研究的核心概念。日益增多的新产品种类、消费者运动、公共政策、环境保护、开放的全球市场都使消费者研究成为必然。

消费者行为的研究兴起于 20 世纪 60 年代。由于它没有自身的研究历史,理论家们从心理学(研究消费者个体)、社会学(研究群体)、社会心理学(研究个体在群体中的行为)、人类学(研究社会对个体的影响)和经济学中借取概念,将其发展成为一门新的市场营销学科。许多早期消费者行为理论都是从经济学中借取个体理性最大化的概念,后来的研究发现消费者的购买活动常出于冲动,受家庭和朋友的影响,受广告者和角色的影响,也受情绪、情景和感情的影响。所有这些因素共同形成一个综合的消费者行为模型,反映了消费者决策的认知和情感因素。如在第一章中所描述的简单的消费者决策的一个简单模型所述,消费者首先是接受一系列的外部影响,间接影响是社会文化因素,如家庭、非正式渠道、社会阶层、文化等;直接影响是来自营销者的刺激,4Ps,即产品、定价、分销渠道和促销措施。广告是消费者接受的直接影响中的一项,而间接影响因素中,也有许多都要借助于广告传播,如文化因素常常被隐含在广告之中进行传播。之后,消费者在进行决策时,受到个体心理因素的影响,包括个体的认知能力、动机、人格特征等。早期的广告心理学的研究范围局限于广告与消费者的个体心理的相互作用,而现在的广告心理学研究的对象则包括整体的广告活动中所有参加者的心理现象和运动规律,它研究的对象比消费者行为学更广,但研究的内容却并未覆盖所有的消费者行为,所以广告心理学的发展趋势是与消费者心理学并称为广告与消费心理学。

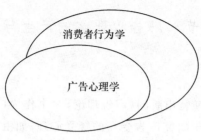

图 2-1 二"学"关系示意图

二、广告心理学研究的现状与发展趋势

由于广告心理学的主体内容——消费者个体的心理特点,它属于消费者行为中涉及个体的心理学领域,而消费者个体的消费心理的输入变量不仅有广告,还涉及其他输入变量,如公关、促销等,所以目前在学术界,广告心理学的研究通常与消费心理学并提,很少单列,称作广告和消费心理学。

我们将从国际上有关广告和消费心理学研究的相关协会、出版物、研究内容三个方面来了解广告心理学研究的现状。

(一)广告心理学的研究团体和主流杂志、经典作品

美国有两个主要广泛运用广告心理学的消费者研究团体:消费者研究协会(Association for Consumer Research,ACR)和消费者心理学协会(Society for Consumer Psychology,SCP)。英国的广告心理学研究的重要组织是世界广告研究中心(World Advertising Research Center,WARC)。

消费者研究协会(ACR)是一个研究消费经验的研究者的全球性协会,旨在发展消费者研究,为学术界、产业界和政府人员提供学术信息交流的机会。它源于 1969 年俄亥俄州立大学的一次聚会。1970 年,在麻省大学召开了第一次会议,此后,年会成为惯例。协会位于佐治亚州,目前有 1 700 名成员。其早期成员 80% 来自学术界,尤其是市场营销学、心理学、家庭经济学和经济学领域。约 15% 的成员来自商业企业的雇员和经理,主要是消费品营销组织、市场营销研究公司和广告公司。5% 的成员来自政府机构和非营利组织。近来成员主要来自学术界,鲜有政府和工商界人士。

《消费者研究》(Journal of Consumer Research,JCR)由包括消费者研究协会在内的好几家专业和学术组织主办,旨在为消费者行为的经验研究、理论和方法论提供交流平台,由芝加哥大学出版社出版。《消费者研究》在学术界最负盛名,它已创办二十多年,论文涉及心理学、经济学、工商和市场营销,也有来自人类学家、后现代主义和批判理论家的论述。它是一个跨学科的杂志,包括了消费者人类学和消费者社会学。在雅典工商管理实验室(Athens Laboratory of Business Administration,ALBA)的北美工商管理类杂志排名中,《消费者研究》名列第二,《消费者心理学》名列第六。

消费者心理学协会(SCP)是美国心理学协会 23 分会(American Psychological Associations Division 23），旨在培养该领域的学术研究、学科发展和行业实践。该分会研究作为商品和服务的消费者的人们的个体和社会的心理规律，面向心理学家和其他营利和非营利的市场营销、广告、传播、消费者行为和相关领域的消费者研究人员。其出版的刊物是《消费者心理学》（Journal of Consumer Psychology，JCP），通常刊登主流心理学的文章。协会代表并协调心理学、市场营销学、广告学、传播学、消费者行为学和其他相关领域的行为科学家的研究兴趣。《消费者心理学》为季刊，协会每年举办一次小型春季年会。

英国的世界广告研究中心（WARC）是一个综合性的组织，主要提供营销、广告、媒体和研究社区的信息。它是一个独立的组织，与全世界的贸易协会、工业体联系密切，包括广告研究基金会、广告业者研究院、AC 尼尔森等，所以它有着极为丰富的信息资源。世界广告研究中心出版了一系列广告作品，有的是获得英国广告业者研究院（Institute of Practitioners in Advertising，IPA）"广告效果奖"（Advertising Effectiveness Awards）的广告运动案例研究，有的是获得纽约美国营销协会（New York American Marketing Association）给年度最有效的广告运动颁发的艾菲思奖（EFFIEs Awards）的案例，这些都是广告心理学的案例来源。它主办的月刊《广告世界》（Admap），主要由业界人士撰稿，其文章具有权威性，而且非常严肃。创办三十多年，主要告知业者关于广告和营销传播的新信息，广告研究、媒体计划、广告效果监测和客户计划的诸多新方法都由它首创。

其他刊载广告心理学和消费者心理学的杂志有：

《广告的当前问题与研究》（Current Issues and Research in Advertising），1992 年以后改为《广告的当前问题与研究杂志》（Journal of Current and Research in Advertising）；

《欧洲消费者研究前沿》（European Advances in Consumer Research）；

《欧洲市场营销》（European Journal of Marketing）；

《国际广告》（International Journal of Advertising）；

《国际儿童广告与营销》（International Journal of Advertising and Marketing to Children）；

《国际市场营销》（International Journal of Marketing）；

《国际市场营销研究》（International Journal of Research in Marketing）；

《广告》（Journal of Advertising）；

《广告研究》（Journal of Advertising Research）；

《商业研究》（Journal of Business Research）；

《经济心理学》（Journal of Economic Psychology）；

《市场营销》（Journal of Marketing，ALBA 排名第三）；

《市场营销研究》（Journal of Marketing Research，ALBA 排名第一）；

《营销学研究》（Journal of the Academy of Marketing Science）；

《心理学与市场营销》（Psychology and Marketing）。

广告心理学研究被最广泛引用的经典作品如下：

Agres, S. J., Edell, J. A., and Dubitsky, T. M. (eds.) (1990), *Emotion in Advertising, Theoretical and Practical Explanations*, Westport CT: Quorum Books.

Bearden, W. O., Netemeyer, R. G., and Mobley, M. F. (1993), *Handbook of Marketing Scales: Multi-item Measures for Marketing and Consumer Behavior Research*, Newbury Park CA: Sage.

Brown, S., Bell, J., and Carson, D. (1996), *Marketing Apocalypse: Eschatology, Escapology and the Illusion of the End*, London: Routledge.

Bullmore, J. (1998), *Behind the Scenes in Advertising* (2nd Edition), Henley-on-Thames: Admap Publications.

Brierley, S. (1995), *The Advertising Handbook*, London: Routledge.

Cafferata, P. and Tybout, A. (eds.) (1989), *Cognitive and Affective Responses to Advertising*, Lexington MA: Lexington Books.

Clark, E. M., Brock, T. C., Stewart, D. W. (eds.) (1994), *Attention, Attitude, and Affect in Response to Advertising*, Hillsdale, NJ: Erlbaum.

Cook, G. (1992), *The Discourse of Advertising*, London: Routledge.

Forceville, C. (1996), *Pictorial Metaphor in Advertising*, London: Routledge.

Foxall, G. R. and Goldsmith, R. E. (1994), *Consumer Psychology for Marketing*, London: Routledge.

Franzen, G. (1999), *Brands and Advertising: How Advertising Effectiveness Influences Brand Equity*, Henley-on-Thames: Admap Publications.

Franzen, G. and Bouwman, M. (2001), *The Mental World of Brands*, Henley-on-Thames: Admap Publications.

Goddard, A. (1998), *The Language of Advertising*, London: Routledge.

Gunter, B. and Furnham, A. (1992), *Consumer Profiles: An Introduction to Psychographics*, London: Routledge.

Gunter, B. and Furnham, A. (1998), *Children as Consumers: A Psychological Analysis of the Young People's Market*, London: Routledge.

Hecker, S. and Stewart, D. W. (eds.) (1988), *Nonverbal Communication in Advertising*, Lexington MA: Lexington Books.

Hirschman, E. C. (ed.) (1989), *Interpretive Consumer Research*, ACR: Provo UT.

Jones, J. P. (1998), *How Advertising Works: The Role of Research*, Thousand Oaks CA: Sage.

Leigh, J. H. and Martin, C. R. Jr. (eds.) (1982), *Current Issues and Research in Advertising*. Ann Arbor MI: Graduate School of Business Administration.

Luce, M. F., Bettman, J. R., and Payne, J. W. (2001), "Emotional Decisions:

Tradeoff Difficulty and Coping in Consumer Choice", *Monographs of the Journal of Consumer Research*, 1, Chicago: The University of Chicago Press.

Luik, J. C. and Waterson, M. J. (eds.) (1996), *Advertising and Markets*, Henley-on-Thames: NTC Publications.

Lunt, P., and Furnham, A. (1996), *Economic Socialization: The Economic Beliefs and Behaviours of Young People*, Cheltenham: Edward Elgar.

McCracken, G. (1988), *Culture and Consumption*, Bloomington: Indiana University Press.

McNeal, J. U. (1987), *Children as Consumers*, Lexington MA: DC Heath.

Macklin, M. C., and Carlson, L. (eds.) (1999), *Advertising to Children: Concepts and Controversies*, Thousand Oaks: Sage.

Miller, D., Jackson, P., Thrift, N., Holbrook, B., and Rowlands, M. (1998), *Shopping, Place and Identity*, London: Routledge.

Mitchell, A. A. (ed.) (1993), *Advertising Exposure, Memory and Choice*, Hillsdale NJ: Erlbaum.

Nava, M., Blake, A., MacRury, I., and Richards, B. (1997), *Buy this Book: Studies in Advertising and Consumption*, London: Routledge.

Percy, L. (ed.) (1983), *Advertising and Consumer Psychology*, Lexington MA: D. C. Heath.

Rijkenberg, J. (2001), *Concepting*, Henley-on-Thames, World Advertising Research Centre.

Schumann, D. W., and Thorson, E. (eds.) (1999), *Advertising and the World Wide Web*, Mahwah, NJ: Erlbaum.

Seiter, E. (1993), *Sold Separately: Children and Parents in Consumer Culture*, Brunswick, NJ: Rutgers University Press.

Smith, G. (1997), *Children's Food: Marketing and Innovation*, London: Blackie Academic & Professional.

Southgate, P. (1994), *Total Branding by Design*, London: Kogan Page.

Sutherland, M. (1997), *Advertising and the Mind of the Consumer: What Works, What Doesn't and Why*, St. Leonards NSW: Allen & Unwin.

Tanaka, K. (1994), *Advertising Language: A Pragmatic Approach to Advertisements in Britain and Japan*, London: Routledge.

Unnikrishnan, N., and Bajpai, S. (1996), *The Impact of Television Advertising on Children*, New Delhi: Sage.

Webley, P., Burgoyne, C. B., Lea, S. E. G., and Young, B. M. (2001), *The Economic Psychology of Everyday Life, Hove, East Sussex: Psychology Press.

Wells, W. (ed.) (1997), Measuring Advertising Effectiveness, Mahwah, NJ: Erlbaum.

Young, B. M. (1990), Television Advertising and Children, Oxford: Oxford University Press.

我国国内从事广告心理学研究的代表人物是中国社会科学院心理研究所研究员马谋超,他出版了多本广告心理学书籍。他的研究贡献在于中国本土化的企业形象战略系统工程、品牌建议与经营策略。

(二) 西方广告心理学研究的主要内容

从上述文献中,我们基本上可以看出目前广告心理学研究的主要内容,它主要包括以下几个部分:

第一,关于广告的效果问题。一方面集中在广告与销量的研究上,还涉及广告与产品需求,广告的强力效果和弱力效果模型;另一方面,心理学家都从研究观看和购买的过程开始,研究成果包括广告效果层次模型(hierarchy-of-effects model),认为广告效果有三个层次:认知、情感和购买意向[1],以及精细加工可能性模型(ELM)。关于消费者如何对广告作出反应,则从信息处理的认知和情感方面入手进行研究,研究成果包括卷入理论,因为卷入的程度决定着信息处理是走边缘路径还是被精细加工。

第二,关于品牌的研究。"品牌弹性(brand elasticity)"是指一个既有品牌名称可以覆盖多少不同类别的产品和服务而不会失去其独特性。随着企业越来越大,提供的产品种类越来越多,品牌弹性问题日益成为关注的核心。另外,研究还涉及品牌资产的测量[2]、广告中的品牌混淆[3]、成功品牌如何继续从好的广告中获益等。

第三,跨文化问题和全球化。品牌全球化和跨国公司的增加,使市场营销传播全球化的研究提上了日程,跨文化心理学、不同文化中消费者信息处理方式的微妙差异和情感诉求的影响成为研究课题;跨文化研究,需要深入至少两种文化,其中对美国与东亚文化的对比研究较有影响。相关的研究成果有:全球消费心理学中的问题与方向[4]、文化在信息不和谐中的作用[5]、不同文化背景下的情感诉求(Aaker and Williams,1998)等。

第四,儿童与广告。关于这个课题,在大众传播研究的早期已成为传播学家们的一个重要议题,从广告心理学的角度主要关注的是广告引起的怀疑主义和玩世不恭会影响到

---

[1] Barry, Thomas E. and Daniel J. Howard (1990), A Review and Critique of the Hierarchy of Effects in Advertising, International Journal of Advertising, 9(2), 121—135.

[2] Richards, T. (1997), Measuring the True Value of Brands, Admap, March 1997, 32—36.

[3] Poiesz, T. B. C. and Verhallen, T. M. M. (1989), Brand Confusion in Advertising, International Journal of Advertising, 8, 231—244.

[4] Maheswaran, D. and Shavitt, S. (2000), Issues and New Directions in Global Consumer Psychology, Journal of Consumer Psychology, 9(2), 59—66.

[5] Aaker, J. L. and Williams, P. (1998), Empathy versus Pride: the Influence of Emotional Appeals across Cultures, Journal of Consumer Research, 25, 241—261.

幼儿时期,甚至青少年时期①。研究方向包括:儿童对广告意图的理解②;情感建构在形成儿童品牌印象中的作用(Moor,Luts,2000);隐喻对儿童对印刷广告的知觉与理解的影响③;消费文化中的儿童与父母④等。

第五,对消费广告的新理解。20世纪八九十年代,广告影响我们去做一些我们并不真正喜欢的事情的假设受到了挑战,一个更个人中心化的广告观正在兴起,即认为广告是为某种目的而进行个人使用或集体消费的资源。研究内容包括:人们如何对待广告(Buttle,1991);人文广告⑤;广告的意义模型⑥;广告的使用和满足⑦。

第六,消费者行为中普遍存在的一些问题。这些问题包括:引用率奇高的消费者研究的一篇经典之作《消费行为中的神圣和亵渎:理论的奥底修斯之旅》⑧,在这篇文章里,消费行为替代了宗教,将神圣和亵渎的区别作为一种思考的工具;消费的成本与收益⑨;节俭的生活方式的理论与测量⑩,节俭总是被忽略,但它并不是消费的对立面,实际上我们都在身体力行之,这篇文章是一个在前无古人的领域设计一个研究计划的范例;"亲密交换:使用电脑来获取消费者的自我揭示"⑪,将人类性格类比于无生命的物体,这是人们的一种倾向。电脑是一种珍藏人们情感价值的物品,人一机交流的一个重要的商业特点是在"关系市场营销"领域,令消费者在计算机上透露大量对商品和服务的信息,使得营销者在关系营销领域有迹可循。

第七,儿童与消费主义。儿童生活在一个商业化的世界,他们必须面对像广告这样的商业传播,并处理作为一个消费者的问题。研究议题包括:学龄前儿童对服装和象征符号再认的消费社会化(Derscheid,Kwon,and Fang,1996),探讨儿童对与服装品牌相联系的标志和符号的意识;与服装消费有关的学龄前和幼儿园儿童的消费社会化(Haynes,Burts,and Dukes,1993),测量儿童及其对品牌态度的尺度(Pecheux and Derbaix,1999)等。

---

① Mangleburg, T. F. and Bristol, T. (1998), Socialization and Adolescents' Skepticism toward Advertising, *Journal of Advertising*, 27(3), 11—21.

② Martin, M. C. (1997), Children's Understanding of the Intent of Advertising: A Meta-analysis, *Journal of Public Policy & Marketing*, 16(2), 205—216.

③ Pawloski, D. R., Badzinski, D. M., and Mitchell, N. (1998), Effects of Metaphors on Children's Comprehension and Perception of Print Advertisements, *Journal of Advertising*, 27(2), 83—98.

④ Seiter, E. (1993), *Sold Separately: Children and Parents in Consumer Culture*, Brunswick, NJ.

⑤ Lannon, J. and Cooper, P. (1983), Humanistic Advertising, *International Journal of Advertising*, 2, 195—213.

⑥ Mick, D. G. and Buhl, C. (1992), A Meaning-based Model of Advertising, *Journal of Consumer Research*, 19, 317—338.

⑦ O'Donohue, S. (1994), Advertising Uses and Gratifications, *European Journal of Marketing*, 28(8/9), 52—75.

⑧ Belk, R. W., Wallendorf, M., and Sherry, J. F. (1989), The Sacred and the Profane in Consumer Behavior: Theodicy on the Odyssey, *Journal of Consumer Research*, 16, 1—38.

⑨ Csikszentmihalyi, M. (2000), The Costs and Benefits of Consuming, *Journal of Consumer Research*, 27, 267—272.

⑩ Lastovicka, J. L., Bettencourt, L. A., Hughner, R. S., and Kuntze, R. J. (1999), Lifestyle of the Tight and Frugal: Theory and Measurement, *Journal of Consumer Research*, 26, 85—98.

⑪ Moon, Y. (2000), Intimate Exchanges: Using Computers to Elicit Self-disclosure from Consumers, *Journal of Consumer Research*, 27, 323—339.

第八,消费者经验和消费的后现代主义方法。消费主义的后现代分析提供了更有趣的角度。Holbrook(Holbrook and Hirschman,1982)是最早探索消费的经验本质的作者之一,研究涉及的内容包括:消费者的形象和隐喻——消费作为传播者(Gabriel and Lang,1995);消费的经历层面:消费者的想象、情感和乐趣;广告意义的创建文字模型(Ritson and Elliott,2003)等。

消费中主要的后现代性表现为:分裂(fragmentation)、超现实(hyperreality)、消费周期后期的价值实现(value realization later in the consumption cycle)、对立物的矛盾并置(paradoxical juxtapositions of opposites)。

分裂意味着现代的中心权威变成了后现代的多元化、世俗化、怀疑和嘲讽。

超现实意味着对于品牌消费者来说,功利的和经济的现实已被品牌使用行为所代表的现实替代,品牌创造了一个心理的和社会的现实,它是对现实的模仿和放大。例如,广告使人觉得吃一块"一流"的巧克力就会成为"一流"社会的成员。

价值实现意味着在后现代社会,营销通过消费赋予生命以意义,营销以其价值实现替代意识形态和宗教,人们通过消费来实现价值,但这种价值实现是享乐主义的、短暂的、肤浅的,营销可以引导人们向慈善组织,如红十字会和绿色和平组织捐赠,但这远不是在给生命以真实的意义。

对立物的矛盾并置,如广告中的创意——元素的创造性组合——是后现代的。相反的、矛盾的情感(爱与恨)和认知(尊重与嘲讽)并存,如英国的畅销香烟,品牌名称为"死亡",黑色包装上印着骷髅头骨,所有的警告都清清楚楚,包括"10%的利润捐给癌症研究";百里顿服装使用新生婴儿或濒死的艾滋父母来做广告;许多广告并不展示产品,只是用视觉和印象的奇特组合来引起注意。画面闪烁,跟产品毫无关联,但能引起没有意义的正面感受。

现代性是具有一致性,而后现代则如万花筒般变幻,具有多样化、不和谐、异质、嘲讽、一语双关、矛盾的特点。

三、广告心理学研究的后现代主义发展趋势

广告心理学在研究方法上借鉴了传播学、营销学和心理学诸学科,如传播学中的内容分析法,营销学最常使用的调查法更主要的是来自心理学的实验方法。现代传播学的形成、现代营销学的发展使广告心理学研究的内容更加丰富,从最初的广告受众的接受心理,到涉及整个广告运动过程的所有主体的心理现象都被纳入其中。

在研究方法上,广告心理学与现代心理学一样,经历了一个从科学实证主义向后现代主义转化的过程。以方法论上的机械主义、研究手段上的实验主义、研究取向上的个人主义、研究观点上的普遍主义为特点的现代心理学,受到后现代思潮的影响。心理学的现代性也就是它的实证性,具体来说就是:第一,坚信存在着客观的、普适性的真理,心理学研究就是要发现这种真理;第二,坚信实证的方法,即通过"客观"观察和严格控制变量的实验以获得客观可证的数据的方法是发现这种真理的唯一可靠的方法;第三,为保证客观

性,心理学研究必须保持绝对的"价值中立"。后现代主义认为:不能寻求价值中立;不能把方法作为纯粹的追求,不受主观意识影响的客观实证是不存在的;不存在"普遍的真理"。受此影响,后现代心理学提倡超个体主义的研究,反对个人主义,淡化个人,强调内在关系;倡导创造性,创造性是人人皆有的;倡导多元论,尊重差异性;重视高级心理研究,不停留在实验室研究方面;注意心理投射等。在后现代思潮的影响下,广告心理学作为心理学研究的一个分支,也开始采用以话语分析和描述方法为主的后现代主义方法替代以归纳推论和实验研究为主的说明心理学的研究方法。

广告心理学在三个方面受后现代主义心理学的影响,有别于科学的、实证的现代心理学:(1)将心理和行为视为待解释的文本,在特定的社会、历史情境中对人的心理和行为加以整体把握,其研究内容主要是跨文化背景下的广告心理;(2)重视人的意义和价值世界,对消费主义的考察即为一例;(3)确立了研究中的理解和解释的方法,如斯普兰格的"类型心理学"提出的有关人格类型的理论,将基本的人格类型划分为六种:经济型、理论型、审美型、社会型、政治型和宗教型,为理解广告活动中的人的心理提供了新的考察角度。

本章提要

广告学学科体系的构成主要包括广告原理、广告心理、广告市场、广告媒体、广告管理、广告文化等主要内容。这其中,广告心理学是广告学中发展最早也较为成熟的学科分支。美国西北大学校长斯科特1903年出版的《广告理论》标志着广告心理学的诞生。心理学、市场营销和传播学的基本原理和方法构成了广告心理学的学理基础。心理学是研究人的心理活动及其产生、发展规律的科学。从19世纪末到20世纪初,心理学家对心理学内容、方法以及研究目的提出了不同的看法,产生了不同的学说和流派。根据研究者们不同的理论以及各自对心理学课题的不同的实验与研究,大致可以分为七种学派和思潮。目前已达成共识的是,认为心理学研究的对象包括心理过程和个性心理。心理过程包括人的认识过程、情绪情感过程和意志过程三个方面。个性是指一个人的整个心理面貌,它是个人心理活动的稳定的心理倾向和心理特征的总和。个性的心理结构主要包括个性倾向性(需要、动机、兴趣、理想、价值观和世界观)和个性心理特征(能力、气质和性格)两个方面。现代心理学的发展趋势是越来越与社会生活中的各个领域相结合,从而产生了以应用为目的的心理学分支学科,研究消费者在消费活动中的心理现象和行为规律的消费心理学正是其中的一个重要分支。

市场营销学于20世纪初期产生于美国,是一门建立在经济科学、行为科学、现代管理科学理论基础上的应用科学,研究以满足消费者需求为中心的企业市场营销活动及其规律性。市场营销学的新发展,一方面是市场营销哲学由原来的五种观点,即生产观点(production concept)、产品观点(product concept)、推销观点(selling concept)、营销观点(marketing concept)和社会营销观点(societal marketing),演变为六种观点,增加了客户观点(customer concept),客户观点强调对消费者的研究,广告与消费心理学因此成为市场营销新发展中的一个趋势;另一方面是营销模式的创新。

传播学是研究人类一切传播行为和传播过程发生、发展的规律以及传播与人和社会的关系的学问。传播学研究的范围很广泛,其中最主要的内容是传播五要素的研究,即信息传播者的研究、信息的研究、传播媒介的研究、受众的研究、传播效果的研究。

随着市场经济转入激烈的竞争阶段,商业竞争成为资本主义经济的一大特点。大量商品需要通过某种渠道使消费者熟悉,以便促进销售,广告因此得到了空前的发展。

19世纪初的"便士报"运动促进了现代报媒的快速增长,从而进入真正意义上的大众化时期。19世纪末,无线电技术的发明催生了广播媒介;20世纪头20年,广播媒介走出军事运用领域,开始了它的大众化进程;接下来,便是电视的发明及其大众化。大众传播的兴起,居民可支配收入的提高,市场上商品种类及品牌的极大丰富,多元化的消费选择,使广告得以飞速发展,广告心理学也因此成为学术研究的对象。

在学术研究上,研究消费者的广告接受过程,以便于制作更有效的广告。广告心理学自产生之后,很快便融入了有关消费者的消费决策和消费行为的广泛研究之中。早期的广告心理学的研究范围局限于广告与消费者的个体心理的相互作用,而现在的广告心理学研究的对象则包括整体的广告活动中所有的参加者的心理现象和运动规律,它研究的对象比消费者行为学更广,但研究的内容却并未覆盖所有的消费者行为,所以广告心理学的发展趋势是与消费者心理学并称为广告与消费心理学。

目前西方的广告心理学研究的主要内容有八点:广告的效果、品牌、跨文化与全球化、儿童与广告、对消费广告的新理解、消费者行为中普遍存在的一些问题、儿童与消费主义、消费者经验和消费的后现代主义方法。广告心理学研究的发展趋势是在研究方法上科学的实证主义与后现代主义并存。

案例分析

超人奥特曼的强大威力

H女士是一位高学历的年轻妈妈,以下是她和儿子的一次亲身购物体验。

儿子4岁了,每天从幼儿园回来喜欢和几个要好的小朋友在花园里追追打打地疯玩一两个小时,活动量大,脚很容易出汗。一次,感觉儿子替换的鞋太少,于是带他去商场买波鞋,希望穿着舒适、透气、易清洗。

商场里的儿童波鞋,一类是用比较高档的真皮材料制作的,价格多在一两百块钱,透气性不错,但不能水洗;一类一看就知道是由塑胶整体塑出的,没有透气设计,但价钱便宜,多在50元以下;还有一类含棉织成分的或者有透气孔设计的,可以清洗,价格在50—100元之间。

对于要买什么类型的,我基本上心中有数了,于是直接指着一排货架上的鞋子问他:"妈妈要给你买鞋,你喜欢哪双鞋呀,挑一双自己喜欢的吧。"

他瞄了一眼，说："都不喜欢。"

"这不挺好的嘛，你看，有一道蓝边，你不是最喜欢蓝色的吗？还有一个可爱的卡通形象呢。"

"卡通不好看。"

"那行啊，你看看别的有没有喜欢的。"

这时，他开始搜索其他货架，漫不经心地，然后只见他眼前一亮，迅速上前拿下一双说："我喜欢这双，这双有奥特曼！"果然，一双白得刺眼的塑胶波鞋鞋面上，绣着一个鲜红的奥特曼，那双波鞋摸上去硬硬的，觉得穿在脚上一定不会舒服，不透气，做工粗糙，典型的劣质廉价商品。

我苦口婆心地从各方面劝了一番，可儿子就是摆出一副非此鞋不穿的模样，我也不好太打击他的审美，无奈之下，只好屈服买下来了。儿子立即脱下脚上的鞋子，美滋滋地穿上他的奥特曼鞋，还特意把裤脚卷上一个边。

回到小区，他一碰到认识的小朋友，马上就说："你看，我的奥特曼鞋。"那小朋友立即挺胸回应："我也有奥特曼。"一看，他的胸前也绣了一个奥特曼。

自那以后，儿子是每天奥特曼鞋不离脚，除非我强制洗鞋期间，他不得以穿另一双我单独为他买的鞋，而且还要时时关心奥特曼鞋是否晒干了。直到穿烂，都不肯脱。

这一年多以来，无论什么时候打算给他买鞋，我故意不去有那种鞋的地方，多数的结果是没有就不买了，继续穿以前的旧鞋。

事实上，儿子对超人奥特曼的迷恋已有很长的历史，至少持续了他目前人生的一半以上时间，基本上从他上幼儿园小班就开始了。

有一段时间，带他到书店买书或买碟，无论我们如何引导他的兴趣，他总能迅速和准确地发现超人书或超人碟之所在。

在家里，各类少儿书籍不少，但翻得最破旧的是他的超人书；碟和玩具的种类更是丰富，但他经常反复拿出来看的、玩的仍然是超人，那真的是"任你招数几多种，只对奥特曼情有独钟"。儿子基本上就生活在他的奥特曼世界里，嘴里唱的是奥特曼之歌，笔下画的是奥特曼打怪兽。有一次，带他去奥林匹克花园，他指着"奥"字说"这是'奥'字"，我高兴地夸赞他时，他说："奥特曼的奥。"

儿子崇拜奥特曼，"他那么高大，比楼还高；他那么厉害，什么怪兽都能打败"。他平时高喊"我是奥特曼"时，其实是很率真地表达了他渴望强大、渴望摆脱弱小的心愿。

不仅仅是我儿子一个人如此沉迷，看看他周围的小孩吧。

跟一个小朋友的妈妈聊起来，得知情况一样。随便什么衣服、鞋子，只要是奥特曼的就是好的，质量、档次、是否舒服，那是妈妈关心的事。

一次到幼儿园给儿子送衣服，由于是假期留园，老师允许小孩自带玩具，所有的男孩子，人手一个奥特曼玩具。花园里追逐玩耍的男孩子，你以为他们在玩什么？告诉你吧——超人打怪兽。

不可无视小孩子的精神世界,尽管他们对信息的感知、处理和判断都还稚嫩、不成熟,但他们也已经拥有自己的小圈子,在这个圈子里通用一种语言、行为的规则,他们讲着自己的话,大人在旁边可能还一头雾水,小孩子们却可能已经笑得前仰后合,他们已经拥有自己特有的幽默方式。同样,他们也拥有自己的时尚标准和参照群体。

请分析:
1. 从现代心理学角度分析,H 女士及其孩子的心理需求。
2. 从现代传播学角度分析,应该向 H 女士告知哪些信息?
3. 从广告心理学角度分析,H 女士愿意接受什么样的广告?

情景模拟

消费的广告效应问题,主要基于消费主义是通过广告及大众媒介传播的假设。对物质享受的欲望存在于任何社会以及任何时代,而当代消费主义是以大众传媒的技术手段的革命性变革和普及为特征的。尤其是电视和购物场所中的广告在消费大众化和消费符号象征化方面的独特作用是消费主义所特有的,可参见下图①:

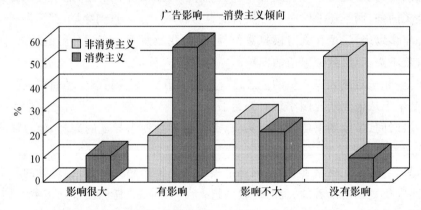

人们认为,广告有助于创造一种消费文化:

(1) 广告制造自己的产品——永不满足、焦躁不安、充满渴望而又感到厌烦的消费者。广告宣传产品的功能,不如它促使人们把消费作为一种生活方式的作用大。

(2) 强化商品生产推动经济增长造成的外部恶果非常多,如酸雨、硅肺病、海上漏油、濒危物种等。总之,地球被污染了。

(3) 广告有损人的品德,它强化的不仅是个人主义,还有对个人利益和需要的关注,其代价是漠视他人的利益和需要。

(4) 广告从理论上颠倒了市场运行的民主原则,它使生产者,而不是消费者,在决定生产什么产品方面处于至高无上的地位,强迫人们购买他们并不需要的东西。

---

① 陈昕、黄平:《消费主义文化在中国社会的出现》,http://art.zy51.com/sixiang/000711/3.html。

（5）妇女是多数广告的主要目标，广告鼓励妇女把购物作为自己的工作和生活方式。

（6）消费文化的出现是生活方式、道德，甚至人性的退化，从过去崇尚劳动的生产道德变成了追求消费、痴迷于"生活方式"、道德水准下降。消费社会的形象与巧取豪夺、拼命往上爬的暴发户形象相伴随，他们醉心于物质占有，拥有巨额财富，生活悠闲，把大型购物中心当做其追求的生活活动中心。

消费文化被看成是人类价值受到严重扭曲的社会，商品变得比人更重要，或者商品本身已经不是目标，而是被高估的可用于获取诸如爱情和友谊等可接受的目标之手段。

消费社会就是这样一个被物所包围，并以物（商品）的大规模消费为特征的社会，这种大规模的物（商品）的消费，不仅改变了人们的日常生活，改变了人们的衣食住行，而且改变了人们的社会关系和生活方式，改变了人们看待这个世界和自身的基本态度。换言之，生活在消费社会中的人们和他们的前辈的根本差异，并不在于物质需要以及满足这种需要的方式有了改变，而在于今天人们的生活目、愿望、抱负和梦想发生了改变，他们的世界观和价值观发生了改变，最终是作为人的本体的存在方式发生了改变。

以上是以消费主义对社会进行的一个宏观情景模拟，那么，请在此背景下，描绘一下"现代都市年轻上班族"的消费特点，可进行一些细分。

小组讨论

1. 广告心理学产生的社会基础是什么？
2. 用市场营销哲学的新发展——客户观点分析消费文化。
3. 请用传播效果理论分析消费文化。
4. 广告心理与营销的关系是什么？
5. 广告心理与传播的关系是什么？
6. 后现代主义与消费文化有何联系？

广告心理学教程（第二版）

第三章 广告主心理

知识要求

通过本章学习，掌握：
- 广告主进行广告投资的心理
- 广告投资与销售、品牌资产的关系
- 广告主是如何进行广告战略思维的
- 品牌广告与促销广告的规划知识
- 广告主对广告战略伙伴，即广告公司选择的心理
- 广告主对广告作品优劣评判、采用否决之心理

技能要求

通过本章学习，能够：
- 对广告投资与销售的关系进行分析
- 对广告投放与品牌资产积累关系进行分析
- 制定品牌形象广告的战略规划，并了解其中的心理轨迹
- 进行促销广告的战略规划，并了解其中的心理过程
- 了解影响广告主选择广告战略伙伴的因素，并进行合作决策
- 对广告创意的优劣进行评判
- 对广告作品将产生的实际效果进行预言性评判

第一节 广告投资心理

一般而言，投资就是为达到一定的目的并期望有一定的商业回报的资金投入，如机器、厂房、生产设施等均被视为投资，其价值随着存在时间的延长而被按一定比例折旧。而投入广告活动的资金，并不能全部产生即时的销售效果，因此大多数厂商只好将广告费归为生产成本之列。随着现代广告观念的形成和发展，已经有越来越多的人认为广告活动应该视为企业的投资行为。[①] 因此企业在广告方面进行了投资，必然要求这样的活动能够带来最大的收益，也就是投资回报：广告中每一块钱的投入都能够取得一定的广告效果。广告投资回报主要体现在促进产品销售以及对于品牌建设的推动作用上。

一、广告投放与销售量增长

据统计，在消费类商品中，广告与市场销售业绩几乎呈现同比增长的现象，其中酒类、

---

① 丁俊杰：《现代广告通论》，中国物资出版社1997年版，第117页。

药品尤甚。中央电视台对在其竞争标版上做广告企业的跟踪调查显示,几乎所有的企业在做了广告后近一年的时间内取得了极好的经济效益。其榜单包括:脑白金、黄金搭档、蒙牛、伊利、奇瑞、长安、哈飞、金龙鱼、长城、张裕、海尔、海信、TCL、美的、格力、联想、昆仑、雅戈尔、杉杉、七匹狼、安踏、利郎、康师傅、娃哈哈、农夫山泉等。例如,哈尔滨制药六厂曾经是一个名不见经传的小厂,1999年,在中央电视台举行的黄金时间广告招标会上,哈药六厂喊出一个令人侧目的价钱,为自己的"泻痢停"争取到一个重要的广告时段,并借用名人形象使这一品牌迅速达到家喻户晓、妇孺皆知的程度。随后,哈药六厂接连作出大手笔的举动,几乎所有上星的电视台都开始大量播出它的广告。因此,该年度哈药六厂的业绩开始迅猛上升:营业额增长4倍多,达到10.7亿元;利税额增至2 483万元,增幅为46%。而21金维他,由于广告的投放成功,在两年内其年销量从7 000万元上升到4个亿。广告在中国大地上创造了一个又一个神话,虽然其中有诸多经验与教训需要总结,但广告投放对销售增长的促进却是毋庸置疑的。

(一)广告观念失误的主要表现

1. 忽略品牌与市场建设

由于宣传产品特点的广告可以直接促进产品销售的提升,而品牌形象和企业形象的提升相对而言需要较长时间、对现时市场的销售促进作用较小,因此有些企业抱着一种投机心态,在广告行为上只注重产品特点介绍,而忽视品牌形象和企业形象的塑造。其后果是广告的力度大,销量就大;广告的力度小,销量就小。许多企业完全是靠广告的力量达成当时的销售业绩。广告诉求仅仅围绕产品做文章,对产品功效的介绍常常超过了产品本身能转化给消费者的实质利益,这种宣传不仅对品牌没有支撑,而且对产品市场的长久健康发展更是具有严重的破坏性。加之企业不重视市场建设,以至于广告一停,销量就下降。为保持销量,有些企业不得不加大广告投入,进入一种恶性循环,最终无法摆脱含泪告别市场的命运。已经倒下的"广告巨人"沈阳飞龙集团在谈到该集团发展的真正"秘诀"时认为,一是广告轰炸,二是人海会战。飞龙人的口头禅是"最优秀的人应去做商人,最优秀的商人应去做广告"。正是在这样错误的广告观念的指导下,他们把资金全部押在广告上,不盖厂房、不置资产、不盖办公楼,不注重品牌形象建设,坚持广告—市场—效益的循环。然而很快,市场的回应让这一神话破灭,昔日的辉煌早已成为明日黄花。

2. 广告投放无计划性

在广告业发展初期和经济条件较为落后的地区,部分企业往往不根据广告业自身的规律和企业发展的实际来投放广告,在广告投放上想做就做,或者有钱多做、无钱少做。有的企业,看到同行通过做广告取得了品牌效益,便跃跃欲试。当经济状况稍有好转时,就赶紧凑钱拍个广告,选择一个便宜的时段进行短期投放。这样短暂的广告刺激很难给广大消费者留下深刻印象,更不用奢谈能够刺激他们进行购买了。这些企业在进行广告投放时完全没有考虑市场状况、媒体状况、竞争品牌状况、产品生命周期及季节性消费的具体形态等问题。没有一个合理的媒体发布计划,其广告也不可能达到预期目的,我们有理由相信在激烈的竞争中这样的企业最终将会被无情的市场洪流吞没。

(二) 广告不是促进销售的唯一手段

1. 市场营销组合策略

市场营销是指企业在将一种产品从自己手中转移到消费者手中时所进行的一系列活动,通常这些活动也被称为营销策略。正是通过周密细致的营销策略组合,企业的产品销售量才能得到稳步提升。

一项市场营销活动事实上是一种交换行为,其中涉及两个单位:一是制造或负责销售某种商品的企业,二是购买及使用这种产品的消费者。双方所进行交换的是一些有形及无形的东西。从企业手中转移到消费者手中的有形的东西是产品本身,这种产品必然需要经过一定的渠道来转移。有时这个渠道只有一个环节(生产商经零售商将产品到达消费者),有时它有两个或多个环节(产品从生产商先经批发商,再经零售商,最后到达消费者)。至于企业转移给消费者的无形的东西则是这种产品所能提供的价值,这种无形的转移多靠企业利用各种销售推广传播信息,让消费者了解产品的价值。销售推广的方法很多,而广告只是市场营销组合策略中的一部分。简单地说,一套市场营销策略通常包括四部分的组合:

(1) 产品策略

所谓产品是指能提供给市场、用于满足消费者某种欲求的任何事物,包括实物、服务、场所、组织、理念等。产品整体概念包含核心产品、有形产品和附加产品三个层次。从产品使用上对产品进行分类,又可分为耐用品、非耐用品和服务等形式。可见产品的含义和类型极其丰富,不同的产品类型有不同的市场需求和市场接受能力,因此企业在进行营销策略制定时,必然要结合企业目标,考虑自身产品的特性,作出合理规划,这样才能得到消费者的喜爱,从而促进销售量的增长。

(2) 价格策略

价格是市场营销组合策略中十分敏感而又难以控制的因素,它直接关系着市场对产品的接受程度,影响着市场需求和企业利润的多少,涉及生产商、经销商、消费者等各方面的利益。因此,价格策略是企业市场营销组合策略中一个极其重要的组成部分。为了有效地开展市场营销活动,促进销售收入的增加和利润的提高,在制定营销组合策略时必须综合考虑定价目标、成本以及其他市场营销组合手段等因素。

(3) 渠道策略

企业生产出来的产品,只有通过一定的市场营销渠道才能在适当的时间、地点,以适当的价格供应给广大消费者或用户,从而克服生产商与消费者之间的差异和矛盾,将生产出的产品快捷、完好地转移到消费者手中,使消费者不必花费太多的精力就能买到他们想要购买的东西,满足市场需求,实现企业的市场营销目标。

(4) 促销策略

现代市场营销不仅要求企业发展适销对路的产品,制定吸引人的价格,使目标受众易于获得他们所需要的产品,而且还要求企业控制其在市场上的形象,设计并传播有关的外观、特色、购买条件以及产品给消费者带来的利益等多方面的信息,这就是企业营销组合策略中的促销手段。促销是指企业根据其发展目标的需要,对广告、销售促进、宣传与人员推销等各种促销方式进行的适当选择和综合编配。促销组合的构成要素可从广义和狭义两个角度来考察。就广义而言,市场营销组合策略中的各个因素都可归入促销组合,诸如产品的式样、包装的颜色与外观、价格等都传播了某些信息。就狭义而言,促销组合只包括具有沟通性质的促销工具,主要包括各种形式的广告、包装、展销会、购买现场陈列、销售辅助物(目录、说明书、影片等)、劝诱工具(竞赛、赠品券、样品等)以及宣传等,可见广告仅是属于这部分策略中的一种方法而已。企业要有效地销售其产品,就必须不时地检讨并调整这四大营销策略及其相互间的配合,使它们能搭配完整地为消费者所接受,最终达到提升销售量的目的。

2. 广告在营销组合策略中的作用

从上述对市场营销组合策略的分析中我们不难看出,广告只是隶属于市场营销四大策略之下的一名小卒而已,将它与产品销售量提升与否直接挂钩的认识比较片面。产品销售量的增加与企业的经营管理及整个市场营销策略组合有着密切关系,而这个组合是把许多不同要素包含在一起的操作及配合。商品销售出问题,必须经过审慎研究才能了解症结何在,盲目夸大广告的作用或将问题完全归罪于广告的做法既不恰当也不公平。

当然我们不能否认广告可以单独发挥作用,但如果它不和其他的营销组合工具配合运用,就不能发挥最大的效用,对企业来说那将是一种相当不经济、不科学的策略。例如,当某种产品的广告引起许多消费者的兴趣,而此时产品的销售渠道还未建设完备,消费者准备购买却在终端很难发现这种产品时,他们就会转而购买其他同类产品,甚至从此形成品牌忠诚。包括广告在内的所有营销组合手段,都只是整个市场营销策略中的一个环节而已,它们的作用是否能够完全发挥,还要看各个营销要素之间的配合好坏而定。所以,只有在各种营销组合策略配合完好的情况下,广告才能发挥最好的效果。

二、广告投放与品牌资产积累

在现代经济条件下,产品不仅在功能、技术以及广告创意表现等方面同质化程度提高,而且在营销推广手段等战略、战术上也惊人地相似。那么促使消费者产生最后购买行为的究竟是什么呢?从有关心理学的书籍中我们可以看到,人们能够较快地识别自己所熟悉的东西,潜意识里对自己熟悉的东西存在很大的信赖。所以在其他诸因素相同的情况下,消费者会更加倾向于选择自己所熟悉的品牌,这也就是为什么熟悉的品牌那么抢眼、品牌知名度高的产品销量好的原因。基于这样的认识,一些权威的专业人士认为,现代广告最大的作用已经不在于增加产品销量,而是强化品牌印象。[①] 通过广告宣传,可以

---

① 〔澳〕马克斯·萨瑟兰著:《广告与消费者心理》,世界知识出版社2002年版,第122页。

使一个品牌更为人所熟知或增加其凸显度,树立品牌形象,提高品牌知名度、美誉度,并最终积累成品牌的无形资产,即"品牌资产"(brand equity)。而品牌资产却是可以为广告主带来丰厚市场回报的,如可口可乐的总裁就曾经说过:"如果一夜之间可口可乐的资产化之为零,但只要还有'可口可乐'这个品牌,可口可乐很快就会东山再起。"显然,这就是品牌资产积累所带来的效益。

(一) 品牌资产及其构成要素

品牌资产是当今欧美营销界最热门的话题。美国加州大学教授、品牌和品牌资产领域最重要的权威学者之一的大卫·艾克(David A. Aake)对这一概念给予了明确定义:"品牌资产是与品牌名称和符号相联系的、附加在产品或服务上的品牌财产与负债,它能增加或扣减某产品、服务带给该企业或其顾客的价值。"[①]现在,品牌越来越成为企业重要的无形资产,全球每年都会评选出当年最有价值的品牌,而往往荣登榜首的都是我们耳熟能详的品牌,如可口可乐、苹果电脑等。品牌资产由四部分要素构成,它们指导了品牌的发展、管理和评估。

1. 品牌认知

品牌认知(brand awareness)也可以称为品牌知名,是消费者认出、识别和记忆某一产品类别的能力,从而在观念中建立起品牌与产品类别间的联系。品牌认知有一个由浅入深的变化过程,就对品牌认识的程度而言,分成三个层次:品牌识别、品牌记忆和深入人心。一个深入人心的品牌往往是消费者最熟悉、最认同甚至最喜爱的品牌。这种品牌在消费者心目中印象最深、影响最大。面对众多品牌,消费者在购买商品或服务时,通常会选择自己最熟悉、最喜欢的品牌。因此,能被人们记住的品牌,尤其是深入人心的品牌,在消费者进行购买决策中起着至关重要的作用。

2. 品质认知

品质认知(perceived quality)是消费者的一种判断,它是消费者对产品或服务全面质量、优势的感性认识,是对品牌的无形的、全面的感知。品质认知是形成品牌资产的重要组成部分,品质认知程度越高,对品牌资产积累的作用越大。产品本身质量过硬是提升品质认知的重要条件之一。高质量的产品可以产生额外的价值,能给消费者带来心理上的满足和平衡,从而给品牌带来良好的赞誉,更加扩大它的销售规模。在这里应该明确的是,产品本身高质量只是企业安身立命之根本,并不是品牌体现的高质量,真正的高质量是品牌所体现出来的独一无二的品牌价值。影响这些认知的因素有品牌联想、品牌外观、品牌名称、价格、广告数据等。例如,在超级市场,产品的新鲜度意味着总体质量;清洁剂易起泡意味着清洗更有效;广告支持一个品牌的次数也暗示着它是一个优质产品,尤其是新产品体现的质量更加受到广告支持的认识影响。

---

① 〔美〕大卫·A.艾克、爱里克·乔瑟米赛勒:《品牌领导》,新华出版社2001年版,第19页。

3. 品牌联想

品牌联想（brand associations）是指人们的记忆中与品牌相连的各种事物。一个品牌可以同一种事物相联系，也可以同多种事物相联系。与品牌相联系的各种事物都可引起对品牌的联想，从而加深品牌在消费者心中的印象。品牌联想可以使消费者形成对某品牌十分有利的特定感觉，强化品牌形象，提高品牌忠诚度。产品或品牌与消费者沟通过程中的所有环节和信息都可以影响人们的品牌联想。例如，广告表现中最常运用的手法就是明星代言人，这就是为了使消费者产生美好的联想，并将这种感觉移情到自己身上，最后使用产品，形成品牌忠诚。此外，恰当的公关宣传也可以使消费者产生预期联想，如每到"3·15"消费者权益日时，企业若同政府部门共同开展打假维权活动，消费者就会产生这样的联想，即这个企业一定不会欺骗消费者，从而提高其品牌形象和品牌美誉度。

4. 品牌忠诚

品牌忠诚（brand loyalty）是指消费者对品牌感情深浅的程度。消费者对品牌忠诚度高，是该品牌的一个重要资产，甚至是品牌资产的核心。作为消费者对品牌感情的衡量，品牌忠诚的高低反映出一个消费者转向另一品牌的可能程度。品牌忠诚度越低，消费者转向另一品牌的可能性就越大；品牌忠诚度越高，消费者转向另一品牌的可能性就越小。品牌忠诚度是企业的一笔财富，它可以留住老顾客，吸引新顾客，从而扩大未来的销售和利润。消费者对品牌的忠诚度有不同的层次或等级，如对品牌忠贞不贰者及习惯性购买者等。前者是品牌坚定的拥护者，为使用这一品牌而自豪，并乐于向其他人推荐该品牌；而后者则对品牌的忠诚度不高，购买较随机。因此，广告主就应该针对不同类型的消费者采取不同的广告传播措施，这样才能有效提高品牌忠诚度，扩大产品销售。

（二）广告促进品牌资产积累

1. 广告可以使产品或品牌在短时间内建立高知名度

产品或品牌知名度迅速提高是广告投放后最明显的结果，可以说，广告是提升知名度最直接的方法之一。但是面对众多的广告干扰，一个品牌想脱颖而出是非常困难的，因此广告表现必须独特并易于记忆，广告的媒体投放要有足够的频率和覆盖面等。一般来说，知名度与销售量呈正比。但是，高知名度并不意味着就是名牌，就能给品牌带来良好的美誉，更不绝对等于高销售量。曾经全国闻名的"爱多"VCD是中央电视台电子类产品广告的标王，在北京地区的知名度高达91.8%，而它的品牌认可度只有60.5%，在该地区的销售量远远不如其主要竞争对手"新科"和"万利达"。可见，广告虽然可以提升一个品牌或产品的知名度，但是如果企业没有把营销的其他配套环节做好的话，一样抓不住消费者的心。

2. 广告有助于建立正面的品质认知

一般来讲，消费者对于品质的认知都是在使用产品或服务之后，但是广告对提高消费者的品质认知仍然发挥巨大作用。通常消费者会对他们使用过或正在使用的产品广告给予更大的关注，他们将已有的关于品质认知的体验与广告中对品质的表现进行对比和联想。如果相符,则原有的好感将会加深,更加信任这一品牌,对产品和自己的判断都很满意,进而成为这一品牌忠诚的拥护者。如果相反,消费者会认为广告是骗人的,原有的不良印象会进一步加深,甚至变成极度反感和不信任。对于上市伊始的新产品,人们对其品质一无所知,而高品质、定位准确的广告,通常可以增强消费者对产品的好感并愿意去购买,可以说在一定程度上,广告的品质反映了产品或品牌的品质。同时,当产品或品牌进行延伸时,广告还可以帮助消费者将原有的品质印象转嫁到新产品上,这对新的产品或品牌而言无疑是一块打开市场的敲门砖。此外,品质的改进与创新要通过广告告知广大消费者,更新其认知,同时又不妨碍原有的品牌形象。这就要求企业必须对此有充分的认识,有计划、系统地逐步树立品质印象。企业需要通过一次次地沟通、不断积累,并尽力保持形象的持续和连贯,否则原来树立的品质印象就会前功尽弃。

3. 广告为品牌联想提供了空间

广告最主要的功能之一就是教育消费者,使消费者对品牌能立刻产生联想,而消费者所想到的特质,应是该品牌的独特卖点或个性,进而产生差异化的认知。广告就是要利用这种独特的差异,在消费者心目中重建一片天地,并使该产品在消费者心目中居于首位。在广告表现手法中,最常被使用的就是情感诉求,将广告带给消费者的美好感受转移为对品牌的好感。广告还能够塑造感染力,传达一种非常微妙的感情,引发消费者的欲望,促成行动,提高购买与使用时的心理享受。如化妆品广告常常借助美丽的画面、动听的音乐或漂亮的模特来引导消费者产生美好联想,增强对产品或品牌的好感,刺激人们产生购买欲望。

4. 广告在建立品牌忠诚中扮演重要角色

忠诚的顾客的特征是:经常性重复购买同一品牌的产品;惠顾同一公司提供的各种产品或服务系列;乐于充当意见领袖,向他人传播使用经验;对其他竞争者的促销活动有免疫力。上述的每一种行为,无论是直接或间接,都会促进销售量的增长。品牌忠诚是品牌资产中最重要的构成要素,如果没有忠诚的品牌消费者,品牌不过是一个没有价值的平面、一个仅供识别的符号罢了。

广告对品牌忠诚的影响,国内外营销学者的研究很多,结论也基本相同,即广告不仅能产生试用,而且会强化品牌忠诚。对成功的品牌来说,由较高的广告投放引起的销售增长中,只有30%来自于新的消费者,剩下的70%来自于现有的消费者,这是由于广告使他们对品牌变得更加忠诚。因此,现在比较公认的一种看法是广告的一个重要目标是加强现有消费者与品牌的联想,并使他们变得更加忠诚。对已经存在的品牌来说,大部分广告的目的是使已经存在的使用者更加忠诚,而不是试图说服非消费者从其他品牌转移过来。

文本卡片 3-1

我国企业品牌定位的选择

从本质上说，任何品牌的定位均应是个性化的，均是其他品牌定位无法代替的；但在特定市场、时代、社会的条件下，品牌定位又总呈现出一些总体趋势来，这就给具体品牌定位提供了可作选择的方向。如下是一些可供品牌定位选择的趋势：

1. 民族品牌与国际品牌

如果说在品牌的初创阶段，品牌进行民族性的定位，尚可以理解；如果企业的发展仅限于国内，或者品牌以民族风格来经营也可以理解。但是，如果企业发展到一定规模，欲进军国际市场，那么一味进行民族性的定位，就必然会引起国际消费者的反感，这就需要进行国际品牌定位的调整了。

2. 单一品牌与复合品牌

早期的产品品牌，由于受经营规模的限制，一般比较单一。当然，即使在市场经济的背景下，这种单一品牌仍然是企业的一种战略选择。因为，市场的分工使得大多数企业必须集中精力发展自己的核心能力，在单一产品上下工夫，以保持市场上的动态领先。但是，伴随市场经济的发展，不少由单一品牌起家的企业得到了迅速发展，规模相应扩大，并在兼并、重组中，拥有了主产品之外的产品生产能力和市场空间，而既有的单一品牌已不足以适应市场竞争的需要；如此，复合品牌自然便成为企业品牌定位的选择。所谓复合品牌，即企业对外的品牌亮相，不是单一而是复合的品牌，一般由两个品牌所构成。其又有两种形式：

一是"母子品牌"，即由母品牌（又称"主品牌"）带出子品牌（又称"副品牌"），形成一种"母子"或"主副"品牌的组合。

二是联合品牌，即由两个同样有市场影响力的品牌进行强强组合，从而得到更广泛的市场认同。

3. 宗旨品牌与资源品牌

品牌，既可以说是一种产品或一个企业的指代符号，又可以说是一笔巨大无形资产的承载物，还可以说是企业员工为之奋斗的目标之象征；因此，它既可以作为企业经营的宗旨，又可以作为企业经营的资源……

4. 规范品牌与动感品牌

欠规范的品牌，在品牌大爆炸的现代市场上，往往很难引起消费者的关注与认可。因此，对大多数的企业来说，规范品牌管理，使品牌规范化就成为一个绕不过去的选择。在品牌规范的基础上，不少企业根据市场的变化，往往会对产品战略进行重大的调整，或提高产品的技术含量，或开辟另类的新产品，或进行产品链的延伸；如此，原先规范化的品牌，就或多或少地发生变更，品牌也就成为"动感品牌"。

> **5. 专有品牌与共享品牌**
>
> 在农业社会,品牌只是个体手工业者独有的品牌,因此,品牌不可能有多大的发展;在市场经济的初级阶段,企业的品牌意识刚刚觉醒,只看重品牌的专有,以专有品牌为自豪,还不可能认识到品牌可以成为资源,与他人共享,或分享他人的成功品牌。当改革开放继续深入时,企业界人士不约而同地发现,与他人共享品牌,乃是一条发展壮大的捷径……
>
> **6. 规模品牌与精致品牌**
>
> 企业规模的大小是相对的。在一个特定的区域、特定的行业,企业具有举足轻重的地位,有着市场的理想份额,有了较大的抗风险能力,就是有了一定的规模。也就是说,品牌进行"规模品牌"的定位,是有条件地比较后确定的。但从企业的生长性、长寿性来看,规模上的"大"未必最好,只要企业具有行业的领先优势,具有稳定的市场,具有很好的赢利能力,具有强劲的发展后劲,即使企业的规模不大、品牌的影响力也不很大,这样的企业也是非常理想的。在企业管理学上称这样的企业为"精致型企业",或"精致品牌"。
>
> 资料来源:舒咏平,《广告创意思维》,安徽人民出版社 2004 年版,第 75—80 页。

第二节 广告战略思维

广告战略是指广告主在宏观上对广告决策的把握,它是以战略眼光为企业长远利益考虑,为产品开拓市场着想。广告战略并非是某个企业一时一地的权宜之计,或者是随心所欲地玩弄手段,而是经过周密的调查研究,高瞻远瞩,审时度势,从战略的眼光出发,进行长远的、全局的谋划,不失时机地为实现企业总的战略目标服务。研究广告战略的目的是提高广告宣传效果,使企业以最低的费用达到最好的营销目标。在当今市场竞争日趋激烈的情况下,一个企业、一种产品要在市场上取得立足之地,或者为了战胜竞争对手以求发展,几乎都与正确运用广告战略有着密切关系。科学的、创造性的广告战略,是广告宣传成功的关键,也是整个市场战略获得成功的关键。市场如同战场,广告战略不当,会使大量的金钱白白花掉而一无所得;巧妙的广告战略往往能花钱不多而收获甚大。从内容上看,广告战略通常分为品牌广告与促销广告两大类。

一、品牌广告的战略规划

品牌广告是指以树立品牌形象、提高品牌价值为主要目的的广告活动,在某种程度上品牌形象广告也可称为企业形象广告。运用战略性眼光在传达内容、媒体计划等方面全方位策划,适时制定出一个符合企业发展需求的品牌广告对企业以及品牌的形象建设和价值提升是相当有益的。当然,品牌或企业的整体形象不可能通过一两次广告攻势就在消费者心目中确定下来,而是需要企业根据具体发展目标和情况,对品牌广告进行战略性规划,综合各种传播手段,达到树立品牌形象、提升品牌价值的目的。

（一）品牌广告目标战略

大卫·奥格威曾留下一句被后人引用过无数次的名言:广告的目的就是销售,即增加企业利润。同样,作为宣传企业或品牌形象、建立品牌知名度、提升品牌价值的品牌广告,其终极目标也是达到积累品牌资产、增加企业利润的作用。但是作为企业营销战略活动的重要组成部分,品牌广告必须在明确的广告目标指导下,有的放矢地根据不同情况制定出不同的表现和媒体投放。一般来说,在进行品牌广告创作之前,应首先结合品牌资产的四大构成要素对该品牌的现状进行详细的分析。企业和广告代理商可以考虑采取调查消费者对品牌认知、品质认知、品牌联想和品牌忠诚的现有程度的方式,进而确定此次品牌广告的确切目标。20世纪90年代,日本三得利啤酒公司对其生产的一种啤酒进行了品牌方面的调查。通过调查发现,消费者对该啤酒的瓶子造型、标签、电视广告歌曲等有很强的品牌记忆。为了进一步强化消费者对该啤酒的形象记忆和联想,三得利公司实施了强化这些要素的品牌广告战略,并取得巨大成功。

（二）品牌广告表现战略

广告表现战略是指进行广告创作时要选取最有效的创意与表现手法。广告表现战略的手法很多,是表现产品本身的品质、性能、特点,还是表现产品所能带给人们的利益与满足;是表现企业本身的目标与实力,还是表现消费者对企业的信任与推崇……总之,广告表现战略应该根据广告目标、广告对象、广告市场的差异而谨慎决定。品牌广告的具体表现手段多以情感诉求为主,如我们非常熟悉的"南方黑芝麻糊"的广告;而在内容上,品牌广告大多是通过画面、广告语渲染感性的认识或价值观,包括企业文化、企业精神、企业理念等,如IBM的"IBM意味着最佳服务"、喜来登饭店集团的"小事不小"、飞利浦的"让我们做得更好"、海尔集团的"真诚到永远"、红塔集团的"山高人为峰"、芙蓉王实业的"传递价值,成就你我"。目前,在电视、广播、报刊、网络等主要广告媒体上,着力宣传企业理念、品牌形象的广告正以各种各样的形式出现,在总体广告中所占比例也越来越大。企业除了在广告中强调企业名称和品牌外,还与媒介广泛合作,联合制作大量公益广告、公共关系广告。如石家庄制药集团与中央电视台合作制作了以保护自然资源、爱护地球为主题的系列公益广告,树立了企业关心人类生存环境的社会形象,提升了企业的知名度和美誉度。

（三）品牌广告受众战略

促销广告通常首先设定什么人能够购买自己的产品,也就是在广告制作之前先寻找该产品的目标受众,再根据这部分消费者的消费心理、消费习惯、消费行为以及人口统计学特征来制定促销广告的内容、表现手法和实施策略等。但品牌广告的目标受众并不这样具体,而是"理想"中的受众,也就是说品牌广告大多不考虑实际上是哪些人在使用,而是从品牌定位、企业理念出发,设定希望持有和购买的理想顾客。拿企业形象广告来分析，这类广告的目的是传递企业的精神和理念，在其品牌覆盖的区域内建立良好的企业形象和品牌知名度，可以说这类广告宣传的目标受众是整个社会，包括各界人士、政府部门甚至竞争对手。因此，在制作品牌形象广告时，应考虑到品牌广告的特殊作用和特殊目标，在最大范围内传达自身企业或品牌的个性和理念。

（四）品牌广告传播战略

广告要想最大限度地发挥作用，将广告信息高效迅速地传达至目标受众，科学合理的媒介组合是必不可少的。广告媒介的种类繁多，如何选择有效的媒介，拟定各种媒介的组合、广告出现量及其频率等十分重要。尽管现在是个媒介形态发达的时代，新型媒体层出不穷，但是对消费者影响最大的仍是电视媒体。中央电视台是我国国家电视台，具有雄厚的实力购买电视节目资源，因而中央台的注意力资源特别丰富，在树立品牌形象和企业地位方面，具有卫星电视和地方台无法取代的权威作用。但是企业也不可完全依赖中央台的传播作用，比较有效的广告投放策略是央视的栏目广告和阶段性旺季促销广告相结合的媒介组合，这样才能保证既提升企业地位、树立品牌形象，又将品牌知名度、美誉度转化为助力，促进产品销售。对于经济实力不足或者区域性品牌而言，最经济的选择就是省级或地方电视台以及其他区域性覆盖较强的报刊、广播、网络、户外等媒体。只要根据企业自身情况和实际需要综合不同媒体的优势，制定合理的媒介规划，品牌形象和产品销售定会得到良好的提升和促进。

此外，企业经营者的品牌管理意识也是实施品牌广告战略的关键因素之一。品牌形象塑造是一项长期艰苦的系统工程，需要企业有长期、稳定的品牌管理计划，这样才能达到品牌广告所追求的长期效果，起到积累品牌资产的目的。企业千万不能盲目地进行品牌广告的制作和投放，那样只会极大地浪费企业资源，而收效可能甚微。

二、促销广告的战略规划

促销广告是以促进产品的销售量为首要目的的广告活动，是营销策划中不可缺少的重要环节和手段。其广告诉求的重点大多在于产品的质量、功能、价格等方面，从而有效刺激消费者产生购买行为，达到短期内提高产品销售的目的。因此，根据产品不同的生命周期，促销广告应具有不同的战略规划。

（一）产品导入期的广告战略

处于产品导入期的产品的市场特点是：产品销售缓慢，产品改良尚未成熟，制造成本高，产品和品牌知名度低，企业用于产品导入期的渠道及促销费用高，几乎没什么利润可言。因此，这一阶段应采取开拓性的广告战略。

（1）广告目标是提高产品的知名度和认知度。广告投放要及时，也可在产品上市前适当进行提前宣传，扩大产品声势。在传播对象上，要重点启发那些可能最先购买的消费者，刺激中间商，并注意树立产品的品牌形象。同时，做好营销渠道和市场终端的初期建设，使产品尽快进入目标市场。

（2）广告传播的信息内容重点在于介绍这种产品新的特征、用途或价格，突出差异。对较复杂以及高技术含量的产品，多是利用理性诉求手段，大量介绍产品的利益、功能、使用方法；而感性消费品则着眼于塑造某种品牌个性，并及时反馈消费者对新产品形象的看法，使后续传播能有效地建立品牌形象。

（3）开拓性的广告策略要求利用大量的媒体投资，使产品不断出现在消费者眼前，使消费者加深对新信息的印象。恒源祥在产品导入期不惜重金在央视黄金时间投放广告，并首开先河，广告语"恒源祥、羊羊羊"每次重复三遍，很快这个品牌就达到了家喻户晓的效果。

（二）产品成长期的广告战略

产品经过导入期后，消费者对该产品已经熟悉，老顾客重复购买，并带来了新顾客，产品销售迅速增长，市场占有率上升，企业利润增加。由于有大规模的生产和利润的吸引，新的追随者与竞争者进入市场，市场进一步扩大，销售渠道增多。企业为维持其市场增长率，使获得最大利润的时间得以延长，可以改进产品品质、寻找新的细分市场。成长期的广告致力于说服更多的消费者购买该产品、提高产品的市场占有率。在成长期信息传播尤为重要，因此广告战略应采取劝服性广告。

（1）成长期的广告目标紧紧围绕如何进一步提高市场占有率而建立。应该予以重视的是，能否对产品进行准确的定位，往往会影响产品的整个市场生命。该时期最重要的战略决策就是检查前期的消费者反馈，调查并确定广告定位。广告宣传的重心应从介绍产品功效转移到建立产品品牌形象上来，以树立品牌，维系老顾客、吸引新顾客。

（2）广告信息策略上也要有所变化。广告内容从原先建立知名度出发转向说服消费者接受和采取购买行为上。由于竞争加剧，同时产品的定位也逐渐明确，信息不再仅仅满足于向消费者提供告知的理性知识，而是加紧了品牌形象的塑造，以求在目标市场中的长久地位。在成长期，竞争性广告开始增多。

（三）产品成熟期的广告战略

产品市场占有率达到顶点，销售增长速度开始减缓，为了保持已有的消费者，企业的营销费用有所增加，利润率稳定或开始下降。销售成长率的减缓使整个行业内的生产能力过剩，进而加剧竞争，一般此阶段的持续期长于前两个时期。这一时期的广告主要是提醒性广告。如果产品成熟期及衰退期极长，意味着还有较丰厚的利润潜力，因此，根据需求弹性加大广告投入依然具有长期战略的眼光。

（1）由于产品已经拥有比较稳定的消费群体，而且消费者的消费习惯已经基本趋于稳定，所以广告最重要的目的是强调产品的区别与利益，增强品牌美誉度，提醒消费者持续购买，维持品牌忠诚度，使指名购买率上升。

（2）在广告信息策略上首先要注意维持品牌忠诚，提示消费者这是同类产品中最正宗、性能最成熟的品牌。例如，可口可乐打出"真正的可乐"的旗号，对竞争对手进行堵截，以保持它的市场地位。其次，运用广告提高顾客购买数量和频率。广告向目标受众介绍产品的新增功能、新的用途,宣传新特点还常常能为企业树立进步与领先的形象。最后,扩大顾客范围。利用竞争性广告内容劝说竞争对手的顾客使用自己的品牌,并向新的细分市场受众发动新一轮的广告攻势。

(四)产品衰退期的广告战略

在成熟期的后期,产品销量从缓慢增加转为缓慢下降,利润很低,则产品已经开始进入衰退期。这时产品老化,消费者兴趣转移,市场占有率降低,销售额不断下降。企业可以通过广告尽量维持现有市场占有率,或将广告重点转移到其他更有潜力的产品上。

(1)广告预算策略。如果企业发现自己处于吸引人的行业中并有竞争实力,可以考虑增加或维持广告投资水平。例如宝洁,其实它所处的洗涤行业早已进入衰退期,但这个时期特别长,依然有很大潜力,因此宝洁采取积极的广告营销策略,利用时机占领了该行业的极大部分市场份额。另外,一些公司采取收缩策略,减小广告投资力度,把广告预算集中到有利可图的顾客需求领域中。如果公司拥有高度的品牌忠诚,可以选择收获政策,把广告预算降到最低,销售仍可以维持一段较长时期。而采取放弃策略的企业几乎不再对广告进行任何投资。

(2)衰退时期的产品广告更多的还是提醒性广告,唤醒人们对品牌的怀旧意识。如果企业正致力于推出新产品,应当利用它与老产品的关联,在广告信息上保持一种纵向的联系;如果企业推出的新产品与老产品的功能与形象毫无关系,或者企业希望塑造一个全新的品牌个性,则应该彻底摒弃老产品的广告风格,以免消费者存在不利于新产品的偏见。

三、广告战略伙伴的选择

一般来说,企业广告战略运作的形式有两种:一种是自我执行,一种是委托专业广告公司代理。目前,仍有相当一部分企业基于"肥水不流外人田"的考虑,自己组建广告部门,全面代理本企业的广告业务。最近,我国台湾地区某公司为自己的产品独立创意和策划了一部电视广告片,并获得世界六大国际广告奖之一——伦敦广告奖最佳电视影片类首奖,创造了由企业自行创意并获国际广告大奖的先河。尽管如此,仍有人持否定态度:在信息发达、媒介形态多样的时代,必须花费大量精力才能达到与消费者的有效沟通,而企业的安身立命之本是产品,所以应把主要精力投入在产品开发与市场销售上。广告创意靠的是脑力激荡,需要各种思想不断碰撞才能产生,专业的广告公司拥有丰富的经验、翔实的数据以及专业的创作人才,企业广告战略运作只有交由它们代理才能获得更好的传播效果。因此,无论从理论还是从实际考察,前一种形式的广告战略运作方式都是不科学、不可取的,广告战略的成功实施离不开广告公司的专业保证和支持。那么,企业在选择广告战略伙伴时应注意哪些问题呢?

(一)专业能力是广告主选择广告战略伙伴的决定因素

广告主在选择广告代理商时,最关心的莫过于该公司的专业能力是否过硬。我们可以从以下几个方面来考察广告公司的专业能力：

1. 广告创意与策划能力

广告活动是一个复杂的系统工程，广告公司能够介入的领域很多。一般来说，其业务范围包括三大领域：市场研究与营销战略设计，如市场调查、市场预测、竞争分析、品牌研究、营销诊断策略分析与战略设计等；广告创意与策划，如广告策划、广告创意、广告制作、广告发布与监测、广告效果研究等；与广告相关联的边缘业务服务，如产品分析、包装设计、促销策划、公共关系策划、CI策划等。虽然广告公司能够提供上述诸种服务，但并不一定都能做得最好、最专业。从整个广告行业来说，三个领域内都有其他类型的非广告机构同广告公司相竞争。例如，在市场研究和营销战略制定方面，有咨询公司、市场调研公司、营销策划公司等；而在与广告相关联的边缘业务服务方面，则有公关策划公司、礼仪服务公司、营销策划公司等；至于广告创意与策划能力，虽然有部分企业自己组织广告部门，进行广告创作与执行，但诚如我们前面所讨论的，大多数企业还是承认进行广告创意与策划是广告公司的强项，其他机构很难替代。也就是说，广告公司的专业能力体现在能够运用国际先进理念，为客户提供全面、规范、卓越的产品策划、广告创意、品牌建设、品牌管理以及先进的整合营销传播等服务，其中最核心的当数广告创意能力。概而言之，创意是如何将广告主的产品导入消费者的生活，让它在生活中充当一个恰当的角色，以及用何种方式、何种语言，在何时、何地与消费者进行沟通的经验和能力。创意是广告主雇用广告公司的理由，也是广告公司得以存在的根据，自然也是广告公司、广告人的价值所在，能够创作出一鸣惊人的"大创意"是许多广告人毕生追求的梦想。

2. 媒体能力

媒体能力包括两个方面：一是广告公司与媒体的关系，二是媒体计划、制作的能力。一般情况下，企业应选择媒介关系较好、交涉广告播出时间或刊登版面能力强的代理公司，以及在媒体计划制作方面能力突出的代理公司。通常情况下，与媒介关系好的公司可以最大限度地为客户争取到好的广告版面或时段，甚至优厚的折扣；而在媒体计划制作方面能力突出的公司则是指专于某一行业的媒介发布的代理公司。例如，某些广告公司专于医药领域的媒介投放组合，不仅与相关媒介有很好的合作关系，而且知道什么样的药品如何投入会有比较高的性价比，同等条件下医药企业当然要首先考虑这样的伙伴了。

3. 专业经验

这里的专业经验可以从广告公司对广告主的业务市场了解多少、以前是否服务过同类型或相近的产品或品牌等因素考察。如果广告公司曾经有过推广相关产品或服务的直接经验，则可能运用以前积累的心得，为企业广告战略的成功制定和实施奠定基础。如果广告公司没有这方面的直接经验，就应该慎重考察广告公司在这一领域的可能表现了。

（二）公司规模是广告主选择广告战略伙伴的关键指标

在某种程度上，公司规模的大小完全能够反映该公司的实力水平。一般规模大的广告公司建立的时间长，业务范围广，涉及领域较多，具备多种行业的推广经验，能为客户带来全面、系统的专业服务。同时，规模较大的广告公司在全球众多国家和地区都建有分支机构，庞大的宣传网络可以满足产品或品牌在创意与执行上进行全国或全球推广的要求，协助企业不断拓展市场。此外，规模较大的广告公司在硬件设备上的优势也是中小型公司望尘莫及的，而良好的设备可以保证更好地完成广告创意、实现广告效果。优秀的广告人往往也非常青睐规模大的广告公司，这就进一步强化了大广告公司的竞争实力。但是我们还应该认识到，有时广告公司的软件质量并不一定同公司规模呈正比。台湾意识形态广告公司成立之初，只有郑松茂、许舜英等四人。依四人之才，公司第一年的营业额就达到 7 000 万台币，到 1996 年，他们在台湾各地已有多家分公司，但总人数仍不到 40 人。因此，考察一个广告公司的软件水平关键不在于量的规模，而是能够进行创作的人员数量以及他们的创作水平。

（三）业务冲突是广告主选择广告战略伙伴的重要因素

业务冲突是指广告代理商现有的业务中是否有与广告主同类的产品或品牌，如果有则不应予以考虑。按照国际惯例，一个广告公司不能同时代理两个或两个以上的同类产品，以免损害客户的利益，影响双方的合作。如果一个广告公司已经代理了可口可乐的广告业务，不论这家公司在其他方面如何突出、广告代理费用如何低廉，百事可乐也决不会选择这家公司作为其广告战略伙伴。在我国，还有两类广告代理商的代理工作比较简单、单纯。一类是媒体创办的广告公司，主要代理业务就是出售广告资源，替企业发布广告，做的只是事务性的工作，一般不会存在业务冲突问题。另一类是纯粹的广告制作公司，因为目前国内的广告大多是由广告主的广告部出策划、创意，然后将印刷等工作交给这类广告制作公司，故这种情况下也不会有产品冲突问题。

（四）广告主选择广告战略伙伴的其他因素

除以上几个重要因素之外，广告主在选择广告代理商时还会参考以下因素：

1. 地点

一般情况下，为了得到比较方便、快捷的服务，企业倾向于选择地理位置同自己相近的广告代理商。改革开放后，沿海以及北京、上海等中心城市经济发展迅猛，各企业的广告代理需求激增，从而带动了这些地区广告行业的成长，因此形成了今天广州、上海、北京三足鼎立的广告格局。

2. 经营理念

广告公司在广告理念、广告过程、成功的广告策划与创意上持何种态度也是广告主选择广告战略伙伴的重要因素之一，因为这有可能关系到未来双方对合作关系的满意程度。就好像一对情侣，如果双方情投意合、志趣相当，定会和谐美满、幸福绵长；若二人的价值观、人生观不尽相同，甚至背道而驰，那就比较危险，结果可想而知。

3. 人力资源计划

广告主需要知道广告代理商对内部人力资源的发展是否有一套正式的计划。如果未来广告主与广告公司发展成一种长期关系，广告代理商是否可以保证未来任何时间都能够维持已签订的人力资源水平。人才是广告公司最大的资本,是圆满完成客户任务的保证,人员流动频率是否正常能反映一个公司的经营情况和管理能力,也是广告主考察广告伙伴的因素之一。

文本卡片 3-2

广告主需要广告公司做什么
—— 北京、上海、广州三地广告主调查

据 2004 年春上海明略市场策划咨询有限公司对北京、上海、广州三地 842 家企业的调查,其数据呈现如下几方面的指向:

1. 4A 公司最受青睐

调查数据显示:在制定策略时,企业选择 4A 广告公司的比例为 31.3%,与本土广告公司合作的比例为 21.5%,与营销咨询公司合作的比例为 7.8%,与管理咨询公司合作的比例为 5.2%。

2. 制定行之有效的策略是企业主的主要选择依据

进一步追问可发现:看重广告公司能为企业制定行之有效的策略的提及率为 31.6%,从策略到创意的一站式服务的提及率为 28.5%,资深的专业经历和背景的提及率为 26.4%,创意实力雄厚的提及率为 2.1%,其他方面的提及率为 11.4%。

3. 广告公司的竞争优势在于拥有有效的发展策略

数据显示:企业认为广告公司的竞争优势在于拥有有效的发展策略的提及率为 43.2%,可以提供策略到创意的一站式服务的提及率为 15.3%,具备执行能力的提及率为 12.7%,发展优秀的创意的提及率为 10.5%,其他方面的提及率为 18.3%。

4. 广告公司的执行力有待加强

数据显示:企业认为广告公司应提高的方面中,执行力要增强的中选率为 28.3%,为客户提供一站式服务的中选率为 21.5%,建立专门策划部为企业制定策略的中选率为 21.5%,提高创意水平的中选率为 19.6,对市场发展趋势把握到位的中选率为 8.4%。

5. 比稿时广告公司略占优势

数据显示:48.5% 的企业倾向于选择策略一般、创意一流的广告公司,32.4% 的企业会让媒介公司和广告公司一起完成任务,19.1% 的企业会把任务交给策略好、创意一般的媒介公司。

资料来源:《中国广告》,2004 年第 5 期。

---

4. 财务状况

广告代理商还应具备一定的资本实力,因为他们有责任代广告主支付媒体费用。此外,很多广告主还希望广告代理商是一个赢利企业。因为赢利的商业组织可以证明他们的高层善于经营,也一定善于开发下属的工作能力,促使他们创作出卓越的广告意念和活动计划。

5. 公司声誉

其他企业对这个广告代理商的评价也应是广告主的考察内容之一,特别是其曾经服务过的客户意见。看看这家广告公司的创作风格是否同自己的产品或品牌个性一致,在以前的工作中是否能够及时完成任务,从而选出与自己最合拍的广告战略伙伴。

现在,国内某些企业在选择广告战略伙伴时较为盲目,大多"以貌取人",偏爱"家庭背景"好,特别是有"海外关系"的4A公司。随着我国广告行业的发展与成熟,本土广告公司在专业化、服务水准等方面不断提高,加之同当地政府及媒体等相关部门的良好关系资源、相对低廉的价格等,使得广告主在很多细分市场以及其他广告活动等方面选择本土广告公司为其提供服务,如终端促销、大型路演。因此,企业在寻找广告战略合作伙伴时,应根据自己的实际情况、实际需要进行合理选择。此外,也不妨采取给广告公司打分的方法,以对合作伙伴进行定夺。

文本卡片 3-3

广告公司审评标准

按 1 分(最差)至 10 分(最佳)给各公司打分。

一般情况
——规模与我们的需求是否相吻合
——管理能力
——财务稳定性
——与其他客户的相容性
——业务范围
——服务成本、收费政策

营销情况
——提供营销建议的能力
——对我方市场的了解度
——与我方市场打交道的经验
——成功记录、个案

创作能力
——奇思妙想、与战略的关联性
——美工实力
——文案实力
——整体创作水平
——与竞争者相比效率如何

制作
——创意和实施的忠实度
——严格按照时间和预算的能力
——控制外来服务的能力

媒介
——媒介调查的现状及可信度
——有效、成功的媒介战略
——在预算内实现目标的能力
——协商和实施媒介排期的实力

个性
——整体个性、理念或定位
——与客户及管理的吻合度
——是否乐意安排最好的人员给自己

其他
——现有客户的评语
——过去客户的评语
——媒介和财务方面的评语

资料来源:〔美〕威廉·阿伦斯著,丁俊杰译,《当代广告学》(第 7 版),华夏出版社 2000 年版。

第三节 广告作品评判心理

消费者对某一产品的了解往往都是从其广告开始的,广告做得好,就会激发消费者对产品的兴趣,进而产生购买行为。一个具体的广告作品,首先引起人们兴趣和关注的往往是广告创意,因此国内外众多知名的广告奖项都是以创意的优劣作为其评选的首要标准。如由国际电影节派生出来的广告作品大奖赛——戛纳国际广告节、始创于 1957 年的纽约广告大奖、由美国著名营销专家 J.W. 安德森于 1971 年创立的莫比广告奖,以及素有广告"奥斯卡"之称的克里奥广告奖等,都是历史悠久、规模较大、影响深远的世界性广告大奖。这些广告大奖汇集了来自全球各地的广告公司和专业制作工作室提交的一流创意作品,是对当今世界广告作品,特别是广告创意的一次总巡视和检阅。因此,是否得过国际广告大奖便成为广告主衡量广告公司创意能力的重要标准之一。但是,广告毕竟是企业进行销售促进的重要手段之一,所以广告的实际效果才是广告主最为关心的问题。因此,一些注重广告效果的广告大奖也不断涌现,其中最负盛名的莫过于美国市场协会于 1968 年创立的"广告效益奖",即"艾菲"奖。其入围的案例基本上都是广告公司根据客户的市场情况来制定广告策略,并进行有效执行,从广告涉及的范围、定位、诉求、创意、策划、独特手段的运用,到媒介计划、推广计划、预算、实施等环节都十分缜密、细致,广告效果显著的作品。可以说,"艾菲"奖是唯一以广告实效为主要依据的广告大奖,并将创意和商业效益并重。目前,"艾菲"奖已成为国际广告界中声名卓著的广告大奖,为众多广告代理公司和广告主所认可,特别是得到广告主的重视,成为他们衡量广告代理公司水平的重要依据。所以综合而言,对于广告作品,广告主都是从创意与实效这两个方面来进行评价的。

一、广告作品的创意评判

从广义上说,广告创意是对广告战略、策略和运作每个环节的创造性构想;从狭义上说,广告创意是表现广告主题、能有效与受众沟通的艺术构思。创意可以产生差异:在竞争的市场环境下,同质的产品很多,生动的广告创意可以在消费者的心目中使一种品牌与其他品牌区分开来,并高于其他品牌。创意可以增强记忆:生动的创意可以保证品牌在观众的记忆中停留的时间和印象比广告刊播的实际时间更长,效果甚至会延续到媒介发布后几周或几个月,这种创意可以帮助一个品牌在广告停止后仍被消费者所记忆。创意可以令品牌持久:生动的创意可以保证品牌经得起竞争品牌削价竞争、促销、更充裕的广告投放等方面的冲击。尽管杰出的创意对广告作品而言至关重要,但在现实的广告创意表现中仍有很多不尽如人意之处。因此,广告主往往采取比稿的方法,对广告创意的高低优劣进行评判与取舍。其间,广告主——通常是由企业市场策划中心总监与公司老总构成决策人——往往会产生如下的评判心理:

(一) 广告创意是否独创、具有想象力

在信息技术高度发达的现代社会,市场竞争日趋激烈,各类广告大量增加,没有创意的广告很难引起消费者的注意。法国一家广告公司所做的一项民意测验表明:每个法国人,一天内通过报刊、路牌、电影、电视或广播等媒体要接受500—1 000个广告信息,但人们能记住的只有10个。在这种情况下,只有那些经过精心创意、艺术感染力特别强的广告才会在同类产品广告中脱颖而出,给消费者留下深刻印象,促进产品销售和品牌资产的累积。就我国而言,近年来内地广告的质量已经有了长足的发展和提高,但是创意依然乏善可陈,想象力贫乏,千篇一律、千人一面。某种产品的广告创意稍有特别,市场反映良好,其他同类产品的广告马上跟风而上,因此我们现在常常可以看到保健品广告中"送礼"的呼声一浪高过一浪;而卫生巾的广告则几乎是同一组创作人员所为,大都采用明星加药水试验的证言式手法。这些雷同的表现形式在横向上产生了严重的"互扰",消费者很难形成一个良好、清晰的品牌认知,到最后损失最大的就是广告主及其产品。

难道为同类产品做广告,创意就不能推陈出新、别具一格吗?美国的"超级三号胶"打入法国市场时,为表现其产品特性,广告创意人员找来一个马戏团的杂技演员,在他的鞋底点上四滴胶水,然后把他倒粘在天花板上保持1分钟,并让公证人作证。这个广告片播出6个月,胶水销售出50万支,此后年销售量达600多万支。后来英国一家生产同类产品的公司也不甘示弱,竟把一辆小汽车涂上胶水,粘在一个广告牌上"示众"。

而南非一个同类产品的广告创意不仅绝妙而且惊险,广告创意人员用胶水把演员粘在一架飞机的机翼上,并在空中飞行了40分钟,虽然演员安然无恙,但观众却吓出一身冷汗。香港"劳特"牌胶水也使出浑身解数,为了展示其高效的产品性能,竟把一枚金币粘在墙上,并声称"谁能用手把劳特牌胶水粘在墙上的金币拿下来,这枚金币就归他所有"。同样是胶水广告,诉求点都是超强的黏性,但表现却各不相同并都极具创意,给消费者留下相当深刻的印象。

除此之外,澳大利亚的两则卫生巾广告可能也会带给我们一些思考。一辆跑车风驰电掣而来,嘎的一声急停在教学楼前,开车的女孩似乎很赶时间,来不及开车门而是飞身跳到车外。不巧电梯正在运行,她看了看手表,冲进楼梯间,令人惊奇的是她竟然边走边脱衣服:外套、背心,甚至胸罩!终于慌乱的女孩上身赤裸地赶到教室,无视众人惊讶的表情,二话不说脱掉裤子。就在女孩准备脱内裤的瞬间,脑海里突然浮现早上出门前曾使用了某某牌卫生巾的镜头。此时坐在前排的一名男生坏坏地笑道:"小姐,人体写生在隔壁!"

另一则广告却是这样表现的:一名女士装扮完毕准备出门参加晚宴,就在转身离开梳妆台的时候,趴在案上的小猫起身跑动把一瓶香水踢翻,瓶中的液体缓缓流至桌上。慌乱间,女士抽出一小片东西往桌上一贴,液体立即被吸尽。当女士想把吸在片状物中的香水重新挤回瓶里时,却连一滴也挤不出来。望着只剩半瓶的昂贵香水,女士无奈地摇摇头,走出了门。随后画面一黑,出现一行醒目的文字:某某牌卫生巾。同样是卫生巾的广告,没有明星脸孔、没有蓝色药水、没有解说词,甚至没有女主角的正面镜头,但消费者关心的舒适、安全、吸收性强等功能无不传达得淋漓尽致,并通过戏剧化的情节给观众留下了相当深刻的印象,广告效果自不用多说。

这些广告手法别出心裁、令人叫绝,使人看到即使是同类产品,只要创作人员打开联想之窗,依然可以凭借超乎寻常、大胆合理的想象,创意出不同凡响、层出不穷的广告作品来。

(二) 广告创意诉求是否明确、简洁有力

广告诉求与广告表现是广告创意的两大构成要素。广告诉求是指通过广告要向消费者传达什么信息、达到何种目的,是提高产品知名度、强化产品的独特卖点,还是提升品牌形象;广告表现则是指通过各种表现手法,将广告诉求有效地表达出来。但是,现今很多广告的诉求与表现常常出现错误或不协调,此种现象被称为广告创意失语。

某痔疮药花费大量金钱在主流电视媒体上进行了强力投放,广告表现是各种戏剧人物反复强调"说出来、说出来、说出来",在大量的铺垫与悬念造势之后,画外音道出其广告诉求——"痔疮之苦如何能说"。在这则广告中,消费者不能明确了解任何有关该产品本身的信息,广告主只是花了很多钱告诉消费者一个观点:痔疮之苦不能说!实际上,痔疮本身就是个痛苦的难言之隐,许多消费者都不愿他人知道。而广告所体现的调侃的风格,只会让没痔疮的人一笑了之,有痔疮的人感觉受到了戏弄,不仅卖不出产品,对品牌形象也无任何益处。相反,九华痔疮栓的平面广告"屁股笑了"(见图3-1)却独辟蹊径,其广告创意以简洁勾勒的、弯弯笑意的嘴唇为元素,但却巧妙地进行了变形,又成为屁股的写意形象;就在这既看似微笑着的嘴唇,又看似屁股的线条中,画龙点睛地写道"屁股笑了",从而鲜明地诉求了九华痔疮栓能够缓解痛苦的产品功能。

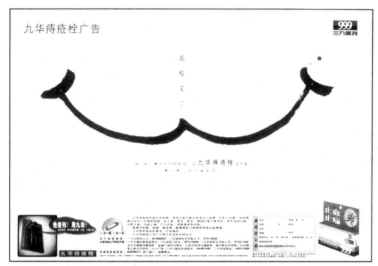

图3-1 九华痔疮栓广告

当广告诉求与广告表现都不恰当时,将会导致一场失败的广告运动,甚至影响企业的发展。1994年,京城开始上演方便面广告大战,挑战者"营多"推出了一则画面漂亮、制作精良的电视广告:一群孩子正专心地上小提琴课,伴随着优美的乐曲飘来阵阵"营多"方便面的香味,孩子们难抵美味的诱惑,于是从心猿意马到终于开始品尝"营多"。但是广告推出后并没有产生预期的销售效果,没多久这种方便面就在激烈的竞争中败下阵来。为什么呢?原因首先在于广告诉求的失误,儿童不掌握家庭的财政支出,并不是方便面的直接销售目标;而方便面虽然味道鲜美,但长期吃会引起营养不良,这样的道理家长们还是很清楚的,怎能忍心让自己的"小皇帝"、"小公主"经常吃方便面呢?其次,在具体的广告表现上,孩子因喜爱"营多"而放弃学习,绝对不是望子成龙的父母们希望看到的,这样的情节设计太有悖于常理。因此,只有确立正确的广告诉求并运用合适的表现手法进行演绎,广告创意才能发挥它应有的效果。

(三)广告创意是否具有战略思考、服务长期目标

广告大师大卫·奥格威曾告诫后人:每一个广告都是对品牌的长程投资。消费者认识一个企业和它的产品,是从广告开始的,广告的定位和风格就代表了产品与众不同的卖点和品牌个性,企业在广告上的投资会慢慢转变为品牌的无形资产。但是,如果广告作品脱离企业的营销目标、广告目标等战略规划,而天马行空、随心所欲地进行创意,即使拿出来的广告创意再好、广告表现再完美,也无法对既有的品牌形象起到正面累积的积极效

果。这也是为什么很多广告作品虽然获得过国际广告大奖,但在市场实践中却无法促销产品、提升品牌形象,广告效果不尽如人意的重要原因之一。

虽然如今很多广告主和广告代理商在策划广告运动时,都能够作通盘考虑,但仍有部分企业和广告代理商抱着一种急功近利的心态,设计广告作品时没有考虑到品牌的整体规划,只是凭感觉创作和决定,自认为想到了一个"Big Idea"就赶紧制作投放。曾经有一个小酒厂便是如此,每当社会上出现备受关注的新情况时,该厂马上把酒名改为热门事件的名字,进行广告宣传,以期得到消费者的关注。甚至有的企业手头宽裕就多打广告、资金紧张就减少广告投入,丝毫不考虑产品生命周期、消费的季节性变化、品牌发展的阶段等战略问题。这些没有战略思考的盲目行为只会浪费宝贵的广告经费。广告创意必须遵循广告目标,服从于广告战略,体现广告主题,与市场策略紧密联系和互动,唯有如此才能达到促进销售、提高品牌资产的目的。

二、广告作品的实效评判

所谓实效的广告就是能带来现实的广告效果,使广告主的广告投资得到最大的收益回报,给其带来实质利益的广告。广告代理商是为广告主服务的,广告主出资购买广告代理商的劳动,是一种经济交换行为,等价交换的结果应该是广告主得到百分之百的服务,达成广告的商业目标,而不是仅仅获得一些奖杯等非实质性的东西。大卫·奥格威在评价广告作品时说:"能够促销产品,而不是把人们的注意力引向自身的广告才是一则好广告。"可以说,实效性是广告创意的最高原则,是广告产生的根本原因,更是检验广告优劣的重要标准。

(一)广告实效性的体现

从企业的角度看,广告的实效性体现在两个方面:一是促进销售,提高销售量;二是提升品牌形象,积累品牌资产。从广告本质来看,它是一种投入与产出的过程,企业投入一定的广告费用,其目的或是为了促进和扩大其产品的销售,实现企业的赢利;或是为了达到品牌形象建立、品牌价值积累的效果。所以,评价某一广告是否有效、是否是好广告,最主要的就是看它在道德和法律所允许的范围之内,最终能否给企业带来良好的经济效益和品牌形象,这是衡量广告实效性的根本准则。因本章第二节已有论述,此处不再赘言。

从消费者的角度看,广告的实效性体现在以下几个方面:吸引注意、引发兴趣、激起欲望、强化记忆、促成购买。这也是在广告界被认可的关于发挥广告心理功效的"AIDMA"原则,即A——Attention(注意)、I——Interest(兴趣)、D——Desire(欲望)、M——Memory(记忆)、A——Action(行动)。此外,广告最终的目标是影响消费者的想法和行为,所以在这一方面,广告的实效性还应在"AIDMA"原则的基础上加强消费者的态度,保持消费者对品牌的熟悉度,促使他们形成品牌忠诚。

(二)影响广告实效的因素

影响广告实效的因素可以分为两个方面:一是宏观因素,二是微观因素。宏观因素包括政治、法律、经济、文化、社会等诸多方面,并非本书所讨论的范围;而微观因素则是具体广告活动所面临的具体问题、具体情况,此处仅从这一角度对影响广告实效的几大因素进行分析。

1. 作品因素

广告影响消费者心理变化的第一步就是引起他们的兴趣,可见,从广告对象接受心理上讲,广告作品能否吸引广告对象的注意是其成败的心理基础。影响广告效果的作品因素可以从广告信息和广告表现形式两方面进行理解。广告信息是指广告作品要向消费者传达的具体内容,而对消费者影响最大的广告内容往往是产品实际功能方面的信息。因此,"说什么"实际上成为作品中最主要的决定性因素,优秀、有效的广告作品,必定是符合消费者实际需要、具有一定实用功能的产品。确定广告信息时,应注意采用单一诉求的手法。因为在广告拥挤的时代,人们越来越无心关注"复杂的"广告,只有单一的诉求才有利于提高广告信息的注意度和记忆度,同时向消费者提供了某种"唯一的选择"。如消费者想买"有效杀菌"的香皂时,它的唯一选择便是舒肤佳。广告的单一诉求就是强调广告信息的简洁明了,一则广告只说一个卖点。广告中的"单一诉求"点,可以是产品自身的功能和效用,也可以是产品带给消费者的利益,还可以是消费者对产品的形象或品质的感觉。此外,再能够带给消费者实质利益的广告内容,也需要新颖独特的方式传达至消费者,这就是广告表现形式,即"怎么说"的问题。有创意的广告表现形式能吸引受众的注意力,增强消费者的记忆力,激发购买欲望和行为,是有效传达广告内容的重要保障。

2. 媒介因素

广告作品完成后必须通过一定的媒介进行传播,广告媒介选择是否得当,决定着信息能否被准确地传递给目标受众。在具体广告活动中,选择了有效的信息传播途径,就意味着达成了一半的广告效果。

(1) 制定正确的媒体策略

选择适当的广告媒体,首先需要熟悉备选媒体的特点和相关属性,如媒体受众的构成及接触媒体的习惯、媒体成本、适用性、灵活性、地域性、传播效果、广告时段和版位等,然后根据广告的具体形式、内容及要求加以综合考虑和权衡。

(2) 组合应用媒体

目前在广告实践中,只使用一种媒体来传递广告信息的情况非常少,大多数广告活动都涉及多种媒体的组合应用。这既有广告信息传递方面的原因,也有增强广告影响力的考虑。媒体组合就是在广告活动中,分阶段地使用不同的媒体或同时集中使用多种媒体来传递广告信息。媒体组合应该分清主次,对在各种媒体上发布的广告的规格和频次进行合理的组合,以在保证广告效果的前提下尽量减少广告费用。

(3) 确定合理的暴露频次

广告通常有一个有效暴露频次,关键是如何确定一个合理的暴露频次。在广告活动期间,刊播的时间间隔过短、频率过高,不仅会加大广告媒体费用的投入,还会造成受众的反感;而刊播的时间间隔过长、频率过低,又会影响受众对广告信息的记忆。一般来说,在确定广告的暴露频率时,应充分考虑消费者购买产品的频率、消费者遗忘品牌的速度等。

3. 消费者洞察

广告形成销售力的本质在于迎合、激发、建立和强化消费者的购买动机,广告有效的关键是在实施广告传播活动前清楚地洞察消费者的购买动机和心理。实效广告的创意发源地只能是对市场、消费者和竞争环境的深刻洞察,对于"消费者洞察"的追寻应是一个专业广告公司运作的核心之一。然而,当今中国的大多数广告公司仅把消费者洞察作为广告策划的例行程序而不是产生策略的必然过程。如果能够深刻洞察消费者的消费行为和消费心理,把握好他们的购买动机,那么广告策略就比较容易建立在可掌控的范围之内,再加上后期执行到位,广告一定会达到预期的理想效果。

4. 广告预算

广告预算不合理也是广告失效的原因之一。当前企业在广告投入上随心所欲的现象较为普遍,广告投入或多、或少、或分配不合理,这些都将影响广告的实效性。广告费用作为企业的一项投资,要取得一定的回报,肯定需要有足够的预算,但对一个企业或某个产品来讲,广告所起的作用毕竟是有限的,相应的广告预算也应是有限的。在编制广告预算时,首先要选择恰当的方法确定广告活动所需的总费用,可采用的方法有:广告目标达成法、销售比例法、竞争对抗法、支出可能法等;然后按时间、媒体、广告的具体环节等对总预算进行分配。在具体投入广告费用时,应以广告预算为基础,以有利于广告目标的实现为宗旨,加强对广告费用的控制和管理,避免不必要的浪费。

广告作为塑造企业形象、促进产品销售的手段,并不是一项孤立的活动,而是企业整体营销活动的一个组成部分,广告的任何策略都应放到企业营销战略的整体中去考虑,因此,企业和广告代理商制定明确的营销目标和广告目标也会提高广告效果。广告运作是个复杂、系统的活动,涉及许多具体的环节,只有各个环节之间相互协调,才能确保广告的有效性。

本章提要

广告投放是企业的一种投资行为,广告主必然要求这样的活动能够带来最大的收益。广告的作用不仅仅是促进产品的直接销售,更重要的是应有助于品牌形象的正面建设。产品销售量的增加与企业及整个市场营销策略组合有着密切关系,而这个组合是把许多不同要素包含在一起的操作及配合,广告只是市场营销策略的手段之一,将它与产品销售量提升与否直接挂钩的认识比较片面。品牌资产是当今欧美营销界最热门的话题,它由品牌认知、品质认知、品牌联想、品牌忠诚四部分构成。在现代经济条件下,广告最大的作用已经不在于增加产品销量,而是强化品牌印象,树立品牌形象,提高品牌知名度、美誉度,并最终积累成品牌的无形资产。

广告战略是企业在广告活动中所采取的长期对策,它作为一个时期内企业广告活动的指导思想和总体构思，是带有全局性的决策，是为实现总目标或根本利益而制定的行动纲领，无论是以树立品牌形象为目的的品牌广告，还是以销售促进为目的的促销广告，在制订广告计划、设计广告作品、推进广告活动时都应运用战略性思维，对广告活动进行全局规划。广告战略伙伴的选择也是广告战略规划的重要组成部分，广告公司水平的高低将直接影响到广告效果，广告主在进行选择时也应有一定的参数、标准。

消费者对某一产品的了解往往都是从广告开始的，因此对于广告作品的优劣，广告主也自有一套衡量的标准。一个具体的广告作品，最能引起人们兴趣和关注的首先是广告创意，生动的创意可以在消费者的心目中使一种品牌与其他品牌区分开来，增强记忆，品牌的影响力持久不衰。但是目前我国广告行业的创意水平普遍较低，存在很多问题。作为经济行为的广告投资，广告主更看重广告的实际效果。我们可以从企业和消费者两个角度理解广告的实效性，而影响广告实效的因素有广告作品、媒体策略、消费者洞察、广告预算等。

案例分析

"美的"向"格力"道歉

2008年8月28日，重庆巫山县人民法院审理了一起因广告引起的名誉权纠纷案，因在广告中使用了侮辱性词汇，美的电器及其两关联公司被判向格力电器旗下压缩机制造公司赔礼道歉，并在《重庆商报》上为该格力子公司恢复名誉，消除影响。

据了解，在2007年7月，被告美的电器控股有限公司重庆代理商——重庆市万州区星宇电器销售公司及其经销商——巫山县太元电器有限责任公司制作了一则美的空调销售广告，广告内容为："美的（Midea）谁敢承诺？非名牌压缩机无条件退货！买汽车——首选发动机，买空调——先看压缩机！美的空调郑重承诺：全部采用国际知名品牌压缩机！坚决不用不出名的凌达等压缩机！"

该广告提到的"凌达压缩机"，即为该案的原告珠海凌达压缩机有限公司生产，珠海凌达是珠海格力电器股份有限公司的全资子公司。在发现这则有损"凌达"名誉的广告后，格力电器经销商——巫山县恒通工贸有限公司即采取相关措施保全证据，并请巫山县公证处对相关内容作了公证。随后，珠海凌达压缩机有限公司以该广告侵犯了其名誉权，要求广东美的电器公司等三被告停止侵害、恢复名誉、消除影响、赔礼道歉并赔偿损失10万元。

法院审理认为，被告所发布的广告，在语言表达上含有贬低凌达公司生产经营的凌达压缩机之意，侵犯了原告的名誉权，降低了原告的商业信誉。美的公司虽然没有参与该广告的制作、发布，但作为美的空调的生产商，对其代理商的行为管理不力，且美的公司对该广告产生的效益可以获取商业利益，故三被告的行为共同侵犯了原告的合法权益，应共同对其侵权行为承担民事责任。三被告应按法律规定为原告恢复名誉、消除影响、赔礼道歉。

不过,对于原告10万元的索赔,法院以珠海凌达在诉讼过程中没有提供其损失依据,也没有提供侵权人在侵权期间所获得的利润依据,该项诉讼请求缺乏事实依据为由,未予支持。

结合上面的案例,分析作为广告主的如下心理:
1. 美的代理商广告侵权的深层心理是什么?
2. 为什么美的公司要连带成为该项诉讼中的被告?
3. 在该项诉讼中,格力代理商及格力公司的子公司采取的妥当措施,其心理该如何概括?

情景模拟

一个民营企业进入了汽车行业,获得了海外著名汽车公司的授权,生产中档商务车。虽然该民营企业从原来的行业来看是非常具有实力的,但对资金密集的汽车行业来说,其规模、实力则相形见绌。而该企业的商务车即将下线,其广告是不能不做的;于是,便有多家广告公司找上门来欲获得广告业务。通过前期的接触、比稿,该企业将合作伙伴缩小到了三家,它们分别是:A公司、B公司和C公司。

A公司是一家国际广告公司的分公司,其经验丰富、人员齐整,创意富有气魄,但广告制作与代理的报价非常高;

B公司是本土的一家广告公司,近年来业绩突出,但策略与创意水平一般,尤其是汽车业务没有做过,其服务报价合理;

C公司是依托某高校广告研究所成立的一家广告公司,市场业绩不大,但策略与创意能力强,只是后期服务人员不足,其服务报价最低。

如此,请讨论:如果你是该企业的老总,会选择哪个广告公司为合作伙伴。

小组讨论

1. 影响销售增长的因素有哪些?
2. 什么是品牌资产?构成品牌资产的要素是什么?
3. 简述广告与品牌资产的关系。
4. 现代广告的作用体现在哪两个方面?
5. 促销广告怎样进行战略规划?
6. 如果你是广告主,你想选择什么样的广告公司?
7. 将组员分成正方与反方,对目前热播的某则广告进行优劣的辩论。

广告心理学教程（第二版）

第四章 广告传媒人心理

知识要求

通过本章学习,掌握:
☞ 传媒核心竞争力的特点与培养方法
☞ 传媒经营与广告收入的相关知识
☞ 传媒与广告载具的关系
☞ 广告载具开发的思维方法
☞ 广告载具的营销观念与方法

技能要求

通过本章学习,能够:
☞ 促进传媒核心竞争力的形成与加强
☞ 掌握传媒受众市场细分化趋势
☞ 运用传媒广告市场开发的手段
☞ 区分广告媒体与广告载具的异同
☞ 掌握电视节目开发的手段
☞ 运用报刊版面开发的方法
☞ 驾驭网络广告的新形式
☞ 进行得当的名人形象开发
☞ 掌握广告载具的四种营销观念

第一节 传媒经营与广告收入

目前,我国传媒的经济来源主要还是依赖于广告收入,因此传媒在核心竞争力方面的经营与管理、传媒受众市场的开发与维系以及传媒广告经营的手段等对其广告收入有很大的影响。

一、传媒核心竞争力形成

1990年美国企业战略管理专家普拉哈拉德和哈默尔在《哈佛商业评论》上首次提出"核心竞争力",这一观点一经提出,就得到学术界和企业界的广泛认可。核心竞争力,是指企业组织中的累积性知识,特别是关于如何协调不同的生产技能和整合多种技术的知识,并据此获得超越其他竞争对手的独特能力。简言之,核心竞争力就是对本企业价值巨大,能够使企业做得最好,而其他企业难以模仿和学到的、独特的、稀缺的优势。传媒的核心竞争力,是指该传媒在经营和发展中胜过竞争对手的核心资源和能力的总称,就是人无我有、人有我优的东西。具体地说,它是该传媒以其主体业务为核心形成的能够赢得受众、占领市场、获得最佳经济和社会效益,并在众多传媒中保持独特竞争优势的那些资源和能力。

(一)传媒核心竞争力的基本特点

1. 价值优越性

价值优越性是指传媒应对受众有更多、更优越的价值,受众能从该媒体获得比其他媒体更多的实惠。价值优越性并不仅仅限于传媒提供的各种信息本身,一些外在形式及附加价值也可能得到受众的青睐而成为核心竞争力。例如,《精品购物指南》的头版总是采用印刷精美的明星图片,年轻读者喜欢收藏这些明星照片,因而比内容相近的其他生活消费类报纸具有更多的价值优越性。

2. 独特性、稀缺性

传媒核心竞争力还指该传媒一定拥有一种或几种独一无二的资源或能力,真正具有"人无我有"的独特优势。总是报道独家新闻的传媒便具有核心竞争力,如先后推出"基金黑幕"、"银广夏事件"等重头独家报道的《财经》杂志。而能获得特定受众欢迎的传媒,同样是由于其独特的核心竞争力,如央视的"夕阳红"栏目。

3. 难以模仿、替代性

当某家媒体拥有某项核心竞争力时,其他竞争者和市场跟进者想获得同样的竞争力是很困难的。因为核心竞争力是该媒体在长期实践中积累而成的,深深地铭刻着自身特殊经历的烙印,其他媒体想模仿必然需要付出巨大的模仿成本;同时,尽管投入大量资金进行节目、栏目的模仿,也未必可以影响原节目、栏目在受众心目中的地位,其核心竞争力很难被替代。如果某项竞争优势已普及或者极易被竞争对手模仿,也就不再是核心竞争力了。

4. 延展性

传媒核心竞争力的作用是多方面的,其优势可惠及其他相近领域,还会对传媒的发展起到良性互动的作用。当然,我们也应该认识到,核心竞争力是相对的而不是绝对的,是阶段性的而不是长期性的,奢望有了某项核心竞争力后便一劳永逸,从此便可高枕无忧,是一种危险的、不切实际的想法。因此,开发核心竞争力应该是传媒界时常努力和追求的目标,应该成为我国传媒发展战略的一部分。国内传媒界的实践已经证明,媒体的核心竞争力直接影响传媒的社会效益和经济效益,不具备这种能力或这种能力相对较弱的传媒,在竞争中就会居于劣势,就会失去受众,经济效益和社会效益的实现也就无从谈起。

(二)增强传媒核心竞争力的方法

1. 明确内容定位,打造强势品牌

传媒从产业性质上看是一个内容供应商,提供的是信息产品。显然,作为信息产品,至关重要的是其内容的构成以及节目特色问题。传媒的核心内容就是特色和拳头产品,是别人无法与其竞争的原创性节目。在传播市场中,受众对媒体的消费选择,取决于对其内容的判别,只有具备能吸引、满足受众的核心内容,媒体才有生存的可能。不论什么媒体都无法忽视"内容为王"的论断,内容是打开市场、获得效益的前提。内容决定了收视率,决定了广告量的多少,而原创性的新闻节目、娱乐节目等更是可以带来无穷的利润。在产品高度同质化的今天,想保持长久的差异性是相当困难的,因此在明确自己的核心内容后,就应该趁势打造自己的强势品牌,让品牌形象在受众心中生根发芽,成为该品牌绝对的忠诚者。如中央电视台的电影频道、电视剧频道、体育频道、新闻频道等,由于明确了自己的内容定位,在各自的受众心目中占据首选位置。

2. 确定受众定位,开发细分市场

在新形势下,大众传播已经处在由"大众"走向"分众"、由"广播"走向"窄播"的转型时期,一家传媒把全体受众一网打尽已是昨天的神话。传媒必须有所放弃才能有所选择,在进行深入的市场细分后,选择最适合自己的目标受众。传媒一旦确定了自己的受众定位,便占据了特定的读者对象和市场空间。如面向二十多岁都市白领的时尚类杂志《瑞丽》、《时尚》,每年都能够取得良好的经济效益,这种准确定位的市场策略实在值得学习。

3. 培育杰出的传媒人才队伍

传媒业是靠提供新闻信息服务来吸引受众的注意,然后将受众的注意力"二次售卖"给广告商,其利润绝大部分来自于二次售卖的广告收入,这是传媒业与其他工商企业最大的不同之处。因此,传媒业的竞争力关键在于其提供的新闻信息内容吸引受众注意的能力,于是新闻信息内容在传媒业的竞争中便成为最关键的因素。而新闻信息内容,则有赖于传媒采编人才的劳动,因此传媒的竞争也是采编人才的竞争,杰出的采编人才能为其效力的传媒采写更多的独家报道和更多的优秀新闻,从而吸引受众更多的注意力,增强传媒的竞争实力。

二、传媒的受众市场开发

从传媒活动的构成要素来看,受众是其中极其重要的一环,他们决定着传播活动的社会效益,也决定着传播活动的经济效益。

(一)传媒市场细分化

在数字化信息时代,传媒受众呈现出明显的细分化趋势,即大众媒介传播实际出现一种"小众化"趋势。[①] 在小众化传播中,受众的文化素质、职业、生活习惯、对传媒产品的需求特点不尽相同。受众的这种差别给传媒产业经营者准确认识传媒市场、选定传媒的目标受众增加了困难。为了更好地认识受众以及他们之间在知识、态度、行为等方面的差异性和共同性,以便选择适当的服务对象,必须进行传媒市场细分。

传媒市场细分是按照一定的分类标准,把传媒可进入的市场分割为若干个具有相似欲望和需求的分市场或子市场,确定传媒市场目标。然后根据不同的细分市场,组织传媒

---

① 黄旦:《新闻传播学》,杭州大学出版社1997年版,第31页。

产品的营销活动,提高传媒细分市场的竞争能力,扩大在总体传媒市场中所占的比重。实践证明,受众只对少数传媒产品的需求是大致相同的,如受众对天气预报、股票信息等的需求差异极小,这类市场称为同质市场,在同质市场中传媒的营销比较相似。而大多数传媒的市场属于异质市场,这是由于受众所处的地理和社会环境、所接受的教育及自身的心理素质、购买动机行为等不同,他们对传媒产品的要求也各不相同,存在需求差异。有差异就得加以区分,就得区分不同个性特点的传媒细分市场。同时,我们还应该认识到,在社会生活中人们的基本需求和欲望既有不同的一面,也有相似的一面。人们受居住环境、教育、文化传统的熏陶,在生活习惯、爱好、风俗等方面表现为一定的相似性。这种相似性又使划分出来的不同消费需求再次聚集,形成相类似的受众群体,每一个相类似的受众群体就构成一个具有一定个性特点的传媒细分市场。在每一个细分的子市场中,其受众需求都是相类似的。但是,不可能达到纯粹的同类。因此,媒介市场细分实际上是一种以"求大同存小异"为原则,对受众需求进行分类的方法。就传媒大市场而言,受众市场细分看到的是同中有异;就传媒子市场而言,市场细分看到的是异中有同。

在传媒受众市场上影响受众购买行为的因素众多。首先是人口因素,包括年龄、性别、收入、职业、家庭人口、受教育程度、信仰、籍贯等。由于人口因素对受众需求和欲望的影响最大,且容易辨认和衡量,因此应该是受众市场最主要的细分标准。人口标准比较稳定,取得各种变量的资料比较容易,所以常常成为传媒进行市场细分的重要标准。其次是地理因素,包括地区、城市和农村等因素。东西南北中不同地区由于自然条件、风俗习惯、文化传统、经济发展水平的差异,对传媒产品的需求存在差异。地理标准细分市场虽然方法简便、标准稳定,但是地理变数多是静态因素,有效分析还应考虑其他动态变数。再次是受众心理因素,包括社会阶层、生活方式、个性特征等。个人生活方式及其性格等心理因素对受众需求的影响,往往比其他因素更深刻。调查发现,一些以青年人为目标受众的时尚类广播电视节目及报刊等传媒产品也受到很多中老年受众的关注,原因很简单,这些中老年人关注和购买这类时尚传媒产品的目的是"让自己感觉更年轻"。受众传媒行为因素,包括媒介占有、媒介接触类型和媒介接触频率。目前,我国受众的媒介接触类型模式基本上是"电视—广播—报纸",但这种模式也并非固定的,而是根据不同受众有不同变化。如文化素质高的受众对报纸、书籍媒介的接触率高于广播、电视的接触率;年轻人对电视、网络媒介的接触率高于老年人;而中老年人对报纸、杂志、书籍、广播媒介的接触率普遍高于年轻人。

(二)受众注意与传媒品牌

传媒业是一种比较特殊的产业,它的收入不同于一般企业,主要来源于两个方面:一是媒介通过出售自己的传播资源获取受众资源;二是媒介通过出售自己的受众资源获取广告资源。若将时下流行的"注意力经济"引入传播领域,即传媒回收并出售给广告主的是"受众的注意力"。诺贝尔经济学奖获得者赫特说:随着信息时代的发展,有价值的不是信息而是你的注意力。可以说,抢夺受众的注意力已经成为当下传媒间竞争加剧的动力,媒介的竞争说到底是对注意力的竞争。

在市场经济日益发达的今天,向品牌靠拢已成为人们商品消费的一种主要趋势,对于传媒产品也同样如此。而由于媒介可选择性增多和受众日渐成熟,受众对媒介品牌的理性认识已上升到一定水平。因此,注意力能否成为恒久的资源,则取决于信息源的影响力、吸引力,取决于传媒品牌的竞争实力。事实证明,具有品牌效应的"名牌"传媒是受众格外青睐的对象。如《21世纪经济报道》、《中国经营报》、《经理人》、《销售与市场》是企业经营管理者的必读传媒;而《时尚》、《瑞丽》、《女友》与《电脑报》、《计算机世界》则分别是青春少女和"网虫"、"骇客"的最爱了。从具体的产品角度进行分析的话,传媒的品牌竞争力是通过具有名牌效应的栏目反映出来的。在电视传媒的产品选择上,有人关心时事政治、国家大事,就看中央电视台的《新闻联播》、《世界报道》;青年人喜欢娱乐,所以湖南卫视的《快乐大本营》、《天天向上》在他们当中有很高的关注度;同是央视的《实话实说》、《新闻调查》,因其内容紧扣时事、贴近生活,深受广大老百姓的喜爱。这些品牌知名度高、影响力强的传媒产品以它特有的生命力和竞争力,给传媒带来令人瞩目的知名度、美誉度和经济效益。中央电视台黄金时段的广告招标每年都会让央视赚个满钵;《快乐大本营》的广告收益更是让湖南卫视乐开怀:从最初的年广告收入不到1 000万元,增至2008年的8 000万元。

实际上,从广告主与广告代理公司的角度来看,他们购买某一传媒产品中的时段或版面,主要不是考虑产品内容的"好"与"坏",而是看中产品本身受众的"量"与"质"。也就是说,广告主重视受众/注意力的规模,同时也重视受众的性别、收入、购买能力、教育水平、价值观念等更加细致的因素。广告主心目中理想的受众是在保证一定数量的前提下,那些具有可观的消费能力且与产品特性或品牌个性相吻合的"注意力"。因此,在开发传媒受众市场时,应同时考虑到以上这些方面,将细分市场与注意力的质量完美地统一起来,树立品牌,打造强势媒体,提高广告效益。

三、传媒的广告市场开发

众所周知,广告业务是每个传媒的经济支柱,广告业务经营的好坏直接关系到传媒的生死存亡,往往一个具有竞争力的媒体不仅意味着它作为内容提供者的强大实力,另外在广告业务方面,其他媒体也难以望其项背。但是,一个媒体要想始终如一地保持其领先地位,就不能仅仅在内容制作、吸引传媒受众市场上做文章,还要同时考虑如何开发传媒的广告市场、增加广告业务量,既维持既有客户又能争得新客户,从而为该媒体的持续发展提供源源不断的财力支持。

（一）树立品牌形象是广告市场开发的有利武器

目前广告经营是我国媒体经营的主要渠道,而品牌与广告的关系密不可分、相辅相成。谁拥有叫得响的品牌,谁就拥有广告经营的主动权。越是知名度高的品牌频道、品牌栏目,就越能给拥有它们的媒体带来更多的利益,因为企业和广告主看重的是媒体所拥有的深受受众欢迎和喜爱的品牌频道、品牌栏目的影响力。品牌既是无形资产,更是有形资产,越是品牌含量高的频道、栏目,插播的广告就越多,广告价位就越高。针对广告市场的开发,媒体在品牌建设方面应注意以下两方面内容:

1. 节目/栏目精品化和广告精品化

一个媒体要想在激烈的竞争中树立起强势品牌,必须拿出自己的拳头产品,技压群芳,这就要求媒体要实施精品战略。传媒节目/栏目要少而精,体现特色和品位,切忌求多、求全,把有限的人力、物力、财力集中到品牌节目/栏目的创办上。传媒除了应重视传媒产品的精品包装、提高节目/栏目的收视/收听率外,还要重视广告节目/栏目的精品化,提高广告的收视/阅读率,全面树立传媒的品牌形象。

节目/栏目精品化首先要保证广告片的质量,这是广告精品化最基本、最核心的要求。因此要切实提高广告片的审查门槛,播出的广告片必须严格通过创意和制作水平的双重考查。坚决抵制那些制作粗糙、创意低劣甚至趣味低级的广告片,这样的广告片一旦播出不仅仅是影响企业自身形象的问题,也会间接地影响到传媒的声誉和形象。可以考虑优先选用高质量的系列广告,从而活跃荧屏、美化版面、提升传媒品位、保持对观众的吸引力。此外,由于公益广告的特殊性,在内容选取上还应增加精品公益广告的数量。公益广告的刊播有益于社会文明、进步,增加公益广告的数量不仅可以让受众体会到该传媒的社会责任感和人文关怀,还可以防止商业广告过多而造成媒体传播商业气息浓郁,给受众留下重利轻义的印象,并且能够调节气氛、消除观众的紧张感。这样一来既平衡了广告结构,又有利于媒体形象的精品化。

当然,广告精品化可能会提高广告主和媒体达成业务的门槛,短期内客户有所流失,媒体运营成本增加,广告营业额大幅减少。但从长远来看,如果媒体能够安全度过这一阶段,随着刊播的广告效果的增强,媒体形象得到大大提升,客户一定会大量回流,并不断吸引新客户,尤其是那些非常重视企业品牌形象建设的广告主,媒体的广告业务最终会反弹并蓬勃发展。这里需要注意的是,传媒产品是广告的依托,广告精品化必然要配合节目/栏目的精品化,正所谓"两手抓两手都要硬",否则广告自身的精品化难以使媒体在市场竞争中立足。

2. 品牌形象推广

品牌是一个综合的概念,它是商标、名称、包装、价格、品牌个性等的总和。传媒品牌推出前,务必进行系统的市场调查、策划设计和组织准备,严格实施精品战略,导入 CI 系统,为传媒设计一个比较完美的品牌形象。品牌推出后,就要强化形象包装、导视宣传、受众交流与服务等措施,以突出风格和个性,打消受众的陌生感和距离感,最大限度地吸引受众的注意力。比如,中央电视台每年会利用广告招标等事件进行大量的宣传活动;又如,安徽卫视也经常在其他媒体上刊登广告策划方案等广告进行宣传。目前,传媒形象推广主要是利用自身的传媒优势进行品牌、频道、节目、栏目、主持人、记者、时段等的包装宣传。其实除此之外,还可以联合其他媒体以某种形式互相宣传,如与其他媒体做多媒体、跨媒体的传播,以扩大影响范围。传播时不要只是自我鼓吹,最好邀请客户献身说法,或者请学者、专家、明星为其证言,以显示学术、客观、可信的传媒形象。也可运用多种公关手段开展宣传活动,确立专业、权威的品牌形象。

(二) 提高广告服务水平是传媒广告经营的现实要求

现在传媒的广告经营已经进入买方市场时代,竞争相当激烈。因此,是否能够提供更好的广告服务成为传媒争取广告业务的另一决定性因素。为了做好客户服务工作,许多传媒的广告部纷纷建立客户关系管理系统,导入客户满意度经营指标。此外,为方便双向沟通,还建立受众服务、广告客户(包括广告主和广告代理商)的消费者数据库。有的传媒还为大公司、大品牌的广告投放提供专人的品牌管理,提供细致、到位的服务。对特殊形式、特殊要求的大品牌广告,品牌管理人员会及时与相关部门沟通、调整,并向客户提供准确、详尽的读者层次分析、传播效果调查等,为广告公司制订广告宣传计划提供决策依据。如媒体可以尝试建立这样一个信息反馈机制,每年评选最受消费者欢迎的10—20个广告(可辅之短期的消费者调查等手段)并随后公布。这是对广告效果的一个有效衡量,且评选结果可增强广告主在该媒体继续投放的信心,其品牌也会在评选中提高知名度,无形中评选就形成了对广告主广告成本投入的有价值的补偿和回报。最重要的是这种评选机制可以让传媒从微观角度评估自己的广告经营路线,并在此基础上进一步调整,最终提高传媒广告投放机制的含金量,提升专业、公证的品牌形象,进一步开发广告市场。

此外,广告经营手段也要更加机动灵活,以客户为中心,提供多种媒介时段组合、媒介形式组合,根据客户要求和具体情况调整广告节目构成、广告时间、广告播出形式等。据报道,2001年中央电视台提出了"以客户为中心"的广告经营策略,加大地区开发、行业开发的力度,为客户提供更多、更优质的服务。从2001年5月到2004年4月,央视已实现广告收入连续36个月同比快速增长,与此同时,央视在面向市场、面向客户、专业水准、创新能力、服务深度等方面也有了很大的进步。在广告经营上,面向市场调整节目,推出更多的大型活动,保证良好的节目收视率和广告传播效果,以实现企业广告效果与媒体广告收入的双赢;充分挖掘和开发世界杯、亚运会的广告资源,对《同一首歌》、《经济信息联播》等名牌及特殊栏目的广告经营进行大胆改革与尝试,取得了良好的社会及经济效益,使央视为更多的客户所信赖。其中,2006年世界杯的广告运作取得了极大成功,广告总收入近6亿元;多哈亚运会的广告收入也突破亿元,分别是上届的7倍和5倍。更重要的是,中央电视台在广告形式及运作上的诸多创新,得到了广告投放企业的极大认可,取得了良好的广告效果。中央电视台在"频道专业化、栏目个性化、节目精品化"战略上成果丰硕,先后推出了科教频道、戏曲频道、西部频道、新闻频道、少儿频道等新频道,整体收视率逐年攀升。这些新频道、新栏目为央视集聚了更多的人气。伊拉克战争报道、抗击SARS等报道更是在广大观众中掀起了一轮又一轮关注央视的收视高潮。重奖十佳主持人、栏目末位淘汰制、电视剧联席会议等多项内部措施的实行,也进一步满足了广大观众的收视需要,巩固了中央电视台在收视市场的强势地位。正是这种综合改革成果,支持了央视广告的持续快速增长,2007年的广告收入达到100亿元,实现收视收入双丰收。

表 4-1 《南方日报》集团报系的形象传播特征

报纸名称	自身定位	办报理念	广告语言	主要投放媒体
南方日报	面向高端读者群的政经大报	高度决定影响力,大报风范彰显最权威个性	高度决定影响力,全新高度,全新理念	本报,南方周末,南风窗,公交车,候车亭
南方周末	以知识分子为核心读者群	深入成就深度,与全国读者分享智慧	深入成就深度,记录时代进程,你和600万知识读者的选择	本报,南风窗,经济日报,新闻学术期刊,高架路牌,公交车厢
南方都市报	以珠三角地区市民为核心读者群	办中国最好的报纸,传播消息,提供资讯,引导消费,服务生活	办中国最好的报纸,品质决定一切,新闻为矛	本报,南方周末,新闻学术期刊,报亭,太阳伞
21世纪经济报道	面向全国大城市白领阶层、决策者、研究者	新闻创造价值,打造高品质经济类报纸	彻底新闻,彻底领先,服务中国最优秀人群	本报,南风窗,南方周末,新闻学术期刊,报亭,压报尺
南方农村报	以农民和农村专业户为核心读者群	服务农村经济,维护农民利益	为农民说话,为农民服务	本报,新闻学术期刊
南方体育	面向全国体育爱好者	跟他们不同	以有趣对抗无趣	本报,南方日报,报亭,太阳伞
城市画报	面向受过良好教育的中青年	新生活的传播者,新生活的引领者	你快乐我快乐,新生活的引领者	本刊,南方日报,南方周末,电视,路牌
21世纪环球报道	面向全国关心国际问题的读者	新闻全球化,娱乐经济代言人(明星周刊)	如果全世界只有一种新闻,那就是我们所追求的新闻	本报,报亭

资料来源:《中国广告》,2003年第6期。

第二节 广告载具开发思维

一般来说,在巨大的广告预算中有70%左右的钱是花在媒介投放上的,媒介选择是否得当、媒介组合是否合理将决定广告信息能否被准确地传递给目标受众。因此,如何选择有效的信息传播途径,就成为影响广告效果的首要问题。然而,在受众市场越来越细化的"小众传播"时代,不仅互动性媒体将占据主流,而且媒体的多样性与复杂性也空前突出,这使得依赖一两种强势媒体进行粗放式的广告投放战略风光不再,[①]媒体也出现细分化、精细化趋向,因此一个新的名词"媒体载具"开始引起人们的注意。美国学者杰克·Z.西瑟斯等人认为"媒体"与"媒体载具"的意思似乎一样,其实不然,"媒体(media)是指具有一系列相似特征的传播工具",而"媒体载具(media vehicle)是指媒体中的某一种传

---

① 舒咏平:"论广告生存的变革",《新闻大学》,2002年秋,第91页。

播工具"。[①] 前者指电视、报纸、杂志等;后者指特定的电视节目(如《实话实说》、《快乐大本营》)、报纸专题或版面、网站栏目乃至直邮、POP、车体、户外、海报、优惠券、登机牌等媒体。分清"载具"的含义,有助于广告代理商制定更加准确有效的媒体组合,使广告效果达到最大化。对于传媒的广告经营者来说,则可借助这一概念进行广告媒体的进一步开发。

一、电视节目开发

AC尼尔森调查公司的数据显示,2003年中国广告收入达145亿美元,比2002年增长了三成。其中,76%来自于电视广告,22%来自于报纸广告,可见电视依然是广告主最偏爱的媒体。对于大多数受众而言,电视也是他们每天获取信息时使用频率最高的媒体。因此电视媒体载具,也就是电视节目形式的开发和有效利用将会大大提高广告的效果、增加广告投放回报率。

(一)电视剧节目开发

央视-索福瑞媒介研究的数据显示,全国电视收视市场上,从节目类型看,电视剧、新闻、专题、电影、体育、娱乐等节目占有较大的市场份额,合计约占70%的市场份额。而居前三位的电视剧、新闻和专题节目的市场份额超过一半,其中电视剧以32.7%的绝对优势占领了大部分市场,远远超过位居其次的新闻节目(11.7%)和专题节目(8.8%)。所以怎样充分利用、开发电视剧节目这个市场是每个电视媒体经营单位最重视的问题之一。

在省级卫视中,安徽电视台卫星频道的经营较有代表性。安徽卫视一直坚持"落地核心市场,占据高消费力收视群"的覆盖策略,致力于全国范围内的覆盖,现已落地全国30多个省市,全国地级城市覆盖率达93%,全国三星级以上宾馆的落地数达700多家。据北京美兰德信息公司统计,截至2006年底,安徽卫视总覆盖人口已达到4.03亿,全国可接收人口是安徽省总人口的6倍多,其影响力已远远超出本省、走向全国。安徽卫视电视剧节目的开发思路是构建中国最好的"电视剧大卖场"。在数量上,安徽卫视每天设八档精彩电视剧,每周播放137集,是播出量最大、播出新剧最多的省级卫视。通过清晰的频道定位,安徽卫视早早确立了电视剧节目的优势,频道竞争力在省级卫视中一直居领先地位。在时间安排上,安徽卫视电视剧节目的优势具体表现在三个时间段:平时白天、晚间和周末。《黄金剧场》在晚间黄金时段始终保持强大的竞争力,全国收视排名居省级卫视前两位;2006年,安徽卫视又对晚间节目进行重大调整,22:00后新增一档精心包装的剧场——《雄风剧场》,以精彩的刑侦剧冲击晚间22:00后的收视高潮,延长晚间黄金时间,形成晚间又一个强大的广告传播平台;《周末大放送》则一枝独秀,全国收视排名居省级卫视第一位。《周末大放送》还被《新周刊》评为"最具创意的电视剧大卖场",成为周末全国电视市场中一道亮丽的风景线。

---

① 〔美〕杰克·Z.西瑟斯、林肯·布巴著,贾丽军译:《广告媒体企划》,企业管理出版社2000年版,第9页。

(二) 新闻节目开发

有调查显示,除了获得娱乐、放松紧张的生活节奏之外,了解时事、关注社会发展也是受众消费媒体产品的又一重要目的。因此,众多电视传媒对于新闻节目的建设相当重视:载具开发成功、深受观众欢迎,则意味着可观的广告收益。

例如,中央电视台2009年中启动了新一轮的改革,确立了新闻立台的战略。其中,对于2003年开播的新闻频道再次予以优化,目前新闻频道全天24小时播出,整点新闻将以最快的速度向观众提供第一手的国内国际新闻资讯,突出时效性和信息量,实现滚动、递进、更新式报道。整点新闻后,分别安排了各分类新闻,主要有财经、体育、文化、国际四大类。其主要栏目有:朝闻天下、新闻直播间、新闻30分、法治在线、共同关注、新闻联播、焦点访谈、东方时空、新闻调查、新闻周刊、午夜新闻、世界周刊、面对面等。新闻频道的专题节目包括新闻背景、新闻评论、新闻调查、舆论监督、民意调查等各种节目形态,是对整点新闻和分类新闻的补充和深化。每日播出的专题节目有3个:《环球视线》、《新闻1+1》、《法治在线》;每周播出的专题节目有4个:《新闻调查》、《面对面》、《新闻周刊》、《世界周刊》、《每周质量报告》。目前中央电视台新闻频道与一套(CCTV-1)节目中的《新闻联播》、《焦点访谈》、《新闻30分》、《朝闻天下》并机播出,信息量更大、时效性更强,使新闻节目开发获得传播效果的最大化。如此,其广告媒体的价值也大大提高。在2009年11月举行的中央电视台2010年黄金资源广告招标活动中,实现了招标总额109.66亿元,比2009年92.56亿元增长了17.1亿元,增长率为18.47%。其中,新闻系列标的物,占据了其黄金广告资源的70%。由此可见,在电视媒体中新闻节目开发对于电视媒体经营发展的重要性。

(三) 综艺娱乐节目开发

在我国的省级卫视中,湖南卫视一直遥遥领先,原因就在于其明确的媒体定位——"以娱乐、资讯为主的个性化综合频道"。湖南卫视认为一个电视台要想吸引观众,关键是要有独具特色的综艺栏目。《快乐大本营》迅速在全国多家地方卫视中脱颖而出后,湖南卫视明确了"锁定娱乐兼顾资讯、锁定年轻兼顾其他、锁定全国兼顾湖南"的电视节目开发原则,开始大力发展娱乐节目,重新整合频道资源,包装主持人资源、活动资源和节目资源,推出了十几个新栏目。准确的定位为湖南卫视成为全国第一个以独特的观众群和独特的电视娱乐节目类型来突出个性的全国性频道提供了战略保证,这也大大增强了广告客户对湖南卫视的信心,联合利华、波导、TCL、康佳、索芙特、梦彩、丹姿等众多客户纷纷投下巨额广告。

客观地说,综艺节目的出现和蓬勃发展,在一定程度上弥补了中国电视重视"新闻性"而轻视"娱乐性"的偏向,改变了中国电视庄重严肃有余而轻松活泼不足的局面。但是,目前我国某些电视传媒由于心态浮躁、急功近利,有些娱乐节目只在形式上做文章,而难以做到内涵丰富、语言生动、情感真挚、打动人心。因此,娱乐节目的不断创新才是艺术永葆青春的秘诀,认真分析观众的欣赏心理,不断推出新人新作,在节目的思想性、艺术性和观赏性上下工夫,是综艺节目走出困境、再创辉煌的唯一选择。

(四)专业性节目开发

近年来,随着各省级电视台卫星频道的开播,电视传播媒体彼此交叉覆盖,竞争日趋激烈。在各种因素的影响下,电视传媒如雨后春笋般诞生了一批专业性频道。1999年,湖南长沙电视台推出全国首家以女性为定位的频道,创收较之从前有很大提高。2002年1月28日,海南卫视改为旅游频道并正式开播,这是我国第一家改为专业性频道的省级卫星电视。事实上频道专业化在海外已经十分普遍,如HBO、国家地理频道、探索频道、CNN等。可以说,专业化电视频道的出现顺应了传媒受众细分化的现实,有助于广告主准确寻找目标市场、提高广告效果。

专业化频道的成功主要依赖于开发高质量的专业性节目。首先,专业化频道的节目需要准确的定位,节目定位主要是确定节目的宗旨和风格,明确办节目的指导思想。专业化频道的节目设置不需要面面俱到,其服务目标也不是让所有观众都满意,而是把为特定观众群服务作为专业频道的最高任务。此外,专业化频道并不意味着节目的单一和收视群体的缩小。市场指向明确的专业化频道有利于开掘特定题材领域,有利于培养观众的忠诚度。特定的题材要做好做深,同样可以吸引观众,赢得尽可能多的收视群体。其次,用名牌栏目打造品牌频道。要构建频道品牌,创立几个高知名度、高收视度的名牌栏目十分重要。名牌栏目是频道形象的主要构成要素,它代表着一个频道的节目水准。在专业频道中,名牌栏目不一定是收视率最高的栏目,但是它拥有稳定、忠实的受众。专业化频道的名牌栏目必须在"专与广"上下工夫,内容要专一,信息要广泛,使观众看了这一栏目之后,对某一方面的情况从广度和深度上都了然于胸,从而得到一定的启迪。

频道专业化实践表明,受众细分市场的界定,给频道的发展带来了空前开阔的视野和空间,提供了精耕细作的可能性。专业化频道的推出彻底打碎了以往综合频道或综合台的受众版图,改变了观众的收视习惯,使传媒形态获得了一次前所未有的全新演绎,而这种新的传媒形态又反过来推动电视产业的未来发展,并由此逐步构筑起一种崭新的电视生态圈。

(五)互动式电视节目开发

数字化技术改变了以往媒体单向传播的特点,使双向互动成为可能。越来越多的事实表明,以受众为本、具有互动功能是未来媒体的主要特征。目前最能代表互动媒体发展现状的当数以数字技术为基础的互动电视(interactive TV)了。互动电视又称"宽带交互电视",它将网络模块和应用软件与电视机芯融为一体,通过电话线或宽带实现网上浏览,是集宽带或电话线上网、大屏幕电视显示和数码电视三位一体的家用高亮度、高清晰度显示器。互动电视是电视数字化和网络化后的产物。1995年12月,微软与美国全国广播公司(NBC)联手开办了一个24小时播出的有线电视新闻频道,并提供互联网联机服务,开始了电视与计算机互联网结合的探索。与普通电视相比,互动电视的优势非常显著,尤其是在多样化信息的提供上(见表4-2),为广告的发布提供了更加广阔的空间。

表 4-2　普通电视与互动电视的差异

普通电视	互动电视
普通电视主要依赖于硬件结构、微处理器(8位)以及逻辑控制,比较简单。	互动电视在一定硬件结构基础上更多侧重于系统的软件控制,由强大的嵌入式微处理器(32位)及嵌入式操作系统和一些应用软件构成。
普通电视功能单一,出厂定终身,功能无法扩展。	互动电视内置智能化平台,其应用功能可以不断扩展和更新。
普通电视只能被动接收节目。	互动电视不仅可以收看正常电视节目,而且可以在不中断观众收看电视节目的同时,主动提供即时信息服务,如电子节目指南、时事新闻、娱乐等一切网络信息。
普通电视无法与互联网连接。	互动电视内置嵌入式平台,实现了与互联网的对接。人们在休闲的同时,可以浏览互联网所提供的丰富信息资源。

资料来源:高振强,《全球著名媒体经典案例剖析》,中国国际广播出版社 2003 年版。

　　分析家们预测,互动电视的发展潜力十分巨大,通过互动电视实现的销售额将逐年上升。由于广告创意、广告表现主要依赖于媒介的具体形态,所以可以肯定地讲,未来的广告形式必将是互动式的,广告人将结合互动媒体的特点来创造出更具创意、更吸引消费者的互动式广告。现在国外已经有人开始利用这种新型载具进行广告推广。1997 年法国 DJ 集团公司与法国戏剧电视台合作推出了一个商业互动节目。当观众在家中看电视时,如果他对正在介绍的某种产品感兴趣,只需根据广告画面上的文字说明,轻轻点一下遥控器上的 OK 键,电视画面随即定格,观众便进入了该产品的互动广告页。随后,观众可以尽情访问,获取关于产品的详细资料,查询使用产品的特别建议,得到免费样品,还可以参加有奖竞赛游戏。观众所有的要求都被计算机自动辨认、处理,所要的资料、样品等也会被直接寄往观众的家中。DJ 集团公司总经理对这种新型的互动电视广告作了很好的总结:"这一创举使顾客与品牌的对话随心所欲。一方面,消费者有幸减少无用广告的骚扰,而只与他感兴趣的内容深入接触;另一方面,广告主也可以通过这一系统收集对其产品进行过深度了解的消费者的情况,以便与这些具有购买意向的消费者培养一种更加密切的关系,这也使企业的营销投入更具实效。"

　　当互动技术最初随着互联网进入消费者的生活时,就显现出其强大的生命力和广阔的市场前景。很快,各种传播活动都将围绕着"互动"而展开,具有互动功能的数字媒体将成为未来的主流媒体。届时,包括广告传播在内的信息传播的内容、方式、渠道以及操作手段等都将发生翻天覆地的变化,科技发展的无限可能性给广告人带来新的挑战。

二、报纸版面开发

　　报纸广告版面是报纸广告宣传的园地,是极富个性和特色的广告表现形式,是人们了解经济生活、市场变化的一个窗口,也是媒体广告实力在广告竞争活动中的一种反映,因此报纸广告的版面开发也受到越来越多的关注。

（一）分类广告

一般来说，报纸广告的版面大致可分为以下几类：跨版、整版、半版、双通栏、单通栏、半通栏、报眼、报花等。但随着报纸广告事业的迅猛发展，报纸广告版面概念的内涵与外延发生了很大的变化，不再局限于上述几种形式，而是表现出一种广告专栏化的趋势，即"分类广告"形式。所谓报纸分类广告，是指在报纸广告专栏上以主题归类、分栏刊出的形式出现的篇幅短小的广告，内容上以招聘、房地产和汽车出售为主，是一个有关销售、服务或活动信息的"超级市场"。分类广告最早出现在西方，它是报纸发展到一定程度后适应市场需求的产物，并随"便士报"的问世得到真正的发展。在美国，报纸分类广告已成为读者获取消费信息的主要媒体渠道和报业经济的一个重要的支撑点。据美国报业协会统计，分类广告收入占美国全国性报纸总收入的30%，占美国地区性报纸广告收入的35%—40%和广告刊出面积的20%。

对于报纸本身，广告的行业来源具有一定的集中性，房产、分类信息、招商、招聘信息、汽车、IT产品是报纸广告的主要客户，而这些产品和信息又往往需要集中才能显示出传播价值和传播效应。这种分类版面的出现不仅仅是为了广告经营，也是为了优化编辑环境，更重要的是利于读者阅读：对于有需求的读者，提供更多、更集中的广告资讯可以更好地满足他们的需求；对于那些没有需求的读者，则可以减少对阅读的干扰，避开这些信息。

（二）大版面与小版面

报纸广告所占版面的大小，是广告主实力的体现，直接关系到广告的传播效果。一般而言，广告的版面越大，读者注意率越高，广告效果也就越好。因此，有实力的广告主通常会选择较大的广告版面来推广产品、树立品牌形象。IBM在报纸广告投放上的大手笔是出了名的，自从1998年进入电子商务业务领域，IBM每年都要在报纸上投放大量的报纸广告，而且多以整版广告的形式出现。2000年，IBM开始倾力打造"e社会"，更是连篇累牍地描绘电子化企业、电子化人类、电子化生活，展现出数字时代网络生活的全景。到了2003年，IBM的传播主题从"你想有多e"变成"电子商务，随需应变"。对于IBM而言，借助大版面的报纸广告，一方面可以充分发挥版面的优势传达企业主张，将IBM电子商务的应用解决方案和许多成功的应用案例详细地传达给目标对象；另一方面可以起到对竞争对手的阻击作用，使竞争对手的竞争性广告很难进入受众的心智，从而确立IBM在电子商务领域竞争战略和概念上的领先地位。此外，还可以提高市场准入的门槛，让竞争对手难以与之抗衡和跟进。IBM看重报纸广告的另一个原因是集中投放财经类报纸和杂志，可以更好地对准商务人群，精准地发现它们的目标受众，这一点是电视媒体较难企及的。

但广告版面的大小与传播效果并不是绝对呈正比的。例如，整版广告的传播效果未必会因为版面增加一倍就比半版广告增加一倍；相反，如果半版广告安排在一个可读性很强的版面上，广告的传播效果会更好。因此，究竟选择多大版面做广告，要根据企业的经济实力、产品生命周期和广告宣传情况而定。例如，首次登广告，若采用新闻式、告知式广告，宜选用较大版面，以引起读者注意；而后续广告，若采用提醒式、日常式广告，则可逐渐缩小版面,以强化消费者记忆;节日广告宜用大版面,平时广告可用较小版面等。

（三）广告版位的选择

广告投放的位置也是影响广告效果的因素之一。除整版广告外,其他版面形式的广告均有位置排放的问题。同一则广告,放在同一版面的不同位置,广告效果是大不一样的,原因在于广告版面的注意值不同。科学研究验证,根据读者视线移动规律,报纸版面的注意值是左面比右面高、上面比下面高、中间比上下高,中缝广告处于两个版面之间,不易引起读者的注意。报纸的每个版面,都有不同的内容和报道重点,如新闻版、经济版、法制版、文化教育版,等等。报纸广告应根据广告产品内容的不同,放在相应的版面上。例如,各种企业或产品广告多登于经济版;影视、图书、音像广告多刊于文化教育版等。同时,还要注意根据广告的内容不同、版面不同、注意值不同,适当调整广告文案撰写的角度、方式和手段,力求扬长补短,充分发挥不同报纸媒体载具的特性,达到广告效果的最大化。

三、网站空间开发

从 1994 的商业化运作开始,互联网就以非常规速度发展,只用四年时间就成为 5 000 万用户青睐的"第四类媒体",而报纸达到同样规模则用了一个世纪,无线广播历时 38 年,现代的电视媒体花了 13 年。互联网的媒体特性促成了网络广告(internet advertisement)的诞生和发展,而且从一开始就成为广告业的奇葩。根据艾瑞市场咨询(iResearch)公司的统计,2007 年中国网络广告市场规模已达到 30.8 亿元。iResearch 同时预测未来三年中国网络广告市场规模将以 45% 的平均增长率增长。可以预见,未来的网络广告必将与电视广告占有相同的市场份额。

与传统广告相比,网络广告具有价格便宜、统计准确、互动交流、跨越时空、图形生动、可控性强等特点。正是凭借这些突出的特点,网络广告以迅雷不及掩耳之势,渗透到现代生活的各个领域,协助企业在市场定位、品牌建立、电子商务、接触网民和吸引访问等方面取得较好的广告效果,展示出魅力无穷的网上商机。目前网络广告的主要表现形式有旗帜广告(banner)、主页广告(homepage)、按钮广告(button)、列表分类播发型广告、电子杂志广告、新闻式广告、链接广告、搜索广告等。为了更好地强化网络广告的优势,加大网络广告的号召力,网络广告运营商不断开发网络广告载具的新形式,以求获得更多的市场份额,推动网络广告蓬勃发展。

（一）网络视频广告大放异彩

随着宽带的普及和应用,视频广告形式会得到更多的发展机会,也为音像效果可比电视的富媒体(rich media)广告发展扫清了道路。根据 Jupiter Research 公司最近的调查,观看在线视频广告的观众和电视广告的观众数量越来越接近。目前,中国的互联网上网用户数已超过 2.1 亿,居世界首位。因此,如何更好地挖掘宽带网络广告市场将成为广告商们的一项重要工作。2003 年,互动通公司推出的 iCast 网络视频广告得到了很多广告主和媒体的认同,主流的网络媒体如新浪、网易、21CN 等都纷纷与其签约,播放这种类似于电视广告效果的带声音、播放比较流畅的网络视频广告。iCast 是一种不需要受众安装任何插件就可以播放的,整合视频、音频、动画图像、双向信息通信和用户交互功能的新一代网络广告播放器。iCast 广告采用了独创的"transparent download"(透明下载)技术,广告下载是在用户浏览间隙,也就是带宽空闲时在后台进行的。由于 iCast 广告独立于网页内容之外,其下载又完全不占用页面请求的带宽,因此广告下载对浏览者的正常浏览没有任何影响,突破了传统互联网带宽瓶颈对广告内容容量的限制。全新的"transparent download"技术,帮助 iCast 广告突破了传统 Banner 广告乃至 Flash 巨型广告的容量限制,广告容量可以达到 300K 甚至以上,是目前其他形式在线广告容量的 10 倍以上。iCast 广告内容还支持多种富媒体格式:广告、互动演示、在线互动调研、互动游戏、MTV、3D 互动演示、视频广告、Minisite(迷你网站)等。丰富的互动内容形式,为 iCast 广告设计者提供了更广阔的舞台,可以通过不同的互动形式满足不同类型目标受众的需求,通过针对性的广告诉求全面提升广告的效果。iCast 广告的实时统计系统可以对广告的投放情况,如总体播放次数和完全播放次数统计、点击次数和点击率统计、下载次数和下载率统计、推荐次数和推荐率统计、下载后播放次数统计等项目进行全面的监测。iCast 广告的实时统计系统还可以对互动广告内部的链接以及用户的行为进行统计,广告主和网站管理人员可以方便地定制有关报表,更全面地监测广告受众的交互行为,帮助品牌有效地进行客户细分,开展针对性的营销活动。由于这种网络广告的形式有效地保证了目标受众中的每一个人都能感知并接收广告主所指定发布的广告内容,避免了以往的"弹出式"广告那种"出师未捷"就被强行关掉的命运,并可以同电视广告形成呼应,从而受到广告主的青睐。互动通公司为微软、LG、夏新、新浪、摩托罗拉、中国移动等客户制作的视频广告一经投放,立刻吸引了众多眼球,突出的广告投放效果成功地帮助客户完成了品牌宣传计划。

(二) 搜索引擎广告异军突起

据《华盛顿邮报》报道,1998 年,当网络广告先行军美国 Overture 公司推出互联网上第一种全商业搜索引擎时,其根据广告商支付广告费用的多少在用户搜索结果中为广告选择登载位置的做法还被一些人士嘲讽指责,在线搜索业务因此受到负面影响。但随着时间的推移,Overture 的广告战略渐渐受到广告主的青睐,其付费搜索广告也逐渐成为互联网上的"黄页"。与此同时,Overture 并没有单独促销自己的网站,而是与微软的 MSN 和雅虎等已经相当出名的搜索网站联手为用户提供付费搜索广告服务,这使得 Overture 的生意越来越红火。另一家网络搜索企业 Google 自 1998 年创建以来也是火速蹿红,现在已成为互联网市场上最主要的搜索资源提供商之一。Google 研发了自己的广告系统与 Overture 展开竞争并向 AOL、EarthLink 以及其他网站提供搜索链接。Efficient Frontier 发布的数据显示,Google 继续主宰美国搜索广告市场,2009 年其市场份额达到 76%;在其全年 240 亿美元的广告总收入中,约 90% 来自搜索广告。当然,Google 的广告业绩增长得比其他网络公司都快,这是因为 Google 打造了一个能获得消费者直接反应的线上搜索广告系统。

搜索力经济的快速发展主要在于广告主发现了基于搜索的广告解决了传统广告有效到达率低的难题。举例而言,就是在搜索引擎上输入某个产品品牌的名字,除了会得到有关这个品牌的网络链接外,与这个品牌密切相关的其他广告都会出现在页面上,并且不易引起消费者的抵触情绪。广告主喜欢这种形式,因为广告只会送达他们选定的消费者群体。据2008年1月CNNIC发布的数据,在中国,有72%的网民是通过搜索引擎来获取信息的。而对广告主来说,他们或者进行尚为较低起价的竞价排名,或者只需要在网络用户点击广告后付费,但品牌传播却在精准广告中显出实惠,不用花冤枉钱。2007年,搜索引擎网站"百度"的广告销售额超越门户网站"新浪",这是互联网广告经营过程中的标志性事件。百度的总裁李彦宏预言:"在若干年后,每个中国企业的市场部门都会设立一个搜索引擎营销部。"

四、新载具的开发

随着科学技术的发展,广告媒体及其具体的载具形态每天都在发生翻天覆地的变化。除了以上所讨论的几种媒体载具形式之外,最近较为突出的还有户外广告中的新形式——液晶显示屏、手机短信广告与电影、电视剧中的隐性广告。

(一) 液晶显示屏

户外媒体是所有广告媒体中历史最为悠久的媒体,从庞贝古城的墙壁告示到随商业而出现的各种店面招牌、灯笼与旗帜等都可以说是户外媒体的原始形式。而今,户外广告在树立品牌形象以及提示消费者并达成产品购买上效果十分显著,因此也备受广告主的青睐。传统意义上的户外广告包括灯箱、霓虹灯、路牌等,但是随着科技的迅猛发展,户外广告的载具形态越来越丰富,其中最引人注意的则是液晶显示屏,即液晶数码播放器。

液晶显示屏是集当今最新的光电科学、计算机多媒体技术为一体的高科技产品,具有色彩种类丰富、多特技效果显示、内容编辑方便、配置灵活、使用寿命超长等特点,被广告界人士称为"新媒体革命"的载体。液晶显示屏的一个突出优点就是能够准确地与目标受众进行"亲密接触"。现代市场经济中,各种各样的产品特别是中高端产品,日益倾向于清晰特定的人群定位。而广告主的传统做法是在大众媒介上做广告,由于大众媒介的受众群体比较庞杂,受众群很难清晰界定,因而很多指向高端消费者群体的产品广告浪费了大部分的广告费用。液晶显示屏的高科技色彩加上时尚的造型,能够和地铁、写字楼、高级公寓、星级旅店、加油站、酒吧、电影院这些场所有机融合,其受众群体相当明晰,正是被称作"三高"(高学历、高收入、高消费能力)的、追逐时尚、有极大消费能力的年轻上班族,准确高效的目标接触使广告有的放矢,效果更加显著。在国外,这种广告传播方式被称作"等候经济"。2004年年初,一种以液晶显示屏为载体的广告形式——"隧道动画片"在北京地铁站出现。这种新颖的广告形式是根据动画片播放的原理,将一副副静止的画面显示在一段长近百米、宽近半米的超薄电子屏幕上,当列车向前疾驰时,乘客可以透过里侧车门、车窗欣赏到活生生的"动画片"。尽管目前为止,这种广告形式还未得到广泛推广,但我们仍可以从中看到液晶显示屏广告的无限前景。

(二)手机短信广告

近年来随着手机的逐渐普及和发展,短信这种沟通便捷、费用低廉的信息传递方式受到人们越来越多的关注和使用,一种新型的广告媒体载具——手机短信广告便应运而生。总的来看,手机短信广告具有这样一些特点:

(1)目标群体规模庞大,并具有一定的消费能力。目前中国手机用户已达7.8亿户,如此庞大的受众群体,令传统媒体望尘莫及。各种调查综合分析结论显示:手机用户的收入(消费能力)普遍高于平均水平,手机网络的媒体受众质量高于一般的大众媒体。针对这样一个群体,手机短信广告可以与受众亲密接触。

(2)较高的收视率与到达率。手机短信广告发布是一对一接收,这种接收方式保证了用户认真阅读广告信息的概率;而对发布的短信广告信息的数量进行限定,则可以保障广告客户的信息发布质量。

(3)实效性与持久性的统一。手机网络发送广告信息非常快捷,发送1万条短信只需要十多分钟,而且可以随时更改,将最新的产品信息传播给消费者。如果用户发现了合适、有效的广告信息,也可以方便地将其存贮起来,待日后查阅。

(4)广告投放准确。一方面体现在广告主投放广告的目标市场的准确性上。从理论上说,电信运营商的用户数据库稍作加工就可以分成一个个细分数据库,广告主可以选定广告发布对象,将特定的广告信息发布给相应的消费者,目标市场非常明确。另一方面体现在广告受众的准确性上。目前手机短信是单项收费,消费者体现的兴趣反映了真实的购买倾向。

(5)广告预算少。与传统广告相比,手机短信广告几乎没有成本可言,且无须制订媒介投放计划。

诺基亚公司最近赞助了一项有关手机短信广告推广活动的市场调查,共访问了包括巴西、丹麦、德国、意大利、日本、韩国、新加坡、西班牙、瑞士、英国和美国在内的11个国家的、超过3 300名移动电话用户。调查发现,86%的被访者表示如果能够获得折扣,他们愿意在手机上接收广告信息;由16岁到45岁人群组成的移动电话核心消费群体愿意接受促销短信形式的手机短信广告;33%的被访者非常欢迎这些提供折扣的手机短信广告。这次调查揭示了促使消费者接受短信广告的四大关键要素:(1)选择性。消费者必须有权决定是否接受广告信息。(2)控制性。消费者必须能够轻易地跳过他们不感兴趣的促销信息。(3)个性化。消费者必须能够设定其接受的促销信息的种类。(4)实惠。消费者必须能够得到实惠,比如折扣。

但是目前我国对于短信广告的监管力度不大,手机短信广告市场比较混乱,出现了大量"骚扰型"和"欺诈型"的短信广告,使得用户对短信广告的诚信表示怀疑,不良的形象使消费者接受广告信息时的排斥感增强。因此,手机短信广告形式的发展还有赖于相关政策、技术的全面与完善。

（三）隐性广告

在媒体信息高度饱和而公司可信度又连连下降的时代,受众对一些传统的广告手法越来越麻木,因此形成这样一种理念:最有效的广告就是看不出是在做广告的广告。于是,广告公司采取"暗度陈仓"的策略,竭力使一切做得天衣无缝,达到"随风潜入夜,润物细无声"的效果,目的并非促使消费者立即购买,而更多的是提高品牌知名度、熟悉度。这就是由来已久的隐性广告。

最初隐性广告往往是在电影或电视节目里随意放置某个产品,让镜头"无意"地扫过,或者同剧情或节目内容衔接起来,作为一种必不可少、出镜率较高且自然合理的道具。这种另类的广告手段常常能达到潜移默化的效果,因此受到广告商越来越多的青睐。如在我国比较有影响的几部青春偶像剧《将爱情进行到底》、《流星花园》等就同几家手机生产商合作,在剧中穿插了大量展示其产品的镜头。而2003年年底推出的贺岁电影《手机》更是与广告来了一次亲密的接触,将广告与电影的联姻推到了一个新的高潮。该片不仅以"手机"为名,而且剧情也围绕手机展开,手机当仁不让地成为片中不可或缺的道具。此外,该片还别出心裁地用数码特效镜头在摩托罗拉A760屏幕上打出主创人员名单。片中的各个角色不仅手持不同型号的摩托罗拉手机出现在不同场合,甚至还通过不同场景将各款手机的性能如拍照、录音等一一进行演示。

现在隐性广告已经不再局限于电影、电视,而是越来越多地通过各种途径进行,出其不意地打动消费者的心。例如,在中央电视台2010年春节联欢晚会上,当魔术师刘谦表演时,桌子上不仅醒目地摆放着汇源果汁,而且他还将汇源果汁倒入纸杯中,喝了一口,并强调说"是汇源果汁";在小品《五十块钱》里,那卖包子的俩口子系的围裙上就印着"鲁花"品牌;而在小品《家有毕业生》中,镜头足足给了蔡明手上提的"洋河蓝色经典"大约四秒钟的特写。无疑,在春节晚会上植入广告是一种很好的广告表现形式,但如果植入不当,就会引起受众的反感。例如,在赵本山、小沈阳表演的小品中,受资助的贫穷大学生的母亲也来送礼了,送的是"国窖1573",结果引起了观众普遍的不满。

五、名人形象开发

众所周知,名人广告可以吸引广告受众的注意,扩大广告的感染力和说服力,创造品牌的个性魅力,促成时尚流行,产生模仿效应。因此,名人广告也成为一种使用广泛的"广告载具"。然而,请名人做广告同样要承担很多风险,负面例子比比皆是。所以,明确选择名人的几点注意事项是非常必要的。

（一）目标顾客对名人的认同感

由于人们对名人的崇拜有着较大的差异性,因此,企业在选择名人做形象代言人时,应该充分考虑目标顾客喜欢什么样的名人。只有名人形象符合产品消费群体的特征,才会获得消费者的肯定,才有可能提高产品的购买率。

（二）名人与产品的关联性

名人广告的作用就是将名人的权威和信誉转移到广告的产品上，以得到消费者的信赖和接受。而实现这种转移的基本条件是名人的职业专长和形象必须与所推荐的产品的特点、功能、所能提供的利益及形象密切相关。只有当名人以一个熟悉的、富有体验的、具有专业知识的、权威的面貌出现在广告上来推荐和佐证产品时，名人的声誉和大众对他的信赖才能自然而合理地延伸到这个产品上来，该名人广告才具有说服力。如周润发与"百年润发"堪称是名人与品牌结合得天衣无缝的经典案例。此外，名人的个人形象还应与产品形象保持一致，选择地位高、声誉好、有魅力的名人对品牌形象的建设也是大有裨益的。

（三）名人形象的连续一贯性

所谓名人形象的连续一贯性，是指企业在一个品牌或一个系列广告活动中，最好使用同一位名人或同一类名人。应保持名人形象的一致性和名人形象与品牌形象的统一，以免造成品牌形象的混淆，增加消费者品牌识别的难度。此外，名人广告同样应该遵循广告真实性原则，代言人应对产品有所了解和接触，这样才能让消费者更加信服。

文本卡片 4-1

什么是创新

江南春（分众传媒 CEO）

我是中文系毕业的，我从中文系角度讲一下公司创新的方法。1991 年从中文系毕业的时候，我很喜欢诗歌，如果把一个诗歌写得没有人看得懂，基本上算是比较先锋了。如"用一枝玫瑰堵住你燃烧的嘴唇"等，玫瑰、燃烧、嘴唇这三个词相互间本不应该放在一起。你想，即使涂了酒精，在嘴唇上燃烧也是不可能的。但是，把这些词放在一起的时候，会出现什么感觉呢？第一，大家觉得这些词语很有趣、很陌生，然后产生兴趣。第二，燃烧和嘴唇放在一起，带来一种可以说是新的意义，比如说你可以猜测、想象，说这个嘴唇背后有怎样的欲望在涌动。这样新的词语跨接的组合可以带来诗歌上的创新。

后来我一直觉得所谓的创新就是把原来存在的很多不同元素，做一些全新的组合。还有一种创新，是把这些词语的含义颠覆化使用。我回顾后来分众的创业中，对当时很多的词语进行了很多的改革。比如，五六年前大家讲大众媒体时，我就把这个词语改成分众媒体，后来分众媒体就成为关键词。怎么会发明"分众"这个词语呢？主要是因为我爱看翻译版，当时看台湾地区翻译有关托夫勒的第三次浪潮时，提到了破碎化、个性化、分众化。在中国，原来的媒体就是电视，即电视媒体，户外则是户外媒体，这是两个完全不同的媒体类别，我把它们合在一起，就有了改变，叫户外电视。如果在白天人来人往的各种各样的地方，重新植入电视广告的话，可以创造一个白天的户外的电视广告的市场。这个创新，就是敢于把一些不相关的词语组合起来的缘故。

> 我们当时想,所有媒体成功的要素就是内容为王。我觉得到今天为止,内容为王依旧是媒体成功的要素,但不是唯一的要素。很多人挑战我们分众的楼宇电视,2003年起家的时候,很多人问一个问题:你们为什么叫媒体呢?都是一个广告,谁会看?当时这对我们来说是一个很大的挑战。我们今天看电视,跟看电视广告媒体没有太大的关系。消费者只需要电视内容,不需要广告。要想让消费者看到广告的话,只有把广告植入到内容里面,使消费者无法回避。还有一种方法像分众一样,当一个人处于比看广告更无聊的时间和空间的时候,广告就会被人看了。在一个人没有选择余地的时候,大家就会看他原本不愿意看的东西。反过来,在家里的时候,你一定会选择电视,不选择广告。
>
> 人的生活是有一定规律和轨迹的,如果把广告植入到他们的轨迹与规律当中,是非常重要的。分众传媒打造了框架电梯广告。一个人一个礼拜没有回过家几乎是不可能的,没有人去写字楼上班也是不太可能的,所以出现了楼宇电视。大家一个星期不去超市买东西的话也不太可能,所以出现了卖场电视。从人的生活轨迹去看,从家到写字楼,再到大卖场,这些地方都是空白的,都有你创造的无限的可能性。我们可以看到创新的根本性,第一来自于对人的生活细节的洞察;第二来自于一个颠覆性的思考模式。当把一些原本不能组合的东西重新组合到一起的时候,就产生了全新的意义。
>
> 资料来源:《名人传记》,2008年第5期。

第三节 广告载具营销观念

随着中国传媒市场化的逐步深入,媒介进入产业化的形态已是不争的事实。如何把媒介分解成一个个广告载具进行销售,特别是不同类型的广告载具营销逐渐成为媒体经营的重中之重。目前,传媒市场上主导的营销观念有以下几种:

一、强势载具拍卖营销

所谓"强势载具"是相对于"弱势载具"而言的一个概念。强势载具在发行量、收视率、权威性、公信力、影响力、传媒规模、资本实力等方面是弱势载具所望尘莫及的,因此强势载具意味着最大范围的市场和读者。这种"强势"的优越性表现在广告经营上便是拍卖营销的形式,其中最具代表性的应数中央电视台每年一度的黄金时段广告招标。

作为中国第一媒体,央视伴随改革开放深入发展的步伐,根据企业界市场营销的需要,从1995年开始,对其广告黄金时段进行招标。这一年是"八五"计划的最后一年,我国消费品市场从卖方市场向买方市场转变已经呈现出十分明显的迹象,通货紧缩的现象亦日趋明显,经济增长率逐渐缓慢下降。从企业方面来讲,企业面临的市场营销环境有待优化,企业市场营销的整体水平有待提高,企业把追求销售额的上升视为第一需要,对品牌经营的理解止于表面,因此一味地在广告媒体上狂轰滥炸,把"广告战"作为促销的唯一法宝。央视黄金时段广告招标就是在这种情况下应运而生,并引起轰动效应的。随后每年11月8日举办的招标大会成为中央电视台最亮丽的一道风景线,各路厂商趋之若鹜,竞争激烈。经过近几年的发展,中央电视台招标时段已成为中国所有媒体中含金量最高的广告时段,其高收视率及高广告接触率不仅提高了品牌的认知度,而且提高了无数回忆度,成为新品牌推广的最佳传播平台。同时,央视广告招标总额更是一路攀升:从2000年的19亿元人民币直至2008年的80多亿元人民币,成为招标活动的最大赢家。每年央视的广告招标政策均会推陈出新,对部分标的物进行一些重要和必要的调整。如2008年增设了上午、下午档电视剧剧场冠名,这是央视首次推出电视剧场冠名项目,其广告资源独占性备受企业关注和青睐。另外,央视还尝试部分套售资源定向安排:中标企业可以拿出中标额的2.5%在央视的其他频道、其他时段做广告。也就是说,每家中标客户的套售广告额度增加到相当于中标价格的50%,进一步提高了招标时段的附加价值。

但是从传媒经营的角度分析,央视的"拍卖营销"也存在很多隐患。所谓招标和拍卖是一种纯之又纯的经济行为,价高者得,这对企业无疑是一个难得的机会。然而,对于电视台等广告媒体而言,仅以标的高低选标,明显缺乏对投标企业信誉及产品质量等方面的把关。稍有不慎,极易为媒体形象带来负面影响,动摇媒体在公众心目中的诚信度。另外,央视招标的黄金时段一直在扩大,这将使央视的黄金时段面临"贬值"的危险。无限的扩大会使广告干扰度增加,广告的投放效果将大打折扣,因此时段开发应注意掌握限度。此外,央视的成功还引起其他传媒的效仿,这对传媒产业的健康发展也十分不利。

二、弱势载具捆绑营销

2004年1月1日我国广电总局开始正式实施17号令,对电视剧等黄金时段广告播出的次数和时间作了严格规定,按照要求各个电视台播出广告的时间将被大大压缩。此举给省级卫视带来了巨大冲击,因为与央视相比,各省级卫视的广告超标现象较为严重,广告时间的限制将严重影响其广告收入。而且多年来,省级卫视一直在央视和地市电视台的夹缝中生存,既达不到央视的广泛覆盖性和权威性,又缺少地方媒体的本地化和亲和力。因此,一直以来省级卫视的广告经营普遍增长缓慢。

以上种种,给增长乏力的省级卫视造成了前所未有的压力。面对央视声势浩大的广告招标,本来就处在竞争劣势的省级卫视也不甘落后,以联手销售的方式发起了绝地反击。2003年10月,在中央电视台每年一度的广告招标会举办之前,31家省级电视台联合举行"全国省级电视台广告策略研讨暨广告推广会",第一次正式提出"省级卫视整合传播"概念。此概念的一个核心内容是28家省级卫视联手推出固定产品,拿出最好的时段进行整体销售。例如,对28家省级卫视《新闻联播》前后的正一、倒一的15秒广告进行整体销售,全年播出次数达到51 100次,全年刊例价达到两亿多元,但实际销售价格却只有

5 000多万元。类似的组合还有各台天气预报、黄金时段电视剧、综艺节目前后的固定时段等。推广会也没有采用央视黄金时段的招标方式,而是根据签约的顺序决定最终的归属,价格也是固定的,不会因为奇货可居而涨价。与强势的央视相比,经过整合后的省级卫视由于交叉覆盖和高频次等优势而更具有销售力,因此被一些业界人士定位为销售型媒体,并得到客户的广泛肯定。从实际操作来看,由于这种广告载具捆绑式营销的模式牵涉面广,所以出现了很多困难和问题,如受众群的差异、媒体形象的差异、客户评价的差异等,而影响卫视联盟整合进程的最核心难题则是广告额如何分配。因此,运用市场化的手段协调好各台之间的利益分配等问题,将会稳固各台之间的联盟关系,实现"品牌加品牌"的捆绑式营销模式,增强弱势载具的竞争实力,最大限度地吸引广告客户,达到"共赢"的目的。

如果说地方电视台的契约性整合,首先是媒体之间的合作,其次才是媒体之下的载具的整合,那么同一媒体内部,由于时间段位的不同、版面方位的不同,必然会分化出一些受众关注度较低的载具,如电视的"垃圾时段"、报纸的中缝、杂志的内页、网页的底端等。而媒体内部的一些关注度高的载具就显得非常抢手,如电视的"黄金时段"、报纸的"报眼"、杂志的"封底"、网页的"大横幅"。因此,出于"削峰填谷"的战略考虑,以及优惠服务客户的考虑,就可以将强势、弱势载具进行搭配捆绑,即在出售强势载具时,将弱势载具进行优惠,与之搭配销售,从而在载具捆绑中使广告主的广告信息得到更多的暴露机会,产生整合传播效果,同时又获得了实惠。

三、广告载具直接营销

广告载具直接营销指的是媒介经营者不通过广告公司代理,而是自己将具体的"版面"、"时段"、"路牌"等载具直接销售给广告主或直接接受客户委托发布广告的营销行为。媒体的这种营销方式在实际运作中占据较大比例,严重影响了广告代理制的切实推行。根据中国广告协会学术委员会关于媒体广告经营的调查,多年来此种形式的广告收入占媒体全部广告收入的50%左右。其中,广播媒体平均有82.7%由广告主直接投放,比例最高;电视媒体为62.9%;杂志为55%;报纸最低,为43.5%。同时调查还显示,规模不同的媒体广告投放也不尽相同,如广告经营额越小的媒体广告主直接投放的比例就越高。一般来说,年广告经营额在1 000万元以下的小型媒体,有74.9%的广告没有通过广告代理公司,而是直接由广告主投放,这个比例是大型媒体的一倍以上。[①] 当然,很多媒体在广告经营模式方面手段灵活,并不完全排斥媒介代理,因此在具体营销运作时也会采用自营与代理结合的双轨制形式。如《广州日报》的广告经营以版面灵活、价格稳定透明而著称。广告公司和广告主均可直接向其购买广告版面,但20%的收费标准是完全统一、一视同仁的。这种稳定透明、公开公平的价格策略赢得客户的信赖,创造了双赢的局

---

① 中国广告协会学术委员会:"媒体调查专项综合报告",《现代广告》,2004年第2期,第23页。

面。《广州日报》2006年和2007年的广告经营额分别为1.3亿元和1.8亿元,增长率分别为29.1%和41.48%。

四、广告载具代理营销

代理式经营是媒体传统的经营模式,而"广告载具代理营销"则是指媒介经营者先将具体的广告载具以较低的价格"批发"给广告代理公司,由广告代理公司为这些载具寻找广告主,广告代理公司的利润来源就是其间的差价。从广告代理公司的角度讲,这就是广告代理制。众所周知,健全的广告代理制可以推动整个行业的健康发展,通过促进广告代理公司不断提高服务水平,为企业提供更优质的服务,促进传媒市场的良性竞争,对广告代理公司、企业和媒体都有好处。然而在现实中,传媒广告部门与广告代理公司还存在着一些诸如利益和需求上的冲突,影响了双方的合作。广告代理公司收入的一大来源是广告代理费,它们通过提供广告创意制作、媒介选择、调查研究和项目管理服务来使佣金的利润最大化。它们强调自身地位,要求媒体给予最优的代理政策,这在一些大型的4A广告代理公司身上表现得更为明显。这就容易诱发媒体广告部与广告代理公司在利益分配方面产生矛盾,甚至导致协作破裂。此外,媒体为了在广告经营上获得更大的主动权,往往将媒体载具的代理权分散给多家代理公司,使单一广告代理公司不能对媒体最终的广告销售产生决定性的影响。

特别值得一提的是,强势媒体与广告代理公司合作组建利益共同体已经是目前国际上流行的广告代理制度之一。据报道,目前国际上比较常见的广告代理制度主要有两种:商品细分广告代理制和媒介细分代理制。前者以美国为代表,后者以日本为代表。在日本,数家广告代理商为相同客户提供服务通常是以媒介细分来分担的。这样就出现了以媒体为中心,好几家广告代理公司为同一家广告主提供服务的现象。因此,在媒介细分代理制度下,广告代理公司与媒体更是休戚与共,媒体广告部与广告代理公司更应求同存异、加强合作、共同发展。

本章提要

传媒的核心竞争力,是指该传媒在经营和发展中胜过竞争对手的核心资源和能力的总称,就是人无我有、人有我优的东西。它是该传媒以其主体业务为核心形成的能够赢得受众、占领市场、获得最佳经济和社会效益,并在众多传媒中保持独特竞争优势的那些资源和能力。从传媒活动的构成要素来看,受众是其中极其重要的一环,他们决定着传播活动的社会效益,也决定着传播活动的经济效益,围绕受众展开的讨论与研究也是理论界和实务界相当关注的方面。广告业务是每一个传媒的经济支柱,广告业务经营的好坏直接关系到传媒的生死存亡。

媒介选择是否得当、媒介组合是否合理将决定着广告信息能否被准确地传递给目标受众。因此,如何选择有效的信息传播途径,就成为影响广告效果的首要问题。在"小众传播"时代,一个新的名词"媒体载具"开始引起人们的注意。分清"载具"的含义,有助于广告代理商制定更加准确有效的媒体组合,使广告效果达到最大化。对于传媒的广告经营者来说,则可借助这一概念进行广告媒体的进一步开发。其中,电视节目、报纸版面、网络广告乃至名人形象等广告载具都有其不同的开发思维和现实表现。

随着中国传媒市场化的逐步深入,媒介进入产业化的形态已是不争的事实。如何把媒介当做一个产品进行销售,特别是不同类型的广告载具营销逐渐成为媒体经营的重中之重。目前,传媒市场上主导的营销观念有四种,分别是强势载具拍卖营销、弱势载具捆绑营销、广告载具直接营销、广告载具代理营销。

案例分析

不被抛弃的科比给耐克高回报

"一起2008没有不可能"的广告,让很多人站到阿迪达斯这一边;中国男篮在姚明带领下在球场上的表现也为阿迪达斯增了光。相比老对手的无比风光,耐克在刘翔退赛后第二天便打出"爱运动,即使它伤了你的心"的广告。

耐克经常因旗下运动员"伤心",但是耐克很少在签约的运动员遇到挫折时而放弃他们。耐克创始人比尔·鲍尔曼和菲尔·奈特,一位是体育教练,一位是长跑运动员;耐克招聘热爱运动的员工,能够理解和包容那些世界顶级运动员在奋斗过程中的失意。

据多次去过耐克总部的人回忆,耐克对自己旗下的球员百般呵护,并与之建立良好的关系,用最新的科技来帮助他们取得最好的成绩。

刘翔的战靴没有能够出征,但在逆境中被耐克支持的科比·布莱恩特,为耐克在2008年奥运会带来极大安慰——"梦八"夺冠,科比·布莱恩特是头号功臣。

2003年,耐克与乔丹的接班人科比签署了一份为期5年、价值4 500万美元的广告协议。签约后不久,科比就遭遇了"性侵犯"风波。虽然此事最后不了了之,但怕惹火烧身的麦当劳、雪碧、斯伯丁等纷纷与科比解约。

耐克是除了科比的妻子外还留在他身边的朋友。就像当年棒球明星宝·乔丹臀部受伤,失去广告价值后,耐克没有抛弃这个不幸的昔日英雄一样,继续与他合作拍广告。

两年后,NBA对科比解冻,他重新进入公众视线。耐克推出"迟来的科比"的广告。在广告中,耐克表明了他们对科比态度——广告语中使用了"太年轻"等词,广告中科比的表情也有些"木然"。接着耐克推出三代科比鞋。

2008年5月,在妻子和两个孩子的陪同下,科比领取了2007—2008赛季NBA常规赛最有价值球员(MVP)的"小金人"。媒体标题写道"此时的科比比乔丹还幸福"。在中国的奥运赛场上,"梦八"打败西班牙,洗刷了雅典兵败的"耻辱",夺取金牌。在中国与美国的比赛中,球迷既为姚明加油,又为科比加油。

科比的球衣销量无论在耐克销量最大的美国市场,还是最有潜力的中国市场都是第一。耐克得到它为科比付出的回报,随后耐克与科比又重新签了一份多年的合约。

耐克创始人希望把耐克建成运动员之家。耐克的签约运动员乔丹、皮彭、巴克利,包括现在的科比,都是和耐克一起成长的。在耐克的产品和品牌上处处都有这些运动员成长的影子,而这些东西恰好是体育爱好者最关注的。

资料来源:《现代广告》,2008年第10期。

请分析:
1. 科比、刘翔等明星作为耐克品牌代言人,即作为"载具人"的价值何在?
2. 科比、刘翔等明星可能给耐克品牌带来的伤害是什么?
3. 为什么耐克在为其代言的明星处于低谷时还对其不离不弃?

情景模拟

请结合生活实践为耐克运动鞋开发一种新型广告宣传载具,并根据这一载具形式设计广告表现以及制订相应的媒介投放计划。注意,该广告载具的使用者与广告产品的目标市场应一致,广告表现要符合载具要求与品牌形象。

主要情景:
- 大学生出于创业、就业需要,举办各种网络设计大赛呈上升趋势
- 大学校园中的宣传栏往往形象简陋
- 中学运动场旁边总是空荡无物
- 超市里人流量大,有些空间、工具可利用
- 电视里的垃圾时间,往往是年轻人学习放松的时候

小组讨论

1. 传媒的核心竞争力是什么?
2. 传媒核心竞争力的特点是什么?
3. 如何培养传媒核心竞争力?
4. 简述传媒受众市场细分化趋势。
5. 简述传媒广告市场开发的方法。
6. 广告媒体与广告载具有何不同?
7. 电视节目开发有哪些形式?
8. 简述报纸版面开发的方法。
9. 简要分析网络广告新形式的发展趋势。
10. 开发名人形象应注意什么?
11. 简要论述广告载具的四种营销观念。

第五章 广告人的基本素质

广告心理学教程（第二版）

知识要求

通过本章学习,掌握:
- 广告人角色意识、知识结构、能力结构等概念
- 广告人应具备的行业意识、知识结构与能力结构
- 培养广告人基本素质的基本方法和途径

技能要求

通过本章学习,能够:
- 树立正确的行业意识,遵守广告道德规范
- 依照行业的要求形成合理的知识体系
- 逐步提高广告行业所需的各种能力

美国广告大师奥格威曾引用日本广告界的一句名言,为广告业的核心因素下的结论是:"人是重要因素,是衡量一切的标准。"

对广告企业来说,具备实力的最重要标志不在于拥有多少设备,而是拥有多少人才。只有一流的广告人才能创作出一流的广告作品。说到底,广告的竞争就是人才的竞争。

那么,什么是广告人?

詹姆斯·韦伯·扬在他的《如何成为广告人》中指出:"即使在今天,广告人这个名词还是没有精确的定义,它可以涵盖'三明治人'到世界上最大广告公司的总裁。它也泛指所有为广告主购买广告、为媒体贩售版面和在广告公司或其他地方从事广告服务的人。而本书所指的真正的广告人,是那些拥有知识、技巧、经验和洞察力来建议广告主如何运用广告以达到目标的人。同时他们也制作能够达成这些目标的广告……然而,如上面所定义的,身处广告业和身为广告人有着极重大的差异。"

本章所说的广告人是对专门从事广告活动的特定人群的总称,包括在广告公司、广告媒体或企业中从事广告调查、策划、创意、制作等广告实务工作的各类专业人员。

一个广告人应当具备什么样的基本素质?

21世纪,随着经济发展的全球化,信息技术的高速发展,社会主义市场经济的逐步成熟,市场营销观念的更新,广告呈现出一些新的发展态势:

第一,整合营销传播是当今广告的最新理念。在整合营销传播中,广告不再是单纯地完成促销的任务,而是企业整个营销活动的一部分。它强调以消费者的需要为中心,以建立消费者和品牌之间的关系为目的,以各种传播媒介的整合使用为手段,与消费者进行双向沟通,并与那些最有价值的消费者保持长久的、紧密的联系。因此,企业要求广告人的专业服务不再局限于广告设计、表现和传播等狭义的广告层面,而是希望还能解决市场调

查、行销、公关、资讯、情报等方面的问题,广告公司的职能部分替代了一些品牌顾问公司、行销公司、咨询公司的职能。

第二,企业生产技术的一致化和收入水平的提高,使消费者更加成熟。随着对商品认识、了解的提高,消费者理智消费的能力也相应提高。他们不会盲从于时尚,也不会相信企业的单向宣传,而是通过自己的判断形成自己的消费取向。他们更注重商品或服务的附加价值,更讲求个性化的需求。只有那些真正符合消费者利益的商品,才会受到欢迎。

第三,广告制作技术提高。网络技术、多媒体技术、影视制作特技的发展,电子喷绘、丝网印刷、静电仿真等户外新媒体技术的应用,使广告业的科技含量大幅度提高,广告的创作手段、制作工艺和传播手段随之不断翻新。

第四,广告传播网络化。国际互联网的迅猛发展,使得网络广告成为继四大广告媒体之后的"第五大广告媒体"。网络广告的经营额增长迅猛。从1997年3月(中国出现了第一个网络广告——CHINABYTE网站为IBM公司所做的旗帜广告)到2008年,12年内中国网络广告的经营额由3 000万元人民币剧增至40.9亿元人民币。

此外,中国加入WTO后,中国广告进入了一个前所未有的新的发展阶段,对广告人来说既是挑战又是机遇。中国加入WTO后,市场开放的外向化程度进一步提高,"未来十年内,中国将成为世界最大的广告市场",全球最大的十家广告公司之一萨奇公司首席执行官凯文·罗伯茨如是说。大量的跨国公司将以独资公司形式进入中国广告市场,"争夺中国市场主导权"成为外国广告公司的战略目标。本土广告业生存空间和环境必然会在这种过于强大的压力下变得越来越狭小和恶劣,未来广告业的竞争将使优胜劣汰变得大规模化和经常化,广告业将会成为更新换代频率最高的行业之一。

广告发展所呈现的新趋势,对广告人的素质提出更高、更新的要求。在现代广告活动中,广告人不仅是商品劳务的宣传人、广告客户的参谋人、企业形象的塑造人,更是消费革命的倡导人、科技知识的传播人、城市环境的美化人……因此,一个广告人若要适应现代广告的要求,势必要具备相应的基本素质,它包括广告人角色意识、丰富的知识储备及其相应的能力水平。

第一节 广告人的角色意识

角色,即社会角色,指处于一定社会地位的个体,依据社会客观期望,借助自己的主观能力适应社会环境所表现出的行为模式。最早将角色概念引入社会心理学的是美国心理学家乔治·米德。角色理论借助戏剧比拟描述人的生活场景,把社会比作舞台,把社会中的人比作舞台上的演员,认为每个人由于工作、地位、身份的不同或者所处场景、环境等的变化会在这个舞台上扮演多个角色。如一个广告人在广告主面前是广告人,在其他广告人面前是同事,在家里可能是丈夫、父亲和儿子,在街上则是游人、顾客等。每个人在不同的条件下,分别扮演着不同的角色。社会按照各类社会角色所规定的行为模式去要求每个社会成员,这被称为角色期望。符合角色期望的个体行为会受到社会的认可与赞许,例如"像个父亲"、"像个领导",等等。每个社会成员必须了解社会的角色期望,当一个人认识到自己在某一条件下所扮演的社会角色和社会对他相应的角色期望时,便产生了角色意识,角色意识会调控个人的行为,使之表现出符合某社会角色的行为,从而"像个父亲"、"像个领导"。同时,角色意识使个体随着条件或情境的改变而转换角色。如一个经理在公司以管理者的角色与他人交往,到了商店或家里,就不能以经理的口吻讲话,而只能扮演普通顾客或丈夫、父亲等角色。因此,良好的角色意识是角色行为有效的前提。

在广告活动中,广告人是否具备现实角色所应有的心理素质,是否能适应千变万化的社会环境与行业的发展,是成为一个合格的广告人的基本条件。做一个合格的广告人,就要为生产者与消费者搭建最好的沟通渠道,为客户及消费者提供最优质的服务。做一个合格的广告人,首先要树立广告人的服务意识,培养广告受众的消费模拟意识和广告主的经营模拟意识。

一、广告人的服务意识

(一) 以消费者为中心,服务于社会主义市场经济

广告业是面向大众的传播行为。从这个意义上讲,广告就是"广而告之"。信息技术的发展为广告实现其目标提供了条件。在现代经济社会,广告传播的特点是速度快、范围广、影响大,凡是接触媒体的人,不论其是否属于广告的目标受众,都可能接触并受到广告信息的影响。一条激动人心的消息可能导致大规模的社会行动,一则简短的广告文案可能改变大众的旧有观念。因此,优秀的广告宣传不仅能密切生产者与消费者之间的关系,还应使公众从广告信息中了解到社会的物质文明与精神文明,欣赏到精妙的广告艺术,并且接受健康广告文化的熏陶。所以,以消费者为中心,促进社会主义市场经济的繁荣是广告人的服务内容,具体地说包括三个方面:

1. 公正、客观、规范地传播信息,将维护消费者的利益作为首要责任,"决不做不想让家人看的广告"

广告人是企业与消费者的中间人,它有义务向消费者提供真实可靠的信息:既要诚实、明白地传播广告主的产品、服务和形象,又要正确引导每一个对产品缺乏知识和缺少经验的消费者。什么是真实可靠的信息?如何正确引导消费者?这些问题在法律中没有也无法作出明确的规定,这在很大程度上属于道德问题。例如,有一则米粉的广告称其"含有五十多种微量元素",可只要有相关知识的人都知道:任何一粒米里都会含有五十多种微量元素。这则广告提供的信息不能不说是正确可靠的,但它却利用了普通消费者的知识盲区误导消费者。可见,要公正、客观、规范地传播信息更需要广告人的自律。大卫·奥格威先生有这样一条自律原则:"决不做不想让家人看的广告。"广告人最终是要靠消费者而不是靠其客户生存的,将消费者视为家人,以消费者的利益为出发点,无论是从广告人本身的发展而言,还是从赢得客户而言,都是必需而且是必要的。

2. 客观地向广告主传播、反馈信息，自强、自重、自信，以优质的服务赢得客户

广告主与广告人之间是一种委托—代理关系。有人认为，广告是一种寄生行业，它的生存依赖于广告客户，因而，整天提心吊胆，对客户低三下四、唯唯诺诺，生怕得罪了客户，丢掉了客户，显然并非明智的做法。争取客户固然不易，但与老客户建立良好的合作关系更是重中之重。从长远的角度看，客户更看重广告的最终效果和你所能提供的服务质量，而非表面上的一团和气。应当牢记：良好的关系来自于良好的服务。优质的服务是赢得客户的不二法门。若广告人能够对自己为广告主传播信息的效果进行定量化测定、检验和分析，反馈客观的广告效果，为广告主制定科学的营销策略，创作出高水准的创意作品，建立其品牌的独特价值，塑造企业的美好形象，为企业的长远利益与发展壮大提供高水准的服务，就意味着你掌握了更多的主动权和自主权。这样，在与广告主的合作中，你的建议更易得到重视，你的观点更易被接受。

3. 在为消费者、客户服务的同时，还应当具有文化责任感

随着社会的发展和广告自身的发展，广告不仅以其特有的商品促销功能全面渗入社会经济生活的各个方面，也以其巨大的功能张力与渗透力深深透入社会生活的各个领域，全面介入社会文化的塑造与建设，深刻地影响着社会的生产生活方式，影响着人们的思想、行为与价值观。从物质到精神，从消费到审美，处处体现出广告所带来的正面或负面的影响。从这个角度来说，广告人既是营销人，又是文化的建设、传播者，有责任通过沟通企业与消费者的联系，展现社会主义物质文明与精神文明，自觉抵制低级、庸俗、腐朽、反动的东西；有责任通过广告宣扬本民族的优良传统，自觉抵制西方文化糟粕的侵蚀；有责任引导消费者形成科学、高尚的消费观，重建更为"合理的合乎人性的生活方式"①。在这里要强调的是，广告的社会文化功能是在履行其社会经济功能这一本质功能过程中因介入环境所引发的功能扩张，而非其主要功能。抛开经济功能而单纯强调文化功能，广告就不再是广告。

(二) 服务意识的培养

1. 广告人服务意识的培养首先来自于广告道德的培养

广告道德是社会公德的一种表现形式，属于职业道德的范畴。它是由特定的社会经济关系决定的，以善恶评价作为其中心，用来调整广告活动中所发生的人们关系行为的标准和规则的总和。广告道德主要调节广告人与广告主、广告人与消费者的关系行为。从根本上说，我国广告道德的核心是中华民族的传统美德在广告活动中的具体体现，它是我国广告行业进行自律的总体原则。

早在先秦时代就提出的"诚"、"信"、"实"、"公"仍是广告人遵守的四字真言。正直、诚实、好学、无私、吃苦耐劳是广告人最基本的道德素质。正直、诚实是广告人的首要品质。广告业是最重视信誉和社会形象的行业，如果广告人不能对客户、公司管理者和消

---

① 〔美〕汤·狄龙等著，刘毅志译：《怎样创作广告》，中国友谊出版公司1991年版，第152—153页。

者诚实,在业务交往及广告创作中有欺骗行为,对消费者是极大的伤害,对广告公司的声誉也会带来不良的影响。毋庸讳言,广告业在高速发展中陷入了"一种经济发展与道德失范二元对立的古老悖论之中"[1]。自 1990 年以来,中国广告业制定了一系列自律规则,特别是《中华人民共和国广告法》已于 1995 年实施,广告公然违法之举在很大程度上得到了有效扼制,但各种形式的广告失范现象却仍然屡禁不止。对此,近年来,国家不断采取综合治理措施:

2005 年 3 月,国务院下发通知,强力打击虚假违法广告;6 月,温家宝总理对加强医疗广告管理作出重要批示;随后,国家 11 部委联合作战,开展全国性的广告市场专项治理行动。

2006 年 10 月,新闻出版总署和国家工商行政管理总局紧急发出通知,从 11 月 1 日起,所有报刊一律不得再发布包含性病、癌症、人工流产等 12 类内容的医疗广告;并提出禁止刊载含有淫秽、迷信、色情内容或格调低下的广告,禁止刊载传播不健康内容的声讯台广告等 7 项禁止性规定。

自 2007 年 1 月 1 日起,经国家工商行政管理总局、卫生部修订后的新《医疗广告管理办法》正式实施。2007 年 11 月,国家食品药品监督管理局发布了《药品、医疗器械、保健食品广告发布企业信用管理办法》,这个管理办法对药品、医疗器械、保健食品生产企业发布广告的行为进行了信用等级认定。如果广告中出现专家、医生、患者等名义和形象为产品功效作证明,将有可能被视为严重失信。该管理办法于 2008 年 1 月 1 日正式实施。

不良广告的存在,固然与社会大环境和行业机制运行有关,但广告人自身的职业道德素养也是其中一个重要的因素。构建良好的职业道德最根本的还是取决于广告人自己。只有树立起高尚的职业理想,端正职业态度,形成职业荣誉感,严格要求自己,自律自省,才能更好地服务于消费者、客户和社会。

吃苦耐劳、团结合作也是广告人应具备的品德。广告工作高度紧张,工作时间长,要求严格,必须要有强烈的事业心和责任感及吃苦耐劳的精神,才能竭力钻研,克服重重困难,达到理想的目标。广告的制作不是一人就能完成的,它必须协调各方人士,调动各种技术力量,与伙伴同心协力共同完成。在广告活动这一集体活动中,能否与他人和睦相处,能否虚心听取他人意见,具有虚怀若谷的涵养也是广告人必备的素养之一。

广告人还要有无私奉献的精神。广告本身是一种"隐蔽的说服者",它能使商品走向全世界,甚至进入每家每户,却从未留下过任何广告作者的名字。不管你创作出多少传世之作,不管你是否创造过"一个广告救活一个企业"的神话,作为一名广告人只能是一个"隐身人"。当年詹姆斯·韦伯·扬正是以此为傲,并发出了无限的感慨:

"你可想象得到,作为一个广告人,你必然会写出一段不朽的散文,然而你的大名却永远不可能出现在上面。你也可能发起一个使社会习惯发生次要改革的广告策划运动,但

---

[1] 戴承良:"新广告运动论纲"(下),《中国广告》,2000 年第 2 期,第 95—98 页。

在你死后的讣闻上,也绝不可能有一字提及。你甚至可能激发创造一种产品或者管理经营商业的方法而使人致富——至少你会找到其他三个人,清楚地记得他们是怎样做的。"

正是如此,越是有个性、越具有优秀品格的广告人,就越要将自己的独创精神化为创意,熔铸于自己的杰作中,服从于一种集体劳动的贡献中去。"热爱匿名的精神"是一个广告人正确的立身处世之道。

2. 形成符合时代精神的价值观

价值观是个体以自己的需要为基础而形成的对客体的重要性作出判断时所持的内在尺度。符合时代精神是保障价值观具有先进性的前提条件。特定时代的时代精神是特定社会的人民大众的一种共同的、进步的思想观念的集中表现,它直接制约和影响着人们的经济、文化行为。

广告人建构符合时代精神的价值观,研究和把握时代精神具有重要意义。一方面,可以找到与广大受众沟通的社会精神氛围,为广告诉求有的放矢提供基础;另一方面,可以保证广告人具有健康的广告活动理念,避免制作虚假有害、违法乱纪的不良广告或广告垃圾。广告专业人才的价值观包括时代发展价值观、广告价值观、审美价值观、人生价值观、职业价值观、人际关系价值观等不同方面,这几个方面都应符合时代精神。例如,建构广告价值观不仅要意识到现代广告日益趋向于从竞争中心观念向消费中心观念变化,从广告策划观念向整合营销观念变化,从促销服务观念向品牌形象服务观念变化,从说服推销观念向互动沟通观念变化;而且还要认识到"未来的广告,应该具有让消费者与企业、品牌建立终身恋爱关系的力量"。因此,詹姆斯·韦伯·扬强调说:"广告人一定要对各阶层的人及其各种欲求'主修专攻'。这使他能够在永远变动及强而有力、多姿多彩的人类生活中求得取之不尽、用之不竭的主题。"今天的整合营销传播,更是将"以人为本"的经营哲学放到了首位。整合营销传播"整合的重点即是人的价值、需求、好恶"。

在现代社会中,广告要"以人为本",关注人的生活、理解人的价值、研究人的行为、洞察人的特性、满足人的需求,将人文精神渗透到广告的每一环节中。

二、广告受众模拟意识

在角色理论中,模拟意识是指让人暂时置身于他人的社会角色,并按照这一角色所要求的方式、态度行事。这是角色体验的一种具体方法。它可以增进人们对他人社会角色及自身角色的理解,从而更有效地履行自己的角色。

受众模拟意识即指广告人站在广告受众的角度去考虑问题、体验受众的所见所闻。

(一)将消费者视为"生活者"

现代广告强调"以人为本",提倡以"满足消费者的需求"为终极目标。但是,在很长的一段时间内,所谓"人"只是概念化的人,并非是一个个活生生的个体。大家都无一例外地从人的感知、注意、记忆、思维等一般心理过程出发设计并制作广告,使宣传同类商品的广告越来越雷同。

日本著名广告公司博报堂在中国媒体上为自身做广告时,标题是"生活者"。广告用了一个亚洲年轻女性的形象,面露微笑,款款漫步。广告中说:"就一般广告理论而言,她不过是'消费者'的其中一员,但是,对于我们博报堂来说,她是一个以自己的方式生活着的'生活者'……"

所谓"生活",既包括一体化的世界经济现状,也包括个人的物质生活及生活方式,还包含人生的价值观念、社会责任、处事原则,等等。将消费者视为"生活者",不仅要"分析人们的消费行为,而且要深入地观察人们平日的生活,详尽地研究人们的价值观、期待和梦想"。这是一种基于消费者内心层面的深度沟通,它高于消费者物质化需求层面的浅度沟通。

(二)从受众的自我意识出发挖掘消费需要,确定消费利益关注点

按照马斯洛的需要层次理论,人们在解决基本需要之后,对自尊和自我实现的需要日益增强。他们不是为了购物而购物,而是为了"某种欲望的满足"或者为了"获得某种利益",寻找产品实用价值之外的价值。消费者的自我意识是产生需要和动机的基础,参与了消费行为的全过程。

自我意识是指个人对自己的能力、气质、性格等个性特征的感知、态度和评价。换言之,即自己如何看待自己。美国心理学家沃特认为,人对自己的认识分为四个部分:真实自我、理想自我、自我形象和镜中自我。真实自我是一个人客观的、真实的自我本质。但是任何人对于自己的真实自我都不能客观全面地认识。理想自我是一种现在没有达到、希望能够达到的状态。随着自我的发展,人的追求是没有止境的,理想的自我永远也不会被全部实现。自我形象是消费者本人对于自己的看法、认识和评价,这种形象是理想自我与真实自我的结合物。镜中自我是消费者从他人关于自己的看法和评价中认识的自我。[①]

其中,理想自我为挖掘消费者的潜在需要提供了无穷多的可能。而自我形象与镜中自我对消费行为的影响更为突出。沃特认为,人们表达自我形象的方式就是消费,购买商品的目的是保持自己的某种形象,或者改变自己的形象。自我形象控制着消费者当前生活方式的全部正常开销。在自我形象的控制下,消费者愿意购买那些他们认为符合自我形象的商品,而不购买与自我形象不相吻合的商品;他们总是在寻找与追求那些理想的自我形象的商品,以保持和美化他们的自我形象。例如,消费者在选择洗衣粉时会依据自我评价的不同而产生不同的利益关注点:

"我是一个爱干净的人"　　　　　　去污力强
"我是一个关注自己形象的人"　　　对皮肤伤害小
"我是一个节省的人"　　　　　　　用量少
"我是一个有环保意识的人"　　　　无磷(环保)

---

① 何佳讯:《广告案例教程:趋势与策略》,复旦大学出版社2002年版,第11页。

出于一种心理需要,每个人都希望镜中的自我是美的,即自我的形象受到他人或社会的认可和赞誉。因此,他在进行消费时还会考虑到他人或社会的评价。例如,消费者在选择服装时可能会考虑到以下几个方面:

"他是一个细心和讲究的人"　　　　质地、做工
"他是一个会打扮、懂得美的人"　　式样美观
"他是一个有突出性格的人"　　　　款式有个性
"他是一个有能力享用名牌的人"　　品牌

但是,对同一消费者,自我评价与社会评价并非总是一致的。如一个节省的人会关注洗衣粉的用量和价格,但若周围的人都使用价格较高的环保型洗衣粉,他会迫于社会舆论压力购买环保型洗衣粉,这时一种既能体现环保意识又价格适中的洗衣粉就会成为他的首选。那么,发现最适合消费者利益的契入点,使消费者以最低的投入得到最大化的利益就是广告人的责任。

当然,购买者和使用者是不同消费者时,利益点的选择更趋复杂化。如母亲给孩子购买儿童食品,母亲关注的往往是营养和健康,而孩子却关注食品的口味、包装的趣味性,甚至附赠的小玩具。在广告诉求中是择其一还是二者并重就要依照整个营销战略来定。

(三)模拟受众,选择最佳沟通方式

对受众自我意识的模拟,不仅为我们提供了"说什么"的依据,还为我们"如何说"提供了最佳的沟通方式。

科学技术的进步,为信息的传播建构了一个立体交叉的媒体系统,为消费者公平对等地接受信息提供了一个坚实的平台。从这个角度讲,消费者更乐意根据全面、客观的信息,选择更适合自己的产品或服务。那种一味夸奖商品如何漂亮、如何适合于消费者的"热情"推销,只能使消费者产生防卫心理,唯恐避之不及。例如,"×××是您最佳的选择","选用××是您明智之举",等等。这种广告用语暗含了对消费者自我意识的轻视,极易引起消费者的反感。相信消费者的判断力,给他们以充分的尊重,是赢得消费者的关键。

特定消费者对特定的产品总是乐于以某种风格接受。例如,儿童对玩具乐于以活泼、趣味性的风格接受,女性对首饰乐于以温馨浪漫的风格接受,男性对科技产品乐于以严谨、现代感的风格接受。风格是一个广告的感情基调,在合适的基调下传递广告信息,有助于消费者更好地接受产品。

三、广告主的经营模拟意识

在现实生活中,广告主除工商企业外,还包括政府部门、事业单位、慈善机构、宗教团体、群众协会及个人。本章所说的广告主主要指前者。所谓广告主的经营模拟意识,是指广告人暂时置身于广告主的社会角色,并按照这一角色所要求的方式、态度行事。在整合营销策略的推动下,广告人与广告主的利益目标越来越趋向一致。奥格威在谈到与客户相处时,"总是尽力站在我客户的一边,以他们的眼光看问题。我买他们的股票,这样,我

可以以他们家庭一员的身份考虑问题"①。

因而,广告人还要学会用经营的眼光考虑以下几个问题:

1. 以最小的广告投入得到最大的利润回报

每一个广告主都希望通过广告宣传促进销售量的增长。夏洪波在《目前我国企业广告投放现状调查》一文中指出:94.1%的企业认为花钱做广告是一种投资行为;76.5%的企业把"促进产品销售"作为其投放广告的首要动机;52.7%的企业认为广告促使产品成本增加,从而提高了商品价格。由此可见,广告主是以产品销量作为评价广告效果的首要标准,能不能取得相应的利润回报是广告主最关切的问题。他们希望广告人能够根据产品的特点,为其准确定位,并为企业量身定做一个科学、合理的促销规划,进一步扩大其产品市场占有率。

因此,广告人在选择投放媒体、制定广告预算时要充分考虑企业的承受力,力争以最小的广告投入获得最大的利润回报。

2. 通过优秀的广告作品树立持久的品牌形象并进行品牌资产的积累

一个富有声誉或具有良好形象的品牌,是企业的一份无形资产。在现代市场经济中,品牌的无形资产给企业带来的利益的比重将会越来越大。品牌大师 David A. Aaker 说得好:"未来的营销是品牌的竞争——品牌互争长短的竞争。商界与投资者将认清品牌才是公司最宝贵的资产,拥有市场比拥有工厂重要得多,而唯一拥有市场的途径,就是拥有最具市场优势的品牌。"

毫无疑问,广告是树立品牌形象的主要方法,广告人会参与品牌的建立、培育和发展的每一阶段。广告主希望每一则广告都成为对品牌的长程投资,而广告人则是一个使品牌保持长期一致、全面统一的管理专家。奥美早在 20 世纪 90 年代就提出"品牌管家"的主张与作业模式。在 IMC 的热潮中,奥美于 90 年代末把这一主张演进为"360°品牌管家",强调以全方位的传播工具创建消费者的品牌体验,积累六大品牌资产(产品、形象、声誉、顾客、视觉与通道)。这样,从品牌的设计、创造到以品牌形象为核心进行的广告宣传及各种营销活动的策划,都会有统一的主题、战略,有力地保证了品牌管理的专业水准、策略与执行的一致性、策略的长期持续性、传播组合的统一性。这就是大卫·奥格威所说的:"每一个广告必须是对品牌长期的、个性的贡献。"

3. 准确把握市场动态需求,为新产品的开发提供合理化建议

广告人要准确把握市场动态需求,为有针对性地开发适销对路的产品提供合理化建议并能不断创新、策划匠心独具的广告营销活动。例如,佳洁士品牌问世时,高露洁已经是市场上独占鳌头的品牌,但佳洁士充分利用消费者对权威的信任,游说美国牙医协会(ADA)为它们的产品作证,并以"现代医学里程碑"为主题开展一系列广告,指出佳洁士通过利用氟化物坚固牙齿来防止蛀牙。广告文案详细地说明了氟化物的药效,同时强调

---

① 罗子明:《消费者心理学》(第二版),清华大学出版社 2002 年版,第 23—24 页。

佳洁士药效的科学来源和研究证据。在两年的时间里佳洁士的销量猛增,市场占有率迅速从10%增长到33%,超过了所有品牌,包括高露洁。

当然,模拟意识与真正的角色意识仍然存在一定的差别。广告主对广告持有过高期望值是普遍存在的现象,广告人应当充分理解这一心理,并用合理的方法与广告主达成认识上的一致。首先,要理解和信任广告主。必须正确理解广告主存在的问题、现实状况、独特的做法等,即使问题出现在广告主一方,也不应责怪对方。同时,坚决不参与广告主公司的内部事务。广告主与广告代理公司的关系常常会由于广告公司的某个人讲了广告主的坏话,或者采取了缺乏信任的态度以及一些微不足道的原因而被轻易地破坏。这是应该避免的。其次,准确、全面地了解广告主所经营的企业的现状、发展及其产品。以企业的发展为出发点,不仅要了解产品,更要有长远的眼光,将提升品牌价值、树立企业形象、扩大知名度和美誉度、扩大市场占有率、提高营业额作为己任。最后,努力处于比广告主先行一步的位置。在当今变化多端的时代,经常关注事物的流行方式、周期等,以预测对企业的发展有影响的变化,掌握指导广告主的主动权,以此帮助广告主。

广告人的角色意识是形成广告人基本素质的心理基础。服务意识是培养受众模拟意识和广告主经营模拟意识的前提,受众模拟意识、广告主经营模拟意识又为服务意识的完善提供了充分条件,三者相互补充、相互促进,是一个动态发展的统一体。

文本卡片 5-1

"该死的广告客户!"

不管什么时候,客户要的东西总是火烧眉毛;当你呕心沥血完成了一份惊天动地的提案时,从客户冰冷的嘴里却总是蹦出两个字:"不行!"报价一减再减,他还是觉得你的价格太高;而哪怕你忙得吐血,他也觉得你干得太少;尤其受不了的是这帮丝毫不懂创意的家伙,却掌握着创意的生杀大权,一次次无情地否定……

先让我们把目光对准那些"十恶不赦"的客户。如果你是他们,你会怎样?也许你会不假思索地说:"尊重创意,尊重广告公司……"果真如此吗?当你作为客户去全面负责一个产品的推广时,你会发现,事情远非你所想得那么简单。几百万元的推广费用,一旦失败,就是几千万产品的积压,生产线一旦停工,工人回家,甚至一个充满前景的企业,就此一蹶不振。而市场又是那样的残酷,竞争对手无时无刻不想置你于死地,根本不可能让你重新来过。当你如履薄冰地为客户着想时,你会发现,作出一个决定,原来是那样的艰难。面对广告公司,你却找不到标准可以评判,那帮广告人只想千方百计地说服你,却很少有人设身处地地为你着想。所以,客户的态度只能是:怀疑!怀疑!再怀疑!

> 而我们,又何时以如履薄冰的心情,去帮助客户一起渡过难关?又有多少次,曾去捶问过自己的良心:"如果是我掏钱,这个广告我会不会推出?"其实客户并不需要你去加班熬夜,也并不乐于对你压迫打击,甚至他们会为你开出颇高的价码……他们需要的,只是你能帮他们解决问题,具体来说,是你能通过专业知识来帮客户达到目标。
>
> 资料来源:不醉不归,"AE成长心法",《现代广告》,2003年第9期。

第二节 广告人的知识结构

詹姆斯·韦伯·扬曾说过:"我所认识的真正具有创造力的广告人都具有两个显著的特点。第一,普天之下,没有什么题目是他不感兴趣的,例如从埃及人的葬礼习俗到现代艺术,生活的每一层面都使他向往。第二,他广泛游览各学科中所有的资讯,对此而论,广告人如同乳牛一样,不吃嫩叶就不能产乳。对广告人有用处的知识,种类是没有限制的。可以放心地说,当他所受的教育愈广阔,当他的脑中所储存的知识愈多,他的工作表现极可能更好。"

的确,广告学是多学科交叉的学科,它几乎涉及社会科学的所有学科,如社会政治、文学艺术、新闻传播、经济、法律、社会学、行为学、市场营销学、信息科学、外语,等等。一个胜任的广告人首先要有一个科学的知识结构。知识结构是指人类知识在个人头脑中的内化状态。它包括各种知识间的比例、相互关系以及由此而形成的一定的整体功能。广告专业知识与它的相关学科知识、知识修养共同构成了广告人的知识结构。

一、专业知识

这是广告人不可或缺的核心知识,包括现代广告学理论知识、现代广告信息知识、现代广告传播知识、现代广告媒体知识、现代广告定位知识、现代广告策划知识、现代广告创意知识、现代广告写作知识、现代广告设计知识、现代广告心理知识、现代广告市场知识以及现代广告经营管理知识。它涵盖了广告活动整个流程的各个环节。广告大师詹姆斯·韦伯·扬将这些知识概括为七大类:

(一) 关于陈述的知识

任何广告对它的受众所做的无非是两件事:一是使用此产品所带来的好处或其他可预测的利益,即对消费者的承诺;二是说明消费者应该购买该产品的理由。在任何广告中,陈述都是最重要的因素,你必须把命题表达得一清二楚,同时还得有理由相信你这种陈述是对某些人具有吸引力的,是"新鲜与有吸引力的陈述"。

要做到这一点,你最好保持清醒的头脑,对你的主张了然于心;然后,找准目标对象,并具体了解他们的思想、情感、心态、潜在意识。好的诉求展示,都来自于社会文化、人性特征与商品本身特征的交融配制。它要求必须深入实际去观察不同的人对某种特定事物和广告的不同反应,同时还要注意时间、场合的不同等因素。比如说,女人希望美丽,男人希望富有,但美丽与富有的内涵十分丰富,在不同的时间或场合下,美丽与富有的概念会十分不同。

(二) 关于市场的知识

市场是各种不同阶层、性别、类型的聚集,也是拥有共同特殊性的人的聚集。这些共同特性可能是收入水平、年龄构成、教育程度、职业、地理等因素,但最重要的共同特性常常是品位、兴趣或习惯等无法量化的特性。掌握市场的情况,必须经常留心其中的变化,因为构成市场的人是变动不定的。对一个女人而言,从未婚、结婚到生儿育女,她就要经历少女、已婚妇女和母亲三个阶段,在少女时代她感兴趣的东西,在成为母亲之后,也许会完全不同,购买的商品也就会完全不同。市场与你陈述的命题有着密切的关系,命题指导着你要陈述的内容,而市场则标志着你应该向谁陈述。

(三) 关于广告本身的知识

信息是整个广告的中心。首先你得学会如何利用视觉和听觉来传达信息,使你的广告引起消费者的注意。但是,消费者注意广告并不意味着消费者对这则广告感兴趣,所以第二步要做的,你必须引导他将注意转入兴趣阶段。第三步就是将你所提供的信息和消费者本身的需要与欲望联系起来,使他感觉到:"那正是为我所准备的!"第四步是学会使消费者对你的承诺产生信心。最后一步,是运用各种方法促使消费者发生购买行为。因此,需强调广告所传播的对象是有血有肉的人,要清楚地了解对方,站在他们的立场作充分考虑,最终产生理想的对应关系,获得沟通。

(四) 关于媒介的知识

媒介是广告信息的运载者,通过媒介,你的广告才能传达给传播的对象。

在制订任何广告计划时,"在哪里做广告"都是一个主要问题。媒介是与命题、市场、广告信息等相联系而成为一个整体的,广告人不能按他自己的好恶来选择媒介。研究媒介时,必须具有科学研究的态度。应该认识到,各种媒介的出现、发展、衰落与消亡正是社会和市场变化的反映,传达了某种特定的信息。

(五) 关于商业渠道的知识

商品或服务通过一定的商业渠道到达消费者手中。在现实中,广告也因商品的不同而扮演不同的角色——从制造者直接送至消费者的产品,广告必须承担起全部销售任务;在由制造商经推销员送至消费者手中的产品销售过程中,广告的角色不是去完成销售,而是为推销员创造沃土,可能的话,甚至制造成熟的顾客好让它去收获;大多数家庭或个人消费品则经过一个多样复杂的过程才到达使用者手上。就每一特定商品而言,广告应该在这些由代销代理商创造的特定的环境中对该项产品产生作用。广告人必须了解这些,他必须清楚地知晓广告独立地让人们购买和广告影响人们从经销商那里购买之间的差别。

你可以从三个渠道获取必要的知识:一是经常阅读有关的商业杂志,了解商业动态;

二是深入销售点实地观察,与消费者直接接触,以了解其购买动机;三是与实际从事专业统计工作者深入接触。了解这些知识,有助于解决广告活动中的四大问题:广告说什么?什么时候广告?在何地广告?怎样广告?

(六) 关于广告产生效果的知识

广告通过五个基本方法让效果产生:

(1) 熟悉,即由广告使人们周知某信息,并将其带入日常生活中。

(2) 提醒,即以提醒来激发消费者行动。

(3) 传播新闻,即不仅是教科书所称的新闻,而且是经由广告营造出来的"新鲜感"。

(4) 克服惰性,即由广告改变人类抱残守缺等惯性,使之产生新欲望,最终产生效力。

(5) 增加一项产品所缺的价值,即增加产品所未有的附加价值。商品价值本是一定的,但经发掘可有全新的价值。比如,化妆品的价值是一定的,但使人美貌就是一种附加价值。

广告人清楚地了解这些,便可自如地选择与倚重他所依赖的手法。

(七) 关于特定情境的知识

美国烟草商希尔说过:"商场就是战场",从作战的角度来看,首先必须明确作战目标,才能制订战役计划,广告也是如此。你要先选准足以达到广告目的的广告情境,正确进行广告定位,然后才可以制订广告计划,选择合适的战略和战术。

这是詹姆斯·韦伯·扬所阐发的七种知识。除此之外,还应加上广告史的知识。例如,要求广告人记住 10 个以上的著名广告整体策划案、60 个杰出的创意作品、上百条优秀标语,等等。

二、相关学科知识

爱因斯坦曾说过:"用专业教育人是不够的,通过专业教育,仅可以成为一个有用的工具,但是不可能成为和谐发展的人。"随着广告技术的进步和广告传播范围的扩大,广告多学科融合、多领域交叉、多层面支撑的综合性特点日益明显。广告人应掌握的相关学科知识包括:

(一) 广告活动与社会科学相互渗透与融合而形成的学科知识

1. 传播学、营销学和心理学是广告学发展的理论支柱

(1) 广告是一种非常典型的传播行为。广告主和广告策划者通过广告媒介将广告信息传达给受众,使其产生一定的广告效果,推动或促使受众发生某些行为,这就是一个完整的传播过程。因此,传播学理论可以包括和概括广告活动的全过程。只有掌握了传播学原理,才能使广告传达信息的基本功能得到更好、更充分的发挥,把广告科研、设计制作引向更加科学的发展道路。

(2) 在市场营销学中,商业性广告是市场营销组合中的有机组成部分。它和公共关系、人员推销、现场推销等共同构成了促销环节。它的每一项活动、每一个策略都是在充

分研究促销组合、产品计划组合、销售渠道组合以及价格组合的基础上产生的。所以说，市场营销学是广告学的基础理论之一。不研究市场营销学，就不可能真正懂得广告。

(3) 广告学形成的过程是与心理学发生紧密联系的过程。心理学运用于广告学是广告学形成的重要标志之一。一则广告从策划、设计制作到广告时间和空间的选择、媒介的运用都会遇到一系列的心理问题。广告能否成功，绝不只是简单的文学、美术、摄影、表演技巧等问题，更重要的是它是否符合广告对象的心理。为了帮助消费者迅速高效地选用所需要的信息，广告传播者必须深入研究受众的认识规律和思维规律，制作出符合消费者注意、兴奋、联想、记忆等心理规律的广告。另外，心理学所提供的调查方法如直接调查法、间接调查法、访谈法等都可以运用于各种广告效果的研究。

2. 广告与管理学、美学、文化学、统计学、消费者行为学等学科的联系也日渐密切

(1) 随着广告运作多层面多角度关系的形成，广告在企业的经营与管理过程中发挥的作用越来越大，广告活动中的规范管理及广告自觉参与企业的管理活动日益增多，广告经营问题日益突出，广告与管理学的联系也日渐密切。广告经营管理学逐步成为广告学重要的学科组成部分。广告经营管理学的基本内容就是在广告活动中运用现代管理的基本原理来指导和实施广告计划。其运作程序就是通过在广告活动中对人、财、物、信息的组织、计划、控制，以及对广告设计和制作过程中的控制和协调来达到最佳的传播效果和为企业带来更多的经济利益。在广告经营管理学学科范畴下，CI 理论和公关理论发展得较为成熟。

(2) 广告本身还是一门艺术，它主要通过艺术的形式表现广告信息。一则好的广告不仅要准确传达信息，它的设计还要给人以醒目、明晰和美观的感觉，给人以高尚的美的享受。广告人要做到这一点就要学好美学理论，掌握广告构思、设计的基本准则。

(3) 广告人还要掌握与统计学、文化学、消费者行为学等有关的知识，至少要精通一门外语。

(二) 自然科学领域内的相关学科

现代科学技术的发展日新月异，知识的更新十分迅速，各种高新技术的涌现和应用，使广告设计与制作的设备和传播的媒介也日益高科技化。特别是电脑技术、泛光技术、现代通信技术、现代制版技术等的应用，加大了广告媒介的高新技术含量，运用科技含量高的新型媒介及高科技软件策划并设计广告，形成了广告的"双重高科技含量"。广告人必须在一定程度上了解和掌握以现代计算机技术为核心的高新技术。

现代科学技术已成为日常生活中不可缺少的组成部分，因此作为广告创意人不懂得科学技术知识，就无法抓住广告创意诉求重点，准确宣传广告产品和服务。

这些相关学科的知识，如以应用为目的的声学、光学、电学、摄影学及计算机等方面的知识，包含着与广告直接有关的专业基础知识，它对广告活动的介入仅次于广告专业知识。它反映广告人应具有的基础理论，没有这些基础理论，广告专业知识就会显得过于单薄而无所依傍。尤其是在未来广告与营销紧密结合，广告运作更多的作为一种全方位的

整合营销传播后,这些基础理论将发挥极大的共振作用。

不过,广告行业内部有明确的分工,每个个体只承担其中的一部分工作,这就要求专业人员必须具备某方面的专长,能胜任某一方面的分工,或客户方面,或市场方面,或方案方面,或设计方面,或媒体方面,等等。一个广告人不可能对这些学科和领域全都精通,但应该懂得广告运作相关学科的原理知识,这样才能保证具有不同专长的广告人员都能立足于广告,保证分工不同的广告人员之间的沟通和协作。例如,策划或创意人员不仅要懂得广告的基本原理,而且要懂得市场、消费者心理,还要懂得媒体、广告费用,理解竞争对手的广告含义和内涵,这样才能策划出有效的广告活动,创意设计出优秀的广告。

三、知识修养

如果说专业知识和相关学科知识是行业对广告人所做的要求的话,知识修养更多的是针对"人"这一层面而言的。广告人不仅仅是一个广告的行家里手,更应该是一个全面、和谐发展的人。每一个广告人都应当尽可能地广泛涉猎、吸收人类文明中的所有的优秀文化成果。

像语言、文学、艺术、哲学、历史等人文科学主要研究人类价值和精神表现,积淀了人类文明的精华,具有独特的教化育人功能,通过学习人文科学,可以帮助人们辨美丑、识真假、分善恶、明辨正义和邪恶,认清高尚与卑劣,培育求真、向善、趋美的人文精神。而像经济学、政治学、法学、社会学等研究人类社会结构、社会关系的社会科学,能够引导人们认识人类社会的组织结构,了解人与自然、人与社会、人与人的关系,促进个体的社会化,增强个体的社会责任感和使命感。

在这些知识当中,有关法律、社会规范和文化规范的知识是广告人必备的知识,它们是广告活动得以成功实施的基础。

进入20世纪90年代以后,经济全球化进程明显加快,配合资本开拓全球市场的需要,面对文化多元化的国际市场,有些广告专家提出了 TG&AL 理念,即全球化策划,本土化执行。企业提出统一的广告宣传指导意见和原则,确定基本的广告主题和设计模式,然后由各目标市场国的广告分部根据当地市场情况和民族文化特色加以修正、调整,分别执行和实施。

作为一名广告人,首先要熟知各国有关广告的法律、政策或行业性、地方性法规等,否则,广告活动就不能够顺利实施。例如,在瑞典和德国,不能向12岁以下的儿童做电视广告,在法国不能为连锁餐厅做广告,在奥地利不能在星期天做广告,等等。在一个国家成功的竞争方式或促销活动在另一个国家可能就是非法的。我国有关广告的法律或规定有1995年2月1日起实施的《中华人民共和国广告法》,1997年12月16日由国家工商行政管理总局颁布的《广告活动道德规范》以及一些地方性法规、行业性法规等。

作为一名广告人,还要深入学习和了解各国文化。广告作为一种文化现象,它根植于民族文化,并在特定的文化背景中发展。我们不仅要了解本国的文化,还要了解世界各国的政治、经济、人文、风俗等方面的知识,了解不同国家的文化背景和民族情感,了解不同文化群的文化差别与禁忌。例如,风俗习惯、宗教信仰、民间禁忌、语言习惯等。

不同的民族在其各自漫长的经济生活和社会生活中,形成了独特的风俗习惯,这些风俗习惯反映了各族人民的共同心理,又被看做是民族的标志。例如,樟脑在澳大利亚有很大的市场,但是中国的"兔牌"樟脑在澳大利亚的销售却不理想。原因是澳大利亚人讨厌兔子。澳大利亚的大草原是得天独厚的羊毛生产基地,他们十分重视牧草的繁殖。而草原上成群的野兔每天都要吃掉大量的牧草,成为当地一大公害。澳大利亚人为消灭这些可恶的兔子付出了相当大的代价,至今仍未根除这一公害。因而中国人心目中的"可爱的小白兔"在澳大利亚却引起人们厌恶的情绪,当然他们也就不喜欢"兔牌"商标的樟脑了。

宗教信仰方面。1988年日本索尼公司为了在泰国推销收录机,煞费苦心地想出了一个用释迦牟尼做的广告。在电视广告中,这位佛祖安详侧卧,双目紧闭,进入物我两忘的境界。不一会儿,画面上的索尼收录机放出美妙音乐。佛祖听了居然凡心萌动,跟着音乐摆动了起来并且睁开了双眼。岂料泰国上下认为这是对佛祖的极大侮辱,是对泰国的公然挑衅,并通过外交途径向索尼公司提出了抗议。类似这样的例子在广告界比比皆是,一名合格的广告人应当尽可能地避免此类事件的发生。

综上所述,广告人的知识结构至少要包括以上三个板块的知识。这三大板块并不是任意、随便地组合在一起,而是呈现出跨学科、跨专业的开放性,以及多层次、多系列,由博到专、由基础到专业逐步深入的特点,并构成了一个"T"形结构的知识体系。

更为重要的是,这样的一个知识结构体系始终处在动态发展的过程之中。据粗略统计,人类科学知识更新的周期越来越短:19世纪是每50年增加1倍,20世纪中叶是每10年增加1倍,而当前则是每3—5年增加1倍。知识呈现不断高度分化又不断高度综合的趋势。学习知识不能一劳永逸,而是要不断更新。比如我国20世纪80年代初引进的广告信息理论,在70年代的西方已被称为"极其古典的理论"。广告人必须树立起终身学习的观念,才能紧跟时代与社会发展的步伐。

第三节 广告人的能力结构

掌握了知识不等于就拥有了相应的能力。知识是指人们所掌握的人类改造自然和社会的历史经验。能力是指顺利完成某种活动所必需的一种个性心理特征,包括顺利掌握知识的心理特征,它预示着人在活动中可能达到的成就水平。能力有两种含义:其一指已表现出来的实际能力和已达到的某种熟练度;其二指潜在能力,即尚未表现出来的心理能量,是通过学习或训练后可能发展起来的能力和可能达到的某种熟练程度。心理潜能是实际能力形成的基础与条件,而实际能力是心理潜能的展现,二者不可分割。因此,能力既是掌握知识的前提,又表现在掌握知识的过程中,并在知识的基础上发展。不能依据一个人知识的多少而简单地判断他能力的大小。一个人的能力可能已经表现出来了,也可能尚未表现出来。

广告行业是一种操作性很强的应用行业,如果在学习的过程中不把理论知识与实际经验结合起来,不把这种知识纳入自己的认知结构,使之成为自己的东西,就不能达到提高能力的目的。反之,能力得不到提高,在实际工作中所具备的知识就不可能恰到好处地发挥作用。所以,广告人要在既有知识的基础上形成行业所要求的基本能力,如调查与检索能力、分析与综合能力、创意与表现能力、沟通与说服能力,等等。

一、调查与检索能力

这种能力,首先是时代对一个现代人的要求。21世纪是信息化与知识经济的世纪,在这个新阶段里,人类生存的一切领域,在政治、经济、文化甚至个人生活中,都是以信息的获取、加工、传递和分配为基础的。因此,提高信息化素质,增强开发信息、使用信息、处理信息的能力是适应信息社会发展的必然要求。其次,是行业的特性对广告人的要求。广告活动是一种营销行为,它的基础是调查研究。调查研究是广告策划的依据和前提,没有调查研究,就不可能存在成功的广告活动。

(一) 调查的内容与方法

广告调查包括三个方面的具体内容:广告信息的调查、广告媒介的调查和广告效果的调查。广告调查的常用方法有文献法、观察法和实验法等。在不同的广告阶段会采用不同的广告调查方法,在每一阶段,所用的技巧也有很大差别,如表5-1所示。

表 5-1　不同广告阶段调查的问题与技巧

	第一阶段 广告战略调查	第二阶段 创意概念调查	第三阶段 广告事前测定	第四阶段 广告事后测定
时间	创意工作展开之前	广告制作开始之前	提交完稿图片之前	广告公布之前
调查问题	产品设计定义 目标受众选择 信息要素选择	思路测试 名称测试 口号测试	平面测试 电视故事板事前测试 广播广告事前测试	广告效果 消费者态度变化 销量变化
技巧	消费者态度与使用情况调查	自由联想测试 定性面访 陈述比较测试	消费者评审小组 配套样品 档案测试 故事板测试 构图手段 心理评价衡量	辅助回忆法 自由回忆法 销售量测试法 查询测试 态度测试

资料来源:〔美〕威廉·阿伦斯著,丁俊杰译:《当代广告学》(第7版),华夏出版社2000年版,第186页。

调查方法的选择也要依调查的经费、时间和目的而定。文献法是指对现成的有关资料的采集。这种方法比较简单,并且快捷、迅速,花费也较低。而观察法、实验法则一般是在没有现成的资料时所采用的方法。相对而言,后两种方法的费用昂贵,所需时间也较长。

资料的采集与检索主要有两个方法。第一种方法是通过互联网查询信息。目前提供信息的网站大致有三种服务模式——有偿信息服务、免费信息服务和"半封网"式信息服务。有偿信息服务模式如中国资讯行（www.chinainfobank.com）和数据中国（www.allchinadata.com）。免费信息服务模式如中国管理传播网（manage.org.cn）、中国营销传播网（www.emkt.com.cn）等。"半封网"式信息服务模式如国务院研究中心信息网（www.drcnet.com.cn）。查询信息时可以通过搜索引擎到达信息目的地。表5-2列出的是一些常用的搜索引擎列表。

表5-2 常用的搜索引擎

	名称	网址
1	Google	www.google.com
2	Go	www.go.com
3	Lycos	www.lycos.com
4	百度	www.baidu.com
5	3721 网络实名	www.3721.com
…	…	…

运用互联网查询信息有以下优点：(1) 信息是最新或最近的。(2) 搜集过程更具综合性，更快、更简单。(3) 费用相对较低，查询时间短。(4) 得到信息的途径相对方便容易。不过，运用互联网查询也存在着一定的缺陷，比如无法确定信息的真实性，所能得到的信息不够全面等。

第二种方法是查询书面资料。它的来源有两个：企业内部和企业外部。企业内部的资料包括：货物记录、经济陈述（各种费用）信息、销售结果记录、广告费用记录、财务收入记录、产品报告和计划、消费者反馈意见、销售人员报告、财务支出报告、决算报告、中间商报告和反馈等。企业外部的资料包括：政府报告、普查资料、各种经济报告、报刊资料、学术论文摘要、年度报告、各种商业信息、购买力年度调查、标准化市场资料（如电视收视率报告、报纸阅读率报告、居民购物情况报告、广告监测报告等）等。

（二）调查和检索信息时遵循的原则

1. 科学性原则

市场信息必须是通过科学的方法获得的。它要求市场研究人员从调查设计、抽样设计到资料采集都必须严格遵循科学的规律，特别是在抽样设计、资料采集上尤其要注意。在调查研究历史上，由于方法使用不当导致整个调查研究失败的不乏其例。最著名的失败案例是1936年美国《文摘杂志》以电话本为调查抽样样本进行的总统选举结果预测。当时，美国正处于经济萧条时期，许多人没有汽车甚至没有电话。尽管该调查的反馈者多达两百万，但由于抽样不当，样本缺乏代表性，结果调查预测的失败者——富兰克林·罗斯福——后来成为事实上的胜利者。另一个案例是速溶咖啡的市场调查。20世纪20年代，美国速溶咖啡投入市场后，始终打不开销路。于是厂家请心理学家对消费者进行了调查。心理学家在一开始的问卷调查中采用了直接询问法,很多受调查者回答是因为不喜欢速溶咖啡的味道,实际上速溶咖啡的味道经过测试与人们习惯使用的豆制咖啡并没有区别,说明该项问卷调查的结果是不可靠、不正确的。后来心理学家改用了间接的心理投射法,才找出消费者不喜欢速溶咖啡的真正原因,即家庭妇女担心购买使用速溶咖啡会被认为是懒惰的人、是不称职的妻子。

2. 客观性原则

是指在调查过程中,尊重客观事实,真实准确地反映客观情况,避免主观偏见或人为地修改数据结果。在市场调查中,研究人员常会存在先入为主的看法,这时会影响到调查的结果。

3. 保密性原则

第一,要为客户保密。在激烈的市场竞争中,信息是非常重要的,不管是有意无意,也不管信息泄漏给谁,只要将信息泄漏出去,都可能损害客户的利益,同时反过来也会损害调查者本身的信誉。第二,为受调查者保密。如果受调查者发现自己提供的信息被暴露出来,一方面可能给他们带来某种伤害,另一方面也会使他们失去对市场调查的信任。

不熟悉市场情况、社会文化、品牌形象特性、公众心理需求的人,是不可能创作出成功的广告作品的。因而,要运用科学的方法将各种各样的市场资料收集、汇总起来。诸如市场自然条件信息、营销促销信息、竞争信息、商品信息、公众需求信息、公众文化信息、公众经济信息、顾客消费模式信息、企业内部生产和管理信息、政策法规信息以及涉外商务信息、社会变迁信息等都是要调查的对象。

二、分析与综合能力

占有了丰富的信息之后,还要对从不同渠道、媒体获得的信息进行分析与综合,剔除无效的、不全面的信息,保留有用的信息,将整理出来的信息进行筛选、分类、重组、存储等,发现或揭示其中隐含的现象、规律,使信息转化成资源,为确定目标消费群体、形成正确的商品定位、创意、策划乃至 CI 形象策略提供客观、科学的依据。

(一) 对信息的分析与综合

主要分三个步骤进行:

1. 去伪存真,去粗取精

收集到大量的信息后,首先要进行筛选。筛选时要考虑到以下因素:

(1) 资料提供者的信誉。信誉好的机构采集过程比较客观、科学,因而数据资料一般也比较可靠。对于一些不知名的资料提供机构,在资料收集前应先对该机构的资料收集方法、过程、目的作进一步的了解,以判断其所提供资料的可靠性。

(2) 资料收集的目的。有些机构收集资料是为了自身的利益,这类资料的可信度较低。如国内曾经出现过的"排行榜"现象,就是企业为宣传自己的产品而雇用调查公司做的销售业绩的伪调查结果。

(3) 资料的收集时间。它决定着资料的时效性。有些资料虽然是刚发布的,但资料采集却是在很早就进行了,这种资料很可能已失去有效性,不再有价值了。有些即使是近期采集的,但是由于市场变化非常快,也可能不适用于当前的情形。

2. 比较、分类、重组

(1) 比较

在整理筛选出的资料时,常常会发现同一市场调查的结果存在着很大的不一致性。这个时候就要探究造成矛盾的各种可能。不同的样本结构、时间因素、抽样方案、问卷设计及其他许多因素都会导致调查结果的不同。要根据调查的每一环节的可靠性来决定使用哪一个调查结果。

(2) 分类、重组

将资料进行分类、重组往往是产生创意点子的时候。对同一资料从不同方式、不同角度看,就会得出不同的结论,作出不同的分类;将不同的事实放在一起看,就会"像拼图玩具那样,汇聚综合成为一个适切的组合",发现新的因素的介入。这样,可以通过观察探索出其中极富有价值的东西。

3. 综合信息,转为资源

将那些能够有效地冲击公众的感受系统和心理世界、意图明确、特点鲜明、有较强说服力和感染力的信息凝结成真正意义上的广告内容;初步预测广告产业的发展趋势,为广告的制作与设计提供科学的依据。

(二) 分析综合时应注意的事项

1. 灵性

分析信息时,应当充分利用自己的"灵性思维",敏锐地发现问题,悟出信息的内在特点与潜在的宣传机遇,形成基于广告调查资料之上的创意点子。

2. 快捷

现代社会是一个快餐式的社会,公众的消费呈现浪潮特征,以时尚更迭为周期,因此信息资料特别是消费资料具有较强的时效性。

3. 细心

绝大多数信息的内涵,都不会显露于外,如果分析信息资料时粗心大意,就会让有价值的信息结论轻易地溜走。只有细心分析、认真判断、积极思索,才能从看似平常的信息中发现有价值的东西。

4. 富有逻辑

对于从市场中收集得来的信息,不能孤立地、简单地进行主观判断,而应运用社会学理论和现代科学方法论,如系统论、信息论、控制论等,进行合乎逻辑的判断,使创意性点子符合事物内在的规律,使其具有较高的实用价值。

5. 预见性

广告调查的信息资料,带有一定的静止性和过时性,但是其内部又往往蕴涵了一定的趋向性动态发展内容。在进行资料分析的过程中,不能简单地就事论事,而应有意识地挖掘其中的动态信息结论,进行预测分析,以掌握主动权。在信息开发过程中,进行预测性思维分析的常见方法有以下三种:

(1) 顺"势"预测,即根据某个事件已经形成的信息发展趋势,推测未来的变化,形成策划的基础。

(2) 顺"事"推测,即根据影响事物的某个关键要素的变化趋势,对某种公众现象的未来进行预测。这里讲的关键要素,有时可能是自然环境因素,有时可能是社会偶然事件,有时可能是政治因素,它们随着时间的推移,逐步落实到位,必然产生诱导性影响,给相关的商品、公众消费生活甚至社会格局带来相应的变化,只要能断定某个关键要素的发展趋势必然会出现,就能轻而易举地预测出未来的公众要求,据此形成创意思维。

(3) 顺"时"预测,即根据时间推移,尤其是时令季节变化,预见公众的需求趋势,分析公众将来可能出现的要求。[①]

当今社会,信息是生产发展不可缺少的一个动因,甚至形成一种产业。广告作为信息产业的一员,其本身也是一个信息的加工、存储与传播的集散者。因此,广告业的主体——广告人,必须经常阅读、学习、体验,主动去获取外界的信息。对于信息,广告人应具有独特的眼光,这并不仅仅意味着用肉眼去看,而是用动脑的方式去面对、分析,并将新发现的那些潜在的、不为人常注意的新意识、新观念、新产品、新市场综合起来,为广告活动服务。

三、创意与表现能力

创意表现能力是广告的灵魂,这是广告人最重要的能力。

(一) 创意表现能力从实质上看是一种创造、创新的能力

创造能力是根据一定的目的、任务,积极能动地产生新思想,发现和创造新事物的能力。它是人在创造活动中表现出来的各种能力的总和。与一般能力的区别在于它的新颖性和独创性。对广告人而言,创造力更多地表现在创造性思维和创造性想象上。创造性思维是对经验的改组,这种对旧有经验的重建、改组与更新可反映出事物的新的内在关系。

1. 对旧有要素作新的组合

詹姆斯·韦伯·扬在《产生创意的方法》一书中就提到"创意完全是把原来的许多旧有要素作新的组合"。例如,有一则平面广告,设计者把人耳和钻头作为构思的基本成分,创造性地在广告画面上画出一只转得飞速的钻头钻进人体最薄弱的器官——耳朵的情景,广告标题是《致命震撼》,广告语是"清除工地噪音,还我健康环境"。它们和谐统一地构成了一个完整的新形象,并将工地噪音带给人类的危害暴露无遗。

[①] 余小梅:《广告心理学导论》,北京广播学院出版社 1994 年版,第 185—186 页。

此外，还可以把不同对象中的部分形象组合起来。如孙悟空、猪八戒就是由猴头、猪头与人身黏合而成的。在广告设计中，用此也创造出良好的典型形象。例如，一家橡胶厂为推销汽车轮胎产品，特意制作了一种礼品轮胎烟缸，即将一个特制的小型橡胶轮胎巧妙地套在瓷器烟缸上，构成一个完整的汽车轮胎。它既让用户感到使用该烟缸安全，又暗示出该轮胎的耐温特点，真是珠联璧合，妙不可言。

2．利用原型启发新形象的创造

广告人如果善于观察生活，常常会受到生活中的事物的启发而产生灵感。我国资深广告人陆盛章在进行息斯敏广告的创作时，为"如何表现过敏带来的心绪不宁"这一问题所困扰。苦苦思索中，忽然想起了多年前的一次经历：出差回来，事先定好有车接站，可左等右等也不见车来，情急之下，找到一处电话亭，通完话，一不小心把电话挂在另一部正在使用的电话机上……陆盛章以此为原型创作出了息斯敏《挂错电话篇》，并获得了全国第三届优秀广告作品一等奖。

（二）创意表现能力从静态结构方面说，至少由认知力、记忆力、想象力、思维能力、评价力等要素构成

1．认知力

即对事物敏锐的观察力和正确的理解力。指勤于思考，善于提问，能够发掘平常人们注意不到的问题。

2．记忆力

即善于牢固地贮存并在必要时提取信息的能力。因为创造是把旧有知识和经验与当前问题相结合推出新结论，因而要提取长时记忆中的信息，并与当前的信息在短时记忆中综合，才能推出结论。已有的知识经验越丰富，越有助于创造。这些已有的知识经验贮存在长时记忆中，因而记忆力的好坏对人的创造力有直接的影响。

3．想象力

即对头脑中的表象进行加工、改组，从而创造出新形象的能力。指在头脑中要有丰富的表象储存，才会有独特的改组能力。

4．思维能力

这是创造力的核心，高创造力的人应具有优秀的发散思维与聚合思维的能力。指能在对事物分析、综合、比较的基础上找出新的内在的联系或特征，抽象概括，形成具体的思维产物。

5．评价力

整个创造过程都需要使用评价力来辨别是非优劣。在创造性活动中，动机、情感、态度、意志、个性特征等非智力因素也起重要作用。

（三）从广告作品层面说，创意表现能力又指根据策划方案、媒介、文案要求，组织视觉、听觉要素，引进、吸收不同艺术流派的艺术思想和创作手法，运用审美规律，创作出实用性与审美性相统一的具有较高艺术品位作品的能力

具体地说，就是形象表现与文案写作能力。形象表现是指以点、线、面、形、色彩等形式对广告主题和内容进行表现和反映。形象表现最突出的特点就是形象的鲜明性。文案写作是指广告活动中广告人以语言符号构思、创意，对广告主题和内容进行表现和反映。文案写作最突出的特点就是引起丰富的联想，给人留下思索的余地。

例如，1997年我国香港地区4As广告创作大奖的获奖作品中，有一则香港达彼思广告公司为高登眼镜创作的平面广告：一幅画面是两朵并排的菊花，娇艳欲滴，半边的花瓣好似两眼的浓眉；另一幅画面是一条蹲着的花斑狗的背影，背上黑白相间的图案恰似人的眼睛和嘴巴。广告的主题是：高登眼镜乃是人脸上的时装。

整个画面简洁优雅，不见近视镜，也看不到鼻子上架着的玲珑剔透的眼镜，更没有文字的解释，却很好地表达了作品的主题。透过广告，我们不禁要惊叹：人类爱美，而大自然中的植物、动物何尝不是美的使者？

四、沟通与说服能力

广告就是沟通，是信息沟通，也是情感沟通；广告是说服，是对客户的说服，也是对消费者的说服。不懂得沟通、劝说的人，很难想象能把别人说服。开发客户，与客户为某一创意达成共识，需要充分的沟通；塑造一个品牌，使品牌在消费者心中建立一定的地位，也需要充分的沟通；在一个广告团队里，互相要交往、协作和配合，同样需要充分的沟通。无论是哪个层面的沟通都直接影响广告的运作。

（一）沟通能力

即协调人际关系，将自我主张正确地传达给对方，最终双方达成共识的能力。广告人角色意识的形成是广告人进行沟通的心理基础（见本章第一节）。那么，广告人在沟通时应注意些什么？

1. 学会倾听

与人交往时，倾听就意味着你关注对方，愿意接纳、理解对方，与对方处于相同的地位。在这种情形下，对方才可能更主动、坦诚地表明自己的实际想法。有些广告人在与广告主或消费者接触时，常常自我感觉良好，认为对方素质不高、观念不新，把自己看成广告主的大救星、消费者的引路人，因而不太注意倾听对方的谈话意见，给人一种孤芳自赏的印象。这样会使对方产生不平衡感而拒绝他。广告人所从事的职业是说服人，面对的不是被动的机器，而是有丰富的思想感情、个性甚至是某些特殊习性的人，所以要得知广告主或消费者的想法，先要学会倾听对方的心声，鼓励对方说出自己真实的想法。

倾听时，不能被动、机械地听对方说话，而是要集中注意力，对对方所传达的意义进行转译、选择、评价等，以敏锐的眼光发现对方最关注的利益点，并不断用语言的形式予以积

极的反馈:或表明自己的见解,或以手势、点头、感叹等方式鼓励对方。

2. 敢于说"不"

在与客户的交流沟通中,往往会出现意见分歧的现象。如果客户对你提出的要求与整个营销计划相左甚至会产生消极作用,应当坦诚地表明自己的不同看法,并说明此举将带来的不良影响。若盲目地迎合客户,短期内或是表面上你与客户取得了共识,合作良好,但随着时间的推移,就会暴露出种种弊端,从而影响客户对你的评价。当客户提出的要求违背市场规律或是你永远无法达到时,也要如实相告。否则,客户对你的期望越高,失望也就越大。只有真诚、客观、负责地对待客户,才能更好地沟通,取得客户的信任。

3. 有团队精神

广告是一项十分复杂且具体的系统工程,从市场调查开始,到定位策划、确定主题、创意、媒体策划、费用预算、效果评估等需要方方面面的参与和配合。以创意策划为中心的工作,要协调文案、绘画、设计、摄影、照排、置景、照明、道具、作曲、配乐、演员等,还要与广告主协调。凡此种种,说明一个单纯的广告制作环节是不可能单独存在的,广告的作业过程需要许多人参与,是一项合作的事业,需要有很强的合作精神。这种合作精神正是沟通能力的体现,也可由此而提高沟通能力。

(二) 说服能力

广告人不仅应是沟通大师,更应是说服大师。作为广告人,你必须说服客户雇用你们的服务或接受你的广告策划、创意,说服同事与你一同实施一项新的战略计划,你应当比任何人都知道该"说什么"、"怎么说"才能打动客户,因为这是广告人的天职。那么,怎样才能够说服人呢? 先让我们回忆一下自己拒绝接受他人的说服时的主要原因吧。一般情况下,首先是不能相信对方;其次是对方叙述的事情前后矛盾;最后,有时即使道理可能是对的,但感觉到不合情理时也容易产生反感……由此看来,说服的关键就在于三个重要的因素:说服者的人格、说服的内容及说服的方式。因此,我们可以从以下三个方面着手来增强说服力。

1. 提供权威机构的统计数据、事实和引证

如果向听众提供可靠的资料而不是个人的看法,就会增强你的说服力。实践证明,听众不仅受到证据的影响,也相同程度地受到证据来源的影响。在一项实验中,让两组被试者听到关于没有处方是否可以卖抗阻胺片的争论,然后告诉一组被试者说可以卖的证据来自《新英格兰生理和医学月刊》(这是虚构的),而另一组被试者则被告知证据来自一家流行画报。结果发现,第一组比第二组有更多的人赞成没有处方也可以卖抗阻胺片。因此,引用权威更能打消听众的疑虑。

优秀的劝说者都清楚地知道这样一点:个别具体化的事例和经验比概括的论证和一般原则更有说服力。因此,在日常生活中,你要说服别人,就应旁征博引,提供有力的证明或典型事例,而不是一味地空洞说教。

2. 从对方最关注的利益点出发

说服,是以求得对方的理解和行动为目的的谈话活动。因此,说服的最大特征,即在于引起对方的关注。说话者虽然一心一意地想正确传达自己了解的事实真相或意图,但如果考虑不到倾听者的立场、观念,就容易在传达和接受之间产生扭曲,以至于不能达到预期的目的。另外,个人经验的不同也是正确沟通的一个障碍,虽然我们在说话时竭力想使自己的话客观些,但还是免不了要受自己过去经验的影响,当别人说话时,更免不了通过自己的经验来判断和接受。因此,要说服对方,首先就得摘掉自己的有色眼镜,以说服对象的立场、观点、感受等作为出发点,循循善诱,从而说服对方。

3. 利用证同感

证同感是证明自己与别人相互之间相似的一种感觉。心理学家证实,人与人之间越相似,相互说服的可能性越大。人的心灵深处都有一种倾向,即寻找与自己相似、类同或有着相似处境、经历的人或事。因此,我们可以举出自己在生活中曾遇到的相似问题的具体例证来说服对方。利用倾听者本身的生活经历相似,或者非常熟悉的事例进行说服是最逼真的,也最容易引起对方的共鸣和共识。在描述具体事件时切记必须尊重事实真相,否则会适得其反。

总之,说服力就是"什么人"、"说什么"、"怎么说"的综合。它是从"说服者的人品"、"说服内容的分量"、"说服者的应变能力"这三种要素的综合效果中产生的,不可能被某一种单一的技巧所替代。它需要说服者具有敏锐的思维、精细的眼光、多角度的分析能力和诚恳亲切的态度,只有在这些方面驾轻就熟,才能够顺利迅速地打动对方、说服对方。

综上所述,调查与检索能力、分析与综合能力、创意与表现能力、沟通与说服能力是广告人不可或缺的基本能力,其能力的高低直接决定了广告活动成功与否。因此,广告人应当将知识转化为能力,并以知识的获得为基础不断提高自身的能力。

本章提要

角色,即社会角色,指处于一定社会地位的个体,依据社会客观期望,借助自己的主观能力适应社会环境所表现出的行为模式。每个社会成员必须了解社会的角色期望,当一个人认识到自己在某一条件下所扮演的社会角色和社会对他相应的角色期望时,便产生了角色意识。角色意识会调控个人的行为,使之表现出符合某社会角色的行为。

做一个合格的广告人首先要树立广告人的服务意识,培养广告受众的消费模拟意识和广告主的经营模拟意识。

知识结构是指人类知识在个人头脑中的内化状态。它包括各种知识间的比例、相互关系以及由此而形成的一定的整体功能。广告人的知识结构由专业知识、相关学科知识及知识修养构成。专业知识主要指现代广告学理论知识、现代广告信息知识、现代广告传播知识、现代广告媒体知识、现代广告定位知识、现代广告策划知识、现代广告创意知识、现代广告写作知识、现代广告设计知识、现代广告心理知识、现代广告市场知识等方面。它涵盖了广告活动整个流程的各个环节。相关学科知识包括传播学、心理学、市场营销学、管理学、美学、消费者行为学、法学、计算机、外语等。

知识修养指人文科学、社会科学等方面的修养及有关法律、社会规范、文化规范的知识。

能力是指顺利完成某种活动所必需的一种个性心理特征，包括顺利掌握知识的心理特征，它预示着人在活动中可能达到的成就水平。能力既是掌握知识的前提，又表现在掌握知识的过程中，并在知识的基础上发展。广告人的能力主要指调查与检索能力、分析与综合能力、创意与表现能力、沟通与说服能力等。

案例分析

"低俗"的恒源祥广告

恒源祥品牌于2008年春节期间在各大电视台播放了一则重复轰炸型广告视频。在这则长达1分钟的电视广告中，由北京奥运会会徽和恒源祥商标组成的画面一直静止不动，画外音则从"恒源祥，北京奥运赞助商，鼠鼠鼠"，一直念到"恒源祥，北京奥运赞助商，猪猪猪"，将中国12个生肖轮番念过，简单的语调重复了12次。对此网民恶评如潮，有人说开始的时候还以为电视机卡壳了，有人骂它是比脑白金更恶俗的"脑残"广告，有人说看得"要崩溃"，大部分人反映现在一看到这则广告就赶紧换台。当然，也有人评论，这样的重复轰炸耳朵，广告效果也算是达到了：大家都记住了恒源祥是2008年北京奥运会的赞助商。

恒源祥集团副总经理陈忠伟曾告诉记者，为了尽力压缩成本，创造"令人记住"的传播效果，公司决定的广告策略就是重复、持续，宁愿被骂也不能被忘记，这些一开始就确定的营销方针，至今仍是恒源祥营销部门的案头格言。而这一次，恒源祥更是将这一营销宗旨发挥到了无以复加的地步。与脑白金广告推出几个月后才挨骂的历史相比，恒源祥在最短的时间内就创造出了骂名，也算是破了脑白金的纪录。而在接受记者电话采访时，陈忠伟认为恒源祥已经达到了目的。

上海战国策营销咨询机构首席顾问李炜在接受《第一财经日报》采访时曾这样评述这则广告，"从打广告树立知名度的角度看，恒源祥这次算是做到了，可惜的是，恒源祥现在缺的不是知名度"。李炜认为，随着企业的发展，企业品牌塑造要经历四个阶段：打造知名度，提高美誉度，传达文化内涵，价值观输出。

正如李炜所言，当品牌具有知名度和产品的美誉度以后，为品牌赋予一定的价值观是品牌塑造的更高目标。这是使产品由只具备"使用价值"向同时具备"使用价值"和"符号价值"升华的关键。同时，价值观的赋予和"符号价值"的增加能够创造价值，在销售中表现为产品价格的提升能够被消费者认可。以"耐克"鞋为例,中国市场上的大多数耐克鞋都是在中国本土工厂生产的,这说明就产品的实体生产(包括质量和设计)来说,中国工厂完全具备生产能力,但是,同样这家工厂生产的其他品牌的、和耐克同等质量与相似设计的鞋却卖不到耐克鞋七八百元的价格。这是为什么呢?因为其他品牌的鞋子没有耐克鞋那样的符号价值,只能够被穿,不能够被用以表达自己的身份、个性和价值观。

李炜说,恒源祥十几年如一日地重复"恒源祥,羊羊羊"的经典广告,已经建立了知名度,通过产品销售,也树立了美誉度,成为北京奥运会赞助商后,正是传达品牌文化内涵甚至是输出价值观的好时机,可惜这家企业还在原地打转。

从传播学的理论来分析,传播效果有三个层次,从低到高依次为认知、态度和行为。当受众接受到传播的信息后,有了对某事物的认识,这是第一层次;如果对该事物产生好感,则是态度发生了变化;一般而言,对某事物有良好态度的受众会接受或购买这种新生事物,这就是行为的变化。按照这个模型来分析,恒源祥这次传播的效果应该是有两个层次,在第一个层次即受众的认知上,效果非常好,因为观众在短时间内就了解了恒源祥是2008年北京奥运会的赞助商这一信息,这是该集团广告部门在策划阶段就定下的传播目标。但是伴随着这一效果的还有另外一个效果,就是该广告恶评如潮,受众反感到不能忍受,最后被迫要被撤下来。这个效果就是受众的态度层次,尽管这绝不是恒源祥播放广告的目标,但它却是广告的效果之一。一般而言,对某事物没有好感的消费者通常都不会选择购买该事物,这种行为上的效果是长期的,暂时还看不出来,但根据常识,该广告对消费者行为的影响应该不是正面的。

当然,也有业内人士讲,这也可能是恒源祥有意操作的事件营销,如果的确如此,事件营销对于品牌知名度的宣传也是比较成功的。但是,这样的事件营销对于整个品牌的长期塑造是不是一种正面的影响呢?是不是对品牌形象的长程投资呢?

资料来源:《中国广告》,2008年第4期。

请分析:
1. 恒源祥的广告引起了众人的反感,试从消费者心理的角度解释这一现象。
2. 广告成功的标准是什么?恒源祥的广告成功了吗?
3. 结合这一案例,谈谈广告人素质的培养。

情景模拟

由于长期的禁运与战争,伊拉克人民的生活水平很低;同时,它又具有全面重建的巨大商机。受其购买力、宗教习俗、民族意识等的影响,该国对我国的产品具有好感。请根据你现有的知识结构,为我国家电业进入该国市场的广告战略进行一个基本的分析。

小组讨论

1. 什么是广告人？
2. 什么是角色意识？广告人的角色意识包括哪些方面的内容？如何培养？
3. 为什么广告人要具有许多看似不属于广告专业知识的知识？
4. 你认为广告人能力素质中最重要的能力是哪一个，为什么？

广告心理学教程（第二版）

第六章 广告人的沟通心理

知识要求

通过本章学习,掌握:
☞ 广告公司对广告市场开发的知识
☞ 客户调查与行业调查的知识
☞ 广告媒体分析与联络的知识
☞ 广告人与广告主、广告媒体沟通的心理

技能要求

通过本章学习,能够:
☞ 进行广告公司自身定位
☞ 建立服务信心,合理承诺
☞ 与广告主进行业务沟通
☞ 与广告媒体进行业务合作
☞ 维护广告主与媒体的合作关系

广告人、广告主、广告媒体是构成广告行业的三个重要组成部分,其中广告人处于核心的地位,他的水平直接关系到整个广告行业的水平。然而,在广告的实际运作中,由于广告主与广告媒体具有自身的资源优势,广告人往往处于相对被动的局面。因此广告人除了做好自身的经营活动外,还要协调好与广告主、广告媒体之间的关系,使三者在广告运作中形成共同合力,去争取最佳的广告效果。

第一节 广告公司的市场开发

一、实力的积累与定位

(一)广告公司实力的评估

广告业在现代社会越来越无可争辩地成为社会经济中举足轻重的支柱产业,国际上的各大广告公司的成功案例与我国广告业的不断发展壮大都证明了这一点。在广告市场中,不论是国际广告市场还是国内广告市场,广告公司之间的竞争都异常激烈,优胜劣汰的自然规律是每个广告公司或广告人都心知肚明的,因此,对自身实力作出全面的评估并以此来确定将来的发展方向就显得尤为重要。

1. 经济实力的评估

一般来看,广告公司的实力首先体现在公司经济实力方面,即资金是否雄厚、设备是否齐全。

广告是一个高产出、高回报、高利润的行业,需要广告公司投入大量的物力与财力,国际上一些大的跨国广告公司无一不拥有庞大的资金储备,它为广告公司在激烈的市场竞争中提供了强有力的支持,为公司开拓更大的市场提供了可能。比如著名的奥美广告公司早在20世纪80年代就凭借其强大的组织规模与足够的资金开始实施世界广告网络化战略,之后,美国的BBDO环球公司、DDB尼德汉姆公司和英国的萨奇兄弟公司为应对激烈的国际竞争,投入数亿资金并购其他广告公司,逐渐在国际广告市场上形成了垄断霸主地位。

在我国,资金来源短缺是限制许多本土广告公司发展的重要因素之一,这除了一些客观原因导致的以外,竞争的无序则是关键因素。在一些广告公司里至今还认同"广告业务靠关系,好的策划不如好的人际关系"的说法,为赢得客户,采取不正当的竞争手段,如打折、回扣等。这使得广告公司的收入下降,久而久之恶性循环导致公司资金严重短缺。

因此,经济实力是衡量一个广告公司能否持续发展的重要标准。广告公司在广告运作前应该在这方面有一个充分的认识与评估,这直接关系到广告公司今后的公司定位、发展方向与经营方针。它具体涉及以下几个指标:(1)广告公司的投资金额;(2)广告营业额;(3)广告赢利额;(4)广告公司的其他硬件设施数量;(5)广告公司服务的客户。

2. 人才实力的评估

从深一层次来看,广告公司的真正实力即公司的核心竞争力应该是最大限度地调动与协调人力资源,它是广告公司最大的财富,它能最大限度地弥补公司在资金、设备上的不足。

在现今的广告市场中,一个广告公司的竞争力的强弱,很重要的是取决于人才的数量、质量以及其才能的发挥程度。人才是广告公司最重要的资源,也是公司核心竞争力的根本。

广告公司所从事的各项工作,无论是对客户的沟通与服务、产品的调查与研究,还是广告的策划与设计制作、媒体的选定与发布都离不开广告公司专业人才的共同努力。所以,公司软件实力的评估也关系到其今后在广告市场上以何种身份出现。它具体涉及以下几个指标:(1)优秀广告人才的数量;(2)广告人才的业务素质;(3)广告人才的凝聚力、向心力;(4)广告人才工作的积极性等。

(二)实力的开发与积累

1. 公司经济实力的开发与积累

首先,一个广告公司的经济实力不是一朝一夕可以产生的,它需要公司所有员工共同努力,具体到在每一次广告活动中不断地积累公司实力。好比大坝,要想在波涛汹涌中矗立不倒,必须不断加固,堆土—夯实—堆土—夯实……可以形象地称之为广告公司实力积累的"堆土理论"。

随着我国加入WTO,一些经济实力雄厚的跨国广告公司纷纷进军国内广告市场,激烈的竞争导致本土广告公司为了生存与发展而不断努力。为抵御外资广告公司的挑战,本土广告公司出于弥补自身薄弱环节及增强竞争实力的需要,积极与其他企业进行联盟,走集团化与网络化之路,以使得有限的资源价值得到提升,减少竞争压力,从而有效地扼制外国资本。中国历史上吴蜀联盟共抗曹魏的例子证明了联盟的重要作用。中广协最近的一项研究课题显示:有81%的广告公司表示未来一年有扩张的计划,其中又有53.5%的公司计划采用的扩张方式是与其他企业建立战略联盟。联盟的方式很多,主要包括业务上的联盟、股权上的联盟以及地域上的联盟等。

(1) 本土广告公司之间、广告公司与媒体的联盟

前面我们已经谈到,一些经济实力较弱的本土广告公司,大都具有小而散、不成规模的特点,好比浩瀚海洋中的一片片孤舟,很难经得起大风大浪,稍不小心就会葬身于汪洋大海之中。为此,一些城市的广告公司及媒体通过加盟的形式联合起来,把那些孤舟集合成一艘大船,形成网络化的经营。对于每一个加盟公司来说,在不影响自身利益的情况下,把各自空余的资源统一利用、互为补充,何乐而不为。一旦网络成熟,各公司将会大大减少广告成本开支,而把精力放在开发与服务上,共同将这艘大船逐渐打造成与跨国公司竞争的"航母"。

(2) 本土广告公司与国际知名广告公司的联盟

本土广告公司在与国际知名广告公司相比较时,其劣势是显而易见的,但由于事物的相对性,本土广告公司并不是一无是处,相反,它也有一些国际知名广告公司不及的优势,只是看你是否发掘出并很好地把握它了。

本土广告公司的优势就在于它的本土文化性,了解国情,因为它本身就是中国的消费者,了解中国的市场、文化、政治、经济,这些都需要在长期的实践中逐渐沉淀,必须通过实践去磨炼、去体验,是学不来的。而国际知名广告公司的优势主要来自于管理方法、技术、资源,而这些是可以通过知识的传授学习到的。因此,我们可以说本土广告公司国际化的时间将大大短于国际广告公司本土化的时间,所以为弥补它们之间的不足,联盟不失为一种快速直接的有效方式。

例如,2004年1月31日,旭日因赛传播公司应全球著名广告公司智威汤逊之邀,出席了智威汤逊在我国香港地区举行的大中华战略研讨会。目前双方已经就联盟的方式达成共识。旭日因赛传播公司将得到智威汤逊在资源共享、员工培训、客户培育方面的资助,而智威汤逊也将借助于旭日因赛完成其大中华区版图华南地区的空缺,提升、拓展和服务本土客户的能力,加速在中国市场本土化的进程。双方的正式"联姻",使得旭日因赛为其进一步快速扩张及真正实现"国际品质、本土服务"插上双翼,意味着一个本土广告公司将朝着一个拥有全球传播集团背景、融汇本土与国际优势的品牌传播代理商的方向转型。

(3) 广告公司与广告主的联盟

随着市场竞争的逐渐加剧,广告公司和广告主越来越觉得合作的必要性,以往做广告求单纯、求优惠、低价格的恶性竞争带来的恶果已经使得广告公司和广告主深受其苦,不但降低了广告公司的服务质量、降低了广告的宣传效果,同时还增加了广告主的负担。为

避免这类事情的再次发生,一些广告公司开始与广告主寻求合作联盟,广告公司与广告主风险共担、利益均沾。

《现代广告》杂志曾经报道,上海复星信息产业发展有限公司与上海雷氏药业有限公司签订了"雷氏天盾"胶囊风险广告投资协议,开辟了国内风险广告的先河。根据协议,雷氏药业与复星公司在今后三年半时间内,共同投入8 000万元的广告费,用于支持"雷氏天盾"胶囊等雷氏新产品的市场推广,广告公司的广告收入将取决于"雷氏天盾"胶囊市场营销目标的实现,从市场销售利润中按比例支付。

这种联盟形式的独特之处在于,一改过去广告公司提取佣金的做法,将生产厂商、作者与广告策划、市场推广等方面捆绑在一起,建立利益共同体。这种新型合作模式,有利于充分开发和利用广告公司与广告主的潜在资源。

（4）多元化经营,跨地区发展

多元化经营主要指广告公司在整合营销的大旗下,成立专业分公司,介入一些专项营销活动,如房地产、旅游、传媒等,通过统筹安排、自主运营,共同提升集团的整体实力。

跨地区发展是广告公司快速发展的一种常用方式,当广告公司面临巨大的市场竞争的同时,应该放开思路、扩大眼光,及时发现其他地区新的广告市场,抓住机遇,以此来带动广告公司的整体发展和运营。

文本卡片 6-1

在西部谈经营

国际4A公司具有强大的品牌优势、资金实力、运作经验,但是它们缺乏机动灵活的运作机制,资源浪费惊人,办事效率不高。即使是大型公司很多时候对它们的服务收费都难以承受。在争夺内地大客户的竞争中,你如果能有灵活的操作系统、实惠的营销咨询价格,那么用一句行话来说就是"具有很高的性价比"。

如果你靠杀价来打开局面,那必然不会长久。在营销市场上真正说话有份量的还是营销的结果。广告公司应该做好自己的工作,解决客户面临的问题,并随客户一起发展。所以,能不能做大、做好,决定权都掌握在广告公司自己手里。这也就要求你必须有很强的执行力。所以我们找了许多优秀的人才,很多还是来自国际4A公司的核心骨干。他们具有较高的职业素养,并且有多年的操作经验,深谙内地市场的运作规律,他们的国际经验与我们对本地消费者市场的洞察,是保证我们执行能力的关键所在。

我们在成都公司本部有80多名员工,在成都属于超大型广告公司。要生存下去,还要不断发展,做大不仅意味着你可以接下更大的业务,而且可以成为该地区广告公司中的强势品牌。一些大客户如汽车生产企业经常要在我们这儿做大规模的公关、促销活动。它们选择广告公司时,最看重的是执行力而非价格。

> 广告公司还可以在整合营销大旗下,进行多元化经营、跨地区发展。例如,全面介入房地产营销、旅游营销、传媒营销、国际合作等。中国西部拥有广阔的旅游市场,但许多风景名胜藏在深闺无人识,我们 APEX 公司抓住这一市场机会,与政府部门密切合作,开设分支机构,以现代的营销理念包装旅游景点、塑造旅游形象,这不仅带动了当地旅游经济的发展,同时也为公司赢得了发展空间,扩大了公司规模,使经济实力得到大幅攀升。
>
> 资料来源:樊剑修,《中国广告》,2004 年第 2 期。

2. 人才实力的开发与积累

前面我们讲过,广告公司最大的资产就是公司拥有高素质的广告人才,人力资源管理是广告公司管理中的核心部分,跨国广告公司成功的关键因素就在于人才管理上的成功。

在人才管理上,应该坚持"以人为本"的管理原则,以激发人的积极性、创造性,挖掘人的潜能,充分发挥人的价值并创出最佳工作绩效,这将有效地提升公司对外的整体形象和竞争实力。

(1)营造和谐的工作氛围,打造优秀广告人成长的平台

古人说:"天时不如地利,地利不如人和。"人的和谐,无论古今中外都是事业成功的保证。具体到工作中,包括关心公司每一位员工,关心他们的生活,解决他们的困难,尊重他们的劳动,创造良好的工作环境,使他们毫无后顾之忧地全身心地投入到工作中去。

(2)实行激励机制,最大限度地调动员工工作的积极性

所谓激励机制,就是激发员工的工作潜能,调动员工的积极性,保证公司运营一直处于最佳状态。人有各种各样的需求,随着生活水平的提高,需求也在不断的变化与发展,广告公司应该运用各种激励手段,以满足员工的各种需求,只有这样,才能为公司留住人才。这些手段包括:

① 酬金激励

提高广告专门人才的工资、福利以及将工资与效益挂钩,这会使员工感觉到公司对他们的器重;有的广告公司还实行员工持股的做法,风险共担,同舟共济。

② 参与激励

是指广告公司在不同程度上鼓励员工主动参与公司决策及各种研究和讨论,提高员工主动的参与意识。而这种参与意识往往是与员工的主动思考分不开的。IBM 公司创始人老沃森在创业之初就提出了员工必须要有"思考"的意识,"思考"必须是积极的。他要求员工要能多为公司提出一些"建设性"思考意见。为此他让雇员把"思考"这个词做成标语牌,放在每个人的办公桌上。他认为"思考"的重要性往往高于"忠诚",是 IBM 公司发展的法宝。

通过激励机制,使员工意识到自己价值的存在,公司也有意识地向他们提供参与公司决策的机会,双方共同努力,使公司向着良性循环的方向发展。

③ 竞争激励

在公司内部形成竞争环境,提倡优胜劣汰的工作原则,推动员工的自我发展,促使公司人才的合理流动。例如,在一些公司乃至一些政府机关实行竞聘上岗与年终评审末位淘汰制,使员工时时保持一种危机意识,这样可以调动所有员工的积极性与创造力。

(3) 实行教育机制,大胆培养人才,以提高员工综合素质

广告公司人才管理最棘手的问题,就是广告业门槛低,人员流动性太大,稍有点能耐的广告人才可能会随时跳槽,这使许多公司不敢大胆培养人才或过分放手使用人才。而在国外,广告人才的流动是非常正常的,公司甚至会为优秀广告人才写推荐信。广告公司要想真正地留住人才,只能在管理上下工夫,为员工营造充分发挥作用的空间,形成企业合力。

除大胆地对员工进行广告专业的训练外,还要多方位地提高员工的综合素质,公司应开展广泛的职业教育,如果员工对于芭蕾舞、音乐、阅读、运动等有兴趣,都应受到鼓励。IBM公司就曾经规定只要有30个以上的员工共同对某方面的课程提出学习要求,公司就会努力地提供机会。

(4) 重视企业文化的构筑与传播,增强员工团队意识

企业是构成社会经济实体的基本单位,企业在经营管理活动中必然产生一系列文化现象。当然,不同的企业有不同的特点,其文化也展现出不同的风貌。广告公司要真正步入市场,走出一条发展较快、效益较好、整体实力不断提高、经济协调发展的路子,就必须重视企业文化的构筑与传播。

美国教育研究院的教授泰伦斯·迪尔和麦肯锡咨询公司顾问爱伦·肯尼迪用丰富的例证指出:杰出而成功的企业都有强有力的企业文化,即为全体员工共同遵守,但往往是约定俗成的而非书面的行为规范,以及各种各样用来宣传、强化这些价值观念的仪式和习俗。

世界500强公司中百年不衰的企业的一个共同特点是:它们不再以追求利润为唯一的目标,而是有超越利润的社会目标。具体地说,它们遵循:(1)人的价值高于物的价值;(2)共同价值高于个人价值;(3)社会价值高于利润价值。

这里核心价值就是广告公司应该倡导的团体精神、团队文化,其本意就是倡导一种高于个人价值的企业价值观。例如,广州市广告公司始终坚持:要留住人才,光靠物质吸引是远远不够的,要形成一支具有共同理念、目标一致、相互高度信任的人才团队,努力提供一个有潜力的发展空间,并在工作平台、机制上下工夫,提高公司的形象和素质,让员工看到发展前景,从而吸引优秀人才为公司服务,使公司在广告市场中处于不败的地位。

另外,昆明风驰传媒产业公司为提高员工凝聚力,曾经立下三个契约:(1)劳动契约,即给员工竞争职位的自由,让他们有充分的发展空间;(2)制度契约,即员工拥有股份,是公司的主人;(3)经理契约,即每位经理都要和员工沟通,这有利于团队精神的建立。

(三) 广告公司的市场定位

现今,各类型的广告公司多如牛毛,每个广告公司的市场定位都不尽相同,综合起来

分析,可以归纳出两大类型:

1. 综合型的广告公司

综合型的广告公司发展的方向是广告的全面代理,有较强的经济实力,经验丰富,从业人员专业水平较高,注重创新能力,具有相当的知名度和美誉度。这类广告公司多为一些国际知名的跨国广告公司与一些合资经营的广告公司。

综合型广告公司的广告运作一般在整合营销策划与传播的层面上进行,品牌形象的塑造能力比较强。例如,广州天艺广告公司从创立之初,就将自己清楚地定位在建立国际品牌、做国际广告人的目标上。从 1995 年开始,陆续在美国纽约、澳大利亚悉尼、中国香港设立强大的分支机构,开展国际空间的合作交流与咨询往来,将天艺品牌逐步打入国际市场。为此该公司将国际化发展分成三个阶段:第一阶段,积极架构公司的经营理念与经营范围;第二阶段,走出国门,主动出击,了解世界,认知自己;第三阶段,引进国际人才,提高国际整体形象和操作水平。

2. 专业性的广告公司

是指一些综合能力较弱,但专业程度、制作水平或咨询水平较高的广告公司,扬长避短,凭借自身优势,发掘区别于其他公司的特质,在看似画地为牢的战略决策中确定公司的市场定位。这类公司在创业初期,往往把广告运作建立在广告策划、设计、制作的层面上,不求大,只求好,当公司发展到一定阶段时,再求大求全。

现实的发展已经证明,广告公司的发展一定要有自己的优势,那些鱼目混珠的广告公司很快就会被淘汰,不论是求全还是求精,只要适合公司的自身利益,都可以称之为一种竞争力。定位准确的广告公司才能给客户安全感。

二、服务的信心与承诺

任何一家广告公司,不论是综合型的还是专业型的,从公司成立的那一天起,必须清楚自己"想干什么"或者说你能给人"带来什么",这个"什么"就是一种责任,即要为广大客户提供最佳服务的责任。

(一)广告公司对提供服务的信心

广告公司对自己提供服务的信心应该十足,这在某种程度上也反映了广告公司的整体实力与水平。要做到这些,公司应该做到:

1. 服务的内容应该明确

广告是一种信息的传播活动,广告公司作为企业的一种,同样要借助广告宣传自己,宣传的内容即是广告公司能为客户提供的服务,而这些服务的内容要想最快、最深刻地被客户所认知和接受,必须越明确越好。有些广告公司在服务的内容上过于求全,反而会让客户不知所云。现代社会是信息爆炸的社会,内容不明确的信息传播必然是无效的传播。

2. 服务的过程应该程序化

广告服务是一项系统的工程,在具体操作时,应该有一套科学的、完整的、可操作性的服务程序,这能够使无序而烦琐的活动变得有序而简明,对内方便了广告人的操作,对外让客户感到公司的业务有条不紊。北京有位企业的老总谈她成功的经验时说:"工作中当第二次遇见出现过的问题时,企业就应该警觉,并及时制定出一个避免问题再次出现的程序。"从这一点我们就可以知道程序化在广告服务过程中的重要性,它能有效规避企业危机的发生。

3. 服务的运作应该透明化

广告公司在加强广告服务的同时,应该同时加大服务的透明化,它包括服务内容的透明、服务报价的透明、服务交易过程的透明,否则必然导致服务双方利益的不公平、关系的不融洽,乃至服务水准的降低和广告公司信心的下降。

4. 服务双方的关系应该清晰化

在发达国家,广告行业服务双方的关系非常清楚,基本上是为"谁服务,谁支付报酬",即广告公司代理客户业务,由客户支付佣金。而在我国,这种本来很明了的关系变得不那么明了了,有些公司为了争取客户,提出优惠代理费,甚至是"0"代理,这无疑严重地影响了广告公司的利益,利益关系不协调,代理关系也就不健康,反过来又导致了广告运作的不透明。因此,服务关系清晰化也是提高服务质量、服务信心的关键。

(二)广告公司的承诺

一言九鼎、一诺千金是衡量人品信誉的天平,也是中华民族的传统美德。在广大消费者心目中地位的高低,是否敢于向消费者进行承诺,并且承诺能否兑现也是衡量一个企业的重要指标。广告公司向客户承诺什么,反映出这个公司的经营理念和终极追求,也反映出公司的整体实力和对未来的规划能力。

承诺并非儿戏,承诺了就必须兑现,承诺根本上就是一个"诚"字,诚心诚意地宣传自己要尽的义务,诚心诚意地承担自己连带的责任,诚心诚意地接受消费者的检查和监督,承诺自己能够做到的,兑现自己应该兑现的,这对塑造公司形象、提高公司信誉、净化社会风气的确能起到积极的作用。具体操作时,应该注意:

(1)承诺时不能赶时髦,不能信口开河,若不能做到,就不要轻易许诺,更不能为了追求巨额利润而虚假承诺。

(2)承诺要注意方式,能做到的,也不要全部承诺给客户,要有所保留,这样当客户发现得到了期望以外的价值时,就会对公司多一份信赖。当公司被客户视为"值得信赖"以后,再提出自己的其他承诺与企业优势,往往容易被客户相信和接受,不至于出现"王婆卖瓜"之嫌。

(3)承诺切忌过重,过重会诱发客户过高的期望值,期望越高,往往失望就越大,一旦出现失误,将极容易造成客户对广告公司失去信心。例如,北京某营销广告公司的一则广告就有承诺过重之嫌,广告正文是:

● 老谋深算的策划专家——为企业提供整体发展咨询、营销策划,并组织实施各类公关活动和市场调查,准确把握市场消费需要,实效传播,精确指导;

- 功勋卓著的营销战团——在全国拥有强大的营销网络和经验丰富的销售队伍,在短短的八年里为十多个品牌打开地方和全国市场;
- 身手不凡的创意高手——广告设计、创意、制作推陈出新,多次在全国广告和策划创意大赛中获奖,并染指世界广告设计创意大赛桂冠;
- 我们用长期的市场成功经验,锤炼出中国特色的"实效动态整合营销"理论;
- 成功,源自巨大的创意潜能……

三、案例的积累与传播

一个成功的广告公司在竞争激烈的今天,应该不仅能为客户树立企业形象、产品形象,而且能注重自身的品牌形象与公司文化建设。因为客户在选择广告公司时,往往会很看重广告公司的社会形象,他们相信有实力、有业绩、形象独特、富有创意的广告公司才能给他们最大的帮助。

独特的品牌形象的树立不是一朝一夕、一蹴而就的事,它是一个不断历练的过程,需要长时间的积累,其中,案例的不断积累与传播对树立独特的公司形象大有益处。

这里所说的案例是对广告公司在过去所做的各项工作的总结,它从一个侧面反映了广告公司的成长历程,也是一个广告公司独特的无形资产。案例可以让后人从中吸取经验与教训,为今后的工作打下良好的基础;同时,案例的积累其实就是广告公司实力的不断积累,是广告水平提高的保证。案例的体现形式有很多种,归纳一下大致可以包括:

(一)成功的广告个案

一个成功的案例,有着让人过目不忘、终身受益的功效。纵观广告的发展历程中,涌现出一大批杰出的广告人,如约翰·肯尼迪、克劳德·霍普金斯、罗瑟·瑞夫斯、大卫·奥格威、李奥·贝纳、威廉·伯恩巴克等,他们创造了一个又一个经典的广告案例,如"万宝路"香烟、"哈达威"衬衫、"喜立兹"啤酒、"大众"汽车等,至今其广告理论仍然广泛运用在各项广告实践之中。

一个成功的案例,从创意的产生到广告效应的产生总是要广告公司全体员工付出艰辛的努力和汗水,而这些付出不会白费,客户从中可以清楚地看到该广告公司具有的良好的敬业精神、高超的专业水平与高效的工作效率。这是任何一个广告公司在发展过程中都必须用心积累和广泛传播的。

例如,叶茂中传播机构的创始人叶茂中就很重视案例的积累与传播,他常常通过广告杂志、网站、书籍详细地讲述某产品广告的创意过程,比如"海王"银杏叶片广告策划案、"圣象"地板广告策划案、"北极绒"保暖内衣广告策划案、"大红鹰"实业策划案等,以此来向广大客户传递其创意理念及公司实力。

(二)失败的广告个案及教训

失败乃成功之母,这句话相信每个人都知道,工作中一个小小的失误都会对公司形象造成极大的伤害,但从另一个角度来看,它也是一份极好的教材,能起到警示后人的作用。

在实际工作中任何人都难免会出现失误,但失误并不可怕,怕的是不吸取教训,再犯同样的错误。因此,总结经验教训在广告公司的日常工作中显得尤为重要。

例如,《国际广告》杂志曾经刊登了一篇广州奥美广告公司的个案《御苁蓉品牌的建立和夭折》,该文中详细记述了广州奥美在为补肾药品"御苁蓉"进行品牌策划中如何发现市场、抢占市场,以及在后期由于与客户出现分歧,广告出现了停顿导致该品牌夭折的过程。该案例让广州奥美了解到培育一个品牌是多么不容易,要时时刻刻关照它的健康,很精心地去培育它,稍有不慎就会出问题。该案例是2000年奥美亚太区第二届学者奖中三个获奖案例之一。①

(三)公司在文化交流方面所作的努力

在信息社会里,封闭自守是没有出路的,特别是广告行业,对信息的要求更快、更全面。一个广告公司要想生存并发展,必须在公司内外建立一种文化交流的氛围,这对加强员工凝聚力很有好处。未来广告公司要做强、做大、做稳,核心在于公司文化的先进性。

美国学者芬化斯·米勒在其《美国企业精神》一书第一章开头就强调:"每一家公司现在都必须分析其文化,这不仅是为了加强本身的竞争地位,虽然这已经是充分的理由,而且还因为我们国家未来的财富要由公司的文化来决定。"例如,合众广告公司在做好本职工作的同时,还把大量心思放在公司的文化建设上,并非常重视对内对外的文化交流,1997年在行业内率先创办了具有一定影响的专业刊物《真言》,大力倡导"真心、真行、真思、真言"的广告文化。此刊物的出现,不仅丰富了行业间的思想交流,更扩大了影响,并向社会各界展示了自身的实力与文化底蕴。此外,该公司还参与了中国广告网的建设,不仅使它成为国内最专业、最具影响力的网站之一,也向世人广泛地宣传了自己。这些文化建设及交流活动是一种双赢的格局,是一种良性循环。

(四)公司在国内与国际上所获得的荣誉

国内以及国外每年都有各种广告大赛,通过专家的评审,各个广告公司或广告从业人员来检验自己的广告策划、创意、设计的能力。著名的广告大赛主要有戛纳广告节、莫比广告节、亚太广告节、龙玺环球华文广告奖、中国广告节、金犊奖等。国内许多广告公司都有获奖经历,获奖一直都是每一个广告创意人的愿望,创意作品获奖并获得各位权威人士的认同,也从某种程度上代表了广告公司的实力与专业水平。

例如,每一个恒美员工都有一个恒美记事本,上面记载着恒美的历史与经营哲学,其中一项就是恒美对广告奖项的支持,并列举了十大原因:(1)长期获得广告奖项能让人确认我们在广告创意方面的领导地位;(2)每个市场都获得奖项,能让人确认我们为当地名列三甲最具创意的公司;(3)广告奖项吸引更多的有天分者加入恒美;(4)广告奖项的名气使我们在广告客户选择的名单之内;(5)广告奖项令广告公司产生一个求胜的态度,使我们更具有信心;(6)广告奖项吸引我们想要的客户;(7)广告奖项的名气使我们在讨价

---

① 参阅《国际广告》,2001年第6期。

还价时具有优势;(8)获奖令恒美在芸芸广告公司中显得与众不同;(9)获奖使客户开心;(10)获奖使我们开心。

除了上面讲的这些内容外,广告公司在具体的广告运作过程中,还会发掘出许多新颖、独特的案例形式,这里就不一一讲述了。

第二节 客户服务与沟通

一、客户调查与行业调查

客户是广告公司生存和发展的源泉,没有客户,广告公司就只有关门大吉了,为此,广告公司设立客户服务部门(简称 AE),专门负责与客户进行谈判、联络、提案以及制定策略、协调资源、监督进程等。由此可见,客户对于广告公司而言是多么的重要,但是尽管如此,广告公司并不是来者不拒的,在实际操作时,客户会选择广告公司,而广告公司同样也会选择客户,因此,客户调查与行业调查是很有必要的。

(一)客户调查的内容及标准

所谓客户调查,即围绕着客户进行的一切调查活动。其目的在于获取与广告活动相关的所有数据、资料,并加以分析研究,从而为是否应该合作或如何开展合作提供理论依据。

1. 客户的经济实力

客户的经济实力在某种程度上,就是指客户是否有钱。广告不是穷人做的,有的客户,提出的要求可以装一大箩筐,但捉襟见肘的广告预算却只够在一个地区上几次平面媒体的。广告公司是一个营利性的媒体,客户的经济实力直接对应了从客户身上取得的投资回报。为此,经济实力的调查应放在客户调查的首要位置,具体包括:客户的财政收支状况、资产负债表、损益表、现金流量表、广告投资预算等。

广告的先期投入是很高的,广告投放时最忌发生中断,这会直接影响到广告的传播效果。若客户的经济实力较弱或短期内没有资金来源或投入资金短缺,就广告公司自身利益而言,最好应该放弃这个客户。千万不要让一个失败的案例使你失去为某一行业再服务的机会,学会放弃,是广告从业人员的基本素质。若客户经济实力雄厚,广告预算充足,广告公司就可以初步考虑接受客户,并进行其他方面的调查。

2. 客户的经营状况

通过对客户经营状况的调查,能使广告公司对客户的基本形象有所了解,如知名度、信誉度、生产规模、发展潜力、存在的问题等,即使不能了如指掌,也已基本熟悉。俗话说,知己知彼,百战不殆。掌握客户经营情况,对开展广告活动、强化广告诉求点无疑是大有益处的。具体包括:

(1)客户的经营历程

调查客户从创业至今的发展历程,主要目的就是了解客户在这段时间内有无引人注目的业绩、客户在人们心中的地位等。

(2) 客户硬件设施状况

了解客户的生产设备与科研水平是否先进,与竞争对手相比有无过人之处。

(3) 客户的管理水平

了解客户内部管理机构的构成、管理水平的高低、管理制度是否健全,以及市场、销售渠道、业务等方面的情况。

(4) 客户经营实施情况

了解客户的营销目标、生产目标、广告目标以及以往这些目标的完成情况。

3. 客户员工的素质状况

员工的素质,在一定程度上反映了客户的素质,一个具有凝聚力、创造力的员工群体是事业成功的保证。具体调查客户员工的知识结构、技术构成、年龄结构、业务水平、人员规模等内容,从中大体可以看出客户员工素质的高低。员工的素质状况决定了广告公司与客户的合作过程是否长久。

4. 客户经营的产品

即对客户经营的产品或提供的服务进行周密细致的调查,目的是从中发现其是否具有市场潜力以及独特的销售卖点等。产品调查的内容繁多,它几乎包括了与产品相关的所有内容,其中主要调查:

(1) 产品的发明时间、投产时间、上市(试销到正式销售)的情况

这些内容往往和产品的生命周期的确定相关,以便为后期广告策略提供宏观依据。历史悠久本身就是产品极好的宣传卖点,如保健品"古汉养生精"。

(2) 产品的生产设备、生产工序、生产工艺、原料

掌握产品生产的资料,能了解产品的质量状况和在同类产品中的地位。例如,早年由太阳神集团生产的保健品"太阳神口服液"在其广告宣传里就着重宣传了产品的生产原料,即从鸡、兔、蛇三种动物身上提取的保健精品"生物健"。

(3) 产品外观、形状、色彩、款式、质感等

即对产品的直观了解,目的是看产品在这些方面有无与众不同的地方,特别是在产品成分、功效与同类产品相差无几时,可以考虑从这些方面找出差异。一些高档耐用消费品常常会用到这些内容,如珠宝、首饰、汽车、化妆品等。

(4) 产品的功效以及能给消费者带来的利益

调查产品有哪些突出功能,能给消费者带来哪些特殊利益以及能满足消费者的哪些需求(如生理需求、心理需求或其他需求),这些是确定广告宣传卖点的重要依据。

(5) 客户所提供产品的服务情况

即产品的销售服务情况,比如送货、安装、维修、保养、培训等。

(二) 行业调查的对象与原则

行业调查的核心就是要发现客户产品或服务在其行业内甚至更大范围内营运成功的

可能性。企业在市场中并不是孤立存在的,它的生存与发展在某种程度上和它所处的环境有很大关联,必须尊重市场规律,并在相对公平的环境下竞争。一个产品或服务从进入市场、打开局面、占领市场到退出市场,其广告策略也是随之发生转变的。在竞争激烈的今天,快速准确地把握行业的成长性、行业的价值以及行业特色,方能紧跟市场跳动的脉搏,只有通过深刻的行业市场研究,才能占领广告策划与项目市场运作的战略制高点。

表6-1是各类广告公司在进行客户行业调查时主要涉及的内容,从中我们可以感觉到现在许多广告公司,包括国外知名广告公司主要是针对哪些要素进行行业调查,以及调查的力度与投入情况。虽然内容还不够全面,但至少可以使广告公司对客户所在行业有一个大致的了解。其中,有关行业的环境、结构、市场容量、成长性等内容相对来讲比较重要,应该着重调查。

表6-1　100份行业市场研究报告重点关注情况

应重点关注的一些重要问题	已经给予关注的研究报告比例
该行业的市场化程度及竞争水平	12%
该行业的行业寿命周期	40%
关联行业及其替代程度	20%
行业核心竞争力	15%
行业的技术来源与传递情况	5%
行业的区域转移与扩张空间	10%
行业的平均利润率	25%
行业内企业的分布	30%
行业内新企业的进入和老企业的退出情况	3%

资料来源:李世丁、沙宗义,《广告兵法——中国本土最大广告公司用兵之道》,南方日报出版社2003年版,第57页。

无论你是仅进行客户行业调查,还是包含几个方面的调查,在调查时,都应该遵循以下几个原则:

1. 调查过程必须严谨、科学,应该多分析、多比较

因为行业调查涉及的很多数据都缺乏精确性,那么以此得出的结论也不一定是绝对正确的,因此,在调查时,不能有丝毫的大意,应该用科学严谨的态度,认真分析每一个数据,以便得出较为准确的结果。另外,得出的结论或数据应该多比较,综合后再下结论。

2. 行业调查的组织应该具有一定的专业性

行业调查范围、工作难度一般来讲都较大,从事调查的组织应该具有很强的专业性和实力,因为专业性与实力直接关系到行业调查结果的真实程度。目前我国大部分调查公司力量都很薄弱,行业研究水平偏低,从而导致广告策略制定失误,客户与广告公司利益受损。因此,调查机构的选择对于广告公司来说也非常重要。

现今,我国的一些广告公司在调研方面已经具备了一定的实力,但和国际大广告公司、调查机构相比,还差得很远,所以调查的能力也是非常有限的,一般只能对某些特定的

领域进行深入调查,成为这些领域的专家,这和广告公司最初的市场定位是分不开的。

例如,从旭日因赛广告公司总裁王建朝答 CNAD 网记者有关该公司重组后发展方向的提问中,我们可以清楚地了解到该公司专注于哪几个行业。具体内容如下:我们认为汽车行业很重要,那么我们从去年开始就选择这种客户——中华轿车,为其做全面代理,它是与宝马的合资品牌。同时我们也开始帮宝马做一点东西,希望今后宝马真的开始找我们,让我们能有这个机会,因为为宝马服务是很多人、很多广告人的梦想。同时,我们认为手机这个行业会比较有前途,于是我们在做康佳手机,康佳今年的业绩非常好。还有,我们还在做快译通、IT 电子行业类产品。其实 CNAD 网上都可以看见。地产行业,我们在做本地的南国奥林匹克花园、合生创展等大项目,外地的有西安新西部的大项目紫薇地产,客户找我们也是基于我们在广州服务地产客户的声誉……

3. 调查要向行业的纵深发展,不要停留在表面

行业调查要具有一定的调查深度,只有这样,广告公司才能真正地了解到客户在行业中的经营能力、赢利能力、抗风险能力,才能以此得出客户真正的市场价值,而它和客户的收益与广告公司的收益息息相关。

比如,武汉某杂志上刊登了某食品加工机的招商广告:该产品市场价值极大,风险极低,一个人投入一万元,一天可生产面条 500 公斤,按每斤获利 0.5 元计算,一天至少获利 250 元,若增加经营面积、机器数量,收益将更加客观……

该广告表面上看好像没什么问题,深入思考一下漏洞百出,它根本没有把市场竞争、人们的饮食习惯、市场容量考虑在内,这样的广告效果可想而知。

(三)如何进行有效的调查

自 1919 年美国柯蒂斯出版公司首次运用成功以来,调查作为一种营销手段在世界范围内迅速扩展开来,并由最初的简单收集、记录、整理、分析有关资料和数据,发展成为一门包括市场环境调查、消费心理分析、需求调研、产品价格适度、分销渠道、促销方法、竞争对手调查、投资开发可行性论证等在内的综合性科学。随着世界经济的不断发展,国际上一些著名企业更是把精确而有效的市场调查作为企业经营、发展的必修课。

调研是针对特定的问题或机会进行的。有效的市场调研包括下列步骤:

1. 确定调查选题

选题是调查的起点,它为整个调查指明了总的方向和目的。选题首先面临的任务是确定调查范围,具体工作包括下达任务、查阅文件、召开小型座谈会、访问专家、分析公众等,最后确定调查课题。在进行调查中,任何一个问题都存在着许许多多可以调查的事情。除非对该问题作出清晰的定义,否则搜集信息的成本可能会超过调查得出的结果的价值。因此,在选题时,应该尽量使所选题目具体化。另外,在选题时还必须注意常规形象调查课题与针对性调查课题的关系。一般的常规形象调查是必要的,但也要依照企业情况作针对性的调查,这种针对性的调查更为有用。选题应该包括对针对性课题的确定。

2. 制订调研计划

调研计划是调查的行动纲领。它应该包括以下内容：调查课题、调查重点、调查方法、样本数、调查执行者、调查日期、调查费用预算、调查重点等。在进行调查之前，可以制作一张调查计划表。调查计划表应尽量详细。

3. 收集信息

调研中所需资料既包括第一手资料，也包括第二手资料。通常调研从收集第二手资料开始，并以此判断出现的问题是否已部分或全部解决，以免再去收集昂贵的第一手资料。第二手资料为调研提供了一个起点，并且具有成本低、获取容易和快速等优点。当调研人员所需的资料不存在，或现有资料可能过时、不正确、不完全时，就需要进行第一手资料的收集，常用的方法是文献法。第一手资料的收集可通过观察法、访问法、问卷法和实验法等方法进行。

良好的调研要使用科学的方法，仔细观察、建立假设、预测和实验，采用多种方法，避免过分依赖一种方法。强调方法要适应问题，而不是问题适应方法。模型和数据的设计应尽可能清晰明了，要体现创新精神。

4. 分析信息

资料的整理与分析主要是对调查所得的原始资料进行分类、编校、统计、分析。分类要详细、科学，编校要消除资料中的错误和不准确因素，统计与分析要运用数理统计等方法，并用统计图表等形式把分析结果表达出来。通过"去粗取精、去伪存真、由此及彼、由表及里"的整理分析过程，得出合乎实际的结论。

5. 提交调研结果

调研人员同时应该评估信息的价值与成本的比例。价值与成本的比例能帮助营销部门确定哪一个调研项目应该进行、什么样的调研设计应该加以应用，以及在初期的调查结果出来之后是否应该收集更多的信息。调研的价值是由结果的可靠性和确实性以及公司对调研结果的接受程度而定的。

二、客户沟通与业务对接

当广告公司对所确定的客户有了一个基本的认识，并且客户有其市场价值和成功的可能性时，广告公司应该做的工作就是尽快与客户进行业务沟通，希望双方能友好合作，以谋共同发展。

（一）客户沟通

沟通双方由于各自的利益出发点与评判标准不同，对市场的认识和对广告宣传的侧重点都有着不同的认知和判断标准，广告公司这时的任务就是通过沟通，尽可能地缩小双方之间的差异或解决双方存在的矛盾，从而提高与客户合作的几率。

1. 客户眼中理想的广告公司

（1）能提供全面的广告服务，以便保持广告宣传的连续性，保证各项营销策略接受统一理念的指导,有助于广告效果的提高。因此,现在我国与企业合作的广告公司中有一半是综合性的大型广告公司。

（2）能提供专业的广告服务,具有很强的专业能力,在同行业中是业务的佼佼者,有较强的创新能力与策划水平。

（3）能提供专门的广告服务,即一对一的服务。广告公司为客户提供的这种专门的、个性化的服务不容易为竞争对手模仿,同时还增大了客户更换广告公司的转换成本。此外,这种一对一的营销,会使客户感觉自身受到重视,因而对广告公司的信任感增强,相信广告公司会竭尽全力地为其提供优质服务。一对一的营销还有助于在感情上拉近双方的距离,建立更亲密的、朋友式的合作关系。

（4）能提供整合营销传播服务,通过融合各种传播技能与方式,包括媒体广告发布、直效营销、销售促进、公共关系、店内商品陈列、店头促销、POP 广告、包装等,围绕一个中心主题进行最佳组合,使它们互相配合,产生一种协同作战的综合作用,以提供清晰、一致的信息,使企业形成统一的品牌形象。

（5）有较高的经济实力,即要求广告公司具有一定的经营规模与较强的经济实力。

2. 找出客户的市场核心问题

有的广告公司在与客户进行沟通的初期,把大量的时间花在广告创意上,这往往是得不偿失的,因为这时客户最关心的不是创意,而是你通过调查后,跟他们谈的更具建设性的话题,即客户存在的问题以及怎样解决。因此,在进行具体沟通前,广告公司要认真回答一些问题。

（1）一般情况下,应该回答以下问题:

① 目前企业的知名度与美誉度如何？

② 目前企业形象的要素如何？

③ 企业在哪些方面工作不妥？

④ 公众对企业有哪些要求？

（2）如果企业形象不尽如人意时,应该回答以下问题:

① 目前企业面临的最主要的市场危机是什么？

② 危机产生的原因是什么？

③ 问题发生在企业工作的哪一个环节？

④ 哪些公众受到影响？其影响程度如何？

⑤ 问题发生的过程是怎样的？

⑥ 问题的发生对企业自身有哪些影响？其影响程度如何？

⑦ 问题如何解决？

3. 如何进行有效的客户沟通

（1）知己知彼,百战不殆

无论是发展新客户还是回访老客户,事先要对拜访的对象作初步的了解,包括职务、性格、爱好、日程安排等方面,以便正确地安排约见时间和寻找共同话题,使会谈过程更加融洽,同时也可以预防一些意外因素。

(2) 坦诚相待,礼貌先行

有句话说得好:要想得到别人的尊敬,首先要尊敬别人。人与人之间都是平等、相互的,如果客户发现你太过随意并欠缺礼貌,不仅会给人留下素质太低的感觉,而且对你的兴趣和信任感也会随之降低。只有坦诚布公地与他人沟通、交流,才能得到他人的以礼相待。不管是首次拜访还是回访,要多尊重别人的意见,要学会多问征求性的话语,如"好吗?""您看行吗?""您觉得呢?"要让客户觉得你是一个非常有礼貌的人,这样他们才会愿意与你交往、合作。做任何一笔生意或发展任何一个客户,坦诚相待是关键。我们的客户为什么会与我们合作?为什么要接受我们的产品和服务?不外乎两个原因:其一,客户对我们的完全信任;其二,客户一定从我们的合作当中获得了利益和好处,这也是相互之间合作的目的所在。任何一项业务,只要把握好这两个关键,我想成功的希望肯定很大。

(3) 平时多联络,友谊更长久

每一个客户都是我们的朋友知己,应该保持联络、增进沟通,不要业务谈完之后,就把客户忘记了,等到有需要时再去找别人,那么人家肯定不愿意与你再合作了,因为他们会觉得你是一个薄情寡义之人。我们应该定期或不定期地与客户联络和交流,比如打电话问候、一起喝茶聊天或组织其他类似的活动。

(4) 主题突出,目的明确

不管什么样的沟通交流活动,都必须事先明确我们的目的。不要等活动都搞完了,还不知道自己究竟在干什么、是什么目的。

总之请记住:客户在我们心中永远是第一位的!无论什么时候,我们都要用心地去认识客户、了解客户、分析客户、尊重客户、帮助客户,这是我们的工作,更是我们的职责。

(二) 业务对接

当广告公司与客户之间的选择结束后,双方都比较满意,愿意继续合作,这时应该就合作意向签订一个委托代理合同,双方的委托关系正式开始,然后再进行下面的一系列工作。

(1) 签订委托代理合同

客户和广告公司的关系实质上就是一种商业买卖关系。双方据以合作的条件须在合同或协议书上加以明确规定。

在委托广告代理工作正式开展之前,由双方协助订立一份完整而又明细的委托合同,这样可以避免日后可能产生的误解或其他某些不愉快的争议。

(2) 拟订代理议案与广告计划

广告公司在正式接受客户的广告代理委托之后,应开始就广告活动的开展进行具体的讨论和分析,以确定将来一系列广告的理念核心、推广的侧重点等,并布置安排各个部门就广告事宜组织专班,确定负责人、工作的进度以及每个时段要做的工作以及要达到的效果等。

议案确定后,下一步工作就是编制广告计划。广告计划是根据广告战略需要制订的广告行动计划,是广告活动的重要组成部分,并以此撰写广告计划书。广告计划就是告诉广告人怎样策划广告、怎样创意、达到什么效果、用什么媒体、广告怎样表现等。具体内容包括:① 市场调查计划;② 广告目标计划;③ 广告定位计划;④ 广告创意计划;⑤ 广告诉求计划;⑥ 广告制作计划;⑦ 广告媒体计划;⑧ 广告发布计划;⑨ 广告效果测定计划。

(3) 广告提案的审定

这是广告公司就广告创作意向和客户达成一致意见的阶段,也就是广告公司对前面形成的广告计划书最终确认的阶段。确认过程一般分两步走:

第一步,广告公司自审,项目小组成员就广告计划内容重新审核召开会议,以达成一致的意见,找出不足,减少与客户交涉的次数;

第二步,客户审定,召开广告提案审核会议,由广告双方就广告计划内容进行深入的探讨,并达成一致。若客户有异议,广告公司有义务进行相应的修改或进行相应的说明,直至客户审核通过,并签字确认。

提案审定工作是一项较为繁琐的工作,一般都要经过数次的往返,要经过修改后再修改或力争—说明—解释—再力争的过程。例如,某广告公司客户部负责人和客户进行提案交涉的过程,就形象地说明了这一点:我们经过缜密思考,有市场研究的支持,融会集体智慧的意见向客户进谏。我和我的同事们以十分的耐性,不厌其烦,一而再、再而三地与客户沟通,与客户一起深入分析市场机会,分析其他案例,权衡利弊,分析小范围检测的效果等。除了白天开会讨论,晚上客户还会常常在电话里和我再次进行沟通。因客户是投资者,承担最大的风险,他有顾虑难下决定,所以他需要反复斟酌,因此这种对话难度往往较大,更具挑战性,更要求较高的分析力和说服力。经过艰辛的沟通,客户终于接受了我们的基本意见,但对广告风格和表现还是持保守、反对意见,我们没有放弃……

三、客户服务与关系维护

(一) 如何做好客户服务

1. 客户服务人员应克服的是"面对人的心理障碍"

客户服务人员不可避免地会遇到提案等与客户面对面沟通的时候,有时甚至是面对很多人当众演讲的情况,必须及首先要做的是克服自己的心理障碍。

记得一位前辈给我讲述他的克服恐惧的方法:提案前,到洗手间,对着镜子,对自己进行各种指责甚至可以带有侮辱性的言辞,然后试着接受这些言辞。待与客户提案时,无论客户的反应如何也不会比刚才自己对自己说的话重。他用这样的方法来调整心态,克服在客户面前的恐惧感,后来成为一个非常好的销售人员,他甚至能够在没有电视脚本的情况下卖掉电视广告片的创意。

当然,这只是这位前辈克服心理障碍的方法,每个人都可以有不同的方法来渡过这道难关。总之，无论你用何种方法，都需要在面对客户前做好心理准备工作，当然在具体工作时还是应该充分做好提案内容的准备工作，而且一定要进行演练，这样才能在真正面对客户时做到胸有成竹。

2. 永远不要说客户的坏话，尊重客户，从而赢得客户的尊重

经常听到广告公司人员抱怨"客户不懂"，殊不知你的广告做出来之后不是给像你一样"懂"的专业人士看的，而是给一些"不懂广告"的消费者看的。从这点来看，你的客户不懂未见得是件坏事。因此，不要一味地抱怨客户，而应"换位思考"——从客户的角度、从普通消费者的角度审视自己所提供的服务内容。对待客户要像对待你的家人般的尊重，你的尊重一定能换来客户的尊重，一定能有助于你与客户的工作关系的顺畅发展。

3. 客户不是"上帝"而是"伙伴"

服务行业经常会把客户奉为上帝。笔者认为广告行业虽然也是服务行业却不应将客户奉为上帝。如果客户是上帝，你就不会有一个平等的与客户沟通的心态，更不会有一个提供专业咨询的心态，而是一味地服从客户的意愿，那样你就永远无法为客户提供任何超出他的期望的东西，更谈不上赢得客户的信赖与尊重了。那样的客户服务方式是最糟糕的。广告公司与客户应保持一种"伙伴"关系，是为客户的品牌发展拼搏的合作伙伴，二者的区别在于分工不同——客户更了解他们的产品，而广告公司掌握更多的沟通技巧，能帮助客户掌握竞争对手的情况，找到竞争对手的短处及客户产品的长处，为客户提供赢得竞争的沟通策略，从而打败对手。

4. 无论何时何地，想办法帮你的直接客户"露脸"

请客户服务人员谨记一条——你和你的直接客户的利益是一致的，他的业绩好就证明了你的业绩好，你所做的一切都应该能让他在他的公司内部表现出色。广告公司是支持客户的，不是与客户分庭抗礼的。你可以通过你所提供的广告服务使他的广告宣传取得好的效果，也可以通过为他提供一些市场信息使他更清晰地看到自己所处的位置，还可以通过帮助他分析市场、为他提供市场方面的解决办法来使他的老板认为他的工作很努力……总之，想尽一切办法来取悦你的客户，让他觉得你是帮助他的，你一定会得到回报的。

5. 远离客户的政治斗争

有些客户服务人员与客户的关系甚至是私人关系非常好，这固然是好事，但也请大家注意度的把握。无论多么好的关系，毕竟你们是广告公司和客户的关系，当你为客户提出任何建议或意见时，不仅代表你个人的意见，更多的是代表公司的意见。因此，你应远离客户的政治斗争，不要轻易表现对于客户内部人员的态度，尤其是当对客户内部情况缺乏了解的时候。

6. 关心客户的成长，与客户结成利益共同体

广告公司要想与客户发展成荣辱与共的伙伴关系，不仅要关心客户的营销活动，还要真正关心客户的成长，与客户结成利益共同体。广告公司不仅要为客户确定广告目标、制订广告计划、组织开展广告活动，还要与客户的营销部门、产品开发部门、生产部门、财务

部门一起,积极为客户的长远发展作规划,要使企业的广告活动与企业的营销战略、经营战略相结合,将广告公司自身的命运与客户命运紧密联系在一起,甚至积极参与到客户的经营活动中去,为客户出谋划策。不过,特别要注意不对客户的生产经营活动进行过多的干涉。只有这样,广告公司才能与客户发展成长期的、荣辱与共的伙伴关系。

7. 想客户所想,急客户所急

想客户所想,即多站在客户的立场上想一想,这样对客户的挑剔你就可以理解了;急客户所急,就是掌握客户的心理,客户付了钱,希望得到最好的服务、最好的广告效果,这时,广告客户服务人员应该把客户的事当成自己的事,哪怕不吃饭不睡觉也行。

8. 先做朋友,再谈生意

与客户沟通不能太死板,摆出一副公事公办的架势,而应该有一点人情味,先做朋友,再谈生意,相逢便是有缘。

(二) 如何处理客户投诉

处理客户投诉是客户关系维护的重要内容。客户投诉主要涉及产品质量、交货时间、产品规格、包装、服务水平等问题。对于公司而言,一旦出现客户投诉,必须及时处理,各部门要通力合作,争取在最短的时间里将问题解决,给客户一个满意的结果。客户投诉可依以下程序进行:

1. 记录投诉内容

详细记录客户投诉的全部内容,如投诉人、投诉时间、投诉对象、投诉要求等。

2. 判定投诉是否成立

了解客户投诉的内容后,要对内容进行研究、判断,最终判定该投诉是否成立,并将调查结果反馈给客户。

3. 确定投诉处理部门

对于经调查确认的客户投诉,要查清责任单位或者责任人。

4. 分析投诉原因

组织相关部门对客户投诉的问题进行分析,找出原因。

5. 提出解决方案

根据问题产生的原因,提出合理可行的解决方案,并将解决方案报知客户。

6. 实施解决方案

解决方案要经客户认可。对于客户不能接受的处理方案,要通过谈判予以解决,直到达成最终的解决方案,并将该方案付诸实施。

7. 评估

对整个客户投诉进行总结评估,提出预防措施,并对相关责任单位或个人进行处理。

第三节 媒体联系与沟通

广告媒体是使商业信息得以迅速传播并使消费者了解、接受的一种重要的宣传工具。

它是连接企业、商品和消费者的桥梁。在当今社会,广告媒体纷繁复杂,各有特色,其丰富多元化的宣传形式,为企业进行商品广告的传播提供了无限广阔的空间。百货业巨头约翰·华纳梅说:"我的广告费有一半浪费掉了,但我不知道浪费在哪里。"这一经典之语,在很多广告杂志中都能看到。要想明白这句话的深刻含义,就需要了解媒体如何发挥作用。广告信息是借助于媒体送达消费者的,借助媒体的目的就是要有效地利用媒体资源在恰当的时间把精确的信息准确地传达给消费者。广告信息能否有效地送达消费者,不仅取决于广告本身,还取决于媒体和媒体内容的吸引力。了解媒体的特性,了解消费者接触媒体的意图、目的,比较各种媒体在受众心目中的差异等,是广告主正确选择、应用相应的广告媒体,由此达到准确传达信息的效果,并以最小的广告费支出获得最大的广告效益,从而达到促进商品推广、销售的目的。

图6-1是广告的基本媒体投放过程,其中目标受众分析是指前期在广告调查中所涉及的内容,主要是了解受众的媒体习惯,即喜欢什么媒体、习惯什么媒体、什么时候接触媒体等等;媒体调查与分析主要是对常用媒体的一个综合认识的过程,掌握它们的特点及适用范围;媒体计划是根据目标受众分析和媒体调查与分析的结果撰写媒体投放计划,计划包括媒体选择与组合、媒体策略(媒体目标、何时何地投放、对谁投放、怎么投放、投放预算等)、媒体购买、媒体排期等内容;然后是媒体的正式投放和投放评估与反馈。①

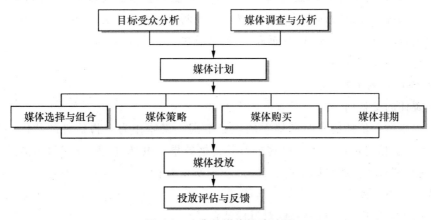

图6-1 广告的媒体投放过程

一、媒体调查与媒体分析

(一) 媒体调查

所谓媒体调查,是指对媒体市场信息的有效收集和利用,并对媒体的发展和企业产品的广告投放起到前瞻性的预测作用。其目的是凭借媒体调查的数据,分析和比较媒体的受众价值,对媒体受众的注意力价值和消费力价值作出科学评估,并基于媒体受众价值分

---

① 张金海、姚曦:《广告学教程》,上海人民出版社2003年版,第202页。

析而衍生出对媒体内容和广告经营策略的评估与调整。

1. 媒体调查的重要性

对广告公司来说,通常需要了解以下一些问题:客户目前处于行业的什么位置?他的目标市场在哪里?我如何策划、投放广告?这就需要借助媒介调查公司的数据。今天的广告投放,已经步入科学的轨道。一般来说,广告主会把广告预算的80%用于媒介投放,要使这80%的投入尽可能地不被浪费,客观公正的标准至关重要,而数据作为客观标准,越来越受到重视。

广告主和广告公司对数据寄予厚望,广告主是数据的最终买单者,广告公司则利用数据说服广告主,为广告主服务,以获取自己的收益,二者都希望得到最公正的数据。显然,广告主、广告公司需要数据,但是并不是所有数据都被他们重视,不同来源的数据所遭受的待遇差别很大。目前广告主所使用的媒介数据一般有以下几个来源:第一,专业媒体数据调研公司提供的公开数据,比如央视-索福瑞和AC尼尔森所提供的收视率数据,慧聪和新生代所提供的报刊监测数据等;第二,由媒介提供的对自身的数据宣传资料;第三,在媒体上发布的一些公开数据资料,如某城市电视剧收视率排行报告、某行业研究报告等。另外,还会进行一些实地考察。

一般来说,作为第三方的数据调研公司提供的数据会得到比较高的认同,央视-索福瑞、AC尼尔森等已经成为众多公司的选择。一些调查公司经常在一些行业报刊上发布一些行业数据资料统计信息等,相对而言,这种数据的可信程度要高一些,广告主和广告公司也多把它作为决策的参考之一。

2. 媒体调查的主要内容

(1) 媒体的覆盖面

即广告媒体在传播信息时所辐射的地域范围。媒体作为广告信息的载体和传播渠道,决定了广告信息所能到达的顾客群及其传播效果。电视、广播、报纸及其各节目时段或栏目,通常都有各自相对固定的一部分观众、听众和读者,在不同的媒体上或不同的节目时段或栏目中刊播广告,广告信息所能送达的顾客类型必然是不同的。了解媒体覆盖面可以清晰地界定广告信息是否针对目标消费者。

调查的目的是看它是否符合企业产品目标市场。质量参数=广告目标市场人数/媒体覆盖面总人数,若小于1,说明媒体是可取得的;若大于1,则不可取;等于1的情况很难出现。

(2) 收视/听率

指广播、电视媒体或其他某一媒体的特定节目在某一特定时间内,特定对象占总人数的百分比。哪个媒体的收视/听率越高,说明这一媒体越好。它是广告选择媒体重要的参考数据之一,现在和电视台谈判或是为客户做媒体策划,都是围绕着收视率展开的。

(3) 到达率

指媒体传递广告信息后,接触到广告信息的人数占媒体覆盖面总人数的百分比。选择媒体时,应该尽可能地选择到达率高的媒体。

到达率从媒体角度来看,是指收视人群;从广告主角度来说,则是一个关系到产品渗透力的问题。如果在广告投放1个月后,广告在目标消费者中的到达率低于30%,则需要找出影响到达率的原因,及时对广告投放媒体、时段、频率等进行调整。

(4) 暴露频次

指在一定时间内,每人或每户接触到同一广告信息的平均次数。它主要强调广告发布的深度。暴露频次并不是越高越好,据纳普勒斯研究确立:在一定时期内,暴露1次广告将毫无价值;暴露2次只能产生一点效果;暴露3次才刚刚能产生效果;暴露6次最佳;超过8次则会产生副作用。

(5) 信任度

指人们对媒体的信赖程度。它是从人们的心理角度考核媒体的权威性。权威性越高,信任度就越高,广告宣传效果也就越好。

(6) 媒体成本

千人成本(CMP),指向每千人传播广告信息所支付的费用。它等于广告媒体的绝对金额÷预计传播对象人数×1 000。它说明不要被广告媒体表面费用所迷惑,因为广告媒体传播对象的多少直接影响广告费用的多少,也直接影响广告的效果。

千人成本是广告主衡量媒体的一个标准,是广告主进行决策的参考数据之一,是为了对不同媒体进行衡量而制定的一个相对指标。它通过简单的定量化手段来描述很复杂的定性问题,其成本的高低直接导致广告主对某一媒体或某一类媒体的取舍。

(7) 竞争对手的媒体调查

调查竞争对手媒体使用情况,并与自身相比找出媒体差异,以便制定出新的有针对性的媒体策略。

调查的内容还有很多,此处不再一一讲解。

(二) 媒体分析

各种媒体有着不同的性格及特性,比如在传达性、吸引性及时间性等方面各不相同。这些不同点,便形成了各种广告媒体各自的特点和优势。分析不同媒体的优缺点,把握各种媒体的特性,对在广告活动中取得最大的效果至关重要。现将几种媒体特性分析如下:

1. 报纸媒体

根据报纸广告所占的位置和版面大小,分为报眼、跨版、通栏、中缝、整版、小全版、半版以及其他尺寸形式。

(1) 优势

① 报纸的版面大,篇幅多,具有相当大的信息承载量和较强的解释能力,可详细刊登广告内容;

② 报纸特殊的新闻性无形中使报纸广告显示出准确性和较高的可信度,同时,报纸单位的权威性也使受众产生信赖感,这都大大提高了受众人群的信任度;

③ 报纸具有保存价值,其内容无阅读时间的限制;

④ 报纸发行面广,投递迅速准确,发行地区和发行对象明确,且随着印刷质量的提高,广告效果更加明显。

(2) 劣势

① 报纸出报频繁,前一天报纸的内容在第二天已成为历史,与受众相对接触时间不长;

② 有一定文化层面的人才能接受报纸媒体。

2. 杂志媒体

根据版面的位置和大小,分为封面、封底、内页整版、内页半版、赠品广告等。

(1) 优势

① 读者对象确定,选择性强;

② 印刷精美,刊登内容相对固定;

③ 有效时间长,便于阅读和保存。

(2) 劣势

① 周期长,传播速度慢,时效性差;

② 读者面固定,影响面有限。

3. 电视媒体

以电波为传播媒介的广告媒体,常见的电视广告形式有:标版广告、特约电视广告、直销广告与贴片广告等。

(1) 优势

① 电视媒体传播迅速,覆盖面广;

② 收视率高,内容非常广泛,包罗万象;

③ 诉诸人的视觉和听觉,具有声形兼备的功能,表现力丰富,娱乐性强;

④ 可进行高频度重复播放,令人印象深刻。

(2) 劣势

① 宣传印象消失的速度快;

② 对观众的选择性和针对性较低;

③ 电视广告制作复杂且费用较高。

4. 广播媒体

以地方性与全国性的广播媒体为主,中波与调频台的收听率高,另外在院校中还普遍存在有线广播这种区域性广播形式。广播媒体的传播对象是由节目决定的,而且按时听广播是很多人的习惯,但是若随意插播广告,广告效果会很差。

(1) 优势

① 传播速度快,范围广;

② 针对性强;

③ 制作简便;

④ 费用低廉,广播媒体的广告费较之其他媒体是最便宜的,在国外一般是电视广告费的 1/4,我国大约为 1/10 甚至 1/100。

(2) 劣势

① 有声无形;

② 转瞬即逝;

③ 不易存查。

凡印刷品媒体均具有存查的特点,而听觉媒体,一般不会录存,也不清楚何时重播,因此这方面不如印刷品媒体。

5. 其他媒体

(1) 直邮广告媒体

直邮广告媒体针对性极强;阅读效率高,广告效果好,信息反馈快;制作简便,机动灵活,费用较低;内容上不受字数限制,可详细介绍商品的性能、特点、用途和服务,使收件人对广告有一个整体的了解;不受篇幅、版面限制,形式和表现方法上都有较大的灵活性;费用低廉,和普通寄信一样,故广告费用较低;在竞争中,是一种不易被察觉的有效形式。但其邮寄范围狭窄,影响力不大。

(2) POP 广告媒体

POP 广告媒体被称为销售现场媒体或终点媒体,也就是说,广告若在这里仍然未起作用的话,广告活动将彻底失败。POP 广告媒体能起到美化销售现场的作用,使顾客作出差别化认识,决定是否走进销售点;能提醒顾客购买早有印象的商品或诱发顾客的潜在愿望,形成冲动性的购买;能起到无声推销员的作用;能有效地加强商品的展示效果。但在销售现场由于 POP 广告过多,有时会互相影响。

(3) 车体广告

车体广告流动性强,接触面广泛,受众层面多样化,具有预告性、重复性的特点;制作简单,费用低廉。但其信息承载量少,接触时间短,给人的印象不深刻。

(4) 路牌广告

路牌广告形象突出、鲜明,易记忆,不受时间和空间限制,有益于美化城市,但受场地条件限制和政策性限制。

(5) 网络广告

综合性的门户网站拥有很高的点击率和注册用户,覆盖了较大范围的地域,受众面广。但其针对性较弱,不能直达有效人群,广告效果调查显示其具有"高费用、高数据、低效益"的特点。

(三) 媒体选择与组合

1. 媒体选择应考虑的心理因素

(1) 根据目标受众心理特征选择媒体

广告一般需要达成各种广告目的,如促销、品牌传播、社会认同等,就要与目标受众有良好的沟通,每一种媒体都具有一定的受众特征,大众传媒也在不断细分自己的目标受众群,因此,受众接受广告信息的主渠道来源于与其需求相近的媒体,因此要根据自己的产品定位来找准媒介点,并不断分析、预测媒介受众兴趣爱好的发展趋势。于是,根据不同的产品定位、不同的目标受众,就形成了不同的媒介选择。例如,美国的食品广告主要集中在 11:30—13:00 或 16:30—17:30 播放,是因为只有在这两个时段内,美国人才考虑吃饭问题,食品广告才能有的放矢。

(2) 根据媒体特性选择媒体

从表 6-2 我们可以看出,每一种媒体都有自身的特性,既有优势也有劣势,在选择广告媒体时,要发扬媒体优势,避免媒体劣势。

表 6-2　广告媒体特性比较

媒介种类	宣传范围	选择性	传播速度	寿命	保存性	灵活性	宣传内容	制作费用	印象效果
报纸	广泛	差	快	短	较好	好	全面	较低	一般
杂志	较窄	强	慢	长	好	差	全面	彩色较高,黑白较低	较好
广播	广泛	差	快	很短	差	很好	较全	低廉	较好
电视	广泛	差	较快	很短	差	很好	较全	很高	完整深刻
邮寄	很窄	很强	快	长	好	一般	详尽	很高	完整
路牌	很窄	差	较快	长	好	好	全面	不定	较好
网络	广泛	强	快	短	差	很好	全面	高	较好
车体	广泛	差	较快	长	好	差	全面	不定	较好

(3) 根据不同阶段选择媒体

企业处于不同阶段应该有完全不同的广告策略,因此,媒介选择也应有所不同。企业不同的发展阶段主要包括:企业实力大小、产品销售范围、产品周期等。

企业实力大小直接决定了媒体选择与购买的能力。大众传媒价格高是不争的事实,但是中小企业广告投放也是个现实的问题,既然实力无法与大型企业抗衡,那么就应该选择费用低廉的媒介或运用低成本的媒介策略,把媒介选择的目光投向电台、互联网、二级城市贴片广告、户外、直投广告等媒体,避免和领导品牌发生正面冲突,最终造成力不从心。中小企业应把强势品牌忽略的媒体作为自己的广告通路,再施以公关传播,以较小的投入创造更大的价值。

不同的产品销售范围使用不同的媒介策略。全国性销售的产品一般选择大媒体,以对品牌形成大的推力,可以通过中央电视台、省级卫视、中心城市媒介这三块完成,如娃哈哈、伊利等通过中央电视台,很好地实现了品牌传播;宝洁则通过中心城市电视台实现了产品在中心城市的全面覆盖,同时向二、三级城市渗透。而区域销售的产品应选择相应的区域性媒体,媒体更趋于精细化、多样化、灵活化,应选择组合媒介进行推广。

不同产品的周期采用不同的媒介策略。产品的导入期和成长期选择促销量明显的媒体,如报刊、户外、终端媒体,例如脑白金、黄金搭档就是这方面的典范;产品的成熟期则应该从品牌方面进行推广,主要选择电视、互联网等媒体,实现产品到品牌的飞跃。

2. 媒体的组合应考虑的心理因素

媒体组合运用是广告传播中经常采用的一种方法。媒体组合是在同一时期内,运用多种媒体发布内容基本一致的广告。媒体组合的方式有多种,可以在同类媒体中进行组合,也可以将不同类型的媒体进行组合,每种组合方式都有自己的特点,而最佳媒体组合则是通过使各种媒体相互协调、配合,以最小的投入获得最大的广告效果。实现最佳媒体组合,涉及许多方面的条件和心理因素。广告媒体组合的一般方法是:

(1) 准确选择并确定几种媒体

① 从广告内容出发,看这些媒体能否最佳地反映出广告的内容。

② 从广告费用出发,看在有限的资金情况下,这些媒体能否最佳地反映出广告的内容。

采用媒体组合策略时,应注意在准备使用这种策略之前,对媒体组合的使用有一个通盘和整体的认识,包括对媒体的评价。

(2) 确定媒体使用的重点

面向一般消费者的商品,在一般情况下,应以大众传播媒体为主(如电视、报纸、广播、杂志等),其他媒体为辅(如户外、交通、POP、直邮等)。

特殊的商品,应根据商品特点选择媒体。由于各个地区的风土人情不同、生活习惯不同,媒体组合应当从不同地区的实际出发,比如,在电视较少的地区,如果仍然把电视作为重点媒体,就会出现广告费的浪费,而且达不到预期的广告效果,那么就不如把广播作为重点媒体。

(3) 科学合理地进行组合

这是媒体组合成功的关键。要根据媒体的特点和重点,确定投放时间及其长短;另外,还要确定是同步出击还是层层递进,或是交叉进行。为了达到一个最佳效果,选择媒体时,应该注意以下原则:

① 所选用的几种媒体其影响力都能覆盖目标市场,即所选各种媒体的目标受众和广告产品的目标受众有一定的重合,以免浪费媒体资源。

② 不同的媒体要能发挥不同的功能效益,具有互补性,即选择媒体时,参看媒体特性比较表,选择特性相互补充的媒体,以达到最佳的组合效应。

③ 多种媒体组合时,主要影响力能集中到同一目标对象上,即所选媒体的主要目标对象应该一致,能够形成广告的积累效应。如老年人保健品就应该选择各种以老年人为主要受众的媒体进行组合。

尺有所短、寸有所长,各种广告媒体对不同广告信息的表达也各有特点。一般来说,有这样几种媒体组合形式效果较好:

① 报纸、广播与电视媒体搭配组合。这种组合可以使不同文化程度的广大读者都能接受到广告信息。

② 报纸、杂志、POP 媒体搭配组合。这种组合或者用报纸做强力推销,用杂志来稳定市场;或者用报纸进行地区性宣传,用杂志做全国性大范围宣传,而 POP 媒体则起到售点提醒作用。

③ 报纸或电视与直邮媒体搭配组合。首先,以邮寄广告为先锋,做试探性广告宣传;其次,以报纸或电视做强力推销,这样可以取得大面积的成效,并使人们对产品有了较全面而详细的了解;最后,运用电视媒体进行大规模宣传,使产品销售逐步扩大。

④ 四大媒体与交通等户外广告媒体搭配组合。受众在闲暇时接受广告信息能产生较深的广告印象。消费者在乘坐交通工具时通常远离四大媒体,而此时交通广告可以弥补四大媒体的空白,使广告信息的到达率和暴露频次都能达到较高的水准。例如,地铁作为北京地下交通的大动脉,从清晨 5:00 至晚上 23:00 为全市居民服务,每天运送乘客 140 万人次,一般乘客平均在月台的等候时间为 5 分钟,平均每日在车厢内停留的时间为 30 分钟,每周乘坐地铁超过 6 次的人数占总乘车人数的 65%。

二、媒体联络与广告投放

(一) 媒体的联络

1. 准备媒体简报

在广告投放之初,准备一份全面的媒体简报是广告公司与媒体正式合作的开端,提供简报的目的在于使媒体了解广告产品的媒体目标和发展策略。媒体简报通常包括以下一些内容:(1)广告投放目标是什么?(2)目标受众是谁?(3)广告覆盖面多大,即对多少人讲?(4)广告频率如何?(5)广告地区性如何?(6)广告时间如何安排?(7)媒体预算有多少?……

2. 举行简报会议,形成媒体计划并执行

邀请所有有关人员包括广告公司、媒体和广告客户进行简报会议。在会议中,先由广告公司的广告媒体小组作关于会议目标的背景介绍,提出对品牌和所属类别的媒体活动的历史性评估;然后,由客户、媒体小组分别陈述意见,以供会议讨论;最后,形成一份大家认可的媒体简报,作为制定媒体目标和策略以及媒体计划的基础性文件。

广告公司在媒体简报的基础上,形成正式的媒体计划,该计划除包括媒体简报的所有内容外,增加了媒体投放的各个细节,如投放时间、版面、位置、大小、频率等,并且由广告公司、媒体、客户三方确认与签字后,进入具体执行阶段。

在执行过程中,广告公司的媒体小组要随时关注广告投放,发现问题及时反馈并修改,对非认可的广告投放客户可以拒付任何费用。

3. 媒体执行效果评估

媒体计划执行后,广告公司媒体小组应及时与媒体联络召开评估大会,就媒体执行后的广告效果进行评估。若广告成功,则要总结经验;若广告失败或效果不明显的原因在于媒体,要敢于与媒体协商解决办法。

(二) 广告投放

什么时间投放什么样的广告,运用什么样的媒体投放广告,要如何搭配广告媒体才能做到以最低的成本产出最大的效益……随着专业人士对广告效果与广告媒体研究的日益深入,广告的投放策略被赋予越来越多科学的理性,而不再是一种随机性的决定。"我知道我的广告费有一半被浪费了,可是却不知道是哪一半。"这句经典的感叹语背后就是广告投放策略的失误。有关研究表明,在面对同一种产品的市场推广时,正确的广告投放与无序的广告投放策略,二者的结果相差甚远。下面我们要探讨的便是如何制定正确的广告投放策略,以达到最有效的产出。

1. 持续式投放策略

即广告在整个活动期间持续发布,没有什么太大的变动。

持续式投放策略的优势在于细水长流般地将产品或者品牌渗透进消费者脑海中,使他们对产品的印象与好感持续增加。当然,这种投放策略需要企业有较长远的广告预算,同时也要预防后进的竞争对手以高强度的广告投放进行包围及拦截。

其劣势为在预算不足的情况下,采取持续性露出,可能造成冲击力不足,而竞争品牌容易挟较大露出量切入攻击。

采用这种方式的产品主要有汽车、电视、房地产以及一些日常用品等,因为这些产品我们一年四季都会用到,没有什么时间性。

2. 起伏式投放策略

即广告的投放频率采取有广告期和无广告期交替出现,时断时续。

从市场推广的角度看,起伏式投放策略适用于处于高度成熟期的产品,消费者对产品的记忆与好感只需间隔性的提醒,而无须密集地接触。而广告投放的间歇期的长短,则要视市场竞争的激烈程度而定。

这种起伏式排期也比较适合一年中需求波动较大的产品和服务,如湖北麻糖每年春季、空调每年夏冬两季是销售高峰等。这种排期的优点在于可以依据销售需要,调整最有利的投放时机,集中火力以求获得最大的有效到达率。

其不足之处在于广告空档过长,可能使广告记忆跌入谷底,增加再认知难度,有竞争品牌以前置方式切入广告空档的威胁。采用这种方式的产品主要有感冒药、服饰等,因为这些产品都具有季节性特点,采用此策略广告费用可降低许多。

3. 脉冲式投放策略

脉冲式投放策略是持续性排期和起伏式排期的结合体。

这种排期的优势在于可以持续累积广告效果,有效地利用资源,既可树立品牌形象又可提升产品销量。

其缺点是预算较高。采用这种排期时,广告主全年都维持较低的广告水平,只在销售高峰期采用一时性脉冲增强效果。它适用于品牌忠诚度较高,又有一定季节性的产品,如软饮料、空调产品。消费者注重对品牌的信任,连续性的企业形象广告和产品广告可以树立强大的品牌形象。

总之,企业做广告是希望以有限的广告费用开支来获得最佳的广告效果。在保证广告效果的前提下,各种投放策略都可以尝试。而且成功的广告并不意味着一定要投入大量的广告经费,非要采用电视、广播、报纸等大众传播媒体不可。只要运用得当,即使只投入少量经费也可获得非常好的广告效果。

三、媒体代理与关系维护

(一) 代理的重要性与必要性

代理制是国际通行的广告经营运作机制,是指代理方(广告经营者)在被代理方(广告客户)所授予的权限内,开展一系列活动。代理制源于西方发达国家的广告市场,经历了半个世纪的发展,在美国已经形成了比较完善的广告代理制,广告公司开始全面代理广告客户的广告活动。广告代理制在美国基本确立后,逐渐成为国际通行的广告经营机制。

广告代理制所强调的是在广告客户、广告公司与广告媒体三者之间,以广告公司为核心和中介的广告运行机制。这一制度的确定与实施,确立了广告公司在广告运作中的中心地位。广告公司具有客户代理和媒介代理的双重代理性质。代理制下,广告公司的专业服务领域受到了更大的挑战。

1. 将广告委托给代理公司,有利于减轻企业压力,提高广告效果

现代广告需要各种广告人才,不是一两个人就能完成从设计制作到媒体购买的任务的。企业一般并不储备这些人才,需要时才聘用,于是带来一系列问题,除需支付薪金以外,还有许多管理和技术上的问题。如作为企业下属部门可能过多依赖非正当利益关系(人情关系),以及广告品质以外的一些因素,思维局限于企业本身,难以客观分析市场上的同类产品,虽然花了钱,却得不到专业服务。

2. 将广告委托给代理公司,有利于企业广告活动的科学化、专业化建设

广告主的广告需求应该寻找代理公司进行运作,因为代理公司拥有各方面的广告人才和先进的广告制作技术,具有制作各种广告的经验。而企业和媒体合作的广告缺少市场调查、广告策划、广告创意和媒介计划等环节,广告的冲击力也将受到很大的影响。世界上最大的广告主之一宝洁公司就将广告代理公司视为"具有创造力的营销伙伴",它们经常将尚未命名的产品,交由广告代理公司进行全方位的广告运作和提供新的创意。许多著名的广告,无一不是广告代理公司的成果。例如,李奥·贝纳创作的西部牛仔形象,为万宝路香烟打开了销路;艾尔将七喜汽水定位为非可乐饮料,从而使其销售量大增;奇亚特·戴为苹果电脑开拓了微机市场。

3. 将广告委托给代理公司,有利于规范广告市场,促进广告业健康发展

现代广告代理制最大的特点就是强调广告资源的合理配置,广告公司通过为广告主和媒体提供双重服务,发挥其主导作用,从而使企业的广告活动科学化、高效化,树立企业良好的形象,创立知名品牌,参与国内和国际市场竞争。我国的广告代理制起步较晚,发

展缓慢,媒体由于其垄断地位理所当然地当上了主宰者,广告公司则通过买断媒体谋求生存,广告公司与媒介单位职能交叉、分工不利导致效率低下,不便于管理部门监管,不便于查出违法行为、区分责任者。所以从我国的实际出发,推进广告代理制,实质上是强化广告公司的职能,合理优化配置广告资源。

（二）关系处理

1. 要善于抓住和媒体联系的机会,并维系这种联系

对借用媒体力量本就不易的中小企业而言,善于抓住和媒体交往的机会就显得尤为重要。同时要尽量维系这些关系,经常向媒体通报一下企业的发展情况,而不是对媒体采取用过就丢的策略,否则,极可能在需要媒体支持的时候遭受冷遇。同时,需关注周围的重大信息,敏感地捕捉机遇,创设合作的契机。

文本卡片 6-2

刘翔退赛后的耐克广告

2008 年 8 月 18 日刘翔因伤退赛从而给世人留下无奈的背影后,之前与他合作的商家可谓是经历着严峻的考验。有撤掉刘翔版本广告的,有启用新版本刘翔广告的,而耐克无疑是它们中间做得比较成功的。

8 月 19 日,耐克官方网站上就出现了刘翔代言的新广告。广告词是:爱比赛,爱拼上所有的尊严,爱把它再赢回来,爱付出一切,爱荣耀,爱挫折,爱运动,即使它伤了你的心。

同时在《华西都市报》上也刊登了占三分之一多版面的刘翔代言的新广告。

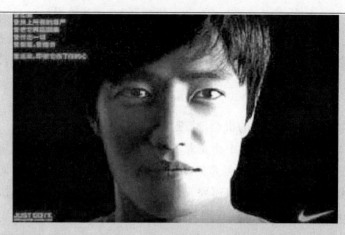

此广告的同时刊登,体现了耐克以人为本的精神,也反映了耐克面对危机的超强应变能力。比起直接撤掉刘翔代言广告的商家,耐克显然要成功许多。

资料来源:http://www.sina.com.cn,2008-8-19。

2. 尽量了解媒体的运作规律

前面讲过,专业性强弱是客户选择广告公司的关键因素之一,这个专业性包含除了作为一家广告公司所必需的专业知识与设施以外,还必须了解相关行业的运作流程及规律,只有这样,才不会走弯路、闹笑话。

3. 建立起自己的新闻传输渠道

可以考虑聘请媒体内有影响力的人士做自己的宣传顾问(或其他相关头衔),并通过这层关系,将自己的新闻传输渠道扩大化。其实,结合前述我们就可以看出,这实际上也是一条维持与媒体良好关系的途径。

4. 和媒体打交道时,需要权衡利弊,深入沟通、谋求双赢是基本原则

广告公司与媒体都是营利性企业,但双方在合作时,在不影响自己利益的情况下,要经常换位思考,设身处地地为对方多考虑一点,要善于理解对方的难处,双赢才是双方所追求的。

5. 不必盲目崇拜媒体

这些年我国广告业突飞猛进,爆炸性发展中不乏泡沫色彩,整体素质期待突破性提高。在此过程中,我国出现了两个极端:一个是老道的媒体,另一个是幼稚的广告主。媒体利用自身的垄断地位和优势,进行炒作,伴随着媒体影响力和知名度的提高,广告市场形成了以媒体为主导的不正常现象,媒体要价越来越高,产生的广告效果却越来越差。而幼稚的广告主却沉迷其中,不能自拔,还有相当一部分广告主想重蹈前三代标王的覆辙。广告主必须明白媒体的组合运用、投资策略是一门科学。当国内企业热衷于竞逐中央电视台广告标王时,可口可乐、宝洁、摩托罗拉、IBM、索尼等国外公司却从不参加竞标,它们的广告费用并不比标王少,但其利用科学的媒体组合,使每一笔广告投入都有高的回报。

中央电视台广告部某位负责人曾经说过这样一句话,"我国企业的广告意识和广告行为是不平衡的,市场不规范,企业的行为也不规范,很多企业的广告行为属于个人意志。往往领导喜欢什么栏目,广告就被安排在什么栏目,而根本不考虑栏目的具体受众是否跟自己的产品定位相符。企业做广告没有计划"。在这种状况下,不要说长此以往,就是短期的行为都足以毁掉一个企业。

本章提要

本章以广告沟通为出发点,系统阐述了广告公司如何在激烈竞争中提升自身品牌形象;广告公司在业务的开展过程中,如何和客户、媒体进行有效的沟通,并且如何与他们保持良好的关系。

广告公司要在市场开发中实现良好的沟通,首先应在实力的积累与合理定位上下工夫。广告公司实力的评估,取决于经济实力、人才实力两大方面;而其实力的开发与积累,就需善于合作结盟、多元化经营、跨地区发展、人才实力的开发与积累。而在广告公司的市场定位中,则需明晓自己要成为综合型的广告公司,还是专业性的广告公司。

广告公司在与客户合作中,服务的信心与承诺是必要的。因此,应该做到:明确服务的内容、服务过程程序化、服务运作透明化、服务双方的关系清晰化。而广告公司的承诺,则更需慎重、得体。

在广告公司的业务沟通中,自身的广告案例的积累与传播很重要。其案例包括:成功的广告个案、失败的广告个案及教训、公司在文化交流方面所作的努力,以及公司在国内与国际上所获得的荣誉。

广告公司在向客户提供服务与进行沟通时,要准确地进行客户调查与行业调查,包括客户的经济实力、客户的经营状况、客户员工的素质状况、客户经营的产品等;同时,要明确行业调查的对象与原则,并在调查研究的基础上,有的放矢地与客户沟通,形成业务对接。

而在有效的客户沟通中,则需做到:知己知彼,百战不殆;坦诚相待,礼貌先行;平时多联络,友谊更长久;主题突出,目的明确。当广告公司与客户选择结束后,双方都比较满意,愿意继续合作,这时应该就合作意向签订一个委托代理合同,双方的委托关系才正式开始,然后再进行广告的一系列业务对接工作,以及长期的客户服务与关系维护工作。

与媒体联系和沟通,也是广告人沟通心理体现的重要方面。而要与媒体进行良好的沟通,就需要进行媒体调查与媒体分析、媒体联络与广告投放,合理地获得媒体代理权并对良好的合作关系进行维护。

案例分析

美格广告公司的发展历程

1993年4月,美格集团公司与天津进口设备公司(中国银行下属公司)成立合资公司——美格广告有限公司,进口的不是有形的设备,而是国际先进的广告经验、服务理念、运作方式、创意思维以及杰出人才。

仅仅两年时间,迅速攀升的经营业绩与知名度引来了大洋彼岸的关注。1995年11月,美格广告成为美国五大广告集团之一——FCB的集团成员,当时称为FCB—美格。四年后,双方互道珍重,美格依然是美格。

新世纪第一年,美格广告因为一贯的优质服务而被客户提名并荣膺欧洲"环球企业金星大奖"。该奖项每年评选一次,颁发给国际上长期坚持为客户提供优质服务的企业。

2002年,廊坊美格广告有限公司荣获中国广告协会颁发的"中国优势广告企业"证书。

一、美格广告的个性

一个企业舵手的个性与思想,很大程度上决定了一个企业的风格。美格广告创始人黄清河先生有着20多年的广告创作经验,是一位不折不扣的创意人,在亚洲、北美洲7个国家担任创意总监、执行创意总监,曾应邀担任克里奥奖评委,也是第45届戛纳国际广告节唯一一位华人评委。因此,创意便成为美格广告与生俱来的个性魅力。2000年,中国入围克里奥奖的有6件作品,而美格广告就占据了其中的3件,成为入围最多的广告公司。

对美格而言,创意不仅仅体现在创意部,在客户部、媒介部,创意的思维方式也是无处不在。美格广告总是能以新颖独特的方式为客户提供有效的服务。因为在美格广告公司,创意不仅仅是工作,更是一种思维、一种放松、一种渗透到方方面面的生活方式。

二、美格广告的承诺

美格广告之所以能够持之以恒地为每个客户提供优质服务,并始终保持一流的创意水准,是因为它始终坚守的信念是承诺,并信守承诺。

1. 拥有最高素质的广告专业人士,提供最优质的服务:
(1)紧贴市场效应的广告创意;
(2)更实际的广告制作;
(3)富有经验的市场活动策划。
2. 管理阶层事无大小都积极投入。
3. 媒介购买寻求客户最佳利益。
4. 以国际眼光为客户服务。
5. 仅与杰出人士合作。

正是这"五大原则"保证了美格广告的服务品质。

三、美格广告的服务

美格广告拥有全方位的传播网络和遍及全国的媒体投放权。总公司设在廊坊,业务总部则设在北京,并在上海、广州设有分公司。美格广告为客户提供广告及媒介策划、媒介投放、创意和制作、市场渠道和促销活动、商业展示和展览会、户外媒体代理、市场调研和品牌追踪调查、小型宣传品设计及制作等全方位服务。

以国际化的眼光、灵活创意的思维为客户品牌输入新鲜血液。因此,在美格的客户服务名单中既包括东风雪铁龙、西门子、爱普生、新加坡旅游局、新加坡航空、汉高等国际客户,也有大白兔、纯心等国内知名品牌。

事实上,在出色的业绩背后,正是孜孜不倦的投入。美格广告客户部每月都会进行竞争品牌电视广告集锦及创意策略分析,每年进行两次"消费者闲聊",并全程进行品牌追踪。1999年,美格仅用于购买媒介调研资料的费用即高达上千万元人民币。

四、美格广告的阶梯

有人说这是一个品牌的时代,在多如繁星的品牌中,有的转瞬即逝,有的却始终闪耀着夺目的光彩,市场份额遥遥领先。如何大幅度提升品牌的机会率?如何在竞争异常激烈的市场上占得一席之地?这是每个厂家都在苦苦思索的问题。在美格看来,任何时候,都是进入市场最好的时机。因为市场这块"饼",永远没有分完的时候。事实上,任何一个品牌,在美格广告皆会经过六个步骤的递进:

第一步,全面洞悉市场,从而认识自己、认识对手;

第二步,通过"消费者闲聊"直接与消费者对话,全面剖析消费者的潜意识、生活概况及消费习惯,从而总结消费者的心得;

第三步,赋予品牌个性、内容、深度和一个完整的面貌,即塑造"品牌灵魂";

第四步,将多方面的思虑集中转化为一个亟待处理的关键问题,创意、媒体、直销分别拥有不同的简报;

第五步,创意单一诉求、恰当且是意料之外的概念;

第六步,全面包围品牌与消费者的每一个接触点,打造品牌忠诚度。

在经过六个台阶的"品牌建立的阶梯"之后,品牌不再是一个虚无的名称,而是富有了扎实的内涵、清晰的形象、独特的个性和内在的情感。这一切构成了品牌的价值所在,也是在激烈的市场竞争中出奇制胜的关键所在。

五、美格广告的法宝

在美格广告看来,赢得市场的实质是要赢得消费者的心。美格广告的一大制胜法宝就是独特的"消费者闲聊"。这一法宝不同于市场调查的座谈会。如果说市场调查是为市场营销服务的话,那么美格的"消费者闲聊"就是专门为广告服务的。

美格"消费者闲聊"安排在与产品消费状态相配合的环境中,如客厅、厨房、街道等,被访者需要彼此认识。没有问答式的提问,没有刻意安排好的谈话议题,而是在轻松熟悉的氛围中,大家一起就一个事物说说心里话。此时的消费者不再是诉求对象,而是邻居、同学、同事和朋友。受过专门训练、有着丰富经验和敏锐感觉的广告公司高级主管通过与消费者谈心,能够系统地发现消费者的潜意识、生活概况和消费习惯,真正做到知己知彼,从而启发创意,并为品牌找到通往消费者心里的最直接的通道,这也是为什么美格广告的策略和创意常常能够准确地击中要害。

六、美格广告的成效

2001年,美格广告获得邀请,参加东风雪铁龙三款汽车:富康、萨拉毕加索、爱丽舍的比稿。同年年底,美格广告派出队伍飞抵武汉,进行最后提案。时值隆冬,窗外寒风凛冽,但丝毫不能干扰会议室内广告公司和客户之间的热烈交流。当美格向客户提案"你有富康吗?"的概念时,客户发出会心的微笑。而萨拉毕加索之艺术气质、爱丽舍的法国情调,显然也一一击中了客户所诉求的要点。结果不出所料,美格一举击败其他众多广告公司,获得上述三款汽车的全面代理。

在接下来的合作中,美格广告为萨拉毕加索和爱丽舍量身定做电视广告《龙卷风篇》和《剪贴篇》,邀请德国导演,远赴新疆开拍,并在新加坡完成后期制作,均获得客户好评。而在市场上的反应,也非常令人鼓舞,销售节节推进,2002年,东风雪铁龙提前完成了全年的销售任务。

请分析:
1. 美格广告公司在其发展壮大过程中,最注重哪些方面的建设?
2. 美格广告公司是如何与客户进行有效沟通的?

情景模拟

如果你是某区域一家实力中等的广告公司的客户部总监,已获知一家国内著名的日化品牌将要在你公司所在区域进行广告投放,你当然不愿意放过这个机遇,那么你该做哪些沟通上的准备?

提示:下列信息必须考虑到,即
- 消费者情况
- 当地文化资源
- 媒体关系资源
- 自身实力盘点与可能的结盟
- 执行力

小组讨论

1. 如果要你拟写一份广告公司的形象材料,该从哪些方面入手?

2. 面对广告主的代表,你与他的第一次谈话应当涉及哪些内容?又有哪些内容是不应该涉及的?

3. 维护一个老客户的成本要比开发一个新客户的成本小得多,你有哪些维护客户关系的新招?

4. 与媒体交朋友对广告公司具有特别重要的意义,你觉得媒体是否有需要合作的地方?如有,请列出来。

第七章 广告人的创意心理

广告心理学教程（第二版）

知识要求

通过本章学习，掌握：
☞ 进行广告定位与确定广告诉求的知识
☞ 广告创意思维的方法与技巧
☞ 广告创意灵感产生的知识
☞ 整合营销传播的知识要点
☞ 广告策划中的系统思维知识
☞ 广告策划方案的写作知识

技能要求

通过本章学习，能够：
☞ 分析广告人进行广告定位的心理过程
☞ 分析广告人是如何进行广告诉求确定的
☞ 按照广告创意的思维方法激发创意灵感
☞ 分析整合营销传播策划的心理过程
☞ 在广告策划中进行系统思维
☞ 进行规范的广告策划方案的撰写

第一节 广告的定位与诉求

广告定位最早出现在20世纪60年代末的美国产业行销杂志上。1969年，艾·里斯与杰·特劳特在美国行销杂志《广告时代》与《工业营销》上发表了一系列文章，首次提出了"定位"这一概念，并认为"商品定位时代来临"。20世纪70年代，定位观念日趋成熟，逐渐发展成为完善的理论。1971年，大卫·奥格威认为广告定位就是广告为商品在消费者心目中找到一个位置。广告主打算做广告，第一件事就是要确定其商品在市场中的位置，唯有正确的位置，才是有效销售最重要的步骤。因此，广告定位的含义可归纳为：从为数众多的商品概念中，发现或形成有竞争力、差别化的商品概念及其重要因素，运用恰当的广告宣传形式，使商品在假想的顾客心目中确定理想的位置。

广告定位的重点在于抓住消费者的心，通过广告定位为消费者创造一个崭新的、恰到好处的购买借口，从而促使消费者产生倾向性的购买行为。因此，广告定位一找到，广告的诉求——广告说些什么——也就自然形成了。

一、广告定位的心理过程

（一）广告定位的基本要点

1. 努力寻找品牌与众不同的差异性

定位中的差异性主要来自你与竞争对手之间的区别，每个品牌都有自己的许多特性，比如说产品的质量、外观、价格、性能、使用、服务、利益等方面。广告活动前期的调查阶段，我们所从事的各项工作其实就是在为后期正确寻找差异性做必要的资料搜集工作，即对这些资料加以比较与分析，从而筛选出与竞争对手不同的特性来，这一点在搜集自身与竞争对手各自的优势与劣势上尤为重要。你与竞争对手的差异越多，你便掌握了越多的定位优势，产品形象也会越突出。但没有多项差异也不要紧，只要有一项特别出色，你就能在这一方面树立领导者的地位。

但随着大机器生产及电子化生产的日益普及，现代产品的同质化现象越来越严重，这使得想从产品自身上寻找差异性已经不太可能或者非常困难。若企业觉得可以靠增加广告预算、加大广告覆盖范围及力度来弥补差异性方面的不足的话，可能最终的广告效果会打一半的折扣。

消费者每天要接触大量的广告讯息，根本没有时间、没有精力去一一加以区分，这就使那些同类产品做的同样类型的广告，在消费者面前失去了它应该起到的作用，它们之间互相抵消、互相混淆，使得消费者无所适从，自然就不会轻易产生企业梦寐以求的购买行为。

当从自身已经难以找寻出独特差异性的时候，你就应该从别的思路去重新为产品或服务定位。七喜汽水以"非可乐"型饮料概念一举成功地切入竞争激烈的市场，大众金龟车以"想想还是小的好"这一独特的定位（见图7-1）博得消费者的青睐，足以说明广告定位也要独辟蹊径，挖掘产品以外但又与产品有千丝万缕联系的新的差异性来。

2. 在消费者心目中占据一个位置

任何企业都希望每一位消费者都成为它的消费对象，但这是不可能的，它只能在众多的消费者中寻找一部分作为消费对象。消费者的组成是多种多样的，随着年龄、性别、学识、民族、收入、喜好、职业等的不同，对商品的需求是大相径庭的。就"吃"来说，有的人可能对街边大排档的食品津津乐道，有的人讲求吃得有营养又卫生，也有人讲排场、讲档次，这都是无可厚非的。商品从投产的第一天起，就应确定它今后瞄准的目标市场，即其最合理、最佳的位置。在众多成功的案例中，宝洁公司的系列产品在寻找品牌定位上是独具慧眼的。海飞丝定位在去头屑、给人以自信上；飘柔定位在使秀发柔顺、风采袭人上；潘婷则定位在加强营养、从根本改善发质上。

现在市场的竞争是一场激烈的竞争，每个行业、每个品种中都存在强劲的竞争对手，往往它们的品牌已经在市场上建立起名牌形象或者已经形成一定的市场格局。这时要想打入你的品牌，企业、广告人必须认真研究同一产品在目标市场上竞争对手的位置，从而

图7-1　大众金龟车广告

确定本企业产品的有利位置。

但位置并不是永远空着的,当品牌市场趋于饱和时,按原有思路企业就难以有好的发展,企业就应该有针对性地重新找出新的市场需求。曾有两个制鞋企业的市场营销人员到太平洋的一个小岛上去考察市场后,甲回电总部:"此岛无人穿鞋,无市场,我明日即回";乙则回电总部:"此岛无人穿鞋,市场广阔,我留下开辟市场"。这正反映了两种不同的市场观,前者孤立地看市场,患了市场"短视症",后者却用发展的眼光、动态的观点去洞察市场。在这一点上"耐克"就做得非常出色。

"耐克"是美国著名的运动鞋品牌。随着新产品的不断问世,"耐克"的质量一天比一天好,而且适合不同运动项目的鞋也相继上市。如长短跑、跳高、跳远、篮球、足球、排球,甚至滑雪、自行车运动……几乎无所不包。虽然运动鞋越来越多,但是运动员的数量并没有增长得那么快。

公司创始人鲍尔曼认为,要实现公司的经营目标,拓展公司的业务,就必须有更多的运动员。可是,上哪儿去找运动员呢?鲍尔曼认为既然没有市场,那就应该创造一个市场;既然没有那么多的运动员,那就创造出一批批的运动员,他们就在社会大众之中。

鲍尔曼决心要普及跑步运动,使跑步成为一种时尚、成为一种群众性的健身运动。应该说,由一位鞋商、运动鞋设计人员向全民大众推行一种健身运动,在历史上恐怕也是极少见的,这一般都是由议员、市政府或国家发起的运动。尽管鲍尔曼的最终目的是让更多的人买他的鞋,但是宏观上这对每个买鞋的人都有好处。

不久,"耐克"的各零售商店都开始组织群众性的跑步比赛。1966年,鲍尔曼设计的"考兹塔"全能跑鞋上市,在一定程度上推动了美国20世纪70年代掀起的跑步热。到了70年代中期,在美国几乎哪里有长跑运动,哪里就有耐克的身影。甚至有的人常常驱车50英里以上去买耐克鞋,在体育界就更不用说了。以篮球为例,1981年,65%的美国篮球协会球员签约穿耐克鞋;1984年以后,这个比率变成100%。如今芝加哥的头号旅游热点不是风景区,也不是什么别的商贸区,而是"耐克城",每天有8 000到10 000人光顾,或参观,或采购,十分热闹。

3. 瞄准消费者的利益需求

虽然品牌的差异性或品牌优势是广告定位中至关重要的因素,但你传达给消费者的信息,或者说你能给消费者带来的利益是否能被消费者接受还是个未知数。简单地说,如果消费者现在肚子不饿,你的食品广告肯定不起作用,这就好比你晴天卖雨具、夏天卖棉袄,结果可想而知。

在商品匮乏的时代,一个人每天的需求与快乐或许只寄托于温饱;而在物资极度丰富的时代,除温饱外,还有金钱、地位、成就感、精神满足和健康等需求都被满足时,才能让一个人快乐一阵子。同样,一个人在不同的时期、地点的需求是千差万别的,而这千差万别的需求却在无形中左右着商品的供应和发展。

人有欲望,而后产生需求;一些人为了满足另外一些人的需求而劳动和交换,有了交换也就有了市场。一些人的需求汇聚在一起就成了市场需求,市场需求和市场供给是市场存在的基础。美国人说中国存在巨大的市场,并不是指中国有巨大的劳动力队伍,而是说中国庞大的人口数量构成了庞大的市场需求。市场需求可让世界上任何一个总裁去舍命追求。

市场的主体是广大消费者,当消费者产生需求时,就有了市场;当需求满足或没有需求时,无论多么庞大的市场,都会在一夜间迅速消失。随着消费观念的改变,如今,主宰市场的不再是产品的品质和技术,消费者的需求也起到举足轻重的作用,企业要进一步深入研究市场和消费者心理与行为,发掘尚未满足的新需求,找到与其联系的沟通策略。

消费者是企业的衣食父母,企业必须以消费者为中心,尽可能地提供消费者满意的产品、服务,这是企业生存、发展的前提。但这并非意味着企业要无条件地迎合消费者,而是看企业是否能把握住消费者的消费心理,从而去挖掘和发现市场,更好地引导消费和主动地服务于消费者、打动消费者,创造需求,让消费者按企业的设想去消费。企业要推出一种新观念,教育消费者形成一种健康、正确的消费观,使消费者与企业之间形成概念认同感,这种认同感会慢慢影响消费者的消费行为,使他们产生消费需求与欲望,这样既为企业开拓了新的发展空间,也为企业提供了无限商机。

以药品为例,消费者最关心的是药品的疗效,同时也非常关心药品的安全性、剂型和使用方法等问题。他们更愿意选择无痛苦且使用方便的药物剂型,选择肌肉注射和静脉注射的人较少。这反映出消费者既要有效还不要苦口的用药需求。这就促使生产企业重视新药开发,不断满足消费者更多的需求。

(二) 常见的定位形式

广告定位的核心是广告到底向消费者"说什么",即吸引消费者产生购买行为的"利益点",或者是我们常说的广告的"卖点"。它是广告成功的基础和前提,为广告作品创作提供了方向和题材。找准消费者心理特征,有利于消费者认识与了解商品,有利于巩固企业的产品地位。正确进行广告定位可从以下两个方面入手:

1. 实体定位

实体定位主要是从产品自身出发,突出产品在质量、性能、外形、价格、服务、维修、输送等方面的新价值,强调与同类商品的不同之处或过人之处及给消费者带来的最大利益。实体定位又可细分为以下几种类型:

(1) 功效定位

从心理学角度来讲,消费者购物特别注重所购商品带给他们的效用,无效的商品外表再漂亮,消费者也不会购买。根据这一特征,广告重点应突出产品与众不同的功效和性能,引起消费者的注意、兴趣,并最终获得青睐。如"白加黑"感冒药在广告中宣称"白天服白片不瞌睡、晚上服黑片睡得香";"斯达舒"胃药在广告中宣称"胃酸、胃痛、胃胀,交给斯达舒胶囊"。

(2) 品质定位

高品质的商品,消费者在使用后,将会在他们的大脑里占据相当的位置,别的产品轻易不能改变其位置,这是许多企业梦寐以求的广告效应。品质定位即从商品的品质入手,通过显示商品的优良品质、性能来吸引消费者。

美国广告大师霍普金斯在为喜立兹啤酒做广告时,亲自到酒厂观看酿酒过程后,选择"喜立兹啤酒经过蒸汽消毒"为广告主题,使消费者认识到喜立兹啤酒清洁卫生、质量可靠,从而为厂家带来滚滚财源。现如今,每一位消费者都能如数家珍地说出自己心目中的品牌来,如菲利浦、奔驰、西门子、戴尔、IBM、耐克、肯德基、麦当劳等,它们几乎都是高品质的代名词。

在进行品质定位时,应注意商品品质要具体、实在,能让消费者看得见、摸得着,不可抽象笼统。它绝对不是那些"质量可靠、品质优良"之类的大话空话所能表达的。

(3) 价格定位

广告专家库帕认为:"当人们认为价格太高时,会拒绝购买。相反,当价格比他们可以接受的还要低得多时,他们会怀疑产品的质量。"[①] 如此,价格成了企业、商家百玩不厌的营销方式,无论商品价格的高与低,总能在茫茫人海中找到与之对应的消费群体来。当今社会,通常以工资收入的高低,把职业人士划分为金领、白领、灰领、蓝领几个层次。对商

---

① Cooper P. (1969), *The Begrudging Index and the Subjective Value of Money*, in Pricing Strategy, Bernard Taylor and Gordon Wills, eds. London: Staples Press, Ltd., 122—131.

品进行价格定位时,要根据目标市场消费者的收入水平和消费水平来确定价格的高低。

当商品定位在高档豪华品时,应采用高价位。这类商品常见于汽车、珠宝、首饰、香水、电器、手表等。比如,"世界上最贵的香水只有快乐牌","为什么你应该买伯爵表,因为它是世界上最贵的表"。

当商品定位在大众普及品时,应采用低价位或降价策略,即以较低的价格提高商品的竞争能力,吸引更多的消费者。这类商品常见于日常用品。比如可口可乐公司就把可口可乐定位于"全世界人都喝得起的可乐"。

采用价格定位时,应根据消费者的心理特征来确定。比如美国的一家百货公司在处理一批过时童鞋时,就采取了降价策略"12月1日—7日每双7.5美元;12月8日—14日每双5美元;12月15日—22日每双2.5美元;12月23日全部赠送给慈善机构"。该广告刊出后,大部分鞋子都在7.5美元与5美元的价位卖出。因为消费者觉得7.5美元或5美元已经很便宜了,若等到2.5美元时再买,恐怕买不到合脚的了,于是就争先恐后地购买。

降价其实是价格定位的一种,它绝不是简简单单的价格战,而是一种战胜竞争对手的秘密武器。这方面以"格兰仕"最为突出。格兰仕靠超级规模形成超级低价,进而形成经营的安全性。格兰仕行销总裁俞尧昌先生曾描述说:当产销规模达400万台时,保本点规模在250万台;达1 200万台时,则以800万台为保本定价点。随着制造成本和销售价格的双重下降,在市场上将会形成强大的成本壁垒。

(4) 市场定位

所谓市场定位,是指在市场细分的策略作用下,将企业或商品放在最有利的目标市场位置上。通常情况下,消费者总会寻找或购买与自身需要并与自身身份相适应的商品,因此广告人在创作广告时,往往利用目标消费者的认同心理,利用发生在他们身边的事或人来博取认同,缩短买卖双方的感情距离。

例如,美国米勒酿造公司就成功地运用了市场定位。米勒公司的主导产品是啤酒,公司曾一度不景气,为东山再起,它们对啤酒市场进行了细致的调查,发现啤酒最大的消费者是年轻人、男性,尤以蓝领工人居多,但当时所有的啤酒广告几乎都是表现富有的上层绅士、淑女在豪华宅邸一边品酒一边高谈阔论的画面。公司认为,这些广告与蓝领工人的生活内容、方式、环境格格不入,在心理和情感上难以得到蓝领工人的认同,而且广告内容伤害了他们的自尊心,甚至会使其产生抵触情绪。

为此,它们针对蓝领阶层的实际消费情况,设计出这样一幅广告画面:一群豪爽、大度的工人,在酒吧里边喝米勒啤酒边谈论一天的工作成绩,并把广告集中在工人最喜爱的体育节目时间播放。由于广告描绘的是一群健康、自豪、从事重要工作的工人形象,因此极大地激发了蓝领阶层的认同感。米勒公司成功的市场定位使米勒啤酒作为一种蓝领阶层的生活方式被蓝领阶层所接受。一年时间里,公司市场占有率从第八位升至第二位,并具备了争夺市场霸主的实力。

2. 观念定位

观念定位就是强调商品的新观念、新概念,旨在转变消费者已经存在的习惯心理或者建立一种习惯,树立新的商品观念和消费观念。日本设计师平岛谦久曾经说:"商品提供给消费者的价值有两种,一种是硬性商品价值,即商品提供给消费者的实际功能;另一种是软性商品价值,即能满足消费者感情需求的附加功能,这种附加功能是由商品本身延伸出来的一种观念(见图7-2)。"当商品的硬性价值难以引起消费者的兴趣,或者商品同质化太严重时,就可以利用观念定位的方法,避开企业竞争的锋芒,从侧面,甚至从反面去开拓新的市场,常见的有是非定位方法与反向定位方法。

图7-2 商品提供给消费者的两种价值

(1) 是非定位

是与非是人们在日常生活中对事物的最一般的判断方式,将它们引进广告定位中,就形成了是非定位。利用这一定位可以把产品或市场加以简单的区分,通过新旧观念的对比,让消费者明白是非,在消费者接受新观念的同时形成有利于自身的品牌延伸。

最著名的案例是美国七喜汽水的上市定位。七喜汽水为闯入拥挤不堪的饮料市场,以"七喜,非可乐"的崭新面貌出现在美国消费者面前,从激烈的可乐饮料的市场竞争中开辟出一个"非可乐"饮料市场,向那些饮料界老大们摆出一副"你走你的独木桥,我走我的阳关道,咱们井水不犯河水"的姿态,在那些喝了几十年可乐型饮料的消费者面前推出了一个他们之前从未涉足的非可乐型饮料,这无疑激发了消费者的好奇心,于是七喜赢得了上市的首场战役。

(2) 反向定位

人们在观察事物时,一般会有一种既定的观察模式,被称为正向观察,在思维领域也被称为逻辑思维或纵向思维。比如,你平时观察事物时往往会很自然地由远及近、从上至下、从左到右、前因后果地进行。而这种模式运用在现代广告中,比较容易陷入形式单一、呆板、老套的漩涡,很难引起消费者的注意力,更别谈激发购买行为了。但从反向来看事物,将呈现出一番新的景象,会给人以一种意想不到的结果。

有时反向定位比正向定位更具震撼性。它从消费者最在意、最担心的问题切入,较易引起共鸣。以《消息报》为例。苏联解体后,物价全面上涨,报刊也不例外,书报杂志面临着失去大批读者的现实问题,在这种情况下,《消息报》成功地运用了反向定位法。具体内容如下:

"亲爱的读者:从9月1日开始征订《消息报》,遗憾的是明年的订户将不得不增加负担,全年订费为22卢布50戈比,订费是涨了,在纸张涨价、销售劳务费提高的新形势下,我们的报纸将生存下去,我们别无他路,而你们有办法,你们完全有权拒绝订阅《消息报》,将22卢布50戈比用在急需的地方。《消息报》一年的订费,可用来在莫斯科的市场上购买924克猪肉,或在列宁格勒购买102克牛肉,或在车里亚宾斯克购买1 500克蜂蜜,或在各地购买一包美国香烟,或购买一瓶好的白兰地酒,这样的'或者'还可以写上许多。但任何一种'或者'只能享用一次,而您选择《消息报》将全年享用。事情就是这样,亲爱的读者。"

广告之后,《消息报》的订户没有减少,反而增加了。

这则广告的成功之处在于避免了消费者最易产生的逆反心理,将涨价带来的劣势变成了商品的优势。广告似乎用心声在与读者面对面地恳谈,在形式上未有丝毫的花哨,也没有"最"之类的华丽辞藻,而是设身处地为他人着想,其情亦真,动人心神,达到了"心有灵犀一点通"的效果。

二、广告定位向诉求的转化

广告定位完成后,下一步就是要在定位的基础上着手如何把广告主题表现出来,即确立正确的广告诉求。诉求就是说服,通过各种诉求方法使消费者接受广告信息。诉求的正确与否与广告是否成功息息相关。

(一) 确立正确的诉求对象

确立正确的诉求对象是广告创意策略中的一个重要课题,从事广告工作的人都应该知道,并不是所有的消费者都是某种商品的消费者或潜在消费者,换句话说,广告诉求对象不能涵盖所有接触到广告的受众,而是一群特定的受众。市场细分理论与目标市场理论为我们提供了理论依据。广告只有针对性地对特定的消费群体进行诉求,才能达到预期的广告效果。那么到底如何确定广告诉求对象呢?

1. 根据市场细分初步确立广告诉求对象

一般来说,商品的广告对象往往与某一细分市场的目标受众相吻合。利用这一特性,我们在进行广告策划时,可以利用广告前期确定的目标市场受众情况,初步找出商品的消费群体。高价位商品的细分群体应该是高收入者,如汽车、珠宝首饰、高档食品、酒类、化妆品等;中低价位商品则应针对广大中低收入者进行广告诉求,如柴、米、油、盐、酱、醋、茶等日用消费品;文化内涵深厚的商品,如书籍、古玩、字画,应针对那些文化水平相当,并且有一定收入或积蓄的消费者。总之,所有商品都应该有自己的消费对象;反过来说,针对不同的职业、性别、年龄、信仰、文化程度、地区的消费者,商品的广告诉求也是各不相同的。

2. 正确区分消费者在消费行为中的角色

在消费品市场中,每个人都扮演着各自不同的角色,广告人在确立广告诉求对象时,应合理地加以区分,针对不同人的心理特征作不同的广告宣传。

我们可以把不同的消费者划分为五大类,即提出者、促进者、使用者、决策者和购买者。提出者是第一个想到或提议去购买商品的人;促进者是指有形或无形中起到影响或促使产生购买行为的人;使用者即所购商品的最终使用或受益的人;决策者是指最终决定是否购买,具有一定权威的人;购买者即最后到销售现场直接购物的人。这五者可能同时出现,也可能只有"三者"、"四者",还可能会几"者"重叠在一个人身上。

社会是由许多不同的家庭组成的,家庭成员的组成状况直接决定了"五者"角色的划分。比如,在欧美国家家庭,成年男性往往充当商品的提出者或使用者,偶尔充当购买者,而家庭主妇主要充当商品的决策者与购买者。在我国,购买日用品时,妻子的决策作用一般大于丈夫,而一些耐用消费品,妻子虽有一定的建议权,但决策者往往是丈夫。

不同的角色会在广告宣传中发挥特殊的作用。比如,家庭多媒体电脑在广告宣传时,就应考虑"五者"的角色问题。家庭成员中,孩子可能是商品的提出者和主要使用者;爷爷奶奶可能是商品的促进者;妈妈是家庭的绝对决策者,掌握财政大权;爸爸可能就是商品的实际购买者。

一般来说,广告应该针对决策者做,因为决策者才是广告真正的诉求对象。但这也不是绝对的,应根据具体商品辩证地分析决定。每个"者"的心理是不同的,孩子要电脑的动机一般来说娱乐大于学习;爷爷奶奶的动机大都出于对孩子的溺爱;父母决定购买的动机绝对是学习大于娱乐。正确的广告诉求应该把孩子和父母都作为诉求对象,既使主要使用者感兴趣,又使决策者感到寓教于乐对孩子成长的重要性,从而决定购买。

(二) 找准广告的诉求点

所谓广告的诉求点,是指针对诉求对象所要传达的主要信息点,也可以理解为打动消费者产生购买行为的广告的卖点。任何广告在信息的传递过程中都是力求使受众接受信息,在心目中与广告信息产生共鸣,使受众在无形中认可企业、产品或服务。为了找准广告的诉求点,广告人应该做到:

1. 在定位的基础上找出所有能表现的诉求形式

前期的广告定位的确立实际上就是对诉求点的定位与寻找,其目的是树立产品在消费者心目中的特殊地位。广告的诉求点就是围绕着这一目的,清晰地传递产品的优势,以此打动消费者。比如某空调定位在给人带来"清凉"上,我们可以列举出若干使人产生"清凉"的诉求形式来:(1) 大海边,椰树下,海风阵阵;(2) 在大海波涛中尽情地嬉戏;(3) 树林里,郁郁葱葱,优雅自然;(4) 参天古树下,人们下棋、品茶、小睡;(5) 深山古刹,木鱼声声,静。除了上面列举的诉求外,还可以海阔天空地想出许多稀奇古怪的诉求思路来。

2. 从中找出最能体现产品特色的、独有或独占的诉求重点

产品的诉求形式虽然很多,但在广告中一般只能选择其中一种来进行传达,不可能做到面面俱到,只有找出消费者喜欢的、最能体现产品特色的诉求重点,广告才能被消费者

所重视。USP理论为我们提供了这方面的理论依据。如长岭空调用"大树底下好乘凉"来表现产品给人带来悠悠凉风的自然之感,美的空调用怕热的北极熊做空调的代言人来传达产品的制冷迅速、持久的特点。

另外,不仅要善于找出体现自身与竞争对手不同的诉求,还要善于发现各品牌共有,但对手忽略了的诉求方式,及时作为自己的诉求重点传递给消费者。比如乐百氏纯净水在广告中以"27层净化"强调水的高品质。其实,其他厂家生产的纯净水可能都是27层净化,但是只有乐百氏在广告中进行了宣传,并享有首次使用带来的独占效果。

（三）确立正确的诉求方法

正确的诉求方法是为了使诉求重点更好地为诉求对象所接受,以达到更好的诉求效果。在广告诉求中,可以根据消费者的心理需求,选择适合他们的最恰当的诉求方法,具体可分为理性诉求和情感诉求。

1. 理性诉求

理性诉求作用于受众的理性动机,通过一系列逻辑性认识,以产品的功能、特性为诉求重点,通过完整的概念、判断及推理等思维过程,对产品加以客观、理智的评价。消费者在购物前,特别是购买价值较高的产品前,往往会把产品的各种信息与其他同类产品进行比较,经过分析思考,权衡利弊后,最终决定是否购买。这种形式的广告诉求被称为理性诉求。

图7-3中,现代产品包括核心产品、有形产品和附加产品。核心产品是指消费者所追求的利益,如药品能治病、饮料能解渴等,它是产品概念中最基本、最重要的部分;有形产品是指消费者看得见的有形部分,如产品的外观、质量、包装、产品性能等;附加产品是指产品对消费者承诺的服务部分,包括运输、安装及售前、售中、售后服务等方面。

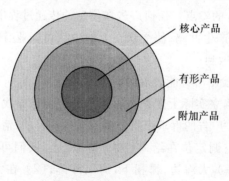

图7-3 现代产品的构成

随着消费者消费意识的不断提高,消费者购物越来越趋于理性化,希望广告给予的不再是表面上花哨的信息,而是更有说服力、更可信的深层次的信息。因此,广告以事实说话,有理有据地突出展示产品最佳的特性、用途及使用方法等内容,这种广告诉求形式我们称之为"硬推销"。

(1) 理性诉求应遵循的心理策略

① 明确购买理由

任何人购物都是有一定理由的,购买产品是为了满足自身某一方面的需要,可能是一般的需要,也可能是高级的需要。

美国心理学家马斯洛在1943年提出了需求层次理论(见图7-4),该理论提出:人类至少有五种需要,即生理方面的需要、安全方面的需要、归属与爱方面的需要、自尊方面的需要以及自我实现方面的需要。生理需要包括对食物、衣服、水、空气、住所等的需要;安全需要包括对保证自身免受来自疾病、犯罪、失业、野兽等的侵害的需要;归属与爱的需要包括与人交往、得到爱、给予爱的需要;自尊需要指希望自己得到外界的肯定、信任与赏识、树立个人威信、要求独立自由等的需要;自我实现指使自己的能力得到充分发挥、理想得以实现的需要。

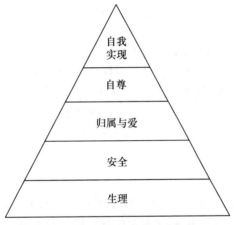

图7-4 马斯洛的需要层次理论

根据这个理论,广告人在广告中应根据产品与消费者的实际需要确定出一个消费者渴望的独特购买理由。例如,由西安杨森制药有限公司生产的皮肤药达克宁,在利益点的诉求方面就做得非常成功,广告宣称:"表面症状消失后,继续用药7天,不让脚气死灰复燃"(见图7-5)。患有脚气的人都有这样的体验,当天气变得潮湿时,脚气很容易复发,痛痒难忍,又只能隔靴搔痒,非常难受。西安杨森的达克宁在广告诉求方面恰恰满足了患者对尽快消除病痛的这种迫切需要。

② 由浅入深,有理有据

消费者的需求是多方面的,有些产品是消费者仅凭消费常识就可以了解产品的各种信息,而有些产品是消费者通过努力也只能了解产品的皮毛,深层次的东西就可能知之甚少了。这时产品广告应该提供更有权威性的信息,有理有据地传递消费者对产品相关知识的渴望需求。

例如,自20世纪90年代初"延生护宝"推出补肾这一概念后,各种类型的产品如"御丛蓉"、"可邦胶囊"、"张大宁补肾胶囊"、"补肾益寿胶囊"等层出不穷。它们以其独特的

图 7-5 达克宁广告

产品定位、差异化的诉求手段赢得了市场的强烈反响，其中有的号称能"激活肾动力"，有的则宣称能"补肾治虚，调节免疫"，把肾虚与提高机体免疫力和治愈亚健康联系起来，而"含有 16 种男性生命素"的可邦胶囊的广告语更大胆直白："释放男人心中的虎。"这些广告感性宣传的东西太多，有夸大和过分之嫌，而理性的、科学的诉求太少。消费者对肾虚的认识往往还是一知半解，误认为"肾虚"就是指"性功能减退"，其实，性功能减退仅仅是肾虚的各种表现之一。

这类产品广告应该以什么是"肾虚"入手，通过理性诉求，打动消费者。中国科学院院士沈自尹曾经指出：肾虚是人体衰老的体现，老年人肾虚是衰老引起的不可抗拒的生理过程，叫生理性肾虚；而中年人出现肾虚症状是一种未老先衰，叫病理性肾虚。对于老年朋友，老化不可避免，但延缓衰老是可行的，从而达到老而不衰；对于中年朋友，要改变未老先衰，就应当及时补肾，改善肾虚衰老症状。肾虚往往分为肾阴虚和肾阳虚，如果用药不对症，反而适得其反。

（2）理性诉求的形式

① 直白

是指在广告中，非常直接地将产品的最佳的一面告诉消费者，没有丝毫的拖泥带水，矫揉造作。这种方法能使消费者快速获悉广告的主题内容并进而判断产品是否是自己所需要的。"巨能钙"曾宣称其是由 8 位博士、12 位硕士、48 位科学家共同努力，经过 100 多次试验研制的补钙新药。虽只字未提产品的主要成分及功效，但字里行间无不充满着对"巨能钙"的高科技含量的陈述，消费者对产品可能产生的顾虑也会随之大大减少。

直白的方法运用得当，很容易产生好的广告效果。例如马来西亚柔佛市的交通广告，广告称：阁下驾驶汽车，时速不超过 30 公里，可以欣赏到本市的美丽景色；超过 60 公里，请到法院做客；超过 80 公里，请光顾本市设备最新的医院；上了 100 公里，祝你安息吧！

该交通安全广告略带幽默地利用人们对"生"的渴望与对"死"的恐惧,把遵守与违反交通规则带来的两种截然不同的结果向消费者进行了直白陈述,使那些不遵守交通安全的司机明晓不遵守交通规则将产生的恶劣后果,在心中产生了一些恐惧心理,正是这种心理,加深了司机们对交通安全的认识及记忆程度。

从心理学的角度来讲,当消费者对某件产品或事物不了解或不精通时,广告直接向消费者告白,可以大大缩短消费者认知产品或事物的时间。但广告的直白与新闻还不完全一样,可以略微运用夸张、幽默等方式,以避免产生呆板、沉闷的感觉,因为太过直白的广告不容易让人产生兴趣。

② 证言

这种广告的表现手法是利用社会上有影响力的人或物来推荐和证明产品的品质,提高产品身价,从而带动消费者的仿效性消费行为。

因为名人、明星等本身就具有影响力,企业若能善加利用,往往能够产生事半功倍的效应。例如,成龙的"望子成龙"广告使"小霸王"一举成名;"力士"靠众多影星"我只用力士"的一句话使力士品牌经久不衰。

又如,在20世纪70年代中期,耐克鞋的创始人奈特本身就是一位著名的长跑运动员,由于他的这种特殊的身份使他能够与体育界有着广泛的联系,并带动一些优秀运动员接受耐克鞋,如波士顿马拉松冠军安德森、网球好手唐纳斯、中跑明星史蒂夫·普瑞弗坦等。另外,加入耐克行列的中长跑运动员不断刷新世界纪录,这些纪录实际上也为耐克做了广告。毫无疑问,耐克鞋在美国市场乃至国际市场上的竞争力都得到了更大的加强。

但是,不是所有的产品只要有名人的证言就万事大吉了,有的产品品牌形象并没有因名人效应而准确地映入消费者的心中,消费者往往只记住了名人却混淆了品牌形象。例如,看了葛优与陈佩斯证言的火腿肠广告后,消费者中竟有近一半人混淆了"双汇"牌与"双鸽"牌、"春都"牌火腿肠;另外,广告雷同化或同一名人为多家企业做形象代言人混淆了消费者正确接受广告信息的能力,消费者以烦躁之心观看广告自然会对品牌产生抵触心理。证言人的选择是证言广告成功的关键。

③ 忠告

所谓忠告,即诚恳的告诫。它经常以权威者的身份告诫消费者容易忽视或应该注意的事情。这类广告必须出具真实明晰的数据、研究成果、专家意见等,才能被消费者所接受,理由若不充分,往往会起到相反的作用。例如,内蒙古双奇药业生产的金双歧胃药曾做了一系列忠告式的广告,提醒消费者用药误区及安全用药常识。其中,《圈套篇》(见图7-6)的主要内容如下:

标题:金双歧忠告肠胃患者:别误入"圈套"。

正文:当面对诱惑十足、夸大其词的广告时,您作出怎样的选择才能不误入圈套?您选择怎样的产品对您才是安全有效的呢?要真正解决肠胃问题,请选药准字产品,尤其是国家一类新药,因为一类新药是要历经严格审批和国家指定医院的临床验证,所以确保疗

图7-6　金双歧广告

效。要安全有效地解决肠胃问题,请选择无毒副作用、无禁忌人群、婴幼儿及孕妇使用也很安全的产品。因此,我们诚意向您推荐获得国家一类新药的微生态制剂——金双歧!"金双歧"介绍(略);"金双歧"的六大特点(略)。

整个广告以退为进,语言娓娓动听,不自吹自擂,与科普公关相互呼应,教授消费者如何鉴别与选择药品的同时,适时地推出产品,使人把药品与安全自然地联系在一起,起到了强有力的促销效果。

平庸的广告只能做到"信不信由你",而出色的广告往往能做到"不由你不信",辉瑞公司巧妙地利用暗示技巧,将可信的具体数据及权威部门的研究成果告诫人们应该形成某种观念,即注重健康,定期到医院检查身体。

忠告式的广告除了要注意真实的诉求依据、告诫要真诚可信外,还必须注意忠告要适度,特别是忠告的主体的口气,不得带有强加于人的感觉,否则容易使消费者产生逆反心理,影响广告效果。

④ 比较

常言说得好:"不怕不识货,就怕货比货。"从心理学角度来看,消费者购买产品的过程,其实就是在心中对琳琅满目的产品进行比较、判断的过程。比较广告一般是通过与同类产品进行比较,既使产品的优良特性全面呈现在消费者面前,也起到了抬高自己的作用。比较广告的出现,正是竞争策略越发尖锐的表现。在很多国家,因为竞争的发展,比较广告的运用是非常普遍的。如著名的阿司匹林就曾经遭遇泰诺的挑战。泰诺在广告中说:"有千百万人本不应当使用阿司匹林的。如果你容易反胃或者有溃疡,或者患有气喘、过敏或因缺乏铁质而贫血,在使用阿司匹林前就有必要先向你的医生请教。因为阿司匹林能侵蚀血管壁,引发气喘或者过敏反应,并导致隐藏性的胃肠出血。"结果泰诺一举击败了老牌的阿司匹林,成为首屈一指的名牌止痛和退烧药。

在国外,比较广告并不是通行无阻的,比如美国联邦贸易委员会(FTC)就规定比较广告必须具备以下四个条件:(1)该项比较基于事实;(2)不同之处要明显,且可由统计资料显示;(3)比较的应是有意义的内容;(4)比较针对的是有意义的竞争者。否则,就是欺骗广告。

在我国,《广告法》明令禁止使用比较广告,因为它违背了公平竞争的原则,但许多企业仍然不愿意放弃这种行之有效的广告诉求方式。例如,"巨人吃饭香"就曾攻击"娃哈哈"儿童营养液"有激素,造成儿童早熟"。为避免犯规,企业广告中经常拿自己的现在与过去进行比较、使用产品前后的效果进行比较。比如,某治疗皮肤病药品的广告就做得非常巧妙(见图7-7)。画面是一板胶囊药的背面,有肌理纹路的部分写着"before",即吃药前皮肤的样子;光滑的部分写着"after",即服药后健康的皮肤。这则广告的成功之处在于含蓄地把患者的难言之隐通过比较生动地讲述出来。

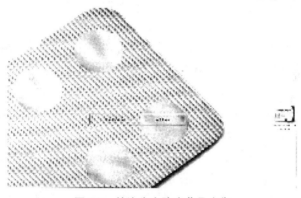

图7-7 某治疗皮肤病药品广告

⑤ 试验

对于有些产品的内在品质,消费者仅凭广告表面的言语可能无法很快明白或加深印象,这时往往可以采取试验的诉求方法加以强化。高露洁牙膏在电视广告中,就成功地利用试验诉求简单明了地将产品的"双氟加钙"的特点表现出来。牙科医生把一个贝壳的一边用高露洁牙膏刷了几下,而另一边什么也没做,然后将贝壳放进酸性溶液中,过了一会儿,把贝壳拿出来,敲了一下没刷牙膏的那边,贝壳应声而碎,而敲刷了牙膏的那边,贝壳发出清脆的声音,非常坚固。

试验性诉求要注意以下两个方面:(1)试验的手段应该是科学的;(2)试验的过程应该是通俗易懂、易于操作的。

⑥ 双面论证

广告中,常常对产品正面的信息进行重点宣传,这类信息我们可以称之为单面信息,比如产品与众不同的品质、特性、承诺、服务等。但是,这种只说优点的广告,难免有王婆之嫌,说多了反而会引起消费者的怀疑。这时,在一些广告中也偶尔会出现这样的做法,即在肯定产品优势的同时,对产品微不足道的反面信息进行暴露,这类广告我们可以称之为双面论证。例如,英国某家刀片公司在一则广告中说:"我公司的刀片十分锋利,经久耐用……缺点是易生锈,用后需要擦干保存才能久放。"

有的双面论证甚至将优势以缺点的形式加以叙述,也会产生诙谐、意想不到的效果。比如美国一家旅游公司在广告中宣称,在本地旅游有"十大危险",警告游客当心,广告内容如下:当心吞下舌头或撑破肚子,因为这里的食物味道太美了;当心晒黑皮肤或脱几层皮,因为这里的海滩过于迷人了;当心潜在海底太久而忘了上来换气,因为这里的海底生物太令人惊讶着迷;当心胶卷太少不够用,因为这里的生动镜头取不胜取;当心登山临渊累坏了你的身体,因为这里山青水碧,常使人流连忘返;当心坠入爱河而不能自拔,因为这里是谈情说爱、欢度蜜月的世外桃源;当心买的东西太多而不易带走,因为这里的物价太便宜了;当心被这里的豪华酒店、旅馆宠坏,因为这里的服务太体贴入微了;当心与本地的所有人都交上朋友,因为他们太友善、好客了;当心乐不思蜀,不愿归家。

广告发布之后,引来了众多游客,游客们都希望在这个"危险"的地方饱受"恐怖的折磨"。显而易见,这则广告达到了极好的宣传效果。

2. 情感诉求

美国心理学家马斯洛指出:"'爱的需要'是人类'需要层次'中最重要的一个层次,人有爱、情感和归属的需要。"当今社会,产品的同质化越来越严重,广告仅通过产品的性能、质量和服务等方面的理性诉求已经很难做到使消费者满意,且产品差异化程度不明显就难以形成比较优势。因而品牌情感诉求势必成为竞争的焦点而受到高度重视。产品(或服务)若想叩开消费者的心扉,就必须提出自己的价值主张,让消费者在其中可以找到满足自己情感需求的归宿。

"天若有情天亦老",情感是人类永恒的话题,也是维系人与人之间关系的基础。真实、温暖的情感不仅能够感动自己,其他人见之闻之也会动容。一个品牌或产品如能以情打动消费者,就一定能产生满意的广告效果。

(1) 情感诉求应遵循的心理策略

① 源于生活、源于内心

心理学家鲁道夫·阿恩海姆认为,艺术创作是以知觉为基础的,它不是凭空创造,而是以生活积累和生活体验为基础的,而艺术家的生活积累则以知觉为媒介,艺术创造的基础就是对客观对象的表现性的知觉。情感诉求广告本身就是一种浪漫型的艺术,它的创作也应以现实为基础、以现实为对照。这种激情应来源于生活、来源于内心深处对生活的热爱和憧憬,只有做到了这一点才能真正被受众所接受。

比如美国贝尔公司的一则广告:一天傍晚,一对老夫妇正在进餐,这时电话铃声响起,老太太去另一间房接电话,回到餐桌后,老先生问她:"是谁来的电话?"老太太回答:"是女儿打来的。"老先生又问:"有什么事吗?"老太太说:"没有。"老先生惊讶地问:"没事?几千里地打来电话?"老太太呜咽道:"她说她爱我们!"两位老人相对无言,激动不已。这时,旁白道出:"用电话传递你的爱吧!"电话有线,亲情无限。这是一则经典广告,它以脉脉温情打动了天下成千上万的父母,以及即将成为父母的或儿女的心。

文本卡片 7-1

"今年二十，明年十八"

  金马广告集团的总裁顾成先生撰文回忆道：当年，生产白丽美容香皂的上海制皂厂找到了我，要我为刚上市的白丽美容香皂策划一句广告语，要新颖，别出心裁。要知道，当时同类产品合资品牌可是用世界一流的大牌明星来为其代言的，相比之下……厂方催得又很急，小小一块香皂，短短一句广告语，让我成天苦思冥想。记得有一天午间，我约上海电视台著名配音演员刘彬先生在一起小酌，侃侃创意。他一口标准的普通话，且侃劲十足。我们之间的创意火花好似桌上的啤酒泡沫，时而浓浓外溢，时而清消无一。这时刘先生向我推荐一篇谌容所写的名为《减去十岁》的荒诞小说。说实话，当时刘彬讲述的小说梗概并没有吸引住我，而那"减去十岁"的标题却给我带来了灵感：减去十岁，多妙！如果用白丽美容香皂来洗脸，能让人们憧憬留驻青春岁月的梦境，那该多好呀！……我打断了刘先生的话语，拿起桌上的餐巾纸，大喊了一声："有了！"随手写出：今年二十，明年十八！

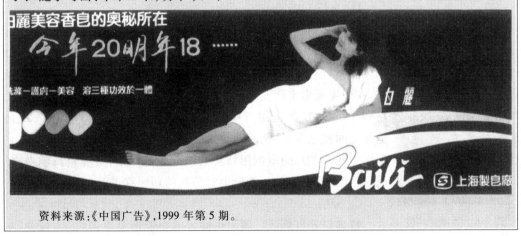

资料来源：《中国广告》，1999 年第 5 期。

② 增加产品的情感附加值

  日本的产品设计家平岛廉久认为，商品提供给消费者的价值有两种：一种是硬性商品价值，是指商品实际能提供给消费者的功能，如化妆品就是保护皮肤，服装就是御寒；另一种是软性商品价值，是指能满足消费者感性需求的某种文化，像香水带给人们的高贵感、魅力感等，而服装则表现的是流行性、季节性、式样、设计师声誉等。在同质商品大量涌现的今天，人们在购买商品时，挑选的不光是硬性商品价值，而更多的是为了满足人们感性追求的软性商品价值。

③ 以消费者的心理需求为诉求重点

情感诉求广告的目标受众是消费者,在人们的社会心理和市场竞争日新月异的今天,它的表现形式更应该面向消费者,满足其心理上的需要。众多的广告活动表明,紧紧围绕着消费者的情感需求的广告总是容易引起消费者的注意与兴趣,能够起到引导消费的作用。前面讲理性诉求时说过,每个消费者购物一般来说都是为了满足一定需求的,广告必须能够满足他们的需求,才会博得消费者的青睐。情感诉求同样要做到在情感上满足每个消费者的需求,以达到与消费者产生共鸣的目的。例如孔府家酒的广告语"孔府家酒,叫人想家",整个广告紧紧围绕着"家"这个主线,勾起了远在异乡游子的思乡、思家之情,配以《北京人在纽约》中刘欢唱的主题歌"千万里,千万里,我回到了家……"更加深了对亲情的渲染,使那些游子想家时,自然会想到"孔府家酒"。

(2) 情感诉求的形式

① 真情

当今社会,人们日益渴望人与人之间充满真情,希望人们互相关心和爱护,"爱的需要"是人类需求层次中最重要的一个层次,如果广告具有真情这个品质,丰富的情感色彩肯定能打动人心。例如,在中美施贵宝药业生产的感冒药百服宁的《火车篇》广告(见图7-8)中,对真情的运用可谓是淋漓尽致。广告里描写了火车上陌生人之间相互关心、为病痛者伸出援手的人间真情。广告把人们生活中非常平凡的事例用朴实的语言表达出来,最能接近消费者,引起情感上的共鸣,在无形中对药品的功效有了深刻的了解。

② 爱情

图 7-8 百服宁广告

情到深处自然浓。英国保诚人寿企业形象广告《诚心诚意,从听开始篇》中,一对恩爱的夫妻执手走过七年风雨,有一晚临睡前,妻子问丈夫:"我们会不会一起死去,就像我们在同一时间结婚?"看着妻子迷蒙的双眼,丈夫搂紧了妻子,含笑深情地说:"你要先去天堂好好等着我,这样,你就不会看到死去的我了……"妻子闻言,搂紧丈夫,哭了!这段绝不亚于经典爱情影片的感人对白,仿佛字字皆流淌出这对夫妻之间浓浓的爱意,此番情长被"保诚人寿"舒缓地润浸消费者的心坎,之所以能打动消费者,源于忠贞的爱情和浪漫的结局。本无生命力的人寿产品由此而生出鲜活的灵魂,为"保诚人寿"注入了很强的品牌生命力。

③ 亲情

年轻妈妈下岗了,为找工作而四处奔波。懂事的小女儿心疼妈妈,帮妈妈洗衣服,天真可爱的童音说出:"妈妈说,'雕牌'洗衣粉只要一点点就能洗好多好多的衣服,可省钱了!"门帘轻动,妈妈无果而回,正想亲吻熟睡中的爱女,看见女儿的留言——"妈妈,我能帮你干活了!"年轻妈妈的眼泪不禁随之滚落……这份母女相依为命的亲情与产品融合,成就了一个感人至深的产品故事,声声童音在心头萦绕,拂之不去,"雕牌"形象则深入人心。该广告紧紧抓住当前因国企人员分流等一些原因而造成的"下岗"这类普遍的社会现象,只用这则简单朴实的故事在消费者心头轻轻一挠,不知让多少深有此感的观者为其感动落泪,其细腻而不落俗套,平实中见其精彩,叫人过目难忘。

④ 同情

一阵大风将因腿残而坐着轮椅的姑娘所开报摊上的报纸吹散满地,好心的路人们将报纸一份不少地替姑娘捡回,使姑娘颇为感动;为了帮助她,很多人宁肯多走路,也要去姑娘的报摊买报纸;还有路人为姑娘送来解渴的水果……姑娘为了回报好心人,在报摊边放了一个免费打气筒,方便路人打气。这种爱由同情转化为人间真情,注入了"哈药六厂"的品牌,增强了该品牌与消费者之间的亲和度,更提升了"哈药六厂"的品牌美誉度。

⑤ "性"情

我们知道,在当今的消费社会里,女性是一个十分重要的消费群体,而且具有非凡的消费潜力,因而从来都是广告瞄准的重要诉求对象。现代女性天生感情丰富细腻,有强烈的自我表现欲望,经常以感情因素来左右自己的消费行为,因而特别容易受广告的诱惑,因此激情诱惑的广告较适合实施于女性。一旦女性在广告上发现了美的楷模,她们就会千方百计地加以效仿,以期能像"她"一样洋溢诱人的魅力。同样,男性也因女性的曲线美而很容易被征服,特别是看到极富激情的场面更是无法抗拒,故激情诱惑的手法更易实施于男性,其命中率会出人意料的高,往往会让商家产生无限的惊喜。这种广告一般多用于香水、香烟、服装、酒类等跟美与风度有着千丝万缕关系的日常用品。如 Moods 香水广告,画面展现的是一对浪漫情人无法抵制香水带来的激情冲动,它把人体的美与香水的香宣泄得出神入化。这样的诱惑对消费者来说真的是无法抗拒的。

⑥ 恐惧

恐怖是使广告有效的法宝之一,它与性感、幽默一起,被称为广告创意恒久不变的三大支柱。心理学认为恐惧是个人企图摆脱、逃避某种情境时的情绪体验。当一个人不知如何击退威胁、摆脱危险时,就会感到恐惧。这种情况一般是由于缺乏处理可怕情境的力量所引起的,恐惧的体验表现为受惊、不安全和危机感。这时的人往往有一种无助的弱小感,希望得到外界的帮助与支持。获得第 45 届戛纳广告节影视铜狮奖作品的"Dairylea Dunkers 佐餐奶油"《恐龙时代篇》中的每一幅画面都充斥着恐惧、惊恐的女孩、奔跑逃命、咆哮的恐龙、女孩摔倒、抓住女孩、尖叫声、拿出佐餐奶油、蘸了一下、吞噬女孩、发现面包条、拍脑袋后悔……整个广告将恐龙吃人与产品有机地结合在一起,使人们在恐惧之中对产品留下了深刻印象。

第二节 创意思维与创意灵感

一、广告创意思维的特征与心理基础

广告专家主张:"创意,应突出它的名词性用法,即'创造性的主意'。所谓广告创意,则是体现或即将体现于广告作品中的创造性构思;而动词性的创意,我们则修正为创意思维,即追求创意的思维活动。"①

（一）广告创意思维的特征

1. 独创性

主要表现为广告内容独具慧眼,从别人司空见惯的事物中发现出新的东西来。独创性体现在广告主题的提炼和广告表现手段上。独特的主题与表现手段才能最大限度地吸引消费者的视线,提高他们的兴趣与欲望。

2. 多向性

即善于从不同角度进行思维。以某一思考对象或事物为中心,向各个方向、角度扩散,产生大量解决问题的设想,即创意。

3. 关联性

指在广告创意中的互为关联,即通常所说的"举一反三",善于纵向与横向关联,找出事物间内在的联系。

4. 综合性

即面对诸多因素的综合思维,具有交叉、统摄、选择、提炼、整理、加工能力,从中形成事物的规律与特色。

（二）广告创意思维的心理基础

1. 深厚的文化底蕴

广告专家汤·狄龙曾经说:"广告人与乳牛一样,不吃草就不能产奶!"广告创意人员应该具有深厚的文化底蕴及知识储备,熟悉生活,从中不断吸取营养,不断充实自己,为产生良好创意打下坚实的基础。

创意其实就是对各种已经存在的信息、大家都知道的信息的一种重新组合,并以一种新的形象展示出来。因此,要做到有深厚的文化底蕴,必须从平时做起,注意收集身边一点一滴的知识,包括与广告相关或不相关的一切知识,要做到博采众长,成为"通才"。另外,在进行具体的广告活动时,还要注意收集与产品相关的所有资料,再通过筛选、分析、提炼、总结,得到所需要的广告素材。

2. 突破常规

人们平时在为人处事中,常常受习惯的影响,按照常规的、正常的方式进行,因为我们

---

① 舒咏平:《广告创意思维》,安徽人民出版社 2004 年版,第 14 页。

从幼儿到成人,一个重要的学习内容就是对常规的接受与继承,然而更为重要的是,社会要发展、要前进,突破常规也是社会的需要,只有不断变化,社会才能生生不息,活力不断。

杰出的创意指导 Albert Szent-Gyorgre 说:"创意就是你发现了人们习以为常的事物中的新含义。"创意思维过程,是一种超越性的思维方式,它改变了那些已经排好序列的旧有的事物,从一个崭新的角度,跳跃理智、逻辑与垂直的思考,将各事物重新组合,在同中求异、异中求同,即"旧元素、新组合"。在广告领域,突破常规是广告创意思维产生的首要条件。

例如,"贝克"啤酒的系列广告是在突破常规方面比较成功的广告作品之一。《鸵鸟篇》中,一队鸵鸟因发现危险而将头埋进沙里,而唯有一只面对贝克啤酒,仍高昂着头,从容地说:"听自己的,喝贝克";《螃蟹篇》中,一群螃蟹正在"横行"霸道,而唯有一只面对贝克啤酒,直行而来,边走边说:"听自己的,喝贝克"。广告以异乎寻常的传达方式,给人以耳目一新的感觉。

3. 大胆创新

创意(creative),从英语词源上解释,有"创造、创建、生产"等意思,即在原先一无所有的情况下,创造出新的东西。心理学家认为,创意是一个人生活中全新的、在以前同样的情况下不曾想到过的观念。

在进行广告创意思维时,我们应该崇尚广告出新、出奇,广告创意一定要具备首创精神。老生常谈的文案加上司空见惯的画面,对消费者而言如同过眼云烟,广告效果很快就被冲淡了。真正的广告人终其一生都在寻找独特的构思,也只有具备独创性、新颖的广告才能传播久远,如万宝路的牛仔形象。

但是,大胆创新与一味追求新奇的"哗众取宠"的广告是有本质区别的。有人形容广告人进行广告创意,是同时用两个大脑工作:一个大脑是海阔天空地遐想,尽可能寻找最能打动消费者的创意思路;而另一个大脑又要时刻注意各种法律、法规、道德的限制。我们的广告人就是要在不犯规的情况下海阔天空地遐想。

4. 良好的心理状态

广告创意思维需要与之有关的良好的心理状态,它可以帮助我们排除来自不同方向的信息的干扰,使思维活动更加灵活、多样。广告创意心理,既是创造者本身进行创意的思维过程,也是创意者对广告影响或涉及的消费者或其他受众的心理把握过程。良好的心理状态体现为良好的思维自控与思维调节。在广告创意过程中,依据前期所收集的一切资料,不断地通过感觉、观察、分析、评价、判断等思维形式对创意思维活动进行反省、监控,以便适时地调整活动的方向、程度与速度。

当思考的目标发生转移时,思维活动也要随之转变,以便拓展新的思考领域,并依照目标要求采取新的思维形式;当思维活动受阻而难以进展时,可以及时地改变思考方向,收集新的信息,重新以新的姿态展开新的思维活动,钻牛角尖,道路只会越走越窄。

二、广告创意思维的方法

广告创意思维的方法,可谓是百家争鸣、百花齐放,下面介绍几种常见的思维方法。

(一) 头脑风暴法

头脑风暴法是广告创意最常用的方法之一,是 20 世纪 70 年代由美国 BBDO 广告公司副总裁奥斯本博士发明的,又被称为集体思考法或会商思维法等。

所谓头脑风暴法,是指一组人员运用开会的方法将所有与会人员对特殊问题的主意聚集起来以解决问题的一种方法。其目的在于以集思广益的方式在一定时间内大量产生各种主意,主意越多,则得到各种有用主意(创意)的机会就越多。

1. 步骤

(1) 确定议题。在召开会议前两天应该发出书面通知,说明开会的时间、地点、议题,正式开会时主持人再就议题进行必要的、详尽的介绍,说清议题的问题点以及所有背景材料,使每个成员有充分的思想准备。会议以 10—20 人为宜,每人至少要就问题点提出 2—3 种创意。

(2) 轮流发言。如果小组中某一人一时想不出创意,可放弃这一轮,以待下轮,这样可使每人都可以贡献其创意;当人人都面临穷途短计、殚精竭虑时,主持人必须坚持再来几轮,务必使人焦心苦虑,因为奇思妙计往往是在挖空心思的压力下产生的;如果会议出现中断,主持人可运用一些技巧加以指导。

(3) 记录创意。设记录员或秘书 1—2 名。每一个创意必须以数字注明顺序,以便查找;并且将创意通过大屏幕展示出来,使在场人员都能看到,以便激发思想火花,开阔思路,起到启迪和补充的作用。

(4) 选取优良创意的标准。在各抒己见之后,必须确定出审评这些创意的标准,从而得出最佳创意。在制定标准时,应遵循从可行性、效用性、经济性、大众性四个方面出发,力求新颖、独特、完美。

2. 原则

(1) 会议中对每个成员提出的见解或创意,任何人不能加以批评,有意见会后提,这样会上涌现的创意数量才会明显增多。若发现批评他人创意者,应立即制止,避免发生争吵,使会议变成辩论会。

(2) 求量为先,以量生质。创意越多,得到好创意的可能性也越大,即使是不可能实施或荒诞绝伦的创意,也可以毫无限制地提出。

(3) 寻求综合和改进。会议中讨论人除了贡献自己的创意外,还可在他人创意的基础上加以改进、发挥、修饰,从而产生更好的创意,或将几个创意综合起来产生新的创意。

(4) 让与会成员有充分思考的时间,会议可以间隔两三天再举行一次,可能会有更新的创意产生。

下面以 BBDO 公司运用头脑风暴法为百事可乐所做的广告为例。

会议议题：为可口可乐的顾客着想

创意思路：

- 选一个男孩做主角；
- 选一个女孩、一个男孩对一种可乐感到失望时表示他的无能；
- 倘若一个姑娘为一种可乐所背弃的话，她就像在舞会上无人理睬一样；
- 一个坏女人的儿子真令人心碎；
- 她正对着摄像机说话；
- 带给可口可乐的口信；
- 与其他可口可乐顾客的对话；

……

最后确定的广告脚本是：一个女孩站在可口可乐的罐子上，显得很难过。"有谁能告诉我，它们为什么这么做吗？""它们说过它们生产的是真正的可乐，它们说过它们的商品都是真货色。但后来它们却突然变化了。"如今她找到了百事可乐，当她喝了一口后，显现出非常惊奇的神色，并感到极为满意。她对着镜头说："现在我可明白了。"百事可乐以这种典型的比较广告形式，突出了自己，广告获得了巨大成功，吸引了更多的消费者包括可口可乐的消费者。

头脑风暴法具有时间短、见效快的优点，但对它的批评之声也很强烈，有人批评它阻碍了具有独创性的创意天才的创造个性，迫使优秀的创意者去迎合其他缺乏创造力的成员提出的平庸的构想。美国一些学者认为，头脑风暴法在中等程度创意能力的人中使用非常起作用，而对那些具有高水平创造力的人来说，自己独立操作可能更佳。为此，也有人提出了一些其他形式的类似头脑风暴的创意思维形式，如"默写式头脑风暴"、"卡片式头脑风暴"等，在这里就不一一论述了。

（二）垂直思考法与水平思考法

垂直思考法与水平思考法也是广告创意最常用的两种方法，它们是由英国心理学家爱德华·戴勃诺博士所倡导的广告创意方法，一般称作戴勃诺理论。

1．垂直思考法

我们平时思考问题的方法是逻辑的思考和分析的思考，即按照一定的思考线路进行，在一个固定范围内，从上至下进行直思考。这种方法被称为垂直思考法。垂直思考法可以分成顺向垂直思考法与反向垂直思考法两种。

顺向垂直思考法，有时也被称为旧的思考方法，由于这种方法偏重于凭借经验、旧知识来产生创意，离不开旧的框框，往往是旧创意的重版、改良，因而会产生雷同的效果。日常生活中有许多广告，除了商品、品牌不同外，广告形式几乎相同，这类广告的创意大都采用的是垂直思考法。

反向垂直思考法，又被称为逆向思维法，它与常规思维相反，从事物的反面逐渐向正面转移，由于思维角度不同，容易引起消费者的兴趣与注意，并能产生意想不到的广告作用。有家香烟店的香烟一直无人问津,后来,店主在店门口贴出巨幅广告:请不要购买本店的香烟,因为本店经营的香烟尼古丁、焦油含量比其他店的产品高1%,并指出有人曾因吸了他们店的香烟而死亡。这条广告贴出之后,别的店主都笑他是个疯子。岂料,一些顾客见了广告之后,反而非常好奇地来店里购买香烟,并说:"高出1%的香烟,买包试试,看死不死人。"这个店因此生意日渐好转,随后他在报纸上做了同样的广告,生意就变得更好了。

2. 水平思考法

水平思考法,又被称为发散性思维,指在思考问题时摆脱旧经验的束缚,打破常规,提出富有创见性的方案和观点。它弥补了垂直思考法的局限与不足,完全脱离既存的概念,是对事件重新思考的一种思维方法。

其思考原则是:摆脱束缚、多方位思考、深入发掘构思。

爱德华·戴勃诺博士曾经将垂直思考法与水平思考法作了细致的比较分析,总结出以下差异:

- 垂直思考是选择性的,而水平思考是生生不息的;
- 垂直思考是向一个方向移动,而水平思考的移动则是为了产生一个方向;
- 垂直思考是按部就班的,而水平思考则可以跳来跳去;
- 垂直思考是分析性的,而水平思考是激发性的;
- 垂直思考必须每一步都正确,而水平思考则不必;
- 垂直思考为封闭某些途径而要用否定,而水平思考则无否定可言;
- 垂直思考要集中排除不相关的东西,而水平思考则欢迎闯入;
- 垂直思考的类别、分类与名称都是固定的,而水平思考则不必;
- 垂直思考遵循最可能的途径,而水平思考则探索最不可能的途径;
- 垂直思考是无限的过程,而水平思考是或然性的过程。

例如,达·芬奇在创作《最后的晚餐》时,他循着正常的思路苦思冥想,始终没有找到理想的犹大原型。直到一天修道院院长前来警告他,再不动手画就要扣他的酬金时,情况才有了转机。达·芬奇本来就对这个院长的贪婪和丑恶感到憎恶,此刻看到他,转念一想,何不以他作为犹大的原型呢!于是立即动笔把修道院院长画了下来,使这幅不朽名作中每个人都具有准确而鲜明的形象。可见在一定的情况下,水平思维能够起到拓宽和启发创作思路的重要作用。

无论是垂直思考法还是水平思考法,都有自己的特色与局限性,创意过程中并不涉及认可谁与抛弃谁的问题,一个真正的广告人,往往是能将两种思考方法灵活运用的人。

(三) 德尔菲法

德尔菲是古希腊的一个城市,城中有阿波罗圣殿,相传太阳神阿波罗能预卜未来,因而得名。德尔菲法是在20世纪40年代由赫尔姆和达尔克首创,后经美国兰德公司的专家们进一步发展而成的。1946年,兰德公司首次将这种方法用来进行创意预测,后来该方法被迅速广泛采用。

德尔菲法是为避免集体讨论存在的屈从于权威或盲目服从多数的缺陷而提出的一种定性预测方法。依据程序,一般采用匿名发表意见的方式,即专家之间不得互相讨论,不发生横向联系,只能与调查人员发生关系,通过多轮次调查专家对问卷所提问题的看法,经过反复征询、归纳、修改征询意见和进行背靠背的交流,充分发挥专家的智慧、知识和经验,最后汇总得出一个能较为反映群体意志的创意结果。这种创意思维方法具有广泛的代表性,较为可靠。

德尔菲法的具体实施步骤如下:

(1)组成专家小组。按照课题所需要的知识范围,确定专家。专家人数的多少,可根据预测课题的大小和涉及面的宽窄而定,一般不超过20人。

(2)确定调查目的,拟定调查提纲。首先必须确定目标,然后拟定出要求专家回答问题的详细提纲,并同时向专家提供有关背景材料,包括目的、期限、调查表填写方法及其他希望要求等说明。

(3)各个专家根据他们所收到的材料,提出自己的创意。

(4)将各位专家第一次的判断意见汇总,进行对比后再分发给各位专家,让专家比较自己同他人的不同创意,修改自己的创意。也可以把各位专家的创意加以整理,或请身份更高的其他专家加以评论,然后把这些意见再分发给各位专家,以便他们参考后修改自己的创意。

(5)将所有专家的创意收集起来,汇总后再次分发给各位专家,以便作第二次修改。逐轮收集并为专家反馈信息是德尔菲法的主要环节。收集意见和信息反馈一般要经过三四轮,在向专家进行反馈的时候,只给出各种意见,但并不说明发表各种意见的专家的具体姓名。这一过程重复进行,直到每个专家不再改变自己的创意为止。

(6)对专家的意见进行综合处理。德尔菲法与常见的召集专家开会、通过集体讨论得出创意的头脑风暴法既有联系又有区别。德尔菲法能发挥专家会议法的优点,既能充分发挥各位专家的作用,集思广益,准确性高;又能把各位专家的意见分歧点表达出来,取各家之长,避各家之短。

同时,德尔菲法还能避免专家会议法的缺点,如权威人士的意见影响他人的意见;有些专家碍于情面,不愿意发表与其他人不同的意见;出于自尊心而不愿意修改自己原来不全面的意见。

德尔菲法的主要缺点是过程比较复杂,花费时间较长。

(四)电子会议法

电子会议法,是将集体思考法与尖端的计算机技术相结合的一种方法。很多人围坐在一张大桌前,这张桌子上除了一系列的计算机终端外别无他物。将问题显示给参与者,他们把自己的回答输入计算机,并投影在会议室的屏幕上。

电子会议法的优点是匿名、诚实和快速。它既可以使参与者能不透露姓名地打出自己所要表达的任何信息,还可以使人们充分地表达他们的想法而不受到指责。它消除了闲聊和讨论偏题,且不必担心打断别人的讲话。

三、广告创意灵感的产生

灵感是广告创意思维中经常使用的一种思维形式。在创作活动中,人们潜藏于心灵深处的想法经过反复思考而突然闪现出来,或因某种偶然因素激发突然有所领悟,达到认识上的飞跃,各种新概念、新形象、新思路、新发现突然而至,犹如进入"山重水复疑无路,柳暗花明又一村"的境地,这就是灵感。灵感的出现是思维过程必然性与偶然性的统一,是智力达到一个新层次的标志。在广告人的头脑中,灵感随时随地都有可能出现,灵感能够使他们创意无限,获得成就。更有学者提出了"广义灵感"的概念,认为:"广义灵感,就是知识信息在人脑中即时的新组合。"[①]

灵感是潜藏于人们思维深处的活动形式,它的出现有着许多偶然的因素,并不能以人们的意志为转移,但我们能够努力为其出现创造条件,也就是说要有意识地让灵感随时突现出来。这就需要了解和掌握灵感思维的活动规律,如灵感的突发性,灵感在思维过程中的不连贯性、不稳定性、跳跃性、兴奋性等多种特点,加强各方面知识的积累,勤于思索,给灵感的出现创造条件。列宾说过:"灵感不过是顽强劳动所获得的奖赏。"但这种灵感的到来并不是空穴来风,"得之在俄顷,积之在乎日",辛勤的劳动、艰苦的探索,善于观察、勤于思考,是灵感产生的先决条件。比如,法国人在家里吵架时爱摔东西,摔了又后悔不迭,有厂家发现他们可以成为自己的目标消费者,于是专门生产低价的碗碟,还在广告中幽默地写道:"为了家庭的和睦,使劲地摔吧。"故其商品一直好卖。

同时,我们还要学会及时准确地捕捉住转瞬即逝的灵感火花,不放弃任何有用的、可取的闪光点,哪怕只是一个小小的火星也要牢牢地抓住,这颗小小的火星很可能就是足以燎原的智慧火花。

索尼的随身听是怎样来的?索尼董事长在步行时见到一位女学生一边跳绳一边拿着一个硕大的收音机在听,虽然很吃力,但她还是想做到听收音机跳绳两不误。董事长停下来盯着她时,头脑中有一根神秘的弦一下被拨动了:为什么不能造一种小得可以轻松地拿在手上或别在腰间的收录机来满足这些目标消费者呢?灵机一动,说干就干,年销量曾以百万计的"随身听"就这样诞生了,至今仍有广阔的市场。

无独有偶,美国一位开发玩具的商人曾在郊外看到几位儿童兴致勃勃地在玩一只相貌丑陋的昆虫,而且玩了大半天仍意犹未尽。他马上联想到,自己做的玩具大都是想当然地定位在"只有美的动物儿童才会喜欢"这一点上,看来事实并非全部如此。他当即买下了那只昆虫,回去后立即指令仿制和进行丑陋昆虫玩具的研制,在研制生产的过程中虽然一度受到了一些厂商的嘲笑,但他不为所动,坚持进行,最后大获成功。

---

① 舒咏平:"广义灵感论",《中国社会科学》,1997年第1期。

灵感由于捉摸不定、瞬息万变，容易使人产生神秘感，进而又可能被玄化，被视为天赐神授之物，这种观点是不可取的。灵感在某一方面体现了一个人的创造力，每个人的创造力，若能用得其所，只用四两也可拨动千斤！要提升自己的创造敏感度，必须具备制造一种自由表达的风气、一种勇于冒险尝试的胆色、一种童心未泯不耻发问的好奇心、一种不因循固有模式的处事作风、一种失败乃成功之母的毅力！创造力只能以潜移默化的方式培养，培养过程所花的时间因人而异，绝无捷径速成可言。

文本卡片 7-2

产生创意的妙招

- 我想，创意应该具有类似冒险故事里的神秘特质，就像南海上骤然出现的魔岛一般。

我想，创意出现的情况就跟它相同吧！它们带着相同的神奇且不可解的气氛，突然出现于思绪中。但科学家知道，南海诸礁是由数不清且看不见的珊瑚在海面下的产物。

我问自己："创意是不是也像这样？是经过长时间的潜在意识下的思考酝酿的结果？"

"果真如此，这个过程是否可以被辨识出来，以便未来可以遵循应用？也就是说，是不是有一个配方或技术可以解答'你如何得到创意'这个问题？"

我现在可以向你提出的看法，是经过我长期的思考，并且密切观察所结交的创意人士所获致的结果。

- 在有关产生创意的一般性原则上，我认为以下两点很重要：

第一点是创意就是旧元素的新组合。这可能是在产生创意时最重要的事实了。无论如何，我希望直接进入方法讨论，然后再阐述这个原则，如此一来我们就可以经由实际运用，更清楚地理解其重要性。

第二点是对于"旧元素，新组合"的能力，取决于洞悉其间关联性的动力。我认为心智在一般状态下与进入创意发想状态时有极大不同。对某些人而言，每个事实都是片段的知识；但有些人却可以将这些知识若锁链般地串联起来，这些被串联起来的知识都具有关联性及相似性，但它们并不像一般事实那样可适用于所有的事件中。

资料来源：〔美〕詹姆士·韦伯·扬著，林以德译，《广告传奇与创意妙招》，内蒙古人民出版社1998年版，第115页、第123页。

第三节 系统思维与方案策划

一、广告与整合营销传播

广告,其功能主要是促进销售,因此必须吸收并融会销售的思想观念。如此,就不能不了解目前营销界最有影响的整合营销传播理论。整合营销传播由美国西北大学教授舒尔兹等人提出,被认为是市场营销理论在20世纪90年代的重大发展,是一种实战性极强的操作性理论。它的定义是:以消费者为核心重组企业行为和市场行为,综合协调地使用各种形式的传播方式,以统一的目标和统一的传播形象,传递一致的产品信息,实现与消费者的双向沟通,迅速树立产品品牌在消费者心目中的地位,建立产品品牌与消费者长期密切的关系,更有效地达到广告传播和产品行销的目的。

整合营销传播这种崭新的传播模式之所以有效,是因为其摒弃了那些过时的假说,全方位地展开,运用多重媒体的组合,注重多个利益点的诉求,对不同地区、不同层次的消费者的不同需求一一予以分析,使其一一得以满足。这种全新的营销方式就是把你从以往靠单渠道、单向传媒方,将信息"轰炸式"地硬塞给消费者,明知无效却不能自主的这种状态中解救出来。它的目标是不仅要创造高利润、提升市场占有率,而且要创造出自己的品牌。为了达到这个目标,要进行的工作既是阶段性的又是循环性的,包括入市前的准备—媒体选择—媒体组合—策略创意—操作—分析结果—下一次入市准备……如此,整合营销传播几乎就与广告运动形成了重叠。

(一)整合营销传播的要点

1. 以消费者为中心

企业的经营必须从以自我为中心转向以消费者为中心,真正从消费者的需要出发。"消费者是上帝"的口号已经"喊"了许多年,但众多企业中真正能从产品研发到售后各环节都能做到并做好的实在有限。以消费者为中心是一个系统的思想,涉及产品开发、定价策略、通路设计等企业经营的诸多环节。

怎样以消费者为中心?整合营销传播理论强调数据库的概念,即与消费者建立一种一对一的互动式的营销关系,不断了解客户和顾客,不断改进产品和服务,满足它们的需求。在具体营销过程中,提倡以4C理论代替4P理论,即忘掉产品,考虑消费者的需求与欲求;忘掉定价,考虑消费者为满足其需求愿意付出的成本;忘记通路,考虑如何让消费者方便;忘记促销,考虑如何与消费者进行双向沟通。该理论从全新的角度出发,把以往"消费者请注意"的营销模式转变为"请注意消费者"的营销模式,即以消费者价值为导向,把消费者作为整个营销传播过程中每一环节的焦点并继续贯穿下一次信息传播的始终。

2. 有效地整合途径

以前广告传播基本上只有几个有限的传播途径，如电视、电台、报刊、户外媒体等，企业对营销传播的规划和管理也相对要容易得多。而现在，传统媒体变得更加专业化，企业在选择媒体的时候必须更深入地考虑其专业性和目标受众是否匹配；其他新型传播工具也有了巨大的发展，比如直销、事件营销、电子商务等。

不仅如此，互联网的普及使得消费者从早到晚接受的信息越来越多、越来越快，在美国人们一天平均能接触到的广告多达270个，而我国人们也日益受到大量广告信息的包围，以致国家广播电影电视总局不得不对电视节目中插播广告的时间进行限制。面对庞杂的信息，消费者已经感到无所适从。

这样一来，对营销传播的规划和管理提出了更高的要求，而如何能将这些方式各异的传播手段加以协调就成为企业急需面对的问题。所以，整合传播手段就是将企业可以控制的各种营销传播活动加以协调，从而形成一个连贯内聚的整体，在这一过程中整合的重点在于改革及加强外围传播活动的动作、传递及有效性。另外，单纯、一致、适合的信息才能让消费者接受并留下深刻印象，进而被感染、打动。整合营销传播最基本的目标就是通过制定统一的架构来协调传播计划，从而使组织达到"一种形象，一个声音"的效果；通过整合各种传播活动，来获得更大的协同效应。

3. 实行接触管理，保持双向信息沟通

传统营销理论是以企业为中心，通过广告媒体向消费者单向传递信息，把消费者视为被动的接受者。这使得消费者购买决策的依据，不是来自于具体的、理性的思考或仔细核算的结果。而整合营销传播理论重新认识消费者的心理图像，重视信息加工程序，实行接触管理，强调在信息传递的每一环节都要与消费者进行沟通，同时准确而适当地整合所有营销信息，一直面向消费者，使信息沟通正好与储存在消费者头脑中的认知相契合，从而有助于消费者建立或强化对品牌的感觉、态度与行为。这样，整合营销传播便从一般性诉求宣传转变为对消费者的消费心理进行管理，从企业一般产品宣传转变为对消费者的态度与印象进行管理。这种由手段到目标的转变，是整合营销传播理论的一大突破。

整合营销传播从某种意义上讲就是双向信息沟通，而不是传统意义上的单向沟通。因为营销的最高层次是要建立品牌忠诚，品牌忠诚靠传播和良好的双向沟通才能实现。整合营销传播采用多种传播工具，构筑与消费者的双向信息沟通。企业的双向信息沟通是从建立消费者资料库开始的，记录客户的基本信息，包括姓名、性别、通讯地址、购买方式、信用能力以及消费者反馈的信息，以此用于了解消费者接收到了什么信息，以及消费者的实际购买状况、商标接触状况等。整合营销传播的特征是把消费者的反馈作为下一个传播的参考，通过这个过程，企业才会与消费者建立长期的良好关系，整个传播活动就此良性循环下去。

4. 品牌至上

俗话说:"商场如战场。"常有企业家感叹为什么自己投入了大量的广告费,可品牌的形象在消费者心目中仍是模糊的。为什么中国的品牌"成名也速,败名也忽",一个品牌往往各领风骚没几年,不能长久地维持自己的品牌优势。如何使自己的品牌迅速地建立起知名度,成为风行一时的产品,继而荣登名牌的宝座,是商家孜孜以求的。

由于市场竞争日益激烈,产品、价格、营销手段越发趋于同质化,互相模仿的现象比较严重,差异化的优势很难创造,这时候,企业之间真正较量的就是品牌。拥有市场比拥有工厂更重要,别人可以模仿一种技术、一个产品,但不可能模仿品牌在消费者心目中的特殊感受。国内外一些企业的快速成长无不依赖于其品牌的巨大影响力。可以确信,我们正逐步从产品时代走向品牌时代,品牌将成为决定企业在竞争中成败存亡的关键因素之一。整合营销传播就是借助各种传播和行销手段,传播同一种品牌形象,使品牌实现、脱颖而出,从而实现"长治久安"。

(二) 整合营销传播过程中的广告活动

1. 广告在整合营销传播中的地位

(1) 广告的不可替代性

广告是整合营销传播的重要组成部分,也是整合营销传播成功的关键。消费者可以通过不同来源的各种广告接受形式繁杂、种类各异的信息,并以此作为选购产品的依据。因此,我们可以说广告在整合营销传播过程中有着不可替代的作用,广告的成败与否,往往直接影响到消费者对企业的印象。

(2) 广告效果的有限性

在社会物资比较匮乏的时代,市场求大于供,产品不愁没有销路,故有了"好酒不怕巷子深"、"皇帝的女儿不愁嫁"之说,广告的效果往往较为显著,这无形中造就了"广告万能论"的形成。但随着社会物资的极大丰富,产品出现供大于求的局面,若还过分强调广告的作用,把企业品牌形象的建立全归功于广告是不可取的,那种认为广告无所不能、包打天下的想法,必然会招致整个营销活动的惨败。所以,我们要充分认清广告在营销传播过程中的效果的有限性,适时地与营销活动的其他手段相整合,提高品牌的整体形象。

2. 如何实施整合的广告策略

(1) 仔细研究自身产品与竞争对手的产品。明确自身产品与竞争对手的产品不同的独特卖点、能满足消费者何种需求以及未来产品的发展趋势。

(2) 锁定目标消费者。确定产品的目标消费群体以及该群体的特点,做到"有的放矢"。

(3) 确定广告定位。研究树立什么样的品牌才会受到消费者的青睐,明确消费者的购买诱因。

（4）提出创意及诉求重点。必须加强广告的说服力,通过独特的创意说服消费者。

（5）分析、组合媒体并发布广告。对电视、广播、平面、DM、POP、户外等媒体进行分析,并研究消费者的接触形式。要研究消费者如何接触到自己的广告,如何增多消费者的接触次数,确定广告投放方式,以实现品牌认知。

（6）对广告效果进行评估。对广告的效果进行量化评估,以为下次广告投放提供科学依据。

整合营销传播的核心是使消费者对品牌产生信任,并且要不断维系这种信任,与消费者建立良好的信任关系,使其长久存在消费者心中。整合营销传播的广告策略力求避免的是传统传播方式造成的传播无效和浪费。

二、整合策划与系统思维

（一）整合营销传播策划模式

进行整合营销传播活动,必须事先进行策划。它是决定整合营销传播活动成败的关键,具有相当重要的地位和特殊的重要意义。没有经过精心策划的营销活动大都是盲目的,不会取得什么实际效果,更无法取得经济效益。在针对企业进行整合营销传播时,企业或广告人经常采取多种不同的模式来指导整合营销传播战役的策划过程。下面以美国CBW通讯公司整合营销传播战役为例,谈谈由广告策划者提出的战略策划三角模式(见图7-9)。该策划三角模式的三个角分别代表整合营销传播活动的目标细分、品牌的价值主张与为达到目标可利用的劝服工具。

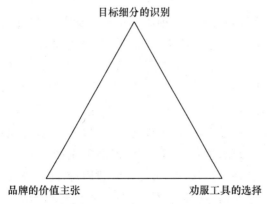

图7-9 整合营销传播策划三角

整合营销传播活动中,企业采取的是由外到内的方法策划沟通活动,也就是说企业是从细分市场中的显在消费者或潜在消费者入手,逆向进行策划。所以对目标细分的识别被放在了三个角的最高点。根据这一点,广告人必须仔细分析目标细分消费者各方面的信息,因为营销活动的成功来自对目标细分准确而人性化的描述和调查。

策划三角中第二个重要的角代表着品牌的价值主张。我们知道品牌的价值主张就是对品牌能向目标细分提供的价值的功能性、感性和自我表现利益的说明。在拟定价值主张时,既要考虑品牌过去传达的含义,又要考虑新的价值和新的利益。对于成熟的品牌,整合营销传播的首要目标就是巩固现有的价值主张;若是新的品牌,就要从头建立新的价值主张。

策划三角的第三角是可以利用的所有劝服工具。它包括大众媒介、辅助媒介以及直效营销、公共关系等。至于采用哪些工具的组合,要依据整合营销传播的目标要求来决定。

(二) 整合营销传播策划中的广告整体策划

广告策划一般有两种:一种是单独性的,对一个或几个广告的策划;另一种是系统性的,具有较大的规模,是为同一目标而做的一连串各种不同的广告运动的策划,也就是整体广告策划。整体广告策划是广告专业化水平不断提高、专业功能不断完善和广告代理制度不断完善的结果,是现代广告活动的必然发展趋势。它从市场调查开始,根据消费者的需求,对企业产品的设计进行指导,协调企业组织以消费者的需求为中心的生产活动,并通过广告促销推销企业的产品。同时,根据消费者对产品的反应、组织信息反馈,为企业下一步的生产和产品开发提供进一步的信息服务和咨询。因此,整体广告策划是一个"市场调查—消费者需求—产品设计—促销—消费者反应—信息反馈—新产品的设计开发或产品改进"的、为企业生产和经营的各个阶段提供信息服务的过程。

整体广告策划在统筹企业广告活动、集中力量树立商品品牌形象方面,具有重要意义。

广告是一种促销手段,它推动人们去购买商品、劳务或接受某种观点。它力图使人们了解他们的需要,并促使他们为满足这种需要而购买商品,帮助他们改善生活条件。在商品推销的过程中,商品的品牌是消费者选择的依据,也是商品品质的标志。对企业而言,品牌是商品的一部分,也是厂家的无形资产。尤其是进入"印象购买"时代之后,企业家逐渐认识到,推销产品成功的秘诀在于建立产品品牌的声望。因此,他们在进行广告活动时,都把建立和加强产品品牌的形象作为广告策划的中心。整体广告策划由于其周到的市场竞争意识和全面的通盘考虑功效,可以通过组织系统的、以产品品牌为中心的广告活动,迅速树立商品的品牌形象,创造有竞争力的"品牌先锋",从而开拓市场和占领市场。同时,通过对广告活动的统一运筹,可以节约广告费用,提高广告效益。此外,由于整体广告策划能为企业提供全面的信息咨询服务,对企业的生产和产品开发提供指导性意义,因此,也有利于改善企业的经营管理,提高企业的竞争力。

(三) 系统思维的产生

无论是整合营销传播策划,还是广告策划,其体现在广告人深层的心理,最突出的便是系统思维。所谓系统,是相互联系、相互作用的诸元素的集合体,是处于一定的相互关系中并与环境发生关系的各组成部分的总和。系统思维就是以整体观来看待事物的多因素存在及其相互关系的作用过程。

20世纪40年代,美籍奥地利生物学家冯·贝塔朗菲从生物科学的研究中认识到那种孤立的因果关系和分离开来处理的机械论,不足以解决生物学中的理论问题。他认为应把有机体当做开放系统的一个整体来看待,从而形成了一般系统论理论。随后,经过博尔丁、科勒、拉兹洛等学者的进一步研究,系统论得到了不断发展,并在自然科学、社会科学等众多学科领域得到了广泛应用。

90年代西方流行学习型组织、企业再造理论,对西方企业的发展道路进行反思,于是,彼得·圣吉所著的《第五项修炼》风靡一时。圣吉提出的核心修炼就是"系统思考",这种思维模式按照他在此书中文版序中所说,与中国传统文化有着千丝万缕的联系,即"中国传统文化中对万事万物运行的规则,以及对奥妙的宇宙万物本源所体悟出的极高明、精微而深广的古老智慧的结晶"。

系统思维,是指在考虑解决某一问题时,不是把它当做一个孤立、分割的问题来处理,而是当做一个有机关联的系统来处理。掌握系统思维方法,是当今人们面对日益复杂的对象,提供更有效、更精密对策所需要的基本功之一。以"丁谓智修皇宫"为例。宋代皇宫中发生火灾,需要进行修复。当时亟待解决"取土"、"外地材料的运送"、"被烧坏皇宫的瓦砾处理"三大问题。主管工程的是大臣丁谓。他在皇宫前的大街上挖沟取土,免去了到很远的地方取土的麻烦;很快路就被挖成了大沟,丁谓下令让汴河决口,将水引进壕沟;然后把各地的竹木都编成筏子,将各种材料都通过这条水路运进来;皇宫修复后,他又让大家将拆下来的碎砖瓦连同火烧过的灰,都填进沟里,重新修成大路。经过这一处理,不仅节约了大量时间,还节省了大量的经费。丁谓在工程中注意了要素之间的相生关系,促使系统朝着有序和互相促进的方向发展,同时又把握了系统要素的相克性质,避免其向反面演化,最终达到最理想的效果。而一个有效的广告运动,无疑是广告人正确运用系统思维的产物。

(四)系统思维在广告中的运用

随着经济全球化、环境复杂化、变化加速化的趋势日益加强,企业面临如何在复杂动态的环境中谋求生存和持续发展的重大挑战,战略管理成为企业成败的关键。大量的实践表明,基于传统的线性思维的管理模式已经越来越不能适应当代全球竞争的新形势。

1. 广告整体活动中的系统思维

系统思维在整体广告活动中,主要表现为要如实地将广告作为一个有机的整体去考察,从系统内部各个要素之间的关系中,揭示出广告活动的规律和特征。重点需考虑以下几点:

(1)广告和产品相互协调

通俗地讲,广告就是通过科学与艺术的手段向广大消费者告知产品的有关信息,继而使消费者产生兴趣、欲望以及购买行为的活动。为了使消费者清楚地了解广告信息,广告的内容必须服从于产品,过分夸大产品特性,只会误导消费者,产生不良后果。比如某牙膏宣称:对各种疑难牙病都有特效,有效率100%。这则广告的内容明显夸张失衡,有虚假欺骗的嫌疑。因此,广告和产品两者之间只有相互协调,广告的可信度才会有所提高。

(2) 广告主题与表现形式相互依存

任何广告活动的主题都要通过恰当的形式表现出来,同时,任何广告形式也必须服从广告主题。以南方黑芝麻糊的广告为例,该广告的主题是"一股浓香,一缕温暖"。整个广告通过古朴的街道、旧日的穿着、橘红色的马灯、悠扬的叫卖声等场景以及馋嘴的男孩、慈祥的大婶的人物动作、表情和形象,使整个广告充满着朴实感和温馨感,广告主题与形式和谐统一,极易唤起消费者心灵上的共鸣。在广告主题与表现形式的统一上,切忌"中不中、洋不洋"、"穿西服戴瓜皮帽"的现象发生。

(3) 广告的媒体宣传与其他促销手段组合有序

大众媒体是广告信息传递给消费者最常用的、重要的纽带。不论是知名品牌还是新品牌,在市场竞争中经常会利用大众媒体进行相应的宣传,媒体宣传在广告活动中起着不可替代的作用。但仅仅靠大众媒体进行广告信息传递是不全面的,其他促销手段如公关、展销等也能产生一定的补充作用,它能有效地弥补大众媒体的不足与失误。

(4) 广告对外部环境主动适应

广告的发展水平在某种程度上可以衡量一个地区乃至一个国家的发展水平和经济实力。反过来,广告活动也可以充分利用社会的外部环境(包括法令、法规、政策、重大活动、突发事件等)为广告产品服务,如果运用得当,往往会起到事半功倍的效果。2008年的四川大地震造成的遇难人数和受灾程度都是中国改革开放三十年以来前所未有的。在大地震发生后,许多商家为了适应仍处在悲痛中的公众都调整或更换了广告内容。此外,一些公司还在分析公众心理,以求得出广告基调从慰问转向正常,乃至转向迎接北京奥运会欢庆基调的恰当时机。消费品巨头宝洁公司的发言人 Charles Zhang 在地震发生四周后表示,他现在还不知道何时才是重启原先广告策略的恰当时机,公司将根据市场研究与常识作出判断。广东宝洁公司也在全国哀悼期间暂停了旗下佳洁士牙膏的"笑容传中国"的广告推广活动,并删除了广告图像中具有欢乐气息的标语。

2. 广告创意中的系统思维

广告人要树立正确的、系统的广告创意观念。创意过程中,要善于利用系统思维方法,从研究产品入手,研究目标市场、目标消费者、竞争对手、市场难题,确定广告诉求主题、广告创意及其表现形式,有的放矢地进行有效诉求,才能成为行之有效的广告创意。在思维上,要突破习惯印象和恒常心理定势,从点到面、由表及里、由此及彼地展开思维活动,以使思路更开阔、更敏捷,同时合理运用其他思维形式,充分发挥广告人的想象力,使广告更加富有个性和独创性。

广告策划中的"创意"还要符合整合营销传播的需要,根据营销组合策略系统地确立广告创意的方向。针对市场难题、竞争对手,根据整体广告策略,找寻一个"说服"目标消费者的"理由",并把这个"理由"用视觉化的语言,通过视、听表现来影响消费者的情感与行为,达到信息传播的目的。消费者从广告中认知产品给他们带来的利益,从而促成购买行为。这个"理由"即为广告创意,它不是艺术家凭空臆造的表现形式所能达到的创意。

三、广告策划方案的形成

(一)广告整体策划方案

广告策划方案就是对整个计划的运筹规划,为提出决策、实施决策、检验决策的全过程进行预先考虑和设想的文书。

广告策划方案的内容主要有:市场调查、战略制定、策略制定以及公共关系、促销活动的配合等。具体来说,完整的广告策划方案一般包括八个方面的内容:前言、市场分析、广告战略、广告对象、广告地区、广告战术、广告预算及分配、广告效果预测。因为其内容、要求不一,所以表现形式丰富多样。

(1)前言

在广告计划书的前言中,应详细说明广告计划的任务和目标,必要时还应说明广告主的营销战略。

(2)市场分析

主要指对产品在市场的现状、竞争状态以及存在的机遇等进行分析。主要包括四个方面的内容:企业经营情况分析、产品分析、目标市场分析和消费者消费习惯、消费方式的研究。首先根据分析得出的结论,指出产品所具备的优势;然后根据市场研究的结论与市场中同类商品的情况列表进行比较,并指出消费者的爱好和偏向。如有可能,还应提出产品改进和产品开发建议。

(3)广告战略

根据产品定位和市场定位研究的结果和广告层次研究的结论,列明广告策略的重点。说明用什么方法使商品在消费者的心目中建立深刻而又难以遗忘的印象;用什么方法刺激消费者产生购买兴趣;用什么方法改变消费者的使用习惯,使消费者改变品牌偏好,改为使用广告主的商品;用什么方法扩大广告产品的销售对象范围;用什么方法使消费者形成购买习惯。

(4)广告对象

根据定位研究可计算出广告对象有多少人、多少户。根据人口研究结果,列出有关人口的分析数字,如人口总数,人口地区分布,人口的年龄、性别、职业、文化程度、阶层、收入等的分布和构成,求出广告诉求对象的数字,说明他们的需求特征、心理特征、生活方式和消费方式等。

(5)广告地区

根据市场定位和产品定位研究结果,决定市场目标,并确定目标市场的选择,说明选择理由和地区分布。

(6)广告战术

根据广告战略中所列重点,详细说明广告实施的具体细节。

① 广告的定位与创意,即通过前期调查的产品的各项资料的分析结果,确定今后广告的定位方向以及广告创意的主题和创意思路,确定广告标题、口号;

② 广告的诉求方式,即通过何种诉求方式将广告创意主题传递给消费者,是理性诉求、情感诉求还是其他诉求方式;

③ 各种媒体的选择策略,包括根据产品定位选择何种大众媒体刊播广告,刊播的时间、版面、频道、大小、次数、长短,以及各类媒介的刊播如何交叉组合等。

④ 选择其他媒介,如海报、招贴、POP 广告、DM 广告、传单和说明书等,说明印制的数量和分发方式、分发日期等内容。

⑤ 说明促销活动的举办日期、地点、方式、内容及赠品、奖品以及举办的理由等,确定主持人。

(7) 广告预算及分配

根据广告策略的内容,详细列出媒介选用情况、所需费用(按媒介单位的顺序分家列出)、每次刊播的价格,最好能编成表格。

(8) 广告效果预测

主要说明在广告主同意按照广告计划实施广告活动的前提下预计可达到的目标。这一目标应以"前言"部分规定的任务为准则。

(二) 广告创意方案

1. 广告创意产生的基本流程

(1) 市场部向策略部提供市场信息;

(2) 策略部提交广告创意的策略;

(3) 创意部提交创意概念、主题及表现形式;

(4) 制作部进行广告定稿、电分输出;

(5) 媒介部制定媒介策略,负责投放与评估。

2. 创意简报的撰写

所谓创意简报,是指策略部门或创意部门形成广告策略和主题后,为了使抽象的策略在广告文案与表现设计中得到充分、准确、一致、具体的体现,就需要用创意简报的形式来引导和规范。

在广告的创意流程中,创意简报(广告创意方案)的撰写至关重要,直接关系到后续的创意设计与制作的成败。因此,在撰写创意简报时应该注意:

(1) 简洁。为使后续设计制作人员完全理解创意意图,创意简报要求只讲结论,无须论证。

(2) 明确。需要起到明确的指导作用,特别是广告的创意思路、主题思想、设计建议、注意事项等应该清晰明了,言简意赅。

(3) 无误。简报内提出的各项信息应该准确无误,不能随意夸张,否则,易引起设计制作人员曲解创意,造成整个广告活动的失败。

创意简报的内容包括:(1)产品市场状况的简述;(2)目标消费者的概况;(3)产品或服务的优势;(4)亟待解决的广告问题;(5)广告目标;(6)利益承诺与承诺支持;(7)品牌描述;(8)广告格调;(9)法律与道德规范上的考虑;(10)媒介和预算上的考虑。

本章提要

本章主要是从广告人的心理出发,系统阐述了作为一个广告人应该如何根据产品与消费者特点进行广告定位与创意,并且如何从创意思维以及整合营销的角度去看待广告创意在整个广告过程中的重要性。

在广告定位的心理过程中,需要把握广告定位的基本要点:努力寻找品牌与众不同的差异性、在消费者心目中占据一个位置、瞄准消费者的利益需求。而常见的定位形式则有:(1)实体定位,包括功效定位、品质定位、价格定位、市场定位;(2)观念定位,包括是非定位、反向定位。广告定位完成后,下一步就是要在定位的基础上把广告主题表现出来,即确立正确的广告诉求。诉求就是说服,即通过各种诉求方法使消费者接受广告信息。诉求的正确与否与广告是否成功息息相关,需做到:根据市场细分初步确立广告诉求对象,正确区分消费者在消费行为中的角色,并找准广告的诉求点。诉求方法可分为:(1)理性诉求,其表现形式有直白、证言、忠告、比较、试验、双面论证;(2)情感诉求,其表现形式有真情、爱情、亲情、同情、"性"情、恐惧等。

对于广告人的创意心理来说,正确把握广告创意思维、激发创意灵感尤为重要。一般来说,广告创意思维的特征为:独创性、多向性、关联性、综合性;广告创意思维的心理基础则为:深厚的文化底蕴、突破常规、大胆创新、良好的心理状态;常用的广告创意思维方法有:头脑风暴法、垂直思考法、水平思考法、德尔菲法、电子会议法等。而广告人最为关注的广告创意灵感的产生,则需了解灵感是广告创意思维中经常使用的一种思维形式,灵感的产生并不神秘,只是对细心观察、勤于思考的一个必然回报。

广告,其功能主要是促进销售,因此必须吸收并融会销售的思想观念。如此,就不能不了解目前营销界最有影响的整合营销传播理论。整合营销传播的要点有:以消费者为中心、有效地整合途径、保持双向信息沟通、品牌至上。而广告在整合营销传播中的地位则是广告的不可替代,同时其效果又是有限的,不可完全依赖。

无论是整合营销传播策划,还是广告策划,其体现在广告人深层的心理,最突出的便是系统思维。所谓系统思维,就是以整体观来看待事物的多因素存在及其相互关系的作用过程。系统思维在整体广告活动中,主要表现为要如实地将广告作为一个有机的整体去考察,从系统内部各个要素之间的关系中,揭示出广告活动的规律和特征。重点需考虑:广告和产品相互协调、广告主题与表现形式相互依存、广告的媒体宣传与其他促销手段组合有序、广告对外部环境主动适应。而广告创意中的系统思维最典型、直观的体现,则是广告策划方案的撰写。广告策划方案的主要内容有:市场调查、战略制定、策略制定以及公共关系、促销活动的配合等。具体来说，完整的广告策划方案一般包括八个方面的内容：前言、市场分析、广告战略、广告对象、广告地区、广告战术、广告预算及分配、广告效果预测。

案例分析

取悦客户酿大过

关心客户、重视客户、使客户满意，在服务型企业是头等大事，因为客户是其衣食父母。拥有优秀的客户，就等于拥有了生存和发展的基础。从客户部、客户总监、客户经理、客户执行到客户助理，所有头衔都带着"客户"，可见客户是多么重要。对于创意作品，很多时候已经约定俗成，即"客户通过了"就是判定的标准。既然这样，研究客户的喜好、了解客户的心情、分析客户的决策风格，从而判断选择什么方式、使用怎样的言语最终能顺利获得客户认可的用心就变得天经地义了。公司里的"卖稿高手"于是变成了"英雄"。我在此却要棒喝各位：这是一个"美丽的陷阱"！

记得有一次，客户从国际市场上带回一个包装，希望我们按此风格来做他们新产品的包装。说实在的，包装的确很漂亮，但与他们长期的品牌表现毫无关联，虽然我们觉得不妥，还是将其推上了市场。三个月后，传来了坏消息，由于上市失败，客户董事会决定暂时停止这项商业计划，董事长的一句话道出了本质："我们需要能坚持专业原则，为我们的成功负责任的代理商。找你们，是因为你们是专家，比我们懂。我们自己会做，还找你们干吗？"

永远记住，客户真正需要的是可以达成销售目标的创意，他们需要的是用专业能力带动成功销售的专家，而非一个和颜悦色的随从或善解人意的三陪"小姐"。违背专业服务原则来取悦你的客户，你将付出极大的代价。

资料来源：《如何做一个成功的广告人》，http://blog.sina.com.cn/s/blog_51598da8010095ca.html。

请分析：
1. 为什么广告创意人已经觉得客户关于包装的想法不妥，却没有坚持？
2. 受此案例启发，你认为作为专业服务的广告人，要坚持哪些专业服务原则？

情景模拟

飞机做波浪形飞翔；

快艇做V形疾驶；

两座并肩而立的金字塔；

两位小朋友手拉手的臂膀；

两条河流的交汇处；

……

这些形象有什么相似之处？它们可以共同为什么样的产品做广告？又分别可以成为什么样的产品的广告形象？

你进行如上问题的思考时，心理过程是怎样的？请回忆并交流。

小组讨论

1. 广告定位如果发生偏差将会产生怎样的结果？
2. 广告人怎样进行理性诉求创意的构思？
3. 广告人进行感性诉求创意的构思时，其感情会产生怎样的活动？
4. 整合营销传播中广告将起怎样的作用？
5. 请按照"头脑风暴法"为某品牌进行广告语创意思维。

第八章 广告受众的社会心理

广告心理学教程（第二版）

知识要求

通过本章学习,掌握:
☞ 广告受众的需求及其层次
☞ 广告受众动机作用的过程
☞ 心理学个性理论的基本观点
☞ 广告受众群的一般心理特征

技能要求

通过本章学习,能够:
☞ 分析不同年龄广告受众的接受心理
☞ 分析不同区域广告受众的接受心理
☞ 分析不同性别广告受众接受心理的特征
☞ 分析职业、收入对广告受众接受心理的影响

第一节 广告受众的个体心理

作为一种营销传播手段,广告的效果要在广告受众身上体现出来。如果广告受众对广告的接触和解读与广告的意图一致,广告的效果就会很好;相反,广告受众的广告接触行为与广告的播放方式不一致,或者广告受众对广告内容进行对抗式解读,则广告的效果会受到局限,甚至还会对广告主的形象产生负面影响。广告受众的行为受其心理左右,因而了解广告受众的心理是有效广告的必然要求。我们在此从广告受众的需求和广告受众的个性心理两个层面进行讨论。需要指出的是,广告受众和潜在消费者是一个紧密相关而又有所区别的概念。潜在消费者是广告运动的最终归宿,理论上的广告受众和潜在消费者应该是同一群体,但在实践中,广告受众和潜在消费者只能追求最大限度的重叠,它们之间部分存在着一种相互转化的关系。在讨论中我们提到消费者的时候,如果没有特别指出,则它和广告受众的内涵就是对等的。

一、广告受众的需求分析

需求和欲望是自然界的一种基本现象,也是人类社会存在和发展的根本动因。从本质上讲,消费者是由一个希望满足他们需求的欲望驱动的。广告受众的需求也是广告存在和产生作用的根本原因,没有针对广告受众和消费者需求的广告注定会以失败而告终。研究广告受众的心理,必须要了解广告受众的需求。我们下面来讨论广告受众的需要。

(一)需要

在心理学中,需要被定义为有机体感受到的某种缺乏或者不平衡。事实上,仅仅缺乏

并不是需要,只有感受到这种缺乏,需要才成为现实。需要实际上是一种主观状态。例如,没有电话并不会构成需要,除非有远距离交流要求的时候,这种需要才会被意识到,才能成为真正意义上的需要。

在正常情况下,有机体的状态是趋向均衡的。这种均衡是个体维持其生存和发展的条件,一旦在生理和心理上出现某种缺乏或者不均衡,有机体便处于一种不舒服的紧张状态。这种不舒服的紧张状态表现了有机体的生存和发展对客观条件的依赖性。有机体的需要总是指向能够满足该需要的对象和条件,可以从中获得满足。需要的主观状态决定了它是有对象的,不指向任何事物的需要是不存在的。

需要首先来源于生理或者心理上的缺乏。例如,人体内缺乏营养时,血液中的血糖成分会降低,这种客观的生理缺乏会导致饥饿求食的需要;水分的缺乏会产生口渴想喝水的需要;生命财产得不到保障会产生安全的需要。相应地,有机体内部的某种缺乏一旦解除,需要就会得到满足。这种由于缺乏所产生的需要被称为缺乏性需要。有机体生理和心理上的不平衡也会产生需要。例如,即使在并不饥饿的情况下,一个人面对美味佳肴,也会有很强的食欲,这同样造成一种紧张的状态,也会产生需要。菲律宾的马科斯夫人给我们提供了一个很好的范例。她在拥有了很多双鞋的情况下,仍然对鞋子有着强烈的欲望,继续购买各种鞋子,最终竟然拥有两千多双鞋子。这种已经超越缺乏状态的需要,则是一种超越性需求或丰富性需要。

人是生物有机体,更是社会成员。为了个体和社会的生存和发展,人既需要食物、水分、衣物等维持个体生活的必需品,也需要从事学习劳动、创造发明、交流沟通等活动。相对于一般有机体,人的需要复杂丰富得多。

人的需要可以按照不同的方式进行分类。从来源角度来看,人的需要可以分为生理性需要和社会性需要。生理性需要是指维持生命和延续种族的一些需要,比如饮食、睡眠、排泄、配偶等的需要。动物也有这类需要,这类需要也叫做生物性需要或原发性需要等。社会性需要是指与人的社会生活相联系的一些需要,比如对劳动、沟通、交往、成就等的需要。社会性需要源于人类的社会生活,它是在个人意识到社会要求的必要性的时候产生的,是在后天习得的。社会性需要同样也是个人生活所必需的,如果这类需要得不到满足,个人就会感觉到焦虑、痛苦和不安。

(二) 需求层次理论

人类的需求是多种多样的。不同人的需求不可能相同,即使同一个人的很多需求也不一定能够同时得到满足。对于大多数人来说,在满足需求的过程中,哪些需求优先得到满足、哪些需求稍后得到满足、哪些需求得到完全满足、哪些需求得到部分满足、哪些需求没有办法得到满足,个体都要按照一定的规律进行处理。了解这一规律显然对于我们了解消费者和广告受众具有重要意义。需求层次理论为我们了解个体处理需要提供了很好的思路。

由著名心理学家马斯洛所创建的需求层次理论已经被运用到个人及社会生活的各个

领域,到现在它仍然是最有代表性的需求理论。需求层次理论认为,个人是一个统一的、有组织的整体,不能孤立的、不分主次地研究人类的需要。人的基本需要是按优势出现的先后或者力量的强弱排列成等级的,即所谓的需要层次。有些商品以及它们的广告是满足单个层次的需要,而事实上,现代社会中大多数商品可能同时满足多个层次的需要,并且对于不同的人来说,同一件商品满足的消费层次可能不一样。

日本社会学家考察后发现,战后现代消费方式的变化可分为三个阶段:第一阶段是"生存时代",是指战后的复兴期,那时生活就是为了食物、生存而努力;第二阶段是"生活时代",是指经济的高速成长期,耐用消费品大量涌现,这是一个有了各种生活设施(像冰箱、电视、音响等)就能活得更好的时代;第三阶段是"生感时代",也就是经济进入平稳的低发展期,由于产品过剩供给,人们开始追求感性的生活——追求更能满足自己归属与爱、尊重与地位乃至自我实现需要的感性商品消费。所谓感性商品,就是在一般商品上扩充其文化内涵,附加人类的感性成分,以满足人们感性的需求。

由于现代社会中公众不仅越来越讲究有形商品的感性化,而且更讲求无形服务的感性化,因此,对消费者的需求进行分析的范围也就大大拓展了。那么,就一般广告受众——消费者的需求对应我们前面曾经介绍过的马斯洛的"需求层次说",自低而高就有了以下五个层次:

图 8-1 消费者的需求层次模型

1. 物次价廉的需求

这是社会处于"生存时代"或消费者正处于"求生存层次"时的基本需求。由于消费者消费能力低下,只求满足生理需要即可。因此,对广告主的需求,只要提供价格低廉的食物、衣服、燃料及屋舍的满足即可,对商品的质量并不讲究,甚至有意识消费次等的商品。

2. 保证质量、价格公道的需求

随着社会发展以及消费者消费能力的提高,消费者对广告主的要求也相应提高,不论是一次性消费商品还是耐用消费商品,也不论是有形商品还是无形服务,这时"保证质量"已成为主要需求,只要"价格公道"即可。

3. 宾至如归、服务有情的需求

当社会进入商品丰富、相对过剩的时代,"保证质量、价格公道"的消费者需求,各广告主均给予满足。于是,消费者对广告主的需求自然而然地注入了"情感满足"的因素,希望广告主提供的商品与服务均具有人情味。

4. 消费者至上、深受尊重的需求

马斯洛发现,人们对尊重的需要可以分成两类——自尊和来自他人的尊重。自尊包括对获得信心、能力、本领、成就、独立和自由等的愿望,来自他人的尊重包括威望、承认、接受、关心、地位、名誉和赏识等。有人把信用卡、乡村俱乐部、汽车等归于满足这类需要的商品。更重要的是,在这些商品的消费中,消费者能得到尊重需求的满足。

5. 名实相符、全面满意的需求

人类有成长、发展、利用自身潜力的心理需要,马斯洛称之为自我实现的需要。马斯洛描述这种需要为"一种想要变得越来越像人的本来样子、实现人的全部潜力的欲望"。当一个人对爱和尊重的需要得到合理满足之后,自我实现的需要就出现了。自我实现是马斯洛关于人的动机理论中的一个很重要的方面。而体现到消费中,则是消费者能在消费过程中,得到广告主所提供的、能让消费者获得成功肯定感受的满足,如名牌消费即是如此。[①]

任何一种需要浮现在意识中的可能性,取决于更具优势的需要的满足或不满足的状况。占优势的需要将支配一个人的意识,并自行组织去充实机体的各种能量,而未占优势的需要则被减弱,甚至被遗忘或否定。当一种需要得到满足时,另一种更高级的需要就会出现,转而支配意识,并推动行为的产生。此时已经满足的需要,就不再是活动的推动力。但这种需要层次逐级上升并不是遵照"全"或"无"的规律,只有前一种需要100%得到满足后,另一种需要才会出现。事实上在正常情况下,大多数人的每种基本需要都是部分得到满足,部分得不到满足。例如美国的一般市民,生理需要大约满足了85%,安全需要满足了70%,社交需要满足了60%,尊重需要满足了40%,自我实现需要满足了10%。人是由低级的需要向高级的需要发展,但这种发展并不是一种突然的、跳跃的现象,而是逐步的、渐进的,从无到有、从弱到强。如需要A只满足了10%,需要B就可能根本不会出现;但当需要A满足了25%时,需要B可能会出现5%;当需要A满足了75%时,需要B可能会出现90%(见图8-2)。

(三)动机

动机是激发和维持个体目的性活动的心理倾向或动力,它是行为的直接原因。例如,一个人很希望拥有一种交通工具为其出行提供方便,一种是飞机,但由于意识到一辈子也买不起,他就动不了买飞机的念头;但他认为通过努力,短期内可以买得起小汽车,于是他

[①] 李道平、舒咏平:《公共关系策划》,中国商业出版社1997年版,第80—81页。

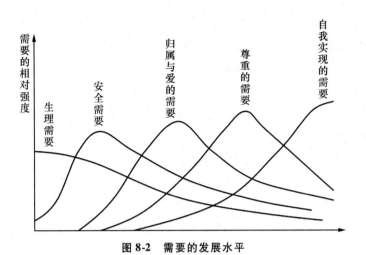

图 8-2 需要的发展水平

就开始攒钱,一年以后买了一辆小汽车。在这儿攒钱买汽车就是动机,而买飞机就不能成为其动机。动机过程可以如图 8-3 所示:

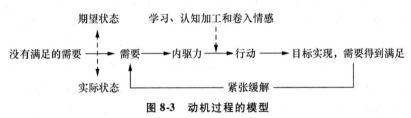

图 8-3 动机过程的模型

动机来自于内驱力和诱因。内驱力是驱使个体产生行为的内部动力,它的基础是需要。一般情况下,需要越大,内驱力也越大。与需要相对应,内驱力也可以分为原发性内驱力和社会性内驱力。除了内驱力之外,外部刺激也是引起个体活动的重要因素。这种能引起个体动机行为的外部刺激被称为诱因。诱因按照性质可以分为两类:个体因趋向或获得它而得到满足时,这种诱因是正诱因;个体因逃离或回避它而得到满足时,这种诱因是负诱因。内驱力是个体内部的一种激活力,它没有指向性,可以服务于任何目的。诱因存在于个体外部,它和内驱力共同作用决定动机,使动机行为具有明确的指向性。

需要、动机和行动之间的关系是不可分割的。一般说来,当人们产生某种需要而又未能得到满足的时候,会产生一种紧张和不安的心理状态。在出现能够满足这种需要的目标时,这种紧张的心理就转化为动机,支配人们采取某些行动。一旦行动完成,目标达到,紧张心理就会解除,需要得到满足,同时人又会产生新的需要。如此循环往复,推动了人与社会的进步和发展。

(四)广告受众的需求

营销活动的起点就是消费者的需要。营销活动的过程就是产品和服务提供商提供产品和服务、满足消费者的需要并取得利益的过程。在现代社会里,广告运动是营销活动中一种主要的销售促进活动。为了更加有效,广告运动必须考虑广告受众的需要,否则它既实现不了广告运动目标,也有碍整体营销活动的进行。

　　从营销活动的整体来考虑,广告受众的需求和潜在消费者的需求是一致的。但基于广告运动这个环节来考虑,广告受众的需要主要表现为两个方面:广告受众的广告接触需要和广告受众的信息需要。广告受众是通过媒体来接触广告的,如果把营销活动作为一个动机作用过程来看,广告就是一种诱因,这个诱因只有和产生于受众需要的内驱力相结合才能产生作用。无论是主动还是被动,广告受众在接触广告的时候如果不存在需要,那么广告就会由于受众缺乏内驱力而无效。因此,受众或主动或潜在的接触广告的需要是广告有效的前提。广告是一种商业化的传播活动,其受众在接触广告的过程中除了对广告作品进行审美体验、获取娱乐之外,摄取广告所传播的有效信息就是其使用媒体和浏览广告最主要的目的。这种信息越是接近于正诱因,越是能促使广告受众接受其品牌、购买其产品。显然,广告主不希望广告信息无助于受众消费动机的形成,更别提让广告成为负诱因,使得受众逃避广告、减少购买了。正如一些"恶俗"广告那样,不仅促进不了销售额,还会影响到品牌的美誉度,导致企业长期利益受损。当然,也经常有"警戒诉求"、"恐惧诉求"的广告,强调不采取某项特定行为将会导致不利结果。但是因为奖励只能通过某种特定的活动得到,而逃避惩罚的方式通常有很多种,所以"警戒诉求"、"恐惧诉求"的促动效应是很不确定的。

　　广告运动必须关注到广告受众的需求层次,这样才能做到有的放矢。许多广告的基本诉求都是许诺满足受众某一层次的需要。广告学经典的 USP 理论就是沿着需求层次的阶梯发展完善的。在该理论问世之时,它多集中在产品功能的诉求之上,主要满足低级层次的基础性需要。早期的 m&m's 巧克力豆"只溶于口,不溶于手"的广告主要针对的是消费者的生理需求。随着时代的发展和实践的丰富,USP 理论开始注重满足心理需要的独特诉求。例如,就以爱情为诉求点的食品广告来看,最绝的估计就是哈根达斯冰激凌的广告语了——"爱我就给我哈根达斯"(见图 8-4)。这么一句轻轻的话语,使得多少男士的荷包就此沦陷。恋爱中的女人总是虚荣的,她们希望自己的男友把自己捧在手心里,时时处处都能表达对她的忠贞不贰。哈根达斯准确地把握住了这一特点,用一句最为平常的话语强烈地触动了恋爱中女人的虚荣心理。同样是食品,喜之郎果冻"明天的明天,你还

图 8-4　哈根达斯广告

会送我水晶之恋吗"的诉求是忠贞不渝的爱情。随着人们需求的提升,广告诉求越来越多地与精神性需要联系在一起。在发达国家中,人们生活比较富裕,主要不再关注满足自己的生理性需求了,因此,广告往往表现人们满足社会地位、事业成就和自我实现这类需求。

美国学者罗西特和帕西把马斯洛的需求和动机学说转换为更有利于广告主操作的八个基本购买使用动机:解决问题、回避问题、不完全满足、混合的手段回避、正常消耗(前五种为被动生成动机,也叫信息性动机),心理满足、智力刺激、社会认可(后三种为主动生成动机,又叫转换性动机)。被动生成动机是消费行为中最常见的动力。例如,某食品耗尽,人们的大脑就处于一种被动状态,思考消除这种没有食品的状态,开始寻求新的食品或替代品。在购买之前,人们会一直受这种想法驱动,购买到满意的食品后,动机便解除。在这种状态下,消费者主动寻求信息以解除压力,因此又叫信息性动机。而主动生成动机向人们许诺某种回报,主动采取某种方法来加强消费者动机,促使消费者了解或者寻求新产品。比如,人们会因为名牌产品许诺它们具有某种利益和回报而购买。消费者在购买后希望将产品转换为某种感觉或者社会意识,这又被称为转换性动机。其实,购买同一产品既可能代表被动生成动机,也可能代表主动生成动机(对于另一类消费者而言)。例如,购买一个新皮包,一类人是由于工作需要不得不购买,而另一类人则是因为喜欢而购买。前者代表被动生成动机,后者则是主动生成动机。这个皮包的广告主就要了解两个不同的市场,可能需要针对不同的广告受众采取完全不同的广告策略。

二、广告受众的个性分析

在同一时空中,同样的广告给不同的人看,效果会不同,有人会激起购买欲望,有人则无动于衷。为什么会产生这样的情况呢?一个很重要的原因就是每个人都有自己不同的个性,这种个性的不同决定了行为方式的不同。心理学家高尔顿·奥尔波特说过:"人的鲜明特征是他个人的东西,从来不曾有一个人和他一样,也永远不会再有这样的一个人。"尽管个性决定行为方式世所公认,但由于个性的本质非常复杂,心理学家到现在对个性的定义都没有一个一致的认识。在这里,我们把个性理解为个人对其生活情景的稳定态度和习惯化的行为方式。我们从以下几点来理解它:

1. **个性具有独特性和自我服务性**

个性是在遗传、环境、成熟、学习各因素本身及其相互影响下发展形成的。这种多种因素的综合作用造就了任何两个人绝不相同。个性的独特性是在对同样的事物适应时行为的不一致上表现出来的。同时,个性的存在是为了满足自己的需要。

2. **个性具有复杂性和外在性**

个性是个人身心各方面多个特质的综合,每个特质都是个性的一部分。外在的行为受个性的影响,即个性是可以观察的。在个性特质中,有些是表面特质,不仅别人可以观察到,自己也知道;还有些则蕴藏在潜意识之中,叫做内涵特质,它能从人的行为中推断出来。要客观深入地了解个性是一个复杂的过程。

3. 个性具有统合性和稳定性

个性的特质统合为一个有机的整体,这个有机整体适应环境时,表现为行为上有稳定性的倾向。例如从个性上考虑,布什无论何时何地都表现出他是布什,不可能今天是布什,明天变成克林顿,后天则成为布莱尔。

(一)广告受众的个性

心理学中关于个性的理论有很多种,尽管每种理论的立场和根据不尽相同,但就纷繁芜杂的人类社会而言,通过这些个性理论来了解广告受众和消费者,对市场营销活动是很有用的。通过各种理论尝试对个性进行分类,至少是市场细分的基础之一。可以毫不夸张地说,如果没有运用个性理论这个工具对目标市场进行有效的调查和分析,我们所面对的仍然是混沌一片,营销活动也就无从谈起。

1. 从精神分析理论认识广告受众

精神分析个性理论的创始人弗洛伊德把人的心理分为意识和潜意识两部分。意识是浅层的经验部分,潜意识是深层的部分,而后者对人的思想和行为起着主导和决定作用。按照弗洛伊德的看法,个性主要由三部分构成:本我、自我和超我,人类的所有行为由这三个方面的相互作用所支配,见图8-5。

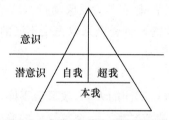

图 8-5 本我、自我和超我的关系

本我是个性中最为基本和原始的部分,它在性质上是属于潜意识的,它的行为表现在追求满足生物性的需要中。本我受"快乐原则"的支配,这种寻求快乐的原始动力被称为"力比多"或"性力"。而自我受"现实原则"所支配。在自我的支配下,个体知道自己需要什么,并且了解其所处环境的限制,同时能更进一步调整自己的行为,以适应环境并从环境中得到满足。自我介于本我和超我之间,成为个性的核心。超我是个性结构中的最高层级,代表社会的特别是父母的价值观和标准。

事实上,上述个性结构中的本我、自我、超我,代表着不同的需要和欲望。某一件商品是很难同时满足这三者的需求的,三者之间发生冲突则是一种常态,因而消费者经常处于矛盾之中。此时,广告如果能消除消费者的这种内在冲突,就会起到良好的效果。弗洛伊德理论强调使用梦想、幻想和符号来辨别人们行为背后的无意识动机。在"快乐原则"的支配下,人类的消费行为往往与本我结合在一起,由此经常采用体验倾向的广告寻求为消费者提供有关产品使用愉快的幻想。正如有学者所言,"广告就是对人的一种非理性控制"。数百年来的广告史中,随处可见的"性暗示"广告表明了本我一直是广告的一大主题。

2. 通过新弗洛伊德理论了解广告受众

新弗洛伊德理论是在弗洛伊德理论上发展起来的,新弗洛伊德主义者实质上是对弗洛伊德理论提供了更精确化的解释。新弗洛伊德主义者虽然保留了弗洛伊德的许多基本概念和基本假设,但对弗洛伊德理论的许多方面持有不同意见。他们认为弗洛伊德理论有三个局限,这种认识对新弗洛伊德主义的发展起到了关键作用。这三个局限是:弗洛伊德认为成年人的个性在五六岁的时候就完全形成;弗洛伊德强调本能对个性的影响而忽视社会影响;弗洛伊德对人类本性的总体上的消极描述。在新弗洛伊德主义者中,荣格和埃里克森对于个性的描述以及建立的有关人类个性的模型,更容易被应用于营销活动中,因而显得更有参考价值。这里主要介绍一下荣格和埃里克森的个性理论。

荣格认为个性构成的三部分是意识自我(个人意识到的东西)、个人无意识(被遗忘和压抑在意识下的观念)和集体无意识(包含了人们从前辈那儿继承的东西,是原始意向的收容站)。集体无意识处于个性结构的最底层。女性和男性原始意象、阴影、自我是最重要的原始意象。荣格指出,原始意象的象征物通过民间传说、艺术、梦和精神病人表现出来,从而证明了它们的存在。在此基础上,荣格认为个体的行动差异反映了内倾和外倾的两种基本态度,同时他在观察中归纳出认知维度上的四个基本机能:感觉、直觉、思维和情感。两种态度和四种机能可以组合成八种人格类型,如表8-1所示。

表8-1 荣格的八种心理类型

态度 功能	外倾	内倾
思维	集中了解外部世界;现实客观的思考者;有时显得冷酷;适合做科学家,善于运用逻辑和规则。	对了解自己的看法感兴趣;善于思考哲学问题和人生意义;不易接近;更善于了解自己,不善于了解他人。
情感	情绪化,反复无常,适应性强,喜欢追赶时髦;有时候情绪高涨,能在新情境中迅速转变情绪。	有深刻的情感体验,但不把它们公开;不善言谈,自以为冷酷,实际上隐藏着强烈的感情;往往不信宗教。
感觉	对外部世界的经历感兴趣,沉迷于寻求快感,喜欢感官刺激和及时行乐。	对自己的思想和内在感觉的兴趣胜过对外界事物的兴趣;喜欢通过艺术的形式表达自己,不容易为人理解。
直觉	对外部世界感兴趣,不断寻求新挑战;容易对工作和人的关系产生厌倦;有不稳定和轻浮的倾向。	喜欢标新立异,但没有深刻思想,也不能传达思想;认为自己是先知或梦想家;常常因不了解现实或社会常规而流于空想。

弗洛伊德把自我看成是本能冲动和超我需求之间的传递者,而埃里克森认为,自我是个性中独立并强有力的一部分,它建立自我认同感并满足人控制外部环境的需要来保持自我认同感。人如果缺乏自我认同感就会感到混乱和失望,这就是自我认同危机。很多人一生中都不能确定自己是谁,不能确认自己的价值和生活目标。这种自我认同

危机在任何时期都有可能发生。与弗洛伊德不同,埃里克森认为,在人的一生中个性都在不断发展,并且在每个人都要经历的八个阶段中,每一个阶段对个性的发展都很重要,见图 8-6。

老年期	自我完善对绝望
成年期	繁殖对停滞
成年早期	亲密对孤独
青少年期	认同感对角色混乱
小学期	勤奋对自卑
儿童早期	主动性对内疚
学步期	自主性对羞愧和怀疑
婴儿期	信任对不信任

图 8-6 埃里克森的八个发展阶段

根据埃里克森的观点,所有这八个阶段在人一出生时就以某种形式存在了。但在生命历程的特定时期,如个性发展的转折点或者某个危机时期,其中某个阶段就会成为最关键的时期。每一个阶段在克服危机的方式上都带有两个特点:适应和适应困难,结果就会形成图 8-6 中基本对立的心理态度。这些危机的解决决定了个性的发展方向,并影响到以后解决危机的方式。在营销活动中往往以年龄来细分市场,而怎样掌握不同年龄层消费者的心理状态,埃里克森的模型会给我们极大的启示。

3. 特质理论

个性是由各个不同的特质组成的。特质倾向于成为人格的持续方面,它们不会随着时间变化而发生很大的变化,并且即使发生变化,也是相当缓慢的。有研究表明,成年人的个性不会随着年龄的增长而发生显著性变化,因而潜在的个性趋向非常稳定。特质与消费者行为有着密切的联系。例如,较早采用高科技电子产品的人会把自己当做观念上的领导者,他们比普通人更聪明、更内向,社会活动也不积极参与。个性特质的数量是很大的,有人估计有 1.8 万多种的特质能够在日常生活中被发现。

心理学家奥尔伯特将特质分为两大类:共有特质(某一社会里所有人具有的特质)和个人特质(属于个人所独有的特质)。共有特质会因为具备某种特质的多少和强弱而在个体身上表现出差异。这种差异可以在一定标准下进行比较。而个人特质无法在不同个体间加以比较。即使两个人在共有特质上相似,他们的行为也会各自表现出独特性。代表个人行为倾向的个人特质分为三个层次:首要特质、重要特质和次要特质。首要特质代表个人生活中一切行为的最主要的特质,往往是个体所独有的;重要特质主要是指构成一个人独特个性的几个比较有代表性的特质,一般不会超过五个;次要特质主要是指个体对待事物的暂时态度。

卡特尔则把特质分为表面特质和根源特质。前者表明行为的特征和功能,是个体的外显特征;后者则决定行为的特征和功能,是构成个性的基本要素。个体的行为差异是由它们的不同组合所决定的。卡特尔通过研究,最终确定了 16 种根源特质,并于 1949 年发表了一个 16 项个性因素调查表。近来研究者进一步对个性进行因素分析,不断从许多不同的研究资料中发现有关五个个性维度的证据,形成了"大五个性因素",见表8-2。

表8-2 大五个性因素

因素	特征
神经质性	烦恼对平静;不安全感对安全感;自怜对自我满意
外向性	好交际对不好交际;爱娱乐对严肃;感情丰富对含蓄
求新性	富于想象对务实;寻求变化对遵守惯例;自主对顺从
随和性	热心对无情;信赖对怀疑;乐于助人对不合作
尽责性	有序对无序;谨慎细心对粗心大意;自律对意志薄弱

4. 认知个性理论和自我观念

认知个性理论认为,每个人的个性不同是由于人们信息加工方式的不同造成的。由于个体已经发展了比较固定的用于社交情境中的加工信息的方式,所以个体对社交活动总是有相同的反应。心理学家米歇尔认为,个体遇到的事件会与一个复杂的认知—情感部分相互作用,并最终决定个体的行为。在这个模型中,认知—情感部分是指所有的心理表象,它由个体的各种特殊的元素组成。这些心理表象可以分成五类,见表8-3。

表8-3 米歇尔个体系统中的认知—情感部分

编码	对有关自我和个体周围的信息进行编码,并对编码进行建构
预期和信念	对特定情境中将发生什么、会有什么后果及个体的影响力进行预测
情感	感觉、情绪和情绪反应
目标和价值	个体目标、价值以及人生规划
能力和自我调节计划	对变化和保持个体行为、人际状态的知觉能力、计划和策划

情境会引发个体的行为,而个体的行为也会反过来作用于情境。个体独特的心理表现决定了不同的行为模式,即使相同个体处在相同的情境中,也可能由于情感等的不同导致行为的不同。认知心理学家运用个体对有关信息的心理表象的差异来解释个性差异,这些表象也被称为认知结构,即不同的认知结构决定了个性差异。还有些心理学家认为个性差异来源于个体拥有的不同的固定图式。图式指的是能帮助人们知觉、组织、获得和利用信息的认知结构。它的作用:(1)帮助个体了解周围环境的特点;(2)提供组织信息、把握信息的结构。个体图式的不同导致认识和行动的差异。

从以上介绍中我们可以看出,如果掌握了广告受众的认知结构和固定图式,就可以了解他们的个性心理,从而把握他们的购买行为。事实上,在分析不同文化区域人们的个性差异时,经常从他们的认知结构入手。例如,外国历史学家就认为,中国社会中处于支配地位的儒家学说造成了中国人中庸守成、尊重权威和轻视变革的性格。

自我观念也称作自我概念或自我意象,它是个体对自己的主观认识和评价。由于个体对自己的认识和评价并不一定符合实际,因而自我观念具有很多形式。它可以分为实际自我、理想自我、社会自我、理想社会自我、期望自我和情境自我等六个基本部分,见表8-4。

表 8-4　自我观念的不同层面

实际自我	个体如实地认识自己
理想自我	个体喜欢如何感知自己
社会自我	个体如何看待别人对自己的评价
理想社会自我	个体希望别人怎样看待自己
期望自我	介于实际自我和理想自我之间的自我形象
情境自我	特定情境中的自我形象

自我观念的发展过程可以从自我评价、反应评价、社会比较和偏见这四个主要观点来叙述。

(1) 自我评价。人们经常以社会是否接受来判断自己的主要行为，以此来形成自我观念。通过对自己行为的接受和不接受的反复验证就形成了有关的自我观念，这种自我观念对于自己观察后来的行为，又起着举足轻重的作用。

(2) 反映评价。这种理论的要点是以别人的模式来评价自己。别人的模式对自己评价的影响既依赖于评价者的特点，也依赖于他们所作的评价。

(3) 社会比较。社会比较理论认为反应评价的自我发展是消极被动的，它主张自我观念是通过与他人的关系、观察自己而形成的。个体的自我评价有赖于他们对自己所处社会地位的认识。

(4) 偏见。这种理论认为自我观念能得到发展是因为人们往往从外界环境中选择与自己愿望相符合的信息，而摒弃与自己愿望相矛盾的信息，以此来证明自己的愿望是合理的。因而偏见常常从自己喜欢的角度来看待自己，无法保证观察的客观性。对消费者行为影响最大的是实际自我和理想自我，他们决定着消费者现在和未来的主要消费行为。

5．个性三要素理论

有心理学者认为，个体的成功或自我实现取决于个体的人格力。人格力可以细分为三种：智慧力、道德力和意志力。智慧力就是个体吸取、接收信息并对信息进行有效加工的能力；所谓有效，是指有助于个体正常满足需要，并让需要满足向自我实现的方向发展。道德力是指个体对自我、他人、社会、人类、大自然、宇宙以及存在本身的一种真诚的态度和能力；一个人对自我以及他所存在的一切环境和规律的态度越真诚，以及这种真诚的表达能力越强，他的道德力就越强。意志力是人在为达到既定目标的活动中，自觉行动、坚持不懈、克服困难所表现出来的心理素质。

一个人的人格力状况、人格力类型及其潜能发挥的关系可以用三角形来形象地表示：智慧力、道德力、意志力各为三角形的一条边。三角形的面积就是潜能发挥的程度；三条边缺一条就没有面积，这种没有面积即没有人格力的状况是很难想象的。在周长相同的三角形中，等边三角形的面积最大，因而人格力需要平衡发展，需要协同发挥作用。如果一个人三种人格力都很强，而且很平均，那么他的人格就可以称为"金三角"人格，见图 8-7。

图 8-7 "金三角"人格

（二）消费者创新性和相关个性特征

消费者创新性对于消费者态度的形成和改变具有重要意义。创新程度高的消费者相较于创新程度低的消费者，更容易认识、了解和接受新产品，并且采取行动。同时，创新性强的消费者往往扮演意见领袖的角色，在创新和扩散的过程中对其他的消费者起带动、鼓励和指导的作用。在很多情况下，创新性消费者对于产品和服务的推广成败具有十分重要的影响。消费者创新性的个性特征表现在以下一些方面：

1. 冒险性

冒险性是消费者创新性的一个重要方面。冒险性程度高的人对不确定性的容忍程度高，他们勇于面对失败或批评，愿意尝试新的、不熟悉的事物，喜欢选择新产品。他们在处理事情的时候，敢于猜测，能够在杂乱的情境下完成任务，一旦形成观点和作出决定，敢于为自己的观点辩护。

2. 好奇心

好奇心是创新过程中不可或缺的一部分。富有好奇心的人有着追根究底的精神，他们能够知觉到的革新产品的范畴有别于其他产品的范畴，宽度更广，因而可以更快更多地了解新产品。为了解决问题，他们会想出很多办法，因而显得主意多。他们常常为思索事物的奥妙着迷，并能在思考问题的过程中把握住特殊现象，并观察结果。

3. 想象力

想象是创新过程中的一部分，它能把事物视觉化并建立心像，而且往往伴随着直觉的推测过程。想象力能够超越感官和现实的界限。在认识和接受新事物的过程中，更多的想象力会使效率更高、速度更快。

4. 挑战性

富于挑战性的个体不呆板，更有灵活性，会寻找各种可能性。他们能寻求各种途径了解事情的可能性与现实间的差距，在杂乱中理出头绪。他们愿意探究复杂的问题或主意。

消费者创新性的个性特征来源于包括以上特征的一些因素，而最终会归结于消费者在购买行动中更加开明、更愿意受自主意识的支配，并愿意承担购买行为的风险等。

第二节 广告受众群的接受心理

群体是具有相同特性的个体的集合。霍金斯、贝斯特和科尼在《消费者行为学》(第8版)中对群体的定义如下:群体由两个或两个以上具有一套共同的规范、价值观或信念的个人组成,他们彼此之间存在着隐含的或明确的关系,因而其行为是相互依赖的。而基于消费所形成的群体或消费亚文化,指的是这样一个独特的社会群体,该群体对某种产品、品牌或消费活动具有共同的兴趣和鉴赏力。① 同样地,相同层次的群体在消费需求、价值观念、生活方式、媒体接触等方面都表现出相似特征,进而形成各个群体独特的广告接受心理。

广告作为商业宣传的一种形式,其基本原则之一就是要有的放矢,将有效的广告信息传达给相应的广告受众群,并切合这部分广告受众的心理需要,直至将广告受众转化成潜在的消费者。本节内容以广告受众的年龄、地域、性别、职业和收入为划分界限,将广告受众群分为不同的消费亚文化群体,来分析不同广告受众群独特的广告接受心理。

一、广告受众的年龄心理

以年龄作为划分依据,可以将广告受众划分为儿童、少年、青年、中年、老年五个年龄阶段的广告受众群体。然而,各个年龄阶段上限和下限的确定是十分困难的,因为迄今为止国际组织、世界各国都尚无明确统一的界定。以青年年龄的界定为例,国际组织和我国的有关界定是不同的,甚至不同的国际组织也有不同的标准。如联合国教科文组织1982年规定14—34岁人群为青年人,世界卫生组织1992年规定14—44岁人群为青年人,而联合国人口基金组织1998年规定14—24岁人群为青年人。在本书中,笔者从广告受众不同的消费心理和消费特点出发,大致将我国五个年龄阶段的广告受众界定如下:6—12岁为儿童期,12—18岁为少年期,18—30岁为青年期,30—60岁为中年期,60岁以上为老年期。

以上五个年龄阶段的广告受众分属于心理、生理不同的发展阶段,在教育、兴趣、爱好、阅历等方面存在很大的差异,所关注的广告信息也是不同的。所以,把握不同年龄阶段广告受众群的生活形态、消费方式、媒体接触习惯等特点,对于了解他们不同的广告接受心理是十分必要的。

(一) 儿童接受广告的心理

儿童具有很强的学习性、模仿性,并且有了初步的认知能力,但仍然缺乏明辨是非的能力;对父母和家庭的依赖感强,渴望受到家人特别是母亲的关注。现在的儿童成长于"421"家庭(既有来自爷爷、奶奶、姥姥、姥爷的宠爱,也有来自父母的疼爱),是整个大家

---

① 〔美〕德尔·I.霍金斯等著,符国群等译:《消费者行为学》(第8版),机械工业出版社2003年版,第211页。

庭的核心。他们的购买要求会得到最大的满足,相当多的父母会不惜代价给自己的孩子提供最好的学习、生活用品,所以有人将儿童市场这一极具潜力的市场称为"太阳市场"。儿童喜爱活泼的语言、音乐和色彩,常凭感性、感觉消费,是冲动型的消费者。同时,儿童在购物上具有依赖性,他们往往只是指明需要什么,而由成年人决定买什么品牌和何处购买,所以儿童用品的广告要兼具打动孩子和父母的功力。儿童最经常接触的广告媒体是电视。

针对儿童的广告,应该力求做到构图简单、色彩明快、音乐活泼、广告语简明且朗朗上口,以增加广告的趣味性,吸引他们的注意。广告内容可以体现家庭对孩子的关爱,以及亲切的伙伴关系等。广告中的3B原则对于儿童也是十分适用的。健康活泼的宝宝、漂亮亲切的妈妈、间或有可爱动人的卡通图像和可爱动物的出镜,很能吸引孩子们的眼球,引发他们愉快的联想。

对于广告如何向儿童诉求的情况,肯·罗曼和珍·曼丝在《如何做广告》中,总结了五点经验[①]:

(1)使产品有意思,使广告有趣味。例如在电视广告制作中,有时广告主角是以动画方式来表现的,通过有趣的动漫人物造型吸引孩子们的注意。

(2)展现产品的真实情况,因为儿童喜欢现实真相。调查表明,儿童对广告的信任和喜好程度正相关,相信广告内容的儿童会比较喜欢广告。

(3)为产品创造人物个性。孩子也是好简恶烦的,有个性的产品才能赢得他们的喜爱。

(4)音乐是关键。事实上,音乐是人们共同的语言。在儿童产品的广告中,我们经常可以听到童谣或儿童歌曲,一旦这些童谣或儿童歌曲在孩子中间传唱,他们会很容易记住这一产品。如"小霸王学习机"的《拍手篇》恰到好处地运用了童谣形式对产品功能进行诉求,"娃哈哈果奶"广告中的歌曲也颇具代表性。

(5)慎用角色。儿童还缺乏对外界信息独立筛选、过滤的能力,如果广告中直接以使用产品的儿童形象进行诱导说服,要避免广告内容对儿童的误导。所以广告中的儿童应该对长辈或他人表示尊敬,而不应该表现不适宜的行为,包括饮酒与吸烟等。

(二)少年接受广告的心理

少年时期是从儿童向青年过渡的时期,生理上还在经历第二次的发育高峰,对异性开始了初步的关注。这一时期,他们内心敏感,自我意识强烈,非常关心别人对自己的评价;在心理上对他们施加影响的因素,除了日趋紧张的学业压力,还有家庭和社会的因素。他们既渴望来自父母的爱,又渴望挑战家长的权威,部分少年则表现出很强的叛逆性,需要积极加以引导。他们虽然没有经济收入,但是掌握一定的可支配收入,具有一定的消费能力;在购买过程中希望依从自我的判断,购买行为趋向于独立。

---

① 转引自何佳讯:《现代广告案例——理论与评析》,复旦大学出版社1998年版,第354页。

此外,他们还崇尚运动精神和自我表现,喜欢休闲生活,对快餐、瓶装饮料、音乐、电影光碟、电子产品和时尚杂志十分钟情,生活方式新潮,是我们所称的"新新人类"、"E一代"。少年经常接触的广告媒体主要有互联网、电视、报纸及杂志。少年对广告的接受心理主要有如下特征:

(1) 对"酷"的概念十分推崇。所谓"酷"的精神,就是有能力、爱运动且外表冷漠。这是一种少年人群中力求表现的个性,可以在企业推出广告形象和制作广告语的过程中加以利用:广告形象的服装造型和化妆要前卫、个性,广告语要符合少年潜意识的感性生活主张,如耐克的"Just Do It"、李宁的"一切皆有可能"。又如,光明牛奶的广告《足球篇》(见图8-8)和《跳高篇》(见图8-9)。《足球篇》表现的是:一个小男孩仰望天空。一只足球从天而降,他一脚将它踢了上去。随后抬起头再次等待足球的落下。于是广告语出现:"要长得更壮?多喝光明学生奶"。而《跳高篇》表现的是:一个体育老师在跳高杆旁吹响哨声,只见一个孩子高高跃起,轻松地落在了跳高杆的另一边。于是广告语出现:"要长得壮?多喝光明学生奶"。其广告播出后反应非常好,其中无疑有着"酷"的诉求成功的因素。

图8-8 光明牛奶广告《足球篇》

图8-9 光明牛奶广告《跳高篇》

(2) 崇拜某些影视、音乐及体育明星。在广告的接受过程中表现为信任并购买明星所代言的产品,以期和明星取得心理上的关联。所以针对少年的广告可以考虑明星代言的方式,来扩大产品的影响力。如百事可乐就将自己定位为年青一代人的可乐,聘请当前最受年轻人欢迎的明星来为产品注入青春活力的个性特征。

(3) 购买行为容易冲动,有比较明显的情绪化倾向。广告设计的节奏要求简单明快,具有强烈的煽动和情绪感染力。例如在七喜饮料广告中,一个头发像过了电似的弯曲的漫画人物,骨瘦如柴,穿着特大号的皮靴,全身只有黑白两种颜色,与其相衬的是绿色的七喜饮料罐。这一形象不断出现在报纸、杂志、电视及POP广告上。由于他自身形象的奇特和叛逆,再加上"喝七喜,做自己"这样的广告语,使得刚进入青春期的少年群体产生极大的认同感和喜爱之情。

(三) 青年人接受广告的心理

青年较之少年,心理和生理进入一个比较成熟的阶段。至此阶段,基础义务教育和中等教育已经完成,部分人进入大学继续深造,部分人则刚刚走上工作岗位。无论是大学生还是初入社会的年轻人,消费能力和消费意识都具有明显的独立性。青年人开始进入婚恋期,未婚青年在恋爱方面、已婚青年在婚庆和家居方面的投资不菲。同时,父母尚有一定的收入,大多数人的家庭负担不重。和中老年人相比,青年人的个人平均收入并不高,但经济收入中直接用于自身消费的比重最大。和物质短缺时代"储蓄型"的父母比起来,他们具有更新的消费观念,具有代表性的是"月光族"(他们每个月花掉几乎所有的薪水)的产生。有些青年人甚至愿意以分期付款和贷款的方式提前消费未来的收入。他们的购买力、购买欲望、购买心理与传统的消费者之间的差异,影响了整个营销体系。青年经常接触的广告媒体和少年基本相同,主要有互联网、电视、报纸及杂志等。

总的来说,青年人的广告接受心理主要表现为:

(1) 求美、求名、求新。物质短缺时代,购买是为了满足使用效用,是因为求"有用性"而买;而现在的青年人在边际效用递减的情况下,受求美和求名心理的影响,还是会购买最新上市的服装和最新款式的手机。他们不惜超值购买名牌产品,对商品的需求反映出时代化和高档化的倾向。

(2) 追求个性和时尚。由于青年人十分注意自我形象,尤其身处同龄的异性之中,总是力图博得异性的好感,因此,他们总是喜爱能表现自我的个性化的商品。同时,他们是时尚的追随者,广告应使用适当的语言、音乐和形象,提供时尚方面的建议。

(3) 憧憬美好的爱情。爱情是人类永恒的主题,而美好的爱情似乎一直都是青年人的专利。正是利用青年人的这一心理特性,食品、化妆品等商品的广告创意有时会利用爱情这类主题,以取到良好的诱导说服效果。如水晶之恋果冻的"明天你还爱我吗",清嘴含片的"想知道亲嘴的味道吗",金帝巧克力的"金帝巧克力,只给最爱的人"。

文本卡片 8-1

代沟,行为方式的断裂

所谓代沟,是指由于时代和环境条件的急遽变化,社会发展的进程发生中断或模式发生转型,从而导致不同代人之间在社会的拥有方面以及价值观念、行为取向的选择方面所出现的差异、隔阂及至冲突的社会现象。

> 说来有趣,在上一代人对下一代人进行社会教化的时候,他们往往不曾想过也不愿想到他们培养出自己的异己力量或曰叛逆。但事实确乎如此,哪怕是在文化变迁较慢的社会也存在代与代之间的隔阂与冲突,而在社会发生急遽变动的时代则更是如此。这也是第二次世界大战以来,代沟成为世界性的社会问题的缘故。著名社会学家费孝通教授曾指出 19 世纪上半叶的中国所带来的代亲之间的冲突:子女时常觉得父母的过分干涉没有道理,甚至感到压迫,父母代表着吃人的礼教。在父母看来,子女不能体恤他们,倔强,不肯顺服,进而觉得悖逆、不孝,是大逆不道的逆障。
>
> 在近年的一项中国市民调查中,其代沟特征显示为:(1) 个体所具有的社会价值(如文化程度、职业地位、家庭背景、收入等)的高低与其对代沟的理解与肯定具有正相关关系;(2) 不同代人之间的年龄差距越大、文化程度相距越远,代沟现象越明显;(3) 代沟的主体——老年人和青年人在互动中各自的地位和作用是不对称的,即前者处于主导地位,后者处于从属地位;(4) 中庸的民族性格对中国的代沟现象起着一定的缓解和调节作用;(5) 在不同代人的对立中,青年一代开始在文化方面占优势,具体表现为"文化反哺"现象的出现。
>
> 对待代沟的看法应该是:其一,代沟现象是社会历史变迁和进步在人的社会行为方式上的必然反映。因为,每个时代都呼唤出他所需要的一代人,它不仅为他们提供新的冲动、新的需要,为一代人的形成准备条件,同时也规定了他们发展的界限。其二,尽管代沟现象反映了两代人之间在价值观和行为方式上的分歧与差异,但这种分歧与差异并不是绝对的。如此则为两代人的相互理解、相互对话和倾听提供了现实的可能性。
>
> 资料来源:周晓红,《现代社会心理学》,上海人民出版社 1997 年版,第 536—541 页。

(四) 中年人接受广告的心理

中年人业已进入最具有经济实力和社会地位的年龄阶段,理应成为最有消费力的群体。但由于其肩负抚养子女、赡养老人的重任,同时受旧有的短缺时代培养的"勤俭"消费习惯的影响,自身消费是不太奢侈的,而更多的是关注家庭消费。同时,随着他们阅历的增多,对于一般性广告有拒绝、怀疑心理。在消费品选择上,他们注重实用和实惠,对价格敏感,是理性的消费者。他们还喜欢传统文化,注重家庭关系。中年人经常接触的媒体主要有报纸、杂志、电视等。

针对中年人的广告,对产品功用的介绍不可夸张失实,广告语力求使他们产生共鸣。电视广告可以考虑用传统文化、民族文化符号来诠释产品内涵,如孔府家酒广告、南方黑芝麻糊广告,或者采用以普通老百姓为广告主角的消费者证言广告。大众化生活用品也可以定位于这一年龄段的消费者。例如,大宝护肤品强调的"价格实惠,量也足",有效地与高档化妆品进行了市场区隔。

（五）老年人接受广告的心理

进入老年期后，人要经历体力及社会地位的丧失带来的无助感和寂寞感，希望得到子女的理解和陪伴。老年人由于生理和心理上的原因，渴望健康长寿，注重商品对身体的影响，购买也呈现老年化特征（如追求健康长寿的保健品），一般来说购买心理也比较稳健。另外，由于其怀旧心理强烈，习惯性购买倾向比较明显。

部分老年人由于辛苦跋涉了一辈子，待子女成年后，子女的经济状况良好，自己也有了一定的积蓄，反观自己青年时代的过分节俭，产生了一种补偿性消费心理，除对保健品十分热衷外，还注重其他的物质和精神生活的享受，因此，形成了发展势头良好的"银发市场"。老年人经常接触的媒体主要有报纸、广播、电视等。

针对老年人特殊的广告接受心理，广告可以强调产品的方便、舒适性，宣扬孝文化，酝酿怀旧情绪。广告基调或者宁静祥和，贴和老年人平和的心境；或者喜庆热闹，含有吉祥的口彩和征兆。如果以告知实用性生活常识、健康养生的方法为切入口，也能很好地吸引老年人的注意力。对于具有补偿性消费心理的老年人，广告要肯定他们积极的消费观念，声明老年人更应该享受生活的乐趣，鼓励他们自我意识的觉醒，使他们能感受到社会、家庭对老年人群体的关注，达到和老年广告受众沟通的广告效果。

二、广告受众的地域心理

不同的地域有不同的消费环境和文化特征，下面以我国城乡居民以及东西方国家广告受众为例，探讨地域对广告受众接受心理的影响。

（一）城乡居民广告接受心理

在中国，国民有"非农业人口"与"农业人口"两种身份和待遇，城乡分割形成两种社会——城市和农村。城市和农村仿佛是两个完全不同的世界：一些大城市一眼看上去与西方发达国家的城市没有区别，高楼大厦林立，新鲜事物频出，如磁悬浮列车的开通和信用卡的普及等，甚至让初次来访的外国人都感到惊奇；但一走进人口占中国总人口三分之二的农村，人们看到的往往是这样的情景：村庄里连公路都没有通，农户家里没有电话，有的甚至连电灯都没有。

中国城乡二元结构反映出来的城乡差别是巨大的。在这些城乡差别中，城乡居民的收入差别尤为明显。

1. 城乡居民收入差距

我国农村居民收入水平与城市居民相比一直存在着明显的差距，主要原因是：（1）农村居民与城市居民的收入来源不同。农民主要以农业为收入来源，农业抵抗自然灾害的能力比较弱，市场风险比较大。另外，农业生产有季节性，农闲时农民外出打工所得收入也极不稳定。而城市居民的收入呈现多样化特征，主要收入是来自于国有经济、集体经济、其他经济中的工资收入，此外还有部分财产性收入、个体经营净收入、转移性收入等工资外收入。（2）农村居民同城市居民在教育、医疗、福利等方面享受完全不同的待遇。农村基础设施薄弱,一些原本由社会承担的义务教育、医疗卫生服务等投资和费用也要由农民自己来承担,加重了农民的负担。而城市居民享受着住房、教育补贴、医疗保障和养老保障等福利。

据计算,近年城乡居民收入比率在2.27—2.47之间波动,年城乡居民收入差距对全国总收入差距的贡献一直保持在57.57%—59.84%之间;在统一标准下,城镇居民处于中上收入阶层,而农村居民则处于中下收入阶层。城乡收入差距已经成为中国居民总体收入差距的主体部分。① 目前农民收入与耐用消费品的拥有量与城镇居民十年前大体相当。收入水平的高低直接决定了居民消费能力的大小,也决定了居民消费方式的不同。

2. 城乡居民消费方式的差别

我国城乡居民受收入水平的制约所表现出的消费方式的差别如下:

(1) 城乡居民的消费结构不同。消费结构是指人们在消费过程中所消耗的不同的生活资料(含劳务)的数量比例关系。"民以食为天",在所有的消费资料中,食物是最重要和最基本的。因此,消费结构一般用总支出中食品支出所占的百分比即恩格尔系数来表示。恩格尔系数即食品支出占消费支出的比重,是国际上通行的用来衡量人民生活水平高低的指标。联合国粮农组织将恩格尔系数作为判别生活水平的标准,如表8-5所示。②

表8-5 判别生活水平的恩格尔系数标准

恩格尔系数(%)	生活水平
30 以下	最富裕
30—40	富裕
40—50	小康
50—60	勉强度日
60 以上	绝对贫困

从表8-5可以看出,恩格尔系数越小,生活水平越高。1990年,我国城镇和农村居民的恩格尔系数分别是54.2%和58.8%。到2000年,我国城乡居民恩格尔系数首次低于50%,进入小康水平。2001年,我国城镇和农村居民家庭恩格尔系数又分别降到37.9%和47.7%。显而易见,虽然城乡居民生活水平都有了显著的提高,但城乡恩格尔系数差距加大了,也就是说城乡居民的生活水平差距进一步拉大了。

(2) 城乡居民的消费需求层次不同。农村居民收入主要用于购买基本生活必需品,即衣、食、住、行等最基本的生活资料;而城市居民收入用于购买基本生活必需品的支出比重日趋减少,用于发展型、享受型消费项目的支出比重日趋增大。

(3) 城乡居民的消费观念的更新速度不同。农村的消费信息相对比较闭塞,消费观念相对比较保守和滞后;而在城市,新的消费观念容易被接受,新的消费热点不断形成,如健身消费、美容消费等等。

---

① 孙凤:《消费者行为数量研究》,上海三联出版社和上海人民出版社2002年版,第232页。
② 杜吉泽、程钧谟:《市场分析》,经济科学出版社2001年版,第479页。

3. 城乡居民的广告接受心理

（1）从城乡居民的媒体接触来看,城乡居民在日常生活中经常接触到的广告媒体不同。城市居民与报纸、杂志、广播、电视、户外等各种广告媒体接触频繁,而农村居民与印刷类媒体接触较少,主要接触的广告媒体是电视和广播。广告制作者必须根据不同的目标市场选择有效的媒体来投放广告。

（2）从广告对城乡居民的劝服效果来看,对城乡居民使用的广告策略应该有所区分。城市居民乐于接受新的消费观念和消费形式,因此广告制作者需要对城市居民潜在的消费需求进行诱导,通过倡导新的消费观念,促使城市居民形成新的消费热点。而农村居民重家族、重亲邻的特点使口碑传播十分有效,此时,广告在商品终端的拦截显得尤为重要。

（3）从广告创意的选择来看,广告创意要照顾到城乡居民不同的需求。城市居民重享受和自我发展,广告要给予商品更多的个性特征,如高档化商品的广告要强调产品使用者的地位和渲染产品使用的氛围。而农村居民对价格敏感,注重产品实效而不是心理效应,需要以产品的功能特点和价格优势作为广告主要的诉求内容。

（二）东西方广告接受心理

广告从本质上来说是一种信息传播的手段,要将产品性能、价格、企业情况等传达给广告受众,广告受众就有一个对广告信息的接受心理和接受习惯的问题。特定的政治、历史形成特定的文化氛围,每个人都是在特定的文化氛围中成长的,故特定的政治、历史势必会影响到这一文化区域内的人们对世界的看法、思维的方式、审美的情趣。东西方独特的历史发展进程决定其不同的文化传统和文化习惯,也造就了东西方广告受众不同的接受心理,具体表现在:

（1）东方广告受众喜欢体现浓厚人情味和传统文化的广告,西方广告受众喜欢强调个性自由、张扬自我、凸现个人价值的广告。以酒文化为例,中国的酒文化既是偏重于集体主义的,讲究的是呼朋引伴、开怀畅饮、豪气冲天;也是偏重于男性主义的,酒类广告中出现的女性形象都是男性角色的陪衬,或是帝王于臣子的附庸之下,召唤美女呈上美酒;或是功得意满的国足教练于球迷们的欢呼声中,手执"福酒",与众同饮。而西方的酒文化则是个性主义的、中性的。即使是在喧闹的酒吧中,主人公想必也是独坐一隅,细细品味,同时女性也可以是酒文化的诠释者。

（2）东方广告受众并不很欣赏过分夸大产品性能的幽默性广告,而这类广告一般能得到西方广告受众的认同,契合他们特有的幽默感。我们选取两则西方国家的广告来看夸张和幽默手法在西方广告中的应用。一则是某品牌的婴儿纸尿裤广告,为了表现产品的吸水性,出现了这样的画面:在浅海处和婴儿嬉戏的父亲,沉浸在不停地把婴儿举起再放下的亲子游戏中,当他最后把婴儿放到海水中时,整个大海慢慢地干涸。另一则是 Lynx 剃须刀的电视广告:一个自命不凡的英俊男人,用 Lynx 剃须刀刮好胡子,细心地装扮一番后,漫不经心地用嘴叼着一根火柴出门赴约。席间,他想要在女友面前表演火柴在胡须上划燃的绝招,但却尴尬地失败了。而女友则夺过火柴,在腋下轻松划燃。Lynx 剃须刀干净除须的特性在这样诙谐的气氛中轻松地表现出来。

（3）东方广告受众已经习惯于广告直接把产品的功用效能或产品的品牌口号进行简单明了的告知，而西方广告受众对标新立异、有复杂创意的广告更为欣赏。我们来看看耐克运动鞋电视广告的创意：如同电影《尖声惊叫》的情节，一女子被一持电锯刀的恶人追杀，生死悬于一线，忽然，恶人停下了脚步，双手颓然放下，叹息不已，终于放弃了行动……此时字幕出现了：为什么要运动？运动让你活得更久。

（4）东方广告受众对性暗示的广告接受程度十分有限，而西方广告受众对较为开放的性暗示广告显示出更大的包容性。国外某品牌的剃须泡沫液广告：一女郎手举该品牌的剃须泡沫液，温柔地对着镜头，一遍一遍性感地重复："把它们刮下，把它们都刮下！"在该产品的另一则电视广告中，这名妙龄女郎为一个长满络腮胡子好像是刚从监狱释放出来的男子剃须，那个人一边任她摆布，一边深情地看着她，最后告诉她："我已8年没看见女人了！"虽然广告直白的性暗示，曾拨动过无数西方受众的心弦，但是，假如这样的广告出现在中国，恐怕是难逃禁播的厄运的。

三、广告受众的性别心理

人类社会由男人和女人所组成。性别差异起源于社会、文化和家庭对两性的不同期望。由于性别角色的不同，社会对其评价系统和价值取向也不同。因此，性别差异也形成了广告受众不同的广告接受心理。这里所说的男性和女性广告受众，是指16岁以上的成年男性和女性。

（一）男性广告受众的接受心理

现代社会大多是以男性占据主导地位的。社会对男性的要求是刚强、独立、自主，并且以事业发展及社会地位来衡量其价值大小。男性希望自己是果断的、意志型的，对事物能作出理智客观的判断。在家庭中，男性一般是具有更高的文化程度、更多的经济收入的一方。他们对与知识技能有关的发展类和自我表现类的消费品需求强烈，对竞技型体育更为痴迷。

（1）以男性为主要受众的广告应赋予产品更多的男性气质，向男性广告受众传递这样的信息，即该产品的使用者是成功、自信的男人，即使暂时遭受挫折，也决不气馁。李奥·贝纳在万宝路香烟的广告中一再用美国西部牛仔形象来强调万宝路的男子汉气概，以吸引所有喜爱、欣赏、追求这种气概的男性消费者。粗犷帅气的西部牛仔形象已经成为万宝路香烟最鲜活的品牌资产。

（2）男性对商品功能的了解能力优于女性，他们能更多地从广告宣传中获得商品的信息，是理智型的消费者。因此，男性在高档消费品的选购方面成为直接或主要的决策者。强调功能性、技术性的数字化电子产品和高档耐用品最好以成年男性作为主要的诉求对象，并提供尽可能详尽、准确的产品功能信息。

（3）赞助重要的体育赛事是吸引男性关注的捷径。著名的体育用品制造商耐克就很好地运用了这一广告策略,其产品在重大的赛事中频频亮相。在1994年美国世界杯足球赛巴西队与意大利队的冠军争夺赛中,场上的22名球员中,有11名穿着耐克足球鞋。

(4) 以令人感动的关怀与男性消费者沟通。男性相比女性承担着更多的家庭和社会的压力。他们虽然肩负多重压力也不轻易地向他人诉说,其实他们内心有着不为人知的脆弱一面,渴望获得社会的理解。三九胃泰的广告语"其实男人更需要关怀",道出了现代社会中倍感疲惫的男性群体的心声,使男性消费者与产品建立了和谐的关系。

(二) 女性广告受众的接受心理

在传统的性别模式中,女性是被动、依赖和富于爱心的。她们注重人际关系,更喜欢群体活动,注重自己的外表和在人群中的受欢迎程度超过男性。她们往往是家庭购买一般生活用品的决定者和实现者。女性是更为感性和情绪化的,既憧憬美妙浪漫的爱情,又缺乏自信、害怕受伤。现代成年女性通常扮演着多种角色,如家庭角色、工作角色、学习角色、社交角色等,这诸多角色的冲突使她们向往简单、便利的生活模式。此外,女人的感性和群聚性,使得她们一经使用某种产品并获得满意,就不仅会成为品牌的忠诚者,还会成为最佳的口碑传播者。女性广告受众的接受心理主要有:

(1) 求美心理。女性无一不是美丽的囚徒,一个关于美丽的承诺就可以让女性消费者纷纷购买。所以现在洗发水广告的创意策略中几乎都有一个与美丽有关的USP。比如,饮料产品广告不宣传解渴和美味,而是制造与美丽的关联——统一鲜橙多说"多喝多漂亮"。又如,某品牌椰汁说喝了以后能使皮肤更白皙。在飘影洗发水的一则广告(见图8-10)中,广告从视觉和触觉两个角度来表现秀发顺爽,有很强的立体感。鼠标垫对平滑度的要求是很高的,而使用飘影洗发水的秀发是如此出众,连鼠标垫对这样的秀发都无可挑剔了。它摆脱了一般美发洗发类广告千篇一律走美女俊男的路线,有脱颖而出之感,显出类拔萃之效,是同类作品中不可多得的佳作,更满足了女性求美的心理。

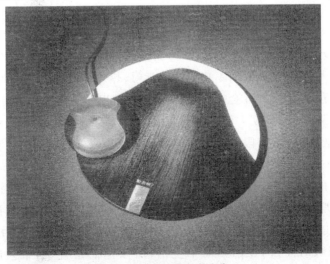

图 8-10 飘影洗发水广告

（2）多重角色扮演造成的时间冲突使女性向往和追求便利。力士针对女性的这一需求研制出"弹力呈形因子"，并于1993年推出新的双效洗发乳，该产品的卖点就是"轻松恢复漂亮发型"。

（3）希望生活多变化和有新的体验，突破传统角色定位的束缚。耐克刊登在女性时尚杂志上的广告就显示了它对于女性消费者的理解："在你的一生中，有人总认为你不能干这不能干那，他们总说你不行，除非你自己证明你行。"广告中并没有对产品的功能展开诉求，但因为贴近女性的内心世界而使耐克在女性市场的销售额表现非凡。

（4）情感心理。女人在购买时的联想力是惊人的，除了考虑自己，还会考虑亲人和朋友，如果广告能给予她们以恋人、夫妻情感及母爱方面的诉求，一定能打动无数的女性消费者。如信华毛料服装的广告这样对女性消费者说："何不趁现在秋末冬初之际，拿出您的私房钱来替他买一套，让他穿上您的爱心过个温暖的冬天呢。"

（5）对价格因素较男性敏感，力图以最少的支出换取更多的产品和服务。因此，在一些产品上突出价格的优势，能更好地刺激女性的购买欲望，产生良好的促销效果。比如节日期间的打折促销广告，再比如某家用电冰箱的广告："大而省电，双料冠军"，均有效地利用了价格策略对女性消费者进行诉求。

四、广告受众的职业心理

当我们推测一个人的生活方式时，总是要了解其从事的职业类型，因为职业代表了一个人的社会地位和收入水平。一个人的工作类型以及与其共事的同事的类型直接影响着他的价值观、生活方式和消费过程的各个方面，进而影响着他们的广告接受心理。

（一）"白领"广告受众的心理

"白领"是一个特殊阶层，是指在大型外企、上市公司或发展势头良好的民营企业工作的员工，具有一定的教育背景、薪资待遇，同时坚持再学习的理念。按照美国的标准，白领是指年薪8万美元，从事纯粹脑力劳动的人。在我国，"白领"是中产阶级的重要组成部分。他们的工作环境优越，穿着得体，讲求体面；他们对社会竞争的体验深刻，向往通过职业提升进入高收入阶层，业余时间不忘充电和学习，热衷于参加各种职业和技能培训；他们受过良好的教育，关注一些社会热点问题，生活方式积极健康，是新型消费者的代表；他们既崇尚小资情调又十分现实。但是由于市场机制的深入，以及住房、医疗和社会保障制度改革的推行，他们必须在有限收入的基础上仔细权衡眼前的消费欲望和未来不确定性支出的关系。

"白领"阶层的广告受众心理特征是：(1)喜欢小资情调，追求精致时尚，但不喜欢怪异和过分前卫。广告制作应以形象和语言突出品牌的使用氛围。(2)重视环保和公益问题。如果企业通过公益活动等提升了企业形象，那么其产品将会得到"白领"阶层更多的青睐。(3)在闲暇时间，向往回归简单生活，所以他们是宜家、布艺店的忠实顾客。(4)向往高收入社会阶层的生活和消费方式，因而热衷于订阅《时尚》、《ELLE》等时尚类杂志。如果广告选择在这类媒体上刊登,可以收到很好的注意率。

(二)"蓝领"广告受众的心理

"蓝领"阶层,包括工厂的熟练和半熟练工人、服务业职员、低层次销售员等。他们的工资水平不高,据有关统计,"蓝领"的工资通常不高于1000元。而且由于文化层次和技能水平低,他们无法在职业和收入上有大的超越,大多数只求安稳和维持现状,收入仅够维持基本生活。他们的住房条件简陋,对家居环境不太讲究。

"蓝领"阶层的广告受众心理特征是:(1)由于"蓝领"仍然在都市中生活,虽然收入比较低,但基本需求与其他阶层是一致的,加上他们能通过多种渠道接受各类消费信息,所以对于一般性的生活必需品,如食用油、洗发水等,还是会选择品牌消费。但是他们并非品牌的追随者,会因为低价格和促销的吸引而转换品牌。广告可以通过价格策略拦截"蓝领"消费者,促使他们进行品牌的转换。(2)对本阶层的人有特别的熟悉和信任感。广告可以用"蓝领"阶层消费者的现身说法来赢得他们的好感。

五、广告受众的收入心理

在社会生活中,不同阶层的收入高低影响了其价值观、兴趣爱好和行为方式。法国社会学家皮埃尔·布尔德在1979年出版的《细微差别——社会判断力批判》这部代表作中,分析了法国不同社会阶层的生活方式。布尔德认为,每个社会阶层都按照自己的价值观和原则生活,这种价值观和原则来自家庭和学校并得到强化,其作用就是突出与其他阶层的距离。一个阶层的人是不能完全理解另外一个阶层的人的感觉和价值定式的,因为每个阶层的人都是透过自己的眼睛去看周围其他阶层的。[①]

(一)高收入广告受众的心理

有了富裕的金钱作为奢侈的基础,高收入阶层主要追求产品的象征性、地位性,对名牌奢侈品和炫耀性商品感兴趣,而且不会计较价格的高昂。他们注重闲余资金的投资,吃要吃得精细,穿要穿出品位,休闲生活也与一般大众拉开距离,通常选择自驾车出游或打高尔夫球等。以高收入人群为诉求对象的广告要突出产品的高品质和使用者特殊的身份和地位。

(二)中等收入广告受众的心理

中等收入阶层一般为工薪阶层,既注重生活质量,又有较强的忧患意识,通常会储备一定的资金以备不时之需,以及供子女教育开销。他们追求经济实惠和实用性的产品。因而设计广告内容时,要提供充足、可靠的产品信息,突出产品原理、功能、用途,以便中等收入阶层的消费者了解产品,从而审慎地作出购买决定。

(三)低收入广告受众的心理

低收入阶层"理智"的生活方式是在选择产品时主动放弃纯粹审美的意图。人们选

---

① 转引自〔德〕沃夫冈·拉茨勒著,刘风译:《奢侈带来富足》,中信出版社2003年版,第26页。

择必需品,因为某些产品所含的象征性收益在底层社会是无法实现的。布尔德通过他的实际调查得出结论,底层社会的人们在购买过程中所显示出的自尊心和自我表现的欲望不太强烈,人们更多地遵循一种趋同从众的原则。因而针对这一阶层的广告应该了解这一心理防线,对某些消费品实行特价供应,并谓之机会难得。因为这样的购买才是低收入阶层所能实现的,才是"被允许"的。

本章提要

广告受众的需要首先来源于生理上或者心理上的缺乏。超越缺乏状态的需要,则是一种超越性需求或丰富性需要。人类的需要是多种多样的。一般广告受众——消费者的需求对应马斯洛的"需求层次说",自低而高就有了以下五个层次,即:(1)物次价廉的需求;(2)保证质量、价格公道的需求;(3)宾至如归、服务有情的需求;(4)消费者至上、深受尊重的需求;(5)名实相符、全面满意的需求。

由需求决定动机,动机来自于内驱力和诱因。内驱力是驱使个体产生行为的内部动力,它的基础是需要。一般情况下,需要越大,内驱力也越大。外部刺激也是引起个体活动的重要因素。这种能引起个体动机行为的外部刺激被称为诱因。

广告受众是具有个性的,个性具有独特性和自我服务性、复杂性和外在性以及统合性和稳定性。而对广告受众个性的认识,可以根据弗洛伊德、荣格、埃里克森、信息认知等人格的理论来进行。此外,消费者具有创新性的个性特征值得引起注意,即冒险性、好奇性、想象力、挑战性。

任何广告受众都是根据诸多社会学统计的角度而呈现群体心理的特征,因此,本章还从年龄、地域、性别、收入等角度,对各广告受众群体的心理进行了揭示与介绍。

案例分析

"雪碧"明星广告创意

近年来名人推荐型广告特别受到广告客户和广告公司的欢迎,占据了很大比例。体育明星、歌手、名模、影星、主持人……纷纷成为各个品牌的代言人。

常见的明星广告好像总有固定的模式,让明星在镜头前现身说法,摆摆 Pose,演示产品怎么怎么好。但是这种形式对于观众们早已不算新鲜,见识的多了,口味也越来越刁。单单想凭借明星的个人魅力来说服观众掏腰包,实在难上加难。

怎样才能让明星广告不落入俗套?最近,由上海李奥贝纳广告有限公司推出的新一轮雪碧品牌广告在这方面进行了新的尝试。

从策略起步

为了准确地找到品牌在广告中的角色定位,我们把以下这些问题当做创意的出发点,即生活在都市里的年轻人,他们在想些什么?最关心什么?雪碧能为他们带来什么?

广告策略人员和创意部的同事一起深入到当下年青一代的生活中去。通过观察周遭的人物和故事,发现对于二三十岁的年轻人来说,事业与情感仍然是永恒不变的话题。这个阶段正处在人生的上升期,对未来充满美好的期待,渴望获得成功,实现个人的价值,所以凭着年轻和热情,肯为事业付出一切。另一方面,随着年龄的增长,社交圈子的扩大,对于情感的需求也与日俱增,每个人对爱情都怀有美好的憧憬,都想要找到属于自己的一份真爱。然而生活工作节奏的加快,阅历和经验的差异,使得年轻人在追求事业和爱情的道路上不可能总是一帆风顺,会面临意想不到的挫折和变数,往往需要独自作出选择。这时,自信的态度就显得格外重要,它也成为现代人最看重的品质之一。

联系到雪碧本身的特点,它那充满气泡的透明液体,本身就给人通透感;柠檬味道,喝起来特别清新爽快。于是,经过反复讨论,品牌的角色渐渐清晰起来,最终被确定为:雪碧不仅为你带来清爽冰凉,同时焕发你的内在活力,让思绪变得清晰,更有自信。而广告的职责就是以年轻人最感亲切、最有共鸣的方式来重塑雪碧的品牌形象。

借鉴流行元素

究竟采取什么样的表现形式才能和一般的明星广告拉开距离,创意人员颇动了一番脑筋。他们注意到青春偶像剧在都市青年人中的流行,从最早的《东京爱情故事》到红透全国的《流星花园》,只要有来自日本、韩国和港台地区的偶像剧集,每一次播出的收视率都极高。贴近现代都市人的生活,是这些偶像剧大获成功的原因。剧中的主人公无一例外的青春靓丽、个性鲜明,故事大都以现代都市生活为背景,离不开"爱情、友情、家庭、事业"这些最能引起年轻人共鸣的话题,而剧中人物的言行也迎合了年轻人的想法。难怪很多偶像剧在播出后立刻流行,不仅主题曲风行一时,就连主角的口头禅和衣着打扮等都成为年轻人模仿的对象。

"既然雪碧的消费者也是同样的一批年轻人,为什么我们的广告不能借鉴偶像剧成功的元素呢?"青春偶像剧激发了广告人的灵感,他们从中得到启发。把新的雪碧广告也做成好像电视连续剧那样连贯的故事,这个构想渐渐成型了。

故事同时围绕着事业与爱情这两条主线展开。设计了两个主人公——发型设计师刘慧和时装设计师张帆。虽然个性不完全相同,但同样自信的人生态度将两人的距离越拉越近。在最先推出的《再见篇》中,刘慧勇敢地向张帆示爱;《生日篇》中,她面对前任男友的鲜花攻势,坚定自己的选择;到了《辞职篇》,张帆毅然拒绝老板的挽留,决定自己创业……在每一则故事中,都会安排戏剧性的冲突,让男女主人公面临选择的境地。而雪碧也总在这个关键时刻出现,扮演非常重要的角色,因为它的清爽清新,带给两位主角清晰的思绪,使他们能够自信的作出决定。可以说,雪碧的每一次出场都会把情节推向高潮。

就像真的电视连续剧一样,在系列广告正式播出前,还专门设计了一个《前导篇》,向观众介绍人物角色和主题曲。从策略方面考虑,广告的延续性对于塑造品牌形象也非常有利。而随着故事的展开,还会不断产生新的冲突,引入新的人物,让雪碧的广告能够不断延续下去。

让主题歌为创意加分

相信只要看过已经投放的雪碧广告的人,一定会对其中的主题曲留下深刻印象。音乐部分采用了一首英文歌"Nothing's Gonna Stop Us",原曲节奏激昂、旋律高亢,与雪碧想要传达的自信、积极倒也十分贴切。

明星广告使用主题歌本身并不新鲜,但每次变换主题歌的歌词和编曲,通过歌词来交代故事,唱出人物当时的心情,并且推动情节发展的就不多了。这也正是此次的雪碧广告不同以往的地方。的确,李奥贝纳的创意团队在设计广告主题歌时,就希望这首歌曲不仅旋律动听、朗朗上口,还能够起到烘托人物和气氛的作用,甚至成为广告情节中不可缺少的部分。

选择合适的代言人

在确定策略和表现手法后,选择品牌代言人就有了方向。代言人的名声、人气是必要条件,除此之外和品牌是否配合同样重要。由于雪碧的广告面向年轻一代,因此在选择代言人时,既要求具有很高的知名度,为大众熟悉喜爱,其个性、气质又要和雪碧清新、活力、自信的品牌形象相称。

经过重重推荐筛选,最终确定了两位主角,即当今流行歌坛炙手可热的青春偶像萧亚轩和外形俊朗健康的实力派唱将杜德伟。

他们的歌曲在年轻人中极受欢迎,拥有非常强的号召力,而两人又都专注于演艺事业,无论在生活中还是歌声里,都展现出自信热情的性格,由他们来为雪碧代言再合适不过了。事实证明,萧亚轩和杜德伟的表演确实为广告增色不少。

重新设计明星角色

"明星",顾名思义,当然指那些站在聚光灯下的人,他们的形象经常出现在报纸电视上,他们的言行举止会成为流行话题,他们到哪里都会受到特别照顾。广告主选择明星为自己的产品代言,正是看中了他们的特别魅力,希望借助他们来加强自己的品牌在观众心中的价值和声望。

所以在很多明星广告中,明星常常以自己的真实身份出现,歌手还是歌手,奥运冠军还是奥运冠军。

在为明星确定角色的时候,李奥贝纳的创意人员就想要突破。李少蕙总监谈起当初的想法时说:"既然别人都在这样做,为什么我们不可以换个方式,给明星赋予完全不同的身份,比如做一个普通人呢?我们希望观众在看惯了明星熟悉的一面后,能够对他的新角色感到新鲜、感到亲切,同时又不会削弱明星的效应。"

于是,大家夜以继日地努力,经过无数次头脑风暴,为萧亚轩出演的刘慧和杜德伟扮演的张帆设计了全新的性格。两人在广告中的表现各有侧重。刘慧是一个热情开朗、性格外向的现代女孩,懂得关心别人,同时细心而又敏感。她对爱情充满期待,敢于向自己所爱的人表达。而她的男友张帆则是一个事业心很强的人,性格有点内向,不懂得浪漫,但内心深怀抱负,渴望获得成功。他总是全身心地投入工作,大胆创新,不甘因循守旧。这样的人物在我们身边都可以找得到。

全方位出击

在北京、上海、广州这样的成熟市场,雪碧早已被消费者接受,所以广告的重点就在于通过集中播放萧亚轩和杜德伟出演的品牌形象广告(Extrinsic TVC),来加强品牌印象,巩固雪碧在竞争品牌中的优势地位。而在其他地区,除了品牌形象广告外,还会投放以萧亚轩为主角拍摄的新的产品广告(Intrinsic TVC),表现雪碧本身清爽通透的特质,传达"晶晶亮,透心凉"的信息。

此外,报纸、杂志、售点、户外媒体等也会同时跟进。在平面媒体创意上,晶亮透明泛起气泡的雪碧绿色背景,从两位主角的身上透了出来,强烈的视觉效果,紧扣住"透心凉"的主题。从已经投放的情况来看,组合各种媒体广告,多管齐下,起到了"1+1>2"的广告效果。

资料来源:http://www.52design.com/html/200706/design200767102342.shtml。

请讨论:
1. 雪碧的广告受众群主要是些什么人?他们的心理特征如何?
2. 为什么雪碧要选择明星做广告,其满足了消费者什么心理?
3. 雪碧的明星广告与一般的明星代言广告有何不同?

情景模拟

随着汽车越来越多地进入我国家庭,购买汽车已经成为人们,尤其是城市居民议论最多的话题之一。这天,有几个朋友聚在一起,开始从自己的角度谈论可能会选择的汽车品牌、档次、款式、价位。他们的职业、收入等情况如下:

A. 个体企业业主,女,32岁,年收入50万元;
B. 大学教授,男,46岁,年收入12万元;
C. 某企业营销部经理,男,35岁,年收入10—20万元;
D. 政府处级公务员,女,38岁,年收入10万元;
E. 刚大学毕业两年的企业文员,男,25岁,年收入5万元。

请设身处地地分析他们购买汽车的心理。

小组讨论

1. 怎样认识广告受众的需要和动机?怎样把握广告受众的需要层次和动机过程?
2. 广告受众的个性对于广告运动有何意义?
3. 怎样从个性理论来认识广告受众?
4. 谈谈革新消费者有哪些特征以及他们的产生在营销学上的意义。

5. 怎样认识广告受众的群体心理？
6. 不同年龄段的广告受众接受广告的差异有哪些？
7. 谈谈现阶段中国城乡居民的广告接受心理。
8. 怎样认识广告接受心理的东西方差异？
9. 谈谈性别在广告接受过程中扮演的角色。
10. 怎样认识广告受众的职业心理？
11. 简要分析不同收入的受众其广告接受心理有何不同。

广告心理学教程(第二版)

第九章 广告受众的知觉接受

知识要求

通过本章学习，掌握：
☞ 感觉的概念及感觉的种类特性
☞ 感觉阈限的理论及实验方法
☞ 知觉的概念以及知觉选择、知觉组织、知觉解释
☞ 相关的广告策划及创意理论知识

技能要求

通过本章学习，能够：
☞ 运用广告知觉心理学知识进行广告案例分析
☞ 运用广告知觉发生原理分析受众对广告的接受心理
☞ 运用心理学实验方法进行广告的实际创作

广告作为一种有目的传递商品信息的活动，其基本功能的实现前提，是能够准确地向消费者传递广告主想让其接收的产品信息。但是，像一切信息传递活动一样，在广告信息传递的过程中，消费者所理解到的既可能是信息源的原本信息，也可能是与之偏离或误解了的信息。因为，人类对外界信息的接受活动，不像照相机和录音机那样是被动地复制外界对象，而是一个主动的反映过程，它既依赖于客观对象，又依赖于主体的因素。因此，对广告受众知觉过程及其规律的了解就显得非常必要。

第一节 广告知觉产生的心理基础

一、感觉与阈限

（一）感觉

感觉是我们与生活在的这个世界发生联系的第一步。世界是美妙而复杂的，我们通过各种感觉器官去接受它们所发出的丰富的信息。去郊外踏青，我们的眼睛看见的是桃红柳绿，耳朵听见的是布谷鸟的歌声，嘴里呼吸到的是新鲜的空气，鼻子闻到的是花草与泥土混合的气息。感觉就是大脑对这些直接作用于我们感觉器官的对象的个别属性的反应。对于广告而言，不论是影视广告、户外广告还是印刷广告，消费者与其发生联系的第一步就是感觉。

任何事物都具有多种属性，而我们的每一种感官只能感觉到其中一种属性。要想从整体上对事物进行了解，只能由大脑对不同感官的感觉进行整合。比如，在市场上挑选柑橘，视觉只反映它的颜色、大小和形状，嗅觉只反映它的香味，手掂摸只反映它的软硬、轻

重和光滑度,味觉则反映它的酸甜程度。只有把这些感觉全部整合起来才能判断出柑橘的好坏。

人类不仅可以感受外界的事物,还可以感受到自己体内的器官的活动状态,例如疼痛、饥饿、干渴、身体的位置和状态,等等。感觉是人与世界产生联系的通道、桥梁,人对事物的一切认识、理解与判断,都建立在对事物各种感觉的基础之上。消费者对商品的认识也是如此,首先是获得对商品的初步感觉,然后在这些感觉的基础上进行分析、判断、权衡,最后才决定是否购买。故而,对商品广告来说,只有先使消费者产生一个良好的感觉,进而才能说服消费者购买。否则,再好的广告创意也无从发挥作用。所以,研究广告信息的知觉接受,首先就要研究感觉的地位与作用。

根据刺激信息的来源,感觉可以分为外部感觉和内部感觉两大类。外部感觉接受外部刺激,反映外部事物的属性,包括视觉、听觉、味觉、嗅觉和皮肤感觉。皮肤感觉又可细分为温觉、冷觉、触觉和痛觉。内部感觉接受机体内部的刺激,反映机体的位置、运动和内脏器官的状态,包括动觉、平衡觉和机体觉。

感觉虽然是最简单、最低级的神经反应形式,但却是一切高级复杂心理的基础与前提。感觉的状况很大程度上决定着认识的状况。所以,消费者对广告产生的第一印象就来自于感觉。只有在感觉上让消费者可以接受,才能谈得上让消费者去接受广告传递的产品信息。

(二) 阈限

我们的感觉器官并不能感觉到所有存在的内外部刺激,只有当刺激物在一定的强度和范围内才能引起感觉器官的反应。人的不同的感觉器官分别感受不同的外界刺激,而相对应的刺激只有在物理范围内才能被感觉器官接受。我们把人的各种感觉器官对于刺激信息的感觉能力,称为感受性。不同的人之间,其感觉器官的感受能力也是不一样的。比如视力,有的人被测定为1.5,就连视力表最下面的符号也能看见;有的人却只能达到0.5,仅能分辨视力表最上面的几个符号。感觉器官的感受性是以感觉阈限的大小来度量的。感觉阈限是指能持续地引起感觉器官反应的最小的刺激量。在这个刺激量以上的刺激都能引起感觉器官的反应,而低于此值的刺激就不能引起反应,或不能持续地引起反应。还以视力为例,感觉阈限就是视力表上能被分辨出的最小一行符号的值,即我们常说的1.5、1.0或0.5等视力测定值。感觉阈限越低,说明此器官的敏感度越高;感觉阈限越高,说明此器官的敏感度越差。

我们在生活中可能遇到过这样的情况:在声音嘈杂的购物中心看到前面有一位熟人,同他打招呼可他却没听见,直到提高声音他才听见。这说明人的感觉器官存在两方面的阈限。首先,熟人直到你提高声音才听见,说明感觉器官对刺激的绝对感受力存在一个数量上的极限;其次,熟人能从不同频率的背景声音中分辨出你的声音,说明人的感觉器官在对阈限以上的、存在细微差别的、不同刺激的辨别能力上也同样存在极限。前者称为绝对阈限,后者称为差别阈限。

人的各种感觉器官对其接收的信息刺激都存在一个物理量上的限度。太小或太弱的刺激通常无法觉察,而太强的刺激,则又可能因超出感觉器官的接受极限,要么导致器官受损,要么导致对刺激主动回避。正如身体回避太烫或太冷的刺激那样。前者存在着一个下阈限,即可被感受器官觉察到的最小刺激值;后者存在着一个上阈限,即可被感受器官觉察到的最大刺激值。而超过上阈限的刺激会导致正常的感觉消失,代之以不舒服的感觉。

感受器官的阈限值越低,感受性越高;反之亦然。比如乘客坐在行进的汽车上,路旁竖立着许多广告牌。当汽车以某种速度行进时,乘客可以看见它。而当超过这个速度时,则会出现一闪而过的现象。这里,刚刚能够看见广告牌的速度,就是乘客们能看清对象的绝对阈限。当然,每个人亦会有所差异。鉴于感受器对于恒定、持久作用的环境刺激会产生适应现象,即感受性降低,原来乘客们在特定速度上可以看见的广告牌,现在已经"看不见"了。换句话说,那些广告牌不再能提供足以可见的视觉输入了。因此,广告主有必要采取对策,例如加大刺激物的尺寸。

人们对于超出阈限值的刺激能觉察到它的存在。可是,对于阈限上的任何变化或差别,却不一定都能察觉或者分辨出来。例如,人们都会有这样的体验:走在大街上,人群里如果有一位欧洲国家的游客,你肯定一眼就能认出来,因为他的面部等特征与周围的中国人有较大的区别。但如果告诉你人群里有一位日本朋友,你可能就很难认出他了,因为他和周围的人的差异很小(差异还是有的,所以特别细心的人也还是可以辨别出的)。这说明人的感觉存在着差别阈限。所谓差别阈限指的是最小可觉察的刺激差异量,简称为最小可觉差(JND)。

人对刺激变化的感受性与刺激量的变化存在一定的关系。心理物理学的研究表明,刺激从原有强度上变化至最小可觉差是一个恒定的比例常数,而不是绝对的差数。这种关系可表达为:$\Delta I/I = K$。其中,I 是原有刺激值;ΔI 是对 I 的最小可觉差值;K 是小于 1 的一个常数,亦称韦伯分数。

人们把上述关系式称为韦伯定律。该定律提示了一种可能性:如果已知 K 与 I 的值,便可预测在原有刺激值上需要作多大的变化,才可能为人们所觉察($\Delta I = K \cdot I$)。

假设消费者对 1 000 克重的东西($I = 1 000$ 克),加减 50 克刚好能觉察出差别($\Delta I = 50$ 克)。根据上述可知,比例常数 $K = 50/1 000 = 0.05$。

由此可知,原有的刺激强度越强,最小可觉差的差异就越大,差别感觉阈限也就越高。比如,公共汽车的票价如果从一元涨到两元,广大市民可能会告到市长那里。但商品房的价格要是从 5 000 元/平方米提高到 5 050 元/平方米,可能甚至没有人会注意到。

心理物理学家们通过众多的研究查明,韦伯分数视不同刺激类别而变化。表 9-1 列出了一些常见刺激的韦伯分数。

表 9-1 不同感觉的韦伯分数

刺激类别	韦伯分数
音高（在 2 000 赫兹时）	0.003
重压（在 400 克时）	0.013
视明度（在 1 000 光量子时）	0.016
提重（在 300 克时）	0.019
响度（在 1 000 赫兹、100 分贝时）	0.088
橡皮气味（在 200 嗅单位时）	0.104
皮肤压觉（在每平方毫米 5 克重时）	0.136
咸味（在每升 3 摩尔量时）	0.200

在市场中，差别阈限的概念有着非常现实的意义。无论制造者还是经销者，都关心产品的销路，并为此而采取各种手段试图让消费者对产品满意。于是，一方面，设法让消费者觉察到有关产品质量的任何一点改善，同时又要避免浪费。例如，碱性干电池国内著名品牌"南孚"，宣称自己的产品比其他电池耐久性更强，这就需要在制造上用更好、更足量的材料。理论上当然是成本越高，电池寿命越长，但厂家需要确定的是：电池的电量最低增加多少，就能让顾客明显觉察到其和别的品牌电池的差异，即确立顾客对电池寿命觉察的差别阈限。

另一方面，有的厂家在产品上作一些改变，以使顾客在不知不觉中加大使用量，以达到促销的目的。但是这些变化最好保持在差别阈限之内，否则被消费者发现会引起反感。比如，国外有一家牙膏厂商，发现人们每次挤牙膏时总是挤出相同的长度，这样只要把牙膏的开口稍稍扩大一点，就能起到增大使用量的效果。于是，接下来的问题就是探究最多扩大多少才不会被顾客发现。

此外，受众对广告形象识别的差别阈限也能为一些厂商利用。例如，前一段时间电视上分别出现了由外形酷似香港著名演员沈殿霞和中央电视台著名主持人赵忠祥的演员拍的广告片。观众若不仔细看，还真分辨不出来。

现存商品包装的现代化，可能波及消费者心目中早已熟知的名牌商标。在这种情况下，理想的包装设计是把产品外表的现代化与人们对该商标产品任何好的印象结合起来。换句话说，包装现代化的每一步进程，都要求使消费者感觉不到商标的变化。例如，可口可乐的商标在一百多年里历经多次变化，但消费者并未明显感觉到。就是因为其每次变化的幅度都非常之小，远在差别阈限范围之内。但若把一百年前的可口可乐商标拿来和今天的比对，差别还是能够看出来的。而且可口可乐在世界各地的商标都有所变化，但这些变化都通过运用相近的字体和风格，控制在差别阈限之内，使消费者对商标的整体感觉保持了一致，见图 9-1。

差别阈限在识别真假名牌商标上也有实用价值。一方面，名牌商标产品的制造者寻求与对手的区别；另一方面，对手则试图混淆视听，鱼目混珠。因此，在这个意义上，商标战涉及消费者对商标的差别感觉阈限。工商部门打假的常用方法，就是把真品与假货放

图 9-1　可口可乐商标变化

到一起去辨认。差别阈限在价格策略中的一个应用就是让减价幅度大于差别阈限。对此,零售商的经验似乎是至少要削价15%,才可望成功。

(三) 阈下知觉

感觉阈限是人体感受器官能觉察到的最小刺激量。一般来说,超过阈限的刺激就可以被觉察到。但低于阈限的刺激是否就绝对不会对感受器官发生作用呢？研究表明并非如此。大量事实证明,感觉器官对阈下刺激尽管不能辨别,但无意识的反应是存在的。我们把高于或低于阈限的刺激称为阈上刺激或阈下刺激。通常的广告基本上都是阈上刺激。因为只有阈上刺激,人们才可能看见或听见它。相反,对于阈下刺激,人们通常觉察不到,但是仍然会有反应。这种情况被称为阈下知觉。这种情况与人脑对外部信息的处理机制有关,阈下知觉其实就是未能被投射到意识中的知觉,但它在无意识中也能产生一定的作用。

20世纪50年代,某些广告主曾经尝试给予消费者不能觉察到的广告信息(阈下刺激),并从中考察这些信息是否可以说服人们去购买特定商品。他们把阈下广告置于电影中,具体来说,即在电影放映期间,可口可乐和爆米花的广告快速地闪现在银幕上,以至于观看者无法觉察出它们。据报道,在六个星期内,爆米花的销售量提高了58%,可口可乐的销售量提高了18%。这些都是受阈下刺激的结果。现在很多电影都利用差别阈限以下的刺激来做"隐性广告"。比如,某手机品牌提供了赞助,导演就会较多地突出使用该品牌手机的镜头。还有的则利用广告牌背景、电视屏幕上出现广告等方法,让观众在毫无意识的情况下接受广告信息。

人们对阈下知觉的研究也获得了大量材料。研究表明,阈下知觉具有以下特点:(1) 人们可以对阈下刺激作出反应。例如,把人脸的素描呈现于银幕,同时在上面附着愉快或愤怒这两个词之一。附着的这个词是让人很难意识到的。但是,当要求被试者描述该面孔时,令人惊讶地发现,附着"愉快"一词的面孔,被描述为微笑的、可爱的;而附着"愤怒"一词的面孔,则被描述成发狂的、严峻的。(2)阈下刺激难以影响人们的行为。具体来说,一则简单的可口可乐广告,虽然它的阈下刺激能诱导被试者的干渴感,但是,并没能引起他们饮用该饮料的行为发生变化。总之,上述结果没能说明阈下刺激可以有效地促进消费者的购买。这可能是因为广告受众尽管可以在无意识状态下接受阈下刺激,但对大多数商品实施购买行为,却是在意识的控制下进行的,而意识控制下的购买总是受到商品性质、主观了解、以往的使用经验等其他因素的影响,无意识状态下接受的广告信息很可能会被更强的信息淹没。

文本卡片 9-1

各种感觉的适宜刺激和感受器官

感觉的种类		适宜刺激	感受器官
视觉		光	眼睛网膜的视细胞
听觉		声	耳朵耳蜗的毛细胞
皮肤感觉	温	热(温)	皮肤的温点
	冷	热(冷)	皮肤的冷点
	触	压力	皮肤的压点
	痛	伤害性的刺激	皮肤的痛点
味觉		液体	舌头味蕾的味细胞
嗅觉		气体	鼻黏膜的嗅细胞
平衡感觉		身体的位置变化和运动	前庭器官的毛细胞
运动感觉		身体各个部位的位置变化和运动	肌、腱、关节中的神经末梢
机体感觉		内脏中的物体 化学刺激等	内脏壁等的神经末梢

资料来源:余小梅,《广告心理学》,北京广播学院出版社2003年版,第55页。

二、知觉选择

感觉器官以感觉的形式对物体的个别属性进行直接的反映。但现实存在的物体是由各种属性组成的整体。我们对一个对象的认识是对作为整体的对象的认识,而这个认识就是由我们的大脑,把不同的感觉器官分别得到的属性加以整合而得到的。我们把这一整合对象的各个属性为一体的过程称为知觉。例如,假日里出去旅游,欣赏到自然的美景。这些刺激物以光、声、气味等形式作用于人的眼、耳、鼻等感官。眼、耳、鼻等有关感官便将外界对象的个别属性的信息传送到大脑,于是便产生了视、听、嗅等感觉。但是,这些原始的各种感觉属性是不足以说明我们实际上形成的那种有意义的和连贯的现实映象的。我们为之陶醉的风景,其实是大脑对来自各器官所获得的信息进行加工(选择、组织和解释)之后才形成的,这就是知觉的过程。由此可见,感觉是对刺激的个别属性的反映;

而知觉则是人脑对感觉刺激进行选择、组织和解释，使之成为一个有意义的、连贯的现实映象的过程。实际上，知觉是由若干相互联系的活动组成的一个过程。

人体有适宜接受各种内外界刺激的感受器官。有的接受视、听、触、味、嗅的感觉信息；有的接受机体内部有关身体运动、位置和内脏活动的信息。当我们注意到某一对象时，我们的各种感觉器官就会开始工作，采集对象各方面属性的信息。当对象各方面属性的信息分别传入大脑，接下来就是对这些属性进行整合的过程，以最终形成一个完整的形象和认识。和感觉不同的是，知觉过程是一个主观的过程，它把事物对象的属性和已有的经验、知识等进行比对，以达到形成对象完整形象的目的。在此过程中，个人的心理方面的因素，如兴趣、需要、动机、情绪等也左右着最终印象的形成。比如，到郊外游玩的时候，发现一棵不认识的树，上面结满了果子。随手摘下一个，先用眼睛看，形状和颜色像苹果，大小像李子；嗅一嗅气味清香；尝一口味道甜中带酸，口感清脆。至此，终于知道这是一种水果，叫"花红"。在关于"花红"的知觉形成中，我们以前对其他水果的知觉经验、知识，起到了关键的作用。假如以前既没有见到过也未尝到过苹果等水果，关于"花红"的知觉是绝对不可能建立起来的。所以，人的知觉并不是一个由感官简单地接受感觉信息的被动过程，而是一个经由外部环境中提供的物理刺激（如广告、商标等）与个体本身的内部倾向性（如兴趣、需要等）相互作用，在个体既有的经验、知识的制约下，经信息加工而产生的完整客体映象的过程，即人们的知觉是一个积极的、能动的认识过程，是从主观的角度出发，对客观对象的感觉进行解释的过程。而消费者知觉的能动性主要表现为消费者对于商品及广告信息的选择、组织和解释。

去火车站接过亲戚朋友的人都有这样的体会：站在出站口，成百上千的旅客从身边涌过，一眼望去全是模糊的、难以分辨的陌生面孔。突然，你的眼前一亮！在远处的人群里一张熟悉的面孔出现了。这就是知觉心理的一种重要特性，我们把这种个体对某些对象或对象的某个（或某些）属性知觉，而不对另一些对象及其部分的属性知觉，叫做知觉的选择性。再如，去大型购物中心买东西，消费者能迅速在琳琅满目的商品中把自己所需要的商品区分出来，或者在同一种商品的众多特性中优先地注意到某些特性。知觉选择性对消费者在知觉商品时起到"过滤"作用，使消费者的注意力集中指向感兴趣的或需要的商品及其某些特性。总之，消费者对环境中所遇到的刺激往往下意识地进行着选择，他们总是不自觉地寻求一些东西、避开一些东西、忽略一些东西。

知觉的选择性是人类的知觉心理本身固有的运行机制。在实际的知觉心理过程中，决定知觉选择性过程的既有客观因素（如刺激物本身的特性），也有主观因素（如消费者的兴趣、需要及其他心理机制）。

1. 刺激物的特性

市场刺激包括大量的变量，所有这些变量对人们的知觉选择都会产生不同程度的影响。例如，产品的包装设计、色彩、形状、商标图案、名称、广告与广告节目的设计、模特的选择、广告节目的播出时间、广告牌的大小与位置等都会影响消费者对信息的接收。一般来说，在相同的主观条件下，外界刺激的强度越大，就越容易被消费者所感知；反之，外界刺激的强度越小，就越不容易被感知。

通常，外界事物的刺激强度与下列特性有关：

（1）体积大小。一般情况下，体积大的物体比体积小的物体对人视觉的刺激更强一些，因而也较容易引起人们的知觉。所以，商店的招牌以及商品包装上的商标、名称等，都尽可能地采用较大的字体或图案；报刊上的商业广告，也都尽可能地选用较大的版面，以期更容易被读者感知到。

巨幅广告可以对广告受众产生巨大的视觉冲击，甚至达到震撼人心的效果。图9-2为英国《金融时报》在我国香港地区最高的建筑物——国际金融中心二期上挂出的广告，堪称经典之作。这张巨大无比的报纸户外广告，高226米，面积近两万平方米。但是巨幅广告如果运用不当，则会适得其反，如图9-3所示。承接这个巨幅广告的大楼位于美国俄亥俄州哥伦布市，就连地面停车场都在活动范围之内。许多人第一眼看后都会觉得这个广告的主角是油漆，事实上广告的主角是第三幅画面中出现的Nationwide保险公司，其效果也就可想而知了。

图9-2 《金融时报》的巨幅广告

图 9-3　Nationwide 保险公司广告

（2）色彩。在背景相同的情况下，图案的色彩越鲜明就越容易被感知，霓虹灯广告之所以特别引人注目，就是因为它那鲜艳的色彩。同时，与背景的反差越大也越容易被感知。霓虹灯一般在夜晚使用就是这个原因。再如，常上网的人都有这样的体会：网页的背景色越浅，看上去就越清晰，使用深色背景的网页看起来最吃力。因为无论字体选用何种鲜艳的色彩，其与深色背景的反差都不如传统的白底黑字看上去醒目。

（3）声音。一般来说，声音越响对人的听觉刺激就越大，也就越容易被人感知。所以，市场上的商贩总是不惜气力地大声吆喝，嗓门大的摊主的生意就要火一些。另外，不同的个体对不同频率的声音感觉不同，有的人较易感知频率较高的声音，如女高音、尖利的哨音等；有的人却更易感知频率较低的声音，如男低音、大提琴的声音等。另外，对声音的感知能力与个体的需要也有关系，比如战场上的士兵对敌方武器发出的声音就格外敏感。

（4）位置。中央电视台在每晚《新闻联播》前后的黄金时段价位的广告费最高，报纸广告也总是头版的最贵。因为这些位置最易被受众注意到。广告刊登在什么位置，是广告策划者的重要课题。

（5）重复。对消费者重复施予某种刺激，在通常情况下，可以增加刺激的强度，提高消费者的知觉。当然，广告重复的次数也并非越多越好，内容雷同的广告重复次数太多，会引起消费者的厌烦，造成消费者心理上的抵触，从而影响消费者对广告产品的知觉程度。广告重复次数究竟以多少为宜，要视产品特性、商标名称、广告内容、广告手法和广告对象等因素而定。

（6）对比。对比是利用加大反差来增强刺激程度的方法。对比广告总是更容易吸引人的知觉。与周围环境保持区别，是对比手法最基本的应用。比如，很多整版报纸广告的图案或广告词故意缩得非常微小，而留下了巨大的空白，给广告受众极强的视觉与心理冲击。

2. 知觉选择的心理机制

知觉选择的心理机制主要有三个：知觉超负荷、选择的感受性和知觉防御。

知觉超负荷是指外来刺激超出消费者在正常情况下所能接受的能力限度时，一部分刺激受到心理上的排斥而不被注意到。正常情况下，一个人在短暂的时间内所能接受和处理的刺激信息是有限的，记忆力再强的人一般也难以同时记忆10个项目。消费者在比较、选择准备购买的商品时，尽管市场上可能存在很多可供选择的对象，但实际上通常他只能考虑或兼顾到5个或更少的品种，而无法同时考虑其他品种。在现代社会里，人们每天的生活中会时时刻刻遭遇大量的广告信息，但其中绝大多数的信息会被人们"视而不见"，因为如果对每一条信息都加以留意，人的精力将被完全耗竭。这说明消费者在大量广告刺激下只能对自己认为有价值的刺激作出反应，而忽略那些不重要的刺激。这种知觉的选择性是人们避免使自己知觉负担过重的一种防护能力。如何在这种状态下吸引人们的知觉，是现代广告人的重大任务。

选择的感受性是指个体对自认为有价值的或有兴趣的刺激表现出较高的感受性，能够知觉到更加清晰的现象，这种现象在消费市场领域最容易出现。比如，对于手机、电脑、播放器等时尚电子产品的广告，年轻人比老年人就要敏感得多；电视、报刊中的"车迷世界"栏目主要的受众是有车一族。选择的感受性在知识信息大爆炸的今天显得尤为突出。比如面对互联网上满屏滚动的海量信息，我们总是能毫不费力地找到自己需要的东西，而且总是第一眼就能找到，就像它们是自己"蹦"出来的一样。

知觉防御是指消费者对造成恐怖或者某种威胁感的刺激倾向于回避、阻滞或反应迟缓。有一项研究表明，消费者在刹那间感知到的是那些对自身有价值的对象，而对恐惧性的对象则大多视而不见。

在推销商品的业务中，美国著名的推销训练专家汤姆·诺曼发现，日常中有一些字眼可能有利于推销，而另一些字眼则对推销不利。前者如推销对象的名字、了解、事实证明、健康、容易、保证、金钱、安全、省钱、新、爱、发现、对的、结果、真货、舒适、自豪、利益、值得、快乐、信赖、好玩、至关重要的等；后者如交易、成本、付款、合约、签名、试用、担心、损失、赔掉、伤害、购买、死亡、坏的、出售、卖出、价格、决定、困难、辛苦、义务、应负责任的、错失、责任、失败等。①

知觉的防御机制告诫我们，在广告的实践中采用否定的情感方式说服大众时，应持审慎的态度。例如，某品牌化妆品宣称能杀死人们面部毛孔里寄生的螨虫，在其部分广告画面中出现的是显微镜下成群的螨虫，这些丑陋的小生物看上去是那么恶心，再想到它们就生活在自己的脸上，消费者往往会表现出严重的恐惧，很多人选择回避这个广告镜头。在她们心目中，这一化妆品已经与那些恐怖的小虫子紧紧地联系到一起，这会造成她们对这

---

① 转引自马谋超：《广告心理学基础》，北京师范大学出版社1992年版，第59页。

一化妆品的回避行为。所以,在选择否定性情感诉求时,一定要注意对广告受众刺激的强度,如果过强则可能会导致受众的自我保护性回避。图9-4是一家空手道馆的广告,其形象既让人一目了然,又避免用真实的血淋淋的场面引起广告受众的过分恐惧性回避。

图9-4 某空手道馆的广告

3. 消费者的主观因素

人们总是从自己的主观愿望出发去解释外部事物。古代寓言里那个农夫认为自己丢失的斧子一定是邻居偷的,于是邻居的一举一动在他眼里都像个贼。后来,斧子被他自己找到了,于是那个邻居又怎么看都不像是贼了。现代诠释学理论认为:人对认识对象的一切理解,都是建立在自己既有的经验、价值、态度、信念等个性特征的基础上,按照自己的愿望进行的,这就是所谓的"成见"。在这样的知觉过程中,人们总是优先知觉对自己的"解释"有利的信息。这就构成了影响消费者知觉的主观因素:

(1) 需要倾向。人们倾向于觉察到他们需要或向往的事物,需要的强度越大,忽视环境中无关刺激的倾向也越大。例如,一个想买商品房的人往往会仔细阅读报刊上的每一则售房广告,对于其他广告则往往视而不见。这说明,与自己的需要和兴趣有关联的刺激会使人们的意识水平提高,而与这些需要无关的刺激会使意识水平下降。如一个饥饿的人更容易寻找和觉察到食物的信号。在卓别林的电影《淘金记》中那个饥饿的淘金者的眼里,自己的同伴都变成了一只肥美的火鸡。

(2) 期望心理。人们经常看的是自己期望看到的东西,而这些期望看到的东西总是建立在熟悉的基础上,建立在先前经验或预先定势的基础上。中国人常说的"情人眼里出西施"就是基于这种心理。在单恋者的眼中,单恋对象的任何一点点无意识的举动,都会被看做对自己的某种暗示。

在市场范围内,人们倾向于按自己的愿望来觉察产品及其特性。于是,很多广告便利用了消费者的期望心理,来对消费者进行诱导。比如,前些年红极一时的"三株口服液",

其广告就是针对很多慢性病患者急于治愈的心理,故意使用一些模糊的、有歧义的用语,让消费者按照他们自己的愿望去理解广告内容。这种现象在一些功能定位不明确的商品的广告中十分常见,厂商的目的是让尽可能多的消费者,把广告内容理解为对自己有利。

（3）兴趣特点。除了需要和期望,消费者的兴趣也是影响广告知觉选择的重要因素。心理学研究表明,人们对自己感兴趣的事物总是表现出迅速知觉并深入观察、仔细研究的倾向,而对那些不感兴趣的事物,则通常会视而不见。因此,广告要达到吸引消费者,进而感染消费者的目的,就必须充分考虑消费者的兴趣。据一些心理学家的调查和研究,以下题材最能引起人们的兴趣:与人们身体健康有关的;关系到人们经济利益的;关于儿童的成长和生活的;能刺激人的欲望的;能给人以安全感的;能给人以美的享受的;有助于增强人们进取心的;能给人以舒适愉快的;有助于提高人们工作效能的;有助于促进社交活动的;能激发人们自尊心和自爱意识的;能给人以同情和慰藉的……图9-5则利用女性的爱美心理,以"夏天到了,别做惊人之举"为号召,宣传了Schick牌女用剃刀,取得了很好的广告效果,并于2001年获得龙玺广告奖。当然,不同的时代、不同的消费者群体,其兴趣点是有差异的,其心理需视具体情况进行分析。

图 9-5　Schick 牌女用剃刀广告

三、知觉组织

研究表明，人在面对一个知觉对象时，首先是对各种感官所获得的感觉信息，按照一定的途径、规则进行选择，滤掉次要信息，保留重要信息；然后将所选择的这些不同性质的、离散的信息整合成一个完整的知觉形象。我们把这一过程称为知觉组织。一般来说，人类的知觉组织过程表现出以下特点：

1. 知觉的整体性

（1）完形。任何事物都是作为一个整体而存在的，但我们对它的认识却必须通过各种感觉器官来分别进行。每一种感觉器官只能感知某一种属性。这样，当各感觉器官感知的信息汇集到大脑时，就是一些互不关联的、离散的信息。这实际上是把一个整体以不同的属性为标准拆散开来。就好像一座房子无法整个搬走，只能把它拆开，砖归砖、瓦归瓦、木料归木料，运输起来就方便了。运到目的地后，再按照原来的样子建造成房子。大脑也是这样，按照一定的规则将离散的信息组成某个整体。这种把事物各个部分有机地结合在一起的特性，称为知觉的整体性或完形。

正如拆散的房子运到别处后，不可能建造成与原有的房子完全相同的房子，人对对象的整体的知觉也并不等于各部分的感觉之和。对感觉材料的构建是按照各自的标准进行的。这是完形心理学（亦称为格式塔心理学）的基本观点。

完形是按照一定的规则进行的，这里面既有先天的神经心理结构的因素，也有后天的知觉经验的影响。就像造房子先打地基最后才粉刷墙壁一样，这是客观规律。但具体造成什么式样就取决于设计师的主观因素了。

曾经有人做过这样的实验。他把参加者分成两组。一组人阅读一份列有若干描述人品特点的词汇表。它们是：智慧的、熟练的、勤勉的、热心的、坚决的、实际的和谨慎的。他们被要求根据这份词汇表写出对一个人的简明印象。在另一组人的阅读词汇里，只是将"热心的"换成"冷淡的"一词，其余各项保持一样。当这组人被要求写出对一个人的简明印象时，发现这两组所描述的知觉印象差别很大。具体来说，含有"热心的"人被看成是快乐的、脾气好的、更会交际的、更利于他人的、更和谐的和更富有想象力的。而当把"热心的"与"冷淡的"这对词再换成另外一对词："有礼貌的"与"粗鲁的"时，在这种场合下，对人的知觉印象所表现出的差别就相对地小了。

可见，刺激间的相互作用，尤其是主要成分对其余成分的作用，可能影响知觉成什么样的整体。

（2）境联效应。刺激间的相互作用还表现为境联效应（context effect）。这种效应指的是环境联系对知觉的影响。沈阳曾经有一个全国闻名的"怪坡"。行人骑车经过时，明明是上坡却不用蹬，车自动往上跑；明明是下坡，却要吃力地骑行。后来经过科学仪器的测量才真相大白，原来是周围特殊的地形地貌导致人发生错觉，"上坡"其实是下坡，当然车不用骑就能走。可见，人的知觉会因境联不同而有所不同。

在消费者知觉产品、包装、商标时,境联所表现出的作用也不可忽视。因为在货物品种繁多的商场里,消费者要准确识别商品的归属,有时会感到困难,所以经营者一般都是分出很多专业柜组,将商品适当地归类,如把女式牛仔裤放到女装部,男式牛仔裤放到男装部,就不会因为它们色彩、外形的相似而让消费者混淆了。在这里,归类的作用就是之前所说的境联效应,即相关联的商品帮助了特定产品的知觉。

2. 知觉的组织原则

(1) 接近性。在空间上,彼此接近或靠近的刺激物容易被归成彼此不同的组别。例如,湖面上有许多野鸭,我们要想数数有多少只,总是会把靠得近的作为一组先数出来,然后再把各组的数字相加。因此,空间距离就成为知觉组织的依据。

这一原则推广到广告画面上,不仅要使图画的对象在空间、时间上接近,而且要力图使所宣传的产品与某些含义结合起来。例如,现在许多产品都标榜自己是"绿色产品",它们的广告有不少就是直接展现纯净、优美的大自然画面,让人们在心理上把广告产品同健康、无污染联系到一起。空调广告现在利用"绿色"诉求已成为一种"惯例"。图9-6乃奥克斯空调的广告画面,其利用绿色植物作为背景,渲染了广告的主题诉求。

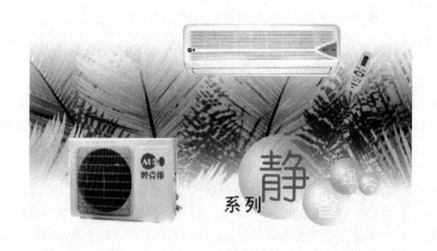

图9-6 奥克斯空调广告

(2) 相似性。彼此类似的元素,如在形状、颜色、方位或其他维度上类似,则倾向于被归为一类。我们通常对动物的分类就是利用其相似性,如人们一般都不去理会猫的具体品种,而是径直把各种猫按毛色分为白猫、黑猫、黄猫、花猫等。总的来说,一个视觉对象的各个部分,在色彩、明度、空间方位、运动速度等方面越相似,看上去就越统一。

利用这一原则,经商者们采取的策略之一,就是力图通过广告等途径展现自己的产品在操作性能、外貌样式上与某种名牌产品的相似性,从而提高该产品的信誉和地位。很多情况下,这已成为制假者的法宝。

(3) 连续性。指视觉对象的内在连贯特性。

(4) 封闭性。对于不完全的刺激,知觉倾向于将它充满与完善。这是过去经验对当前知觉作用的一种表现,即部分刺激作用于感官时,人脑中存贮的信息能够补充该事物的其他部分刺激的信息,以产生一种完形。例如,中国画最讲究俭省,有一幅题为"借问酒家何处有,牧童遥指杏花村"的画,画面上并未出现酒家,只是在小树林前飘着一面酒旗。但观赏者对此都心领神会,自己则会在心中勾画出树林中那个酒家的图样。

对对象的各种感觉经过组织,已经构成了一个完整的形象,接下来还要对这个形象按一定的规则进行解释,才能完成全部的知觉过程。

四、知觉解释

当离散的感觉信息被组成一个整体的模式之后,该模式同过去经验中的类似物作比较,进而推得意义。这种从感觉信息组织后的模式中推得的意义,就是对刺激的解释。它紧紧地依赖于个体先前的经验、动机、情绪、态度等个体因素。

1. 经验因素

人在知觉中,过去的经验或者图式被作为参照系,使情景中的各个部分组成完整的映象。其实,人对一切未知事物的认识都依赖于和经验的比对。

图9-7为第十届中国广告节获奖作品"西麦"玉米粥的平面广告。该广告即利用广告受众知觉解释中的经验因素,利用"哑铃"状的玉米图像,让受众将产品与健康联系到一起。当然,如果广告受众以前从未见过"哑铃",有效知觉则无法建立。

图9-7 "西麦"玉米粥广告

人的整个认知过程就是一个不断和经验进行比对、不断取得新经验的过程。刚出生的婴儿对周围的世界是形不成知觉的,他只是凭借本能去获取生理上的满足。随着年龄的增长,他不断地获取知觉经验,每一点进步都建立在已取得的经验的基础上。

在见到一个从未见过的对象时,人总是会把它和经验中的物体进行比对,寻找某些最相似的特征物进行知觉解释。如果找不到任何相似,知觉解释就无法进行,人就会陷入巨大的困惑之中。例如,多年来总有人不断地报告看到"不明飞行物"(UFO),但至今无法对其进行任何可信的解释,除了一些模糊的外形印象,无法形成任何清晰的知觉。这就是因为没有任何已知的飞行物或自然现象与它的行动特征相符,在失去"经验"的参照后,人类的知觉机制完全无法工作了。

另外,在知觉活动中,过去的经验还表现出知觉优势,它会优先地被人知觉。这一点可以从文化背景对知觉的作用来说明。鲁迅先生曾经形象地说过:"(《红楼梦》)单是命意,就因读者的眼光而有种种:经学家看见《易》,道学家看见淫,才子看见缠绵,革命家看见排满,流言家看见宫闱秘事……"①

这说明不同的文化背景对人的知觉活动有很大的影响,人们对和自身文化特征相符的刺激总是更为敏感。受众的文化背景也是广告策划者必须要考虑并充分利用的。

2. 动机因素(潜在需要)

人总是有各种各样的需要,这些不同的需要就构成了动机。在人的任何时段的知觉中,动机或多或少都是会产生影响的。和动机相符的刺激总是会优先被感知到。

比如,俱乐部组织的青年男女交友联欢会,未婚男女对到会的异性形象的知觉,总是比对同性形象更为敏感。因而越是生理本能的需要,其对知觉的影响就越大。再如,饥饿的人对和食物有关的刺激总是格外敏感。有人做过实验,被剥夺进食的被试者对于与动机有关的词(如"巧克力"、"肉"、"饼"等)和中性词(如"小夜曲"、"梳子"、"跳水"等),辨认所需的时间是不同的。对前者的辨认反应阈限低,而对后者则较高。作家张贤亮的许多小说都非常生动地为我们描绘了人在饥饿状态下对与食物有关的刺激是多么敏感。

由此可知,消费者的潜在需要会驱使人们朝着一定的方向去知觉对象。如果广告的产品能与这一潜在需要结合起来,那么在众多竞争对手面前,它就可能优先被消费者知觉到。

3. 价值因素

知觉对象有无价值或价值的大小,对人的知觉过程有着相当的影响。比如,赌徒在打麻将时有时会拿扑克牌当计算赌资的筹码,而且一般都是一场打完马上结算成现金。这样,在赌博进行中,手上的扑克牌在赌徒的知觉中就比其他任何物品都重要,但当赌博结束,走出赌场后再看到同样的扑克牌,可能不会引起他的任何反应。这就说明知觉对象的价值也是影响知觉的重要因素。

---

① 鲁迅:"《绛洞花主》小引",《鲁迅全集》(第八卷),人民文学出版社 1981 年版,第 145 页。

4. 情绪因素

当人们处于不同情绪之中去描述相同的图画情境时,情绪对知觉的影响也会表露出来。例如,某人考察过一名被试者在不同情绪状态下对同一张图片所作的描述。该图片表现了一群年轻人在沼泽地区挖地的情景。在心情愉快时,被试者看后描述道:"看来一切都很有兴趣,使我想起了夏天。这就是生命所追求的,在旷野上劳动,真正的生活……"可是,当他情绪很坏时,却这样描述"真是可怕的土地。对于这种年龄的孩子来说应该有比在这里挖地更有意义的事情。这里真够脏的,一点也不好。"这项考察指出,情绪不同不仅影响到对图片所表述的思想的理解,而且连注意的细节也不一样。

5. 态度因素

为了表征态度对知觉的影响,研究者录下了一场有争议的足球赛,并让参赛双方学校的学生观看比赛录像,然后要求他们报告自己所看到的各队犯规次数。结果发现,本校学生比对方学校的学生看到自己学校的球队犯规次数要少得多。这个实事说明,各自对己方与对方的球队抱有不同的态度,进而影响到对同一场比赛犯规次数的不同知觉。

以上各个因素致使知觉具有明显的个体性或主动性。任何试图让人们对特定的产品广告作出完全相同的反应是不现实的。

第二节 广告知觉发生的心理过程

一、广告注意

无论广告通过何种媒体传递,广告信息都是通过光波、声波等作用于消费者的视觉与听觉,继而引发其心理感应,最后导致消费者的购买行为。所以,引起广告受众的注意,是任何一个商业广告成功的首要前提。

在同一时间内,人只能注意少数的对象而不能注意所有的对象。注意总是心理活动离开其他对象而对某些对象的集中。集中注意的对象是注意中心,其余的对象有的处于"注意的边缘",多数处于注意范围之外。当然,注意中心与注意边缘也是经常变化的,新的对象不断地变为注意的中心,原来是注意中心的对象可以退到注意的边缘,甚至完全不被注意。注意不是一种独立的心理过程,也不属于个性心理特征。它是表现在感觉、知觉、记忆、思维、想象等心理过程中的一种共同特性。注意在人的心理活动中占据很重要的位置,它对人的知觉具有十分重要的意义。同时,既然在同一时间人只能去知觉少数的对象,那么能否在其他刺激大量存在的情况下引起消费者的注意,就成为广告策划者的重要任务。

根据引起和保持注意时有无目的性和意志努力的程度,可以把注意分为无意注意和有意注意。两种注意形式都有各自的特点,充分掌握这两种注意形式在广告信息接受过程中的特性,对于加强广告的信息传递效果是非常重要的。

1. 广告的无意注意

无意注意也称不随意注意,是没有预定的目的,也不需要作意志努力的注意。无意注意往往是由周围环境发生变化所引起的。它表现为在这种刺激物的直接影响下,人会不由自主地立刻把感觉器官朝向这种刺激物并试图认识它。大家可能都有这样的经验:在热闹的大街上,突然有一辆汽车的轮胎爆了,所有人都会把目光投向发出声响的地方。这就是无意注意。

广告能否引起受众的无意注意,和广告刺激物与广告受众当时的主观状态都有关系。

(1) 广告刺激物的主观状态

广告刺激物的下列特点较易引起无意注意:

① 刺激物的强度。这是引起无意注意的重要原因。例如强光、巨响、艳色、奇香等,都会立刻引起人的无意注意。除了绝对强度外,刺激物的相对强度在引起无意注意上也有重要意义。例如在闹市上大声喊叫,通常不会引人注意,但在寂静的夜晚,轻微的细语声就能引人注意。在广告设计中,广告的强度可表现为:大标题、明亮色彩的印刷广告、响亮的广播声、大屏幕显示等。

② 刺激物之间的对比关系。刺激物的形状、大小、颜色、持续时间等方面与其他刺激物存在显著差别,构成鲜明对比时,容易引起人们的注意。例如,电视广告在低音背景中突然出现高音、广告进行中声音突然消失、平面广告陡然留出大片空白等,都易引起人们的注意。

③ 刺激物的活动和变化。活动、变化的刺激物比不活动、无变化的刺激物,更容易引起人们的注意。所以,航空器上的避撞灯都是在不停地闪烁而不是一直亮着,霓虹灯广告也是在明暗交替地闪烁着。

④ 刺激物的新奇性。新奇的东西很容易成为人们注意的对象,而刻板的、千篇一律的、多次重复的东西就不易引起人们的注意。所谓好奇心,是指对这种新奇刺激物的注意。图 9-8 就是利用奶牛嫉妒雀巢咖啡这一"新奇性"来捕获消费者注意的。

新奇性在广告宣传中,其作用不仅是旨在"捕捉"消费者的注意力,让它从其他对象转移到该广告上来,而且还能维持注意力于广告信息的进一步加工。换句话说,就是广告通过设置一个悬念,吊起受众的胃口,让其一直集中注意力于广告,直至最后"谜底"的揭开。新奇刺激物引起人们的注意,也依赖于人们对它的理解程度。如果人们对当前这种新奇的东西,一点也不理解,虽然可能一时引起注意,但很快就会失去效果,不能长时间地吸引人。如果人们对当前这种新奇的东西,有一些理解但又不完全理解,为了求得进一步的理解,人们就会强烈地注意它,而且还能长时间地维持这种注意。所以,广告的新奇性也不能脱离受众的理解背景。比如,苹果电脑当年轰动世界的广告《1984》,在缺少理解背景的中国观众眼里,可能就有点莫明其妙。①

---

① 《1984》系英国作家乔治·奥威尔(George Orwell)的一部政治幻想小说,写于 1948 年,在西方世界曾产生巨大影响。苹果电脑的广告即利用此书中的情节与场景,故在当时正处于冷战中的西方国家获得空前成功。

图 9-8 雀巢咖啡广告

> **文本卡片 9-2**
>
> ### 超市的品牌摆放与知觉接受
>
> 要想使某一品牌引起"注意",就必须首先穿透货品摆放的喧嚣,而让人们真正去"考虑"它,进入人们的意识关注区。
>
> 环境越杂乱,可供选择的同类产品品牌越多,广告刊登者面临的困难也就越大。在这一点上,在购物地点摆放或张贴广告标识所起的作用是最为显著的,特别是当把它们与我们已经看到过的广告联系在一起时。此时,它们更有可能将我们与该品牌相联系,并引导我们去关注该品牌。
>
> 假设你在超市中购物,当你来到洗涤剂货架时,在你头脑中浮现出什么? 一定是洗涤剂类商品。为什么? 因为你对该超市的货架摆放地点非常熟悉,或者是由于当你走近货架时,上面摆放的物品使你意识到它们是洗涤类商品。即使是在超市中,商品类别的提示作用也是在某一特定点上才可能对我们的意识产生影响,并反过来引发我们想看一看该商品大类某一个品牌的欲望。我们在货品摆放中首先看到的东西不仅取决于一个品牌的摆放位置和所占据面积的多少,更为重要的是我们希望在那里看到自己所熟悉的品牌。假若其他诸因素相同,我们会更加倾向于自己所熟悉的品牌。这在我们的头脑期望能够在所摆放的商品中发现上次曾经买过的品牌时更是如此。在大张旗鼓地对某一品牌做广告时,该品牌更容易进入我们的头脑中。在其他诸因素相同的条件下,该种商品品牌在摆放的货品中更容易引人关注。
>
> 在一次对超市顾客的调查中发现,有 56% 的人表现出一种简单的定位购物行为,即在进入超市后,直奔他们上次购买同类商品的货架拿货,而很少浏览摆放在货架上的商品。因此在超市中,一个品牌或包装必须要穿透喧嚣——使行走速度每小时为 2 公里的顾客驻足——并使自己被关注。单独摆放、货架交谈式摆放和错位摆放等都有助于一个品牌穿透喧嚣并引起人们的关注。我们过去所看到过的广告对增加某一特定品牌的视觉凸显作用也起到十分重要的作用。
>
> 资料来源:〔澳〕马克斯·萨瑟兰著,《广告与消费者心理》,世界知识出版社 2002 年版,第 20—22 页。

(2) 广告受众的主观状态

广告能否引起注意,也依赖于受众本身的状态。同样的广告内容,由于感知广告的人的主观状态不同,就可能引起一些人的注意而另一些人不注意。

引起广告无意注意的主观原因主要有以下几个方面:

① 受众对事物的需要、兴趣和态度。凡是能满足人的需要(不论是机体的、物质的需要或是精神的、文化的需要)的事物,都容易成为无意注意的对象。夏天出门的人经常会口渴,此时如果正走在大街上,他对卖矿泉水、饮料的冷饮摊点的遮阳伞肯定特别敏感,再

远也能一眼瞧见,而对身边的别的店铺则会视而不见。

直接兴趣是引起无意注意的重要原因。直接兴趣通常又分为两种:第一,专业的兴趣。热爱自己工作的人,对有关工作的一切事物都觉得有兴趣,都能引起他的注意。如从事文教工作的人,通常会注意书刊广告,因为这些事物可能对他具有重要的意义。第二,一般兴趣。那些与一个人已有知识有联系的事物以及能增进一个人新知识的事物,容易引起这个人的兴趣和注意。如我国许多古典章回小说,每写到关键时刻,就出现"欲知后事如何,且听下回分解"的语句,激发了读者的好奇心,希望一章章地读下去,这就是因为在旧知识的基础上提出了新问题,使读者产生一种期待心理,渴望知道"后事如何"。

人的需要、兴趣影响着人对事物的态度。对事物抱有漠不关心的态度,不容易引起无意注意;对事物抱有积极的、富有情感的态度,则容易引起无意注意。例如,一位从事反扒窃工作多年的警察,公共汽车上小偷的一举一动随时都能引起他的反应。

② 受众当时的情绪和精神状态。受众接受广告时的情绪状态,在很大程度上影响着无意注意。如果一个人当时心态平和、心情愉快,平时不太容易引起他注意的事物,此时就会很容易引起他的注意。例如,在喜庆日或节假日期间,有些平时被认为是色彩过于鲜艳、不够雅致的商品,这时也可能被认为有喜气而引人注目;如果一个人情绪压抑、心情郁闷,那些平时容易引起他注意的事物,此时也不易引起他的注意,所谓"视而不见"、"听而不闻",有时就产生于这种情绪状态下。受众当时的精神状态也对广告的无意注意产生影响,人在疾病、极度疲劳或处于瞌睡状态时,常常不能觉察到那些在精神饱满时很容易注意到的事物;人在身体健康、精神饱满时,最容易对新事物产生注意,同时注意也容易集中和持久。

2. 广告的有意注意

有意注意也称随意注意,是有预定目的、在必要时还需作一定意志努力的注意。有意注意是一种主动地服从于一定活动任务的注意,它受人的意识的自觉调节和支配。

有意注意有两个显著的特征:一是目的性,即它要注意什么,不是由刺激物本身的特点来决定的,而是由预先提出来的、拟定的任务来决定的。二是意志性,即为了实现目的、任务,就要排除干扰,克服各种困难,作出一定的意志努力。因此,有意注意有时也被称为主动的注意、意志的注意。例如,一个要买电脑的人,逛街时会直奔电脑公司;看报纸的时候,会主动去找电脑的广告;遇到电视节目中插播电脑广告,也不会像通常那样起身去倒水或干别的事。这时,电脑及其广告所引起的注意就是有意注意。

由于有意注意的个体预先有内在的要求,并将注意集中在暴露的目标上,受主观意识的自觉调节和支配,因此,凡能满足其物质或精神需求的广告均能引起他的注意。例如,一个要租房子的人,会在报纸的各个版面上查找有关房屋出租的信息,即使广告做在报纸中缝上,也不会错过;即使用再小的字号排版,也不会妨碍他仔细阅读广告中的每一行信息。

广告界流行这样一句话:让人注意到你的广告,就等于你的产品推销出去了一半。由此可见,在商业广告设计中,应充分运用注意的心理功效,提高广告效果。

二、广告完形

当一则广告因种种原因引起了消费者的注意时,广告的各方面属性,如电视广告的声音、画面,平面广告的图案、色彩、文字等,就能通过感觉器官的接收传入人的大脑。但此时这些信息是原始、未经处理、离散的感觉信息,如果不经过处理是形不成知觉的,对于消费者也就是毫无意义的。要想去理解广告的完整意义,必须要在大脑中把这些离散的信息重新组合到一起。但实际上感觉器官搜集的信息是不完全的,必须靠大脑此前已经存在的一些模式、结构或经验,来对这些信息进行整合,使之成为一个完整的、可供知觉的对象。就像盖房子,不仅要有各种建筑材料(感觉信息),还要有施工图纸(大脑固有的模式、结构或经验),才能把房子盖起来。广告信息在消费者的意识里之所以是完整的,是因为消费者在心里把对象的各部分属性组合成了一个整体。我们称这个过程为广告完形。

比如,中国古代有所谓"离坚白"的诡辩论,说是一块白石头,用眼看可以知道是白的,但不可以知道是硬的;用手摸可以知道是硬的,但不可以知道是白的。实际上,当我们看到一块白石头时,我们的经验可以自动地补足在触觉上的认识,即对石头的知觉进行"完形"。任何一件商品,尽管存在若干不同的部分,却都是由不同部分构成的一个整体;当消费者知觉它的时候,并不是把它知觉为某个部分,而是把它知觉为一个整体。这就是人们对商品知觉信息完形的结果。由于商品的各个部分在整体中所处的位置不同,因而消费者在知觉商品时,并非"一视同仁"地知觉它的每一个部分,而是先清晰而深刻地知觉那些突出的、主要的、意义性更为明显的部分,而后才知觉那些不突出的、次要的、辅助的部分,这是知觉的完形过程存在主动性的表现。这一知觉完形的主动性使消费者能够觉察商品各部分间的差别与联系。例如,对于一位电脑发烧友,他到电脑城去买电脑时,对各家公司门口的广告牌上信息的注意顺序,一般是先看配件再看价格。因为,对于他来说,只有电脑的配置达到了他心中的标准才会去考虑购买,而且他深知配件的性能对电脑整体性能的重要性,所以价格就成为最后被注意的信息。如果一眼看上去广告上的配件根本不合要求,他甚至不会去注意电脑的价格。这说明,受众对广告信息的知觉完形是一个主动的过程,并不是把所有的信息都整合到一起,而是根据自己的主观需要来选择并完形,次要的信息有时甚至会被完全舍弃。就像电脑发烧友对电脑广告信息的选取与组合的过程,对于不合他要求的电脑广告,他仅仅"整合"了其中主要配件的信息,像售后服务等次要信息,甚至连价格这样的信息都未被"整合",此时在他的头脑里,这台电脑只有主要配件的信息。

在广告完形的过程里,大脑在此前已有的经验等固有结构发挥了关键作用,它们"自动补充"了那些感觉信息里缺少的部分。比如,我们看电视时非常快速地转换频道,许多广告都是一闪而过,但如果是以前看过的广告,即使只有画面和声音的片段,我们也会知道播的是什么广告。如果是从未看过的陌生广告,即使看到和听到了广告的片段,也根本不可能形成任何可以理解的知觉印象。

有关广告知觉完形的理论直接来源于格式塔心理学派,即完形心理学派,其中三条最基本的原则是:

1. 图和背景的原则

人们具有把知觉到的各种刺激组合为图和背景关系的倾向。其中,图是知觉的主体,它是封闭的、实在的,是突出在前面的,因而常被人们清楚地知觉到。而背景则是模糊的、朦胧的和连续的,相比图形就是次要的知觉对象。这是因为人的注意力一次只能集中于少数对象,在多种对象同时存在的情况下,平均分配注意力是不可能的,这样会导致所有的对象都无法形成清晰的知觉。比如普通的照相机在拍照时,对远、中、近景是不能兼顾的,假如有三个拍摄对象由远到近排列,那么无论怎么调节焦距,一次都只能把焦点对准一个对象,其余两位成为背景。在这种情况下,要想三个拍摄对象都清晰是办不到的。再如,音乐作为刺激物,人们或者在音乐声中进餐,或者欣赏音乐。这里,在第一种情况下,音乐只能作为其他活动的简单背景。而在第二种情况下,它却成了图形,即知觉的主体。因为图形表现很突出,所以能很清楚地被人意识到,相比之下背景就显得次要和不太重要了。

根据这个原则,我们在进行广告设计时,应注意把想要宣传的产品凸现出来,让它成为整个广告的"图形"而不是作为背景。比如,绝大多数汽车广告都会展示汽车在各种道路、地域行驶的画面。无论镜头怎么表现,无论画面上的城市多么繁华、风景多么美丽,画面的中心肯定是汽车,其余的都是作为背景而出现的。甚至在有些广告里,图形后面的背景采用单色甚至白色,以达到突出广告图形的目的。

如果所宣传的商品和商标不能成为广告的图形,即广告宣传的中心,那么这样的广告宣传就会失去意义。例如,一家钢铁公司生产各种钢制产品,其中包括制作床垫的弹簧。在其广告中画了一个漂亮的小姐在床上跳来跳去,而没有任何有关产品的展示。许多消费者对此大感困惑,不知道广告在宣传什么产品,即哪一个是图形,哪一个是背景。如今一些以美女为模特的广告也常犯喧宾夺主的错误。

2. 组合原则

个体具有自动地组合邻近刺激,使它形成一个完整的图形和印象的倾向。实验发现,对刺激的知觉,组合或形成信息"块"要比离散的信息"点"更有利于记忆和回忆。这是由知觉的作用机理造成的。人既然倾向于对未知进行把握,而与既有经验中的信息比对又是实现这种把握的主要途径,所以就会自动地把邻近刺激组合成符合记忆中某些经验结构的信息"块"。

目前,在广告设计中经常运用组合的原则,即在广告牌或广告节目中增加一些与产品有联系的积极信息,引导消费者在看到广告宣传的产品时产生一些美好的联想。例如,感情广告就是最常见的运用组合原则的广告形式,它是把一些本来和产品关系不大的情感因素,通过种种巧妙的策划、创意手法与广告产品联系到一起。这样,消费者在对广告知觉时,自然会把情感和广告产品进行"邻近组合",从而加深对广告内容的接受与记忆,直至最终实现产品的购买。比如,当年产生巨大影响的"铁达时"手表广告,"不在乎天长地久,只在乎曾经拥有"的广告词配上兵荒马乱战争年代的动人爱情场面,使消费者把这些场景和产品组合到一起,从而产生强烈的共鸣。

3. 闭合原则

正因为人有把握对象的主观倾向,当人们遇到不完整刺激模型时,会有意无意地填补其中的缺失部分,把它作为一个整体来识别。和组合原则一样,只有当对象和过去的经验模型类似时,人才能有效地去把握对象。这也就是过去经验对当前知觉作用的一种表现,即部分刺激作用于感官时,人脑中贮存的信息能够补充该事物的其他部分的信息,以产生一种完形。

对于广告制作者来说,消费者闭合的需要具有深刻的含义。不完整广告信息的出现要求消费者来完成,这一完成活动的本身可能引起消费者的兴趣和满足,起到加深印象的作用。因此,一个不完整的广告有时比完整的广告更容易使人识别和记忆。例如,1989年开创了"汽车广告不出现汽车"的日本尼桑汽车广告。该广告看起来和汽车毫无关系,通篇是自然的景色:池塘里漂浮着几片落叶,微风拂过泛起阵阵涟漪;海浪拍打着海岸;雾中隐约可见的小树,树影婆娑;朦朦胧胧的垂柳。除了一句:"豪华到底是什么?豪华的价值何在?"的广告词,从头到尾都是大自然的声音。但广告播出后反应很好,因为广告受众已经在心中替广告画面补上了汽车的形象。

再如,曾有过一幅"只有轮胎的汽车"的广告画。画面上,既没有车身,又无引擎和其他部件,只有四个到位的旋转车胎和一个备用车胎;在驾驶室里的司机位置,画有一个司机操作的姿势,却无座位和方向盘。整个广告画就是这样简练和破缺。然而,观看者感受到的,却是共同的和完满的印象:一位司机驾驶着一辆奔驰的汽车。而画面上的车胎正是广告所要推销的产品。广告中这种闭合性原则有利于提高消费者对广告的总体知觉水平。

所以,理解广告信息的知觉完形的过程和原理,就可以在广告设计时充分加以利用,以提高广告信息传递的效率与质量。

三、广告阐释

从人类知觉心理的活动过程可知,知觉是一种主观性的个体现象,人们按照他们对刺激的觉察进行选择,并在一定心理原则的基础上综合这些刺激。对刺激的解释也常常是个体的过程,它也建立在消费者的先前经验、需要、动机、期望和兴趣的基础上。

刺激经常是模棱两可的。有些刺激相当弱是因为可见度差、持续时间短、噪音水平高和波动较频繁。即使是那些强烈的刺激也会由于从不同角度观察、距离变化、照明水平差异而呈现出明显的波动。

消费者通常把他所接受的感觉输入视为最可能产生特定刺激的根源。过去的经验以及与别人的交往都可能有助于形成某种期望,而这种期望会提供个人在解释刺激时能够使用的范畴或备选方案。个人的经验越狭窄,他获得选择范畴的局限性也越大。

因此,消费者对感知到的广告信息如何进行解释,既依赖于广告刺激本身的清晰度,也依赖于消费者过去的经验、知识和他在知觉时的动机及期望。从某种意义上说,消费者对于输入信息的解释完全是主观的信息加工过程,因而会经常产生偏见。也就是说,如果把广告活动完全看做一种信息传递活动,广告人制作广告就是在对信息按一定规则进行编码,然后透过一定的媒体渠道传递给消费者。广告受众对信息的接收是前面过程的逆过程,即对信息编码进行解码、诠释。由于受到各种主客观因素的影响,消费者对广告信息的理解,是不可能完全复原广告制作者的意图的,这就会对广告产生误解与偏见。

在大多数情况下,广告制作者需要尽量避免受众对广告信息的误解,所以必须深入了解广告受众的知觉解释的心理过程,以及这种过程的主观性特点,根据受众的具体情况组织广告,以最大限度地减少广告受众的误解程度。

在影响广告受众对广告知觉解释的经验、动机、情绪、态度等因素中,广告制作者能有效加以考虑的,主要是广告受众的经验、动机等。具体来说,在广告信息的组织和广告诉求方式的选择上,广告受众的经验和动机都是重要考虑对象。比如,有的治疗痔疮的广告选择了在每晚的黄金时段播出,殊不知对家庭来说,这段时间基本上都是吃饭时间,此时看到这种广告会引起受众的严重反感,大大影响广告的效果。再如,如果选择广告的情感诉求方式,则目标受众群的情感记忆水平,就是一个主要的制约因素,如果目标受众群全然没有相应的情感记忆,则广告就不可能取得预期的效果。比如,很多情感广告都是以一些影片中的典型镜头、对白、音乐等片段,作为情感刺激物来唤起广告受众的情感记忆,以期引起广告共鸣效应。但如果这些情感刺激物选择不当,目标受众群没有相应的情感记忆,广告效果就无从谈起,因为受众根本没有看过这些影片,不可能理解广告知觉对象,也就建立不了正确的广告知觉。

所以,广告的知觉解释是一个要引起广告人高度重视的问题。一方面,可以有效地利用受众知觉解释过程对主客观条件的依赖,达到准确、高效传达广告信息的目的;另一方面,可以有效地避免受众对广告信息的错误知觉,以免影响广告效果。

第三节 广告知觉的偏误与消减

一、广告知觉偏误的产生

广告受众在被一则广告吸引注意后,首先是通过各种感觉器官采集广告刺激信息,然后这些感觉信息被汇集到大脑,进行知觉的处理与加工,以最后形成对该广告的主观认识。在这一系列的过程中,广告所发出的信息都有可能被受众有意识或无意识地"歪曲"。其中,在广告信息的知觉阶段发生的偏误对广告效果的影响最大。

广告知觉的偏误可以发生在知觉选择、知觉组合及知觉解释三个知觉过程的任何一段。偏误的产生和这些知觉过程的心理特点有关,其中既有广告制作、周围环境等客观因素,也有广告受众自身的经验、文化、情绪、状态等主观因素。这些就造成广告知觉偏误产生的组合情况异常复杂,有单一因素造成的,如情感广告对广告目标受众群的情感记忆定位错误,或广告受众情绪不佳而影响知觉等;也有各种各样因素的不同组合搭配造成的不同偏误。所以,要想完全弄清广告知觉偏误的产生原因,是不可能也是不必要的。

消费者在对商品广告的知觉中,常常会由于自身的经验、知识、需要、愿望等主观因素的影响,而产生这样或那样的偏见,它们对广告知觉的影响有利有弊。最常见的广告知觉偏误有以下这些:

1. 模特效应

消费者在对某种广告产品的特性进行归因时,常有把广告模特的形象与广告产品的特性、效能联系起来的倾向。例如,由一个健康、活泼、形象可爱的婴儿来做婴儿用具或婴儿奶粉广告,效果往往不错。强生婴儿用品、亨氏婴儿食品的广告就是这样。而美容、护肤产品的广告通常会选用容貌姣好、肌肤白皙的女模特为其产品做代言人。近年来,国内每一种洗发产品的推出,几乎都是以广告中模特飘逸秀美的长发来吸引广大消费者的。因而,广告设计者在选择模特时,要根据推销产品的使用特性,来考虑模特的说服力。

2. 首次效应

首次效应即第一印象,也就是第一次接触事物留下的印象往往会成为一种心理定势,而影响以后对它的看法。

第一印象具有层次性、广泛性和推延性。比如,消费者用多年的积蓄买了一台空调,但是使用不久空调就出了毛病,那么他对这台空调及其牌号、厂家甚至购买商店的不良印象就很难改变了。再如,人们第一次进入某个商店时受到某个营业员的热情接待,他所形成的良好的第一印象就不仅是对这个营业员,而且包括这个商店及其商品。首次效应的这些特点,使它难免片面,妨碍人们准确、全面地认识事物。

消费者对某种商品的第一印象,既可来自直接接触,也可来自广告宣传。对于许多商品,尤其是新产品,消费者也许首先是通过广告来认识它们的,对广告的知觉往往会形成他们对产品和对企业的第一印象。在广告活动中,广告主如何利用首次效应达到宣传、促销的目的,这是非常值得研究的。在现实的广告活动中,虚假广告的大量存在,从某种意义上来说,就是利用了消费者首次效应的知觉偏见,采取骗一次算一次的方法,牟取非法利润;此外,广告制作、宣传中不注意首次效应的现象也大量存在。粗制滥造的广告,实际上是对商品形象的损毁,也是给企业形象抹黑。在广告中利用消费者的首次效应这一心理定势,树立良好的企业形象、扩大产品的销售是广大广告工作者所要追求的一个目标。

3. 晕轮效应

晕轮效应亦称光环效应,是指由知觉对象的某一特征推及对象的总体特征,从而产生美化或丑化对象形象的心理倾向。这种心理对事物某一特征的认知也许是真实的,但推及事物的总体认知就不真实了。例如,我们有很多人一听到客人是美国人,就想当然地认为他一定是有钱人。结果发生了好几起美国人到中国来诈骗的案子,而且几乎每次都顺利得手,中国人似乎完全没有戒备心理。这就是因为光环效应的作用,以至于把一些美国人是有钱人,当做所有美国人都是有钱人。

晕轮效应和首次效应一样,都具有普遍性和带主观色彩的一面,但两者又有区别。首次效应是从时间上来说的,由于前面的印象深刻,后面的印象往往成了前面印象的补充;而晕轮效应是从内容上来说的,由于对知觉对象部分特征印象深刻,而将这部分印象泛化为全部印象。在现实中,首次印象往往是晕轮效应的前奏,两者都是以点带面、以主观代客观。就好像找对象,见面后的第一印象往往决定了双方关系能否发展下去。如果女孩长得非常漂亮或男子显得气度不凡、非常富有,则关系很容易发展下去,而且会因对这些优点的放大,而在以后的日子里忽视对方的其他不良之处。

而广告活动的目的就是向消费者宣传产品、促销产品,因而充分利用消费者的晕轮效应进行正当的宣传是非常必要的。比如,在广告中突出产品的某个或某些与众不同的优点,使消费者对产品形成良好的印象。所以,一般有实力的企业在向市场推出新产品时,都会花费巨额广告预算,以达成在消费者心目中的一个美好的印象。

4. 移情效应

我国民间有"爱屋及乌"与"恨乌及屋"的说法,即指人们习惯于将对某一特定对象的情感迁移到与该对象相关的人或事物上去,心理学称这种心理现象为"移情效应"。"移情效应"也是一种心理定势,它既表现为"人情效应",也表现为"物情效应"和"事情效应"。消费者对于商品广告的认知常常有"移情效应"的心理定势,不少消费者对于广告产品的好恶,取决于他们对于广告形象的好恶。比如,不少厂家、商家选用深受消费者喜爱的歌星、影星、体坛明星来做广告,就是利用了消费者的"移情效应",顺应了人们的情感流向,设法把公众对明星的喜爱之情迁移到自己的产品上来。当年李默然的"三九胃泰"广告的播出,不仅提高了企业的知名度,也极大地提高了产品的销售量;体操王子李宁推出的健力宝饮料,亦赢得了公众像喜爱这位体操明星一样的情感。"万家乐"热水器、"力士"香皂、"飘柔"洗发水等,都多少沾了明星的光,在消费者心目中确立了自己的形象。同样,也有一些产品是因为广告形象令公众反感,而破坏了产品和企业的声誉。比如,前几年有一位当红明星,因为无知和忘乎所以,严重损害了国人的民族感情,引起人们的普遍反感。结果许多原拟高价请她做广告的企业收回了决定,一时间她的广告价码狂跌。

移情效应在广告中表现得非常普遍,利用消费者的移情效应,创造好的广告形象,以树立良好的产品和企业形象,是非常必要的。值得注意的是,运用这种方法应该实事求是,弄虚作假最终会自食其果,断送企业的前程。

5. 名人效应

名人效应的作用机理与移情效应非常相似,但两者也存在很多不同。或者说,名人效应是利用了移情效应的一种广告效应方式。影视明星、社会名流常常是公众关注和敬仰的人物,通常一个知名度很高的名人、明星都拥有一大批崇拜者。因此,名人、明星广告往往往带有新闻性的色彩,容易激发人们的注意和兴趣,其注意程度与广告价值均很高,对商品信息的传播具有很高的权威性,可以使广告所宣传的商品产生难以抵御的魅力与影响力,减少了广告的宣传色彩,冲淡了观众的防范心理。名人、明星在广告中巧妙地扮演了一个说服者的角色,让人们在不知不觉中被感染和说服。比如,汪明荃为"万家乐"热水器做的广告,便是一则成功的广告。汪明荃作为影视红星,游历过世界各地,因此由她告诉人们她所用过的许多热水器中,"万家乐"是最好的,自然令人信服,能引导消费者在购买时选择这一品牌。在这则广告里,明星的承诺较普通人具有更高的可信性,毕竟对一般人来说,谁有机会用过那么多品牌的热水器呢?

然而,值得提醒的是,名人效应并不完全都是正面的,利用名人效应能提高产品的知名度是有前提的。当明星与广告产品毫不沾边,或创意上毫无新颖、独特之处的广告,无论请哪个名人来做都不会使观众对广告产品留下深刻印象。比如,不少观众反映"美的"空调广告,让国际级影星巩俐身披轻纱飘入大厅,而后优雅地坐下,露出妩媚的笑容。除了能获得一睹佳丽芳容的享受外,对广告产品印象极为模糊,更无法对它产生其他更有意向性的关注,即人们的注意力、兴奋点集中在明星身上,而忽略了产品本身。这是请明星做广告时需注意的,要摆正图和背景的关系。尤其是对创牌子的广告来说,如果不能把明星与广告产品的特性结合起来,广告的效果就很有限了。

另外,选用名人做广告,所聘请的名人最好不是经常在广告中出现的人物。倘若某个名人今天为电视机做广告,明天为热水器做广告,后天又为方便面做广告,那就未免太多太滥,他在观众心目中的威信就会下降,甚至令人反感、厌烦,这反而会殃及广告产品,破坏企业形象。

6. 刻板印象

刻板印象是指人们对于某一类事物产生一种比较固定的看法,也是一种概括而笼统的看法。例如,社会上人们常常会用籍贯、地位、职业、年龄、性别等将周围的人划分为不同的类别,并对同类别的人产生相同的固定印象。像南方人细心、精明,北方人豪爽、热情;年轻人"嘴上无毛,办事不牢",老年人"保守"、"迂腐"、"思想僵化";以及"无商不奸"等,都属于刻板印象之列。

消费者在对商品及广告的知觉过程中也存在着大量的刻板印象。比如,不少人认为进口商品一定比国产的强,常常做广告的商品肯定是销路不太好,商家总是重利轻义、以赚钱为目的等。这些刻板印象常常使消费者对不少商品广告持怀疑态度,影响了许多产品(主要是国产产品)及广告在消费者心目中的形象。因此,广告要真正赢得消费者的信赖,就必须设法改变消费者某些不合理的刻板印象,尽量消除消费者的疑虑。

消费者的刻板印象是长期积淀而成的,广告工作人员应该深入细致地调查研究,有针对性地冲破不良的刻板印象,同时使自己的产品及广告在消费者的知觉中形成有益于自己的良好的刻板印象。比如,在20世纪50年代,日本产品在美国市场的声誉不佳,大多数人将其与"质量低劣"、"价格低廉"等词语紧紧联系到一起。结果日本的企业和广告人花费了巨大的精力与财力,逐渐改变了美国消费者心目中的日本产品形象。我国的浙江、福建等地的企业现在也面临与当年日本产品相似的处境。由于前些年这些地区的假冒伪劣现象严重,大大影响了当地产品在国人心目中的形象。现在当地很多有实力的企业发起全国性的广告攻势,力图摆脱刻板印象对其造成的负面影响。

二、广告知觉偏误的消减

由于广告知觉的偏误可以产生于广告知觉的各个阶段,且造成广告知觉偏误的原因多种多样,既有广告制作方面的原因,也有广告受众的主观原因及广告接受时的环境影响。所以,有效地消减广告知觉偏误的产生,是一件非常复杂而困难的工作,必须针对具体情况进行分析。

在广告知觉的偏误中,部分偏误可以通过一定的方法进行消减,但也有一些是不可消减的影响。要分清具体情况,尽量把广告知觉偏误对广告效果的影响减小。

从传播学的理论看,广告知觉的偏误其实就是广告信息在编码、译码的过程中发生了错误。因为广告信息需经过广告制作者的编码、传递,再经过广告受众的译码、解码,才能被广告受众理解。一般来说,这种转换的次数越多,被误解的可能性越大。为加强理解、减少误解,一个有效的对策便是使传播建立在接收者的观点基础上。因为,它意味着接收者不需经过更多的转译。这需要在广告策划过程中,高度重视前期的市场调查,广告策划和创意都要建立在对目标受众的充分了解的基础上,尽可能使广告接近消费者的知觉经验和知觉习惯。针对消费者的主观知觉特性,广告制作者可以通过调整广告的内容布局、精心设计广告的情感诉求方式、改进广告的设计制作水平、选择有利的广告传播渠道及投放时机等,来减少广告知觉偏误的发生。对于最容易引起知觉偏误的广告语,要在市场调查充分的情况下仔细、反复地推敲。对于消费者如何使用广告里用以表述广告信息的词语进行分析,具体分析方法有三个:(1)语义分析,即接收者把词语译成意思;(2)文法分析,即接收者对叙述中词语间彼此如何联系的解释;(3)实际情境分析,即接收者对词语所在情境(即境联)的解释。这些分析结合起来就不难弄清接收者从广告中所理解的意义是什么了。掌握了这些,广告制作者就可以最大限度地减小消费者在广告知觉上的偏误。

本章提要

广告作为一种有目的地传递商品信息的活动,其基本功能的实现前提,是能够准确地向消费者传递广告主想让其接收的产品信息。但是,像一切信息传递活动一样,在广告信息传递的过程中,消费者所理解到的既可能是信息源的原本信息,也可能是与之偏离或误解了的信息。因此,对广告受众知觉过程及其规律的了解就显得非常必要。

感觉虽然是最简单、最低级的神经反应形式,但却是一切高级复杂心理的基础与前提。我们的感觉器官并不是对所有存在的内外部刺激都能感觉,只有当刺激物在一定的强度和范围内才能引起感觉器官的反应。感觉的阈限有绝对阈限和差别阈限之分。

感觉是对刺激的个别属性的反映;而知觉则是人脑对感觉刺激进行选择、组织和解释,使之成为一个有意义的、连贯的现实映象的过程。

知觉选择的心理机制主要有三个:知觉超负荷、选择的感受性和知觉防御。

我们将首先按照一定的途径、规则进行选择,滤掉次要信息,保留重要信息;然后对所选择的这些不同性质的、离散的信息进行整合,合成一个完整的知觉形象的过程称为知觉组织。知觉组织过程表现出以下特点:知觉的整体性和知觉的组织原则。

当离散的感觉信息被组成一个整体的模式之后,该模式同过去经验中的类似物作比较,进而推得意义。这种从感觉信息组织后的模式中推得的意义,就是对刺激的解释。它紧紧地依赖于个体先前的经验、动机、情绪、态度等个体因素。

根据引起和保持注意时有无目的性和意志努力的程度,可以把广告的注意分为广告的无意注意和广告的有意注意。

广告知觉完形的主动性使消费者能够觉察商品各部分间的差别与联系。

广告知觉完形的理论有三条最基本的原则:图和背景的原则、组合原则和闭合原则。

消费者对感知到的广告信息如何进行解释,既依赖于广告刺激本身的清晰度,也依赖于消费者过去的经验、知识和他在知觉时的动机及期望。消费者对于输入信息的解释完全是主观的信息加工过程,因而会经常产生偏见。

广告制作者需要尽量避免受众对广告信息的误解,所以必须深入了解广告受众的知觉解释的心理过程,以及这种过程的主观性特点,根据受众的具体情况组织广告,以最大限度地减少广告受众的误解程度。

广告受众在被一则广告吸引注意后,首先是通过各种感觉器官采集广告刺激信息,然后这些感觉信息被汇集到大脑,进行知觉的处理与加工,以最后形成对该广告的主观认识。在这一系列的过程中,广告所发出的信息都有可能被受众有意识或无意识地"歪曲"。其中,在广告信息的知觉阶段发生的偏误对广告效果的影响最大。

广告知觉的偏误可以发生在知觉选择、知觉组合及知觉解释三个知觉过程的任何一段。偏误的产生和这些知觉过程的心理特点有关,其中既有广告制作、周围环境等客观因素,也有广告受众自身的经验、文化、情绪、状态等主观因素。如此,尽可能地消减广告知觉偏误,就显得特别重要。

案例分析

可口可乐市场终端生动化广告

可口可乐公司自1886年诞生以来已有上百年的历史,但其销量却在竞争激烈的饮料市场中持续增加。可口可乐公司的营销渠道策略非常强调终端建设的生动化。其中,有效的市场终端生动广告策略是最重要的部分之一。

所谓生动化是指在售点上进行的一切能够影响消费者购买产品的活动,包括产品的摆放位置、展示方式及存货管理等多方面。其中,在广告战略方面主要考虑以下内容:

(1) 位置。可口可乐的产品广告应张贴在最显眼的位置,比如商店入口处、视平线处等,以吸引消费者的注意;不可被其他物品遮掩,不可过高或过低;在陈列产品的附近还应有与产品有关的广告,同时必须有明显的价格牌。

(2) 外观。售点的各种可口可乐广告也代表了整个企业和产品的形象,因此广告的外观一定要干净、整洁;要更换及拆除已褪色或陈旧的广告物。

(3) 选用。由于广告品的种类很多,在具体选用时应注意销售什么产品就配什么广告,这样可体现一定的专业水准。比如,不应同时出现两个新旧广告攻势的广告品:当张贴"永远是可口可乐"的广告时,应同时拆除原有"挡不住的感觉"的广告;当一定时间的促销活动结束后,与之相配合的广告品必须立即拆除。

(4) 内容。价格促销广告必须使用"特别价格标示",内容应包括"原价格"、"现价格"、"节省差价"及"品牌包装"等信息。

请讨论:
1. 可口可乐的广告为什么要张贴在最醒目之处?请用本章理论阐释。
2. 可口可乐的广告为什么要显示其干净、整洁的形象?
3. 运用注意理论解释可口可乐的广告为什么一个阶段只有一个口号。

情景模拟

"航海者"是戴纳公司新近推出的男用大众香水。如图9-9 所示的广告画面上,世界地图已经印在了这位年轻航海者的脑中,看来他对自己在香水海洋中的航程早已胸有成竹。

请模拟此广告创意所提供的情景,分别为女士用的"小护士"防晒霜、男士用的"乔丹"篮球鞋立即寻找一个形象,然后想象你知觉这一形象的心理过程,并与他人进行交流。

图9-9 "航海者"香水广告

小组讨论

广告中悬念的运用,往往能让广告受众在自己的"想不到"中落入广告创意者的圈套。麦当劳的一则经典广告见图9-10。婴儿面对着窗户坐在靠窗的秋千摇椅中,摇椅向前一下向后一下。当摇椅上升时,婴儿就展开了笑脸;当摇椅下降时,婴儿则痛苦欲哭。到底是什么力量左右了尚未懂事的婴儿,甚至完全控制他的喜怒哀乐呢?广告最后的画面是:窗外有一个麦当劳的醒目的"M"标志。当摇椅上升时,婴儿能看到麦当劳的标志,而当摇椅下降时则看不见了。

由于画面多次表现小孩一会儿哭一会儿笑,使人产生悬念。不仅让看这则广告的受众充满疑惑,更是饶有兴致地想继续了解这个可爱的婴儿到底是怎么了。广告通过这个婴儿的视点表现出麦当劳的标志,充分表达了"麦当劳是连吃奶的孩子也极为喜爱的品牌"的主题。

因为有了这样的悬念,人们才把许多这样的悬而"后"决记在了心里,从而也更容易接受这样"悬"着的诱惑。大家着迷的就是那种"想得到与想不到"的惊喜,在情理之中,又在意料之外。

图 9-10 麦当劳广告

请讨论:
1. 你最初知觉到小孩在"笑"时,心理是否产生了悬念?
2. 你随后又知觉到小孩在"哭",此时你的心理发生了什么样的变化?
3. 你最后知觉到麦当劳的"M"形标志时,你的心理发生了什么变化?
4. 请类比谈谈其他广告给你留下的知觉印象。

第十章 广告受众的情感发生

广告心理学教程（第二版）

知识要求

通过本章学习,掌握:
- 人类的情感结构
- 情感发生的心理机制
- 情感记忆的理论知识
- 广告情感诉求的方法
- 情感诉求广告的接受心理

技能要求

通过本章学习,能够:
- 对广告受众的情感接受进行分析
- 对广告受众的情感发生进行分析
- 分析典型广告案例的情感因素
- 进行感性广告的策划创意活动

随着"硬销"时代的过去,现代广告越来越强调与受众进行情感的交流。由于市场趋于同质化,产品之间品质的差异减小,激起广告受众的情感反应就成为广告推销产品的重要手段。而广告中的情感因素如何有效地传递、如何准确地激起受众的情感共鸣,进而把由此产生的情感迁移到广告产品上,这些问题就成了广告学研究的重要课题。

第一节 广告受众的情感基础

一、广告受众的情感记忆

感性广告是依靠图像、音乐、文字等方面的技巧,对消费者的情绪进行定向诱导,使其对广告产品产生购买欲望的一种广告方法。它一般是采用日常生活中最易于激发人们情感的细节的表现,来达到广告的目的。可口可乐公司的 J. W. 乔戈斯说过:"你不会发现一个成功的全球著名品牌,它不表达或不包括一种基本的人类情感。"[①]的确,相对于意识形态方面的因素,情感更容易跨越地域与文化的障碍,在人们的心中引起共鸣。因为人类相互间的情感是稳定而共通的。感性广告就是要寻找人们内心这些共通的而又能深深打动人的元素,让这些元素像火种一样,去点燃人们积淀于内心深处的情感。

对于广告受众,这些都是在以前的生活经历中体验过、为之激动过的。随着时光的流

---

① 转引自何佳讯:《现代广告案例》,复旦大学出版社1998年版,第290页。

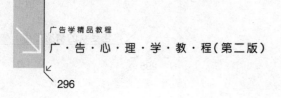

逝,它们慢慢沉积在脑海中,成为一种情感的记忆。感性广告并不能让受众去体验以前从未体验过的新的情感,而只是重新唤起人们记忆中沉睡着的、曾经在生活经历中体验过的情感。所以,研究分析目标受众可能有哪些情感记忆,以及这些情感的性质,就成了研究感性广告的首要任务。

情感是人对生活于其中的世界以及生命历程中的遭遇的一种反应形式。它是一种带有特殊色彩并伴随着生理变化的体验。它直接来源于人对事物能否满足自己需要的判断。人对客观事物与现象持何种态度,是以它们能否满足自己的需要为目标的;事物对人的意义,也往往与它们是否满足人的需要有关。和人的任何需要都毫不相干的事物,人是不可能对它产生情感的。只有那种与人的需要有关的事物,才能引起人的情绪和情感。而且,以人的需要是否获得满足来衡量,情绪和情感具有肯定或否定的性质。凡能满足人的需要的事物,会引起肯定性质的体验,如快乐、满意、爱等;凡不能满足人的渴求的事物,或者与人的意向相违背的事物,则会引起否定性质的体验,如愤怒、哀怨、憎恨等。情绪和情感的独特性质正是由这些需要、渴求或意向决定的。

对于现实中的对象或现象,人们总持有各种各样的态度,从而产生各种不同的心理体验。例如,自己国家的国际地位不断提高,会让每一个国民都感到自豪;听一场高水平的音乐会,能使人觉得身心愉悦;而生活中遇到的挫折,又会引起我们的烦恼、不安……所有的这些自豪、愉悦、烦恼和不安等,都是人们内心的情感体验。生活的酸甜苦辣、悲欢离合最终都会变成情感的记忆深深地埋藏在人们心底,正常情况下它们不会"浮出水面",只有遇到情感触发物的刺激时,曾经的情感记忆才又被唤醒,表现为现实的情绪。情感广告的独特作用就在于,它充当了情感记忆的触发物。比如,当人们看到洗发水广告中女孩那阳光般活泼、灿烂的笑脸时,心中自然而然会涌起喜爱之情;当广告中的老祖父,在孙子乘坐返城的火车开动前,越过铁轨、爬上对面的月台为孙子买回一盒维他奶时,我们有谁不会因想到自己的童年而感动呢;当广告里公然鼓吹"包二奶"(某酒类广告)时,只要是道德感尚存的受众,哪一位不像是吞了一只苍蝇般恶心呢。情感广告在这里,就如同一把开启人们记忆之锁的钥匙,一一打开人们心头尘封已久的记忆之门。

文本卡片 10-1

让情感取悦消费者

被称为广告心理学之父的沃尔特·D.斯科特博士说道:"在英国作家狄更斯所写的《匹克威克外传》中,狄更斯站在被告的角度,坦诚地说道:'一个品性善良、心满意足,并且吃饱了早餐的法官,对公正地审判案子至关重要。心怀不满或饿着肚子的法官,总爱向着原告。'狄更斯在此表述了这样一个事实:人并非特别具有逻辑性。"

现代生意人,可谓想尽千方百计,要让来到他店中的顾客心情愉快,有种宾至如归的感觉。他们清楚地意识到,如果顾客心情愉快,很有可能下一个大的订单;而如果顾客心灰意冷,生意十有八九会做不成。美国俗语中的"jolly up",意思就是为了得到对方的合作或好处,而刻意用好言好语或讨好的行为,来使其感到高兴。

广告就需引发人们的好感与同感。

我们不会对与自己同样的对象漠然置之。我们会同情受伤的猫,我们会同情被虐待的马,因为我们觉得它们具有与我们相似的情感。我们对较高级的动物(如马、狗)所产生的同情心,要多于对较低级的动物所产生的同情心,只是因为我们相信较高级动物的情感与我们的情感更为相似。我们对整个人类都具有同情心,但我们同情那些与我现在或以前所处情况相同的人,最同情那些和我们有相同想法,而且在方方面面与我们颇为相似的人们,在许多时候,我们都能与他们产生同感。

我们表达内心感情及个人情绪的一个作用,就是要引起他人的关注。只要我们能够考虑到他人的价值,同样可以通过艺术化地表现内心的高兴与悲伤,从而收到广告的良好效果。

资料来源:〔美〕沃尔特·D.斯科特著,李旭大译,《广告心理学》,中国发展出版社2004年版,第14—31页。

人的情感体验是最为复杂的,个中滋味只有自己才能体会。世上没有两个完全相同的人,也就没有人会有完全相同的情感记忆。但这并非意味着我们对广告受众的情感记忆无从把握。因为尽管每个人都是独一无二的,但作为生活在相同社会环境中的人,广告受众的情感体验从大的范围内,还是可以相通的。所以我们才能够在总体上,对广告受众的情感记忆进行分类、分析。情感广告的创作,就是建立在对目标受众可能存在的情感记忆的分析、把握的基础上。目标受众群体的情感记忆分析,应当是情感广告创作工作的第一步,也是决定成败的最重要的一步。

分析广告受众的情感记忆,首先就要对情感进行分类。自古以来,我国就有"喜、怒、哀、欲、爱、恶、惧"这七情的说法,它基本上概括了情感的基本形式。到了近代,人们又把它概括为"喜、怒、哀、惧"这四种基本的情感形式。而任何一种基本情感随着强度的变化又会有不同的表现。比如,快乐的情感可以有满意、愉快、欢乐和狂喜这些体验。而害怕的情感也可以有忧虑、恐惧、恐怖等不同层次。实际上,人类的情感是极其复杂的心理现象,在现实生活中,人能体验到的情感往往是混杂多种情感的、复合性的内心感受,并不是单一的。即便是同一类的情感,由于存在着强弱差别,其实际感受也是千变万化的。比如,失散多年的老友突然重逢,此刻双方的内心情感体验可谓是"五味杂陈",从喜悦到悲伤,各个层次上的情感都能体验到。而由情感广告激起的广告受众的情感反应,多数情况下也是复合情感。所以,从纯粹的心理学理论分析广告受众的情感记忆,对广告实践是没有多少实际指导意义的。所以对于广告受众的情感记忆,我们一般是从情感内心体验的性质,以及情感的外部属性这两个角度来进行分类。这样对广告的实践才具有实际的价值。

从情感内心体验的性质进行划分,广告受众的情感记忆可以分为两类:积极性情感记忆与消极性情感记忆。当人的需求得到满足时,内心体验到的一般都是快乐、愉悦等积极的、肯定的情绪;当人的需求得不到满足时,内心体验到的通常是压抑、沮丧、恐惧、愤怒等消极性、否定性的情绪。

从情感的外部属性,也就是人的需求的性质进行划分,我们通常把广告受众的情感记忆分为如下几类:

1. 人伦情感

人的最基本、最持久也是最强烈、最美好的情感,就是人伦亲情。无论是父母和子女之间、夫妻之间、恋人之间、家族成员之间、街坊邻里之间、革命战友之间、同学之间的情感,还是作为人性表现的对同类的情感,都是构成人的属性的本质方面,对人的感动也是最强烈的。实际上,大多数优秀的情感广告,都是力图通过对人伦情感的表现,来唤起广告受众内心深处在这些方面的记忆,从而引起广告受众的强烈情感共鸣,以达到广告效果的。

2. 社会道德情感

道德情感属于一种社会性的情感。它是由人的内心的道德需求满足或不满足引发的情感。道德准则是人们在社会生活实践中形成的,它总是属于某一社会或某一政治范畴。因此,依据道德准则而形成的道德情感具有明显的社会性和政治属性。道德感表现为爱国主义感、国际主义感、集体主义感、人道主义感、对社会劳动和公共事物的义务感、责任感、友谊感以及自尊感等。这些情感的体验并不是单一的,而是复杂的,每一种情感都包含正反两方面,如爱国主义情感,既表现在对祖国的热爱上,又表现在对民族敌人的憎恨上。道德情感是一种深层次的情感,它和其他的情感不同的是道德直接作用于人的良心。它是直接触及人的灵魂的一种情感,违背了道德情感会带给人沉重的心理压力与负担,在严重的情况下,甚至会导致人的精神的崩溃。因此,情感广告若能触及广告受众的道德情感记忆,那么广告的效果就会直达受众的内心深处。

道德是一定的历史时期内,大多数社会成员心中默认的共同行为准则。因此,道德情感的记忆也是具有历史性的。不同年龄、不同地域的人的道德记忆具有显而易见的差异。所以,情感广告如果是进行道德诉求,就必须考虑到广告目标受众的道德记忆特征。比如,对年龄偏大的目标受众,就宜用较传统的道德情感作为诉求点,像"不在乎天长地久,但求一遭拥有"等广告语似乎就不合适。同样,"一天一个新太太"受到的责难也主要来自于年龄较大的社会群体。近几年,社会大众对一些广告作品的争议,也正是反映了这种道德记忆的差异性:周杰伦为移动公司"动感地带"做的广告,年轻人觉得非常棒、非常酷;而中年以上的广告受众则看了颇不舒服,耿耿于怀,一点也激发不起积极的情绪。

当然,不能把人们道德记忆的差异性夸大,作为同一个文化背景下的广告受众,他们道德记忆中很大一部分稳定的内核是相同的。情感广告在道德诉求时只要抓住了稳定的道德内核,是应当能够面对社会的大部分成员的。

3. 理智感

理智感是人们对认识和追求真理的需要是否满足所产生的情感。它往往发生在人的智力活动过程中,和人的认识活动、求知欲、探究感、怀疑感紧密联系在一起。例如,当人们怀着浓厚的兴趣去研究如何解决问题时,若该问题长时间解决不了,就会产生一种渴求而又感到迷惑的情感。在认识过程中产生的惊讶感、好奇心等都是理智感的表现。而一旦有了可行的办法,人们的自信感便会产生。当问题解决以后,随之而来的就是成功的喜悦感,它又能推动认识活动的进一步发展。理智感对认识世界和改造世界的实践活动起着重要的作用。只有在丰富的理智感的激励下,一个人才有可能不断地提高自己的求知欲,从而不懈地追求真理和坚决地维护真理。广告中对理智感的表现也能激起广告受众在这方面的记忆,从而使受众对该广告留下良好的印象。如一家公司的形象广告,即通过电视画面表现了一群精力充沛的年轻员工在电脑前工作,经历痛苦的思考,最后把程序调试成功后,那种享受成功的喜悦之情。

> **文本卡片 10-2**
>
> ### 制造故事以传情达意
>
> 有一则电视广告是这样的:在寂静空旷的教堂里,一个少女低头走进忏悔室。少女向神父坦白,因为自己抵挡不住诱惑而发生了第一次!观众至此已经被故事情节深深地吸引住了。接下来少女说,因为抵挡不住金莎独特口味的诱惑,第一次将整盒金莎吃光。这个时候,观众从少女向神父忏悔所营造的严肃气氛中豁然解脱,接着少女开始描述金莎产品的美味,解释自己之所以挡不住诱惑的理由。在故事的推进中,观众不知不觉地对金莎独特的品质留下了深刻的印象。而广告的尾声更令人叫绝:画面突然出现刚才聆听少女忏悔的神父在吃完金莎后,又向另一位神父坦白他的第一次……观众面对这出人意料的结局都乐不可支,而由这个广告创意带来的销售力也无法估量。
>
> 资料来源:品牌中国网。

4. 美感

美感的情况要相对复杂。在我们的愉悦性的记忆中,大部分都是属于审美感受方面的。无论是曾经在旅游时见到的自然美景,还是儿时让你陶醉的露天电影,只要是积淀于我们记忆深处,说不清具体理由的愉悦和快乐的记忆,都可以归入美感记忆。美感就是人根据一定的审美标准对客观事物、艺术品或人的道德行为予以评价时产生的愉悦的情感。如果美可以作为一种客观存在的对象看待,美感就是人们对美的感受和体验。当然,也正因为美感的来源不是十分清晰的,每个人由于生活经历迥异,美感记忆的来源也是各不相同的。所以,诉诸美感记忆的感性广告,在市场上面临的态势也就和道德情感差不多,都会面对一个差异极大的受众群体。一个诉诸受众美感记忆的情感广告,在一些人眼里是优美的,唤醒了许多有关审美感受的记忆;而在另一些人眼中,则又成了俗不可耐、令人作呕的垃圾。这是因为个体的审美趣味、审美能力是存在很大差异的。而且不同的历史背景、不同的社会制度、不同的民族,其审美标准也往往会有一定差异,这些都造成不同的审美主体对相同审美对象的审美感受的千差万别。因而,不同时代的广告中体现的美感也是不同的。

当然,也不能过分夸大美感记忆的个体差异。构成广告受众美感记忆的基本成分还是稳定、一致的。娇艳的花朵、优美的舞蹈、动听的旋律、秀丽的风景,对任何人都会有美的感受,都会留下美好的记忆。对异性美的愉悦记忆也是美感记忆的重要组成部分,而且在广告实践中可以说是运用得最广泛的。无论是平面广告、户外广告、电视广告,还是报刊广告,"美女"与"俊男"的形象至少占据了大半壁江山。究其原因,就是这种美感记忆在广告受众的愉悦性情感记忆中,是最普遍、最广泛、最易引起受众的心理波动的。当然,利用异性美的情感广告,与利用人的性欲冲动发挥广告效应的色情广告是截然不同的,后者带来的更多的是生理冲动,而非心理愉悦。

此外,人们对美的体验具有由弱到强不同的程度,它具有两个明显的特征:一是愉悦的体验,包括喜剧和悲剧引起的美感;二是倾向性的体验,即对美好事物的迷恋,对丑恶事物的反感。

这些情感记忆都和人的判断力纠结在一起,当受到情感广告刺激的激发时,会使广告受众产生行动意向性的心理反应:对愉悦性的美感对象产生占有意愿,而对美感的对立面——丑恶对象产生厌弃、规避的心理倾向。一些化妆品广告就是充分利用了美感记忆的这两种相反的心理反应。广告画面上先是出现一群群蠕动着的、可怕的、令人恶心的螨虫。然后告诉消费者,这些螨虫就寄生在人们脸部的毛孔里。接下来的画面就是用了该除螨产品后,年轻美丽的女子那丝绸般光滑柔嫩的脸。

人是这天地间最复杂的生灵。在人的生活历程中,每个人都会积淀无法计量的情感记忆。而情感记忆基本上都是难以进行理性分析的,在广告实践中,理性分析广告受众的情感记忆只能作为辅助性手段,更多的是要依靠广告策划者心灵的体验。这也就是广告人往往感叹的难点:在情感体验的领域,理性的分析、技术的手段,往往不如广告策划者个人的情感经历与体验管用。

二、广告受众的情感刺激

情感广告设计者在找到目标广告受众情感记忆激发点后,面临的问题就是找到广告受众情感被激发的规律,这样就可以用最有效、最经济的广告表现手法去实施情感广告。

广告受众在接受一则广告信息后会引起两方面的反应:认知反应和情感反应。认知反应是力图从理性角度去辨明、把握广告信息的实质,这是一个主动的心理活动过程;情感反应表现为广告作为一个整体,在消费者心中激起的情感体验,这是一个非理性的、无意识状态下的心理活动过程。受众在潜意识里把广告中的感性信息和自己记忆中的情感体验信息进行比对,一旦有所吻合,就会唤醒沉睡多时的相应的情感记忆,从而引起一系列的心理、生理乃至行为上的反应。

对待同一则广告,人们会有不同的内心变化,产生丰富、复杂、千差万别的情感,而这是广告制作者所不愿意看到的。因为如果广告激发的消费者情感反应,有大量不是在广告设计的引导范围内,就会严重影响广告的效果,浪费广告经费。比如,有家酒厂花巨资在城市中心喷洒自己的产品,试图用满城飘酒香来唤起人们的愉悦情绪。结果非常不理想,大多数广告受众表示了不悦和反感。这就是因为该厂家没有很好地把握广告受众的情感刺激方式。

为什么同样的情感广告,不同的受众会有不同的反应?除去前面所说的广告受众情感记忆上的差异,广告受众情感的心理机能方面的个体差异也是明显存在的。在分析广告受众的情感刺激时,必须注意到这一点。这种个体差异一般有以下表现:

1. 情感倾向性的差异

所谓情感倾向性,是指人用某种标准衡量好坏与美丑时,他的情感体验经常处于某种倾向性状态。而每个人的倾向性又存在着个别差异,有的人总是精神饱满、积极热情,有的人则灰心丧气、消极颓废,有的人具有崇高的道德感,有的人则显得低级趣味。每个人都有自己的心理体验,同样的广告在有着不同情感倾向的人身上会产生不同的情感。

2. 情感深刻性的差异

对同一种事物,有的人的情感体验特别深刻,有的人则较肤浅。这种差异与人们的知识经验,以及对事物认识的能力有着很大的关系。比如,艺术修养水平高的人在欣赏艺术品时产生的美感体验就比较深刻,而一个缺乏艺术修养、鉴赏能力低的人,情感体验就显得肤浅。同一则广告,在不同人眼中效果也不同。审美能力强的人善于发现美,感情丰富的人容易被画面所感动,而粗枝大叶的人则可能连画面内容也没有记住。

3. 情感稳定性的差异

有的人对某一事物或对象始终带有一贯的情感,有的人则喜怒无常、变化多端,这就体现出人的情感稳定性的差异。情感稳定的人不易受情境所左右,而稳定性较差的人常常一会儿热情,一会儿冷漠,一种情感很容易为另一种情感所替代。这种不稳定性在儿童身上表现得尤为明显。这也造成情感广告的实际效果与预期的偏差。

4. 情感功能性的差异

情感对人们活动的影响也是有个别差异的。一些人的情感能明显推动他的行为,在这种情感的影响下,他的行动是积极的、精力是旺盛的,这种情感就是有效的情感。也有一些人,他们的情感不具有推动的性质,虽然在他们的生活中,情感有时也会被激起,但对于行动或行动的改变并没有任何积极的意义,这就是缺乏行为效能的情感。一则优秀的广告在引起消费者的情感共鸣后,必须设法促进消费者的购买行为,只有这样这种广告才是真正发挥了作用。

由于存在情感刺激后效的个体差异,感性广告在针对同一目标受众群时,对情感表现手法及情感刺激强度的把握就尤显重要。这里的情感刺激强度亦指广告情感表现的新颖程度。同样的情感如果表现手法陈旧,对广告受众的刺激强度就会十分微弱。比如表现爱情的场面还是小树林里的"女跑男追",那么广告受众就不会有多少反应,甚至会引起受众的反感。

（1）从感性广告的情感表现手法看

首先,感性广告的情感表现不宜过于特别化、具体化。因为目标受众群体存在的个体差异,使得过于特别化的情感表现不利于有效刺激广告受众的情感回忆。比如,现在大多数年轻人没有经历过20世纪60年代初的大饥荒,如果一则劝告人们珍惜粮食的公益广告,以那场饥荒中的某一个场面作为情感诉求点,对年轻广告受众的情感刺激就可能非常低。因而在刺激情感的选取上,尽量选取最广泛人群所共有的情感,可以有效提高情感刺激的到达率。比如,优秀的情感广告多数是以亲情、爱情等情感作为对受众的刺激情感,就是因为这些情感具有最广泛的受众基础。尽管社会中各种人都有,相互间的情感经历差异巨大,但绝大多数人会对亲情、爱情等情感表现出渴望,所以用这些共有程度高的情感诉求,感性广告成功的保险系数最高。

其次,在具体的表现手法上,情感广告应"朦胧"一些,为广告受众的情感联想留下空间。广告情感的刺激应当只是起到导火索的作用,广告受众的情绪激动主要是来自于自身的联想。如果情感广告的表现过于清晰、完整,就会让广告受众成为被动的观众,注意力完全被广告控制和占据,广告的心理后效就会非常弱,难以真正起到刺激广告受众情感反应的作用。

（2）从情感的刺激强度看

广告受众接受一则情感广告,完全是一种自愿的、放松状态下的行为,随时可以中断接受广告信息。所以,情感广告与艺术创作是完全不同的,情感广告必须准确把握对受众的情感刺激强度。

广告受众对不同强度情感刺激的反应是不一样的。对于一则情感广告,广告受众的情感反应从性质上大体可以分为三类,并都可以通过神态、表情、语言和行为表现出来。

第一类,积极的情感。它能促进消费者的购买欲望,对购物决策起到积极的影响。例如,热爱、欢喜、愉悦等情感。

第二类,消极的情感。它能抵制消费者的购买欲望,妨碍购买行为的实现,产生消极的影响。例如,恐惧、厌恶、愤怒等情感。

第三类,中间的情感。它表现为对广告既满意又不满意,既喜欢又忧虑。这种相互对立的情绪表现,在广告活动中是常见的。例如,人们虽然对广告的表现手法很欣赏,感到满意和愉快,但是对广告所传播的信息又觉得不太可信或不太满意。此外,中间情感也可以指既没有喜欢也没有不喜欢。

造成这些反应的原因当然还有广告情感的性质、广告受众自身的情感经历与情感水平等因素。但在这些条件都相同的情况下,广告情感表现的强度也能造成受众情感反应的差别。人的感觉存在阈限,人的情感反应也同样存在阈限。对于一个具体的情感广告受众,他对情感刺激的反应存在着阈限。同样性质的情感刺激,在阈限上、阈限中和阈限下的反应是不同的。

在阈限附近的情感刺激强度的反应,是最符合广告制作者意图的。它通常会引发第一类情感反应,可以顺利地激发受众的情感回忆,进而引发情感联想,产生适度的情感共鸣,并把好感转移到广告产品上。

在阈限以上的情感刺激,有时反而会不利于广告效果的发挥。对于表现美好情感的广告,如果情感刺激高于正常水平,会把广告受众的注意力完全附着到广告表现上,难以产生情感的联想和迁移。而对于利用消极性情感的感性广告,如果情感刺激过高,则往往会使广告受众产生严重恐惧而逃避。比如,提醒公众注意交通安全的公益广告,如果大量采用血淋淋的事故现场镜头,会吓跑大多数广告受众,广告效果无从谈起。只有采用适度的刺激,如清理过的地面上还有一些事故残留物的事故现场画面,才能既刺激广告受众的情感反应,又不致因过分刺激而使广告受众回避。

在阈限以下的情感刺激,一般而言效果会下降。因为除了情感敏感度特别高的人,大多数广告受众会因其他环境刺激的干扰,而对广告的情感刺激"视而不见"。但"视而不见"并非彻底无动于衷,只不过情感刺激引起的受众情绪反应极其微弱,通常只是一些背景式的情绪活动。但对于那些以理性诉求为主的广告,如果辅以低强度的情感刺激,常常会改善理性广告信息的接受效果。

三、广告受众的情感联想

感性广告对广告受众构成情感刺激,只是最初的一步。这种刺激对于见多识广的现代广告受众,只是一种外来的认知对象。如果不能激起受众内心的情感反应,这种外来的情感信息在最好的情况下,也只能作为被观赏的对象。如同人们晚饭后懒懒地躺在沙发上看电视里的文艺节目。演员们在卖力地表演,节目的高潮一个接着一个,但看电视的人除了说一声"好玩",内心仍然静如止水。只有当感性广告的情感刺激唤起了受众的情感记忆,受众的内心才会激动。从情感刺激到唤起情感记忆,这之间的桥梁就是情感联想,并且情感联想的作用除了唤起情感记忆,还一直贯穿感性广告情感作用的全过程。没有情感联想,感性广告就完全不能产生效果。

图 10-1 是著名的 Smirnoff 酒的广告"Pure Fantasy"(纯粹的幻象)。Smirnoff 酒在广告策划方面一贯采用"魔幻"策略。透过透明的瓶身和纯净的酒浆,在眩晕的目光中仿佛看到羊群中有一只狼的存在。但看着整个羊群的平静、祥和,只能证明这只是纯粹的幻象。这些就是高纯度的 Smirnoff 酒所带给我们的视觉感受。这种奇妙的感觉只有喝过高度白酒的人才有可能体验过,广告带给他们的就是这种记忆。

讨论广告受众的情感联想前,先来看看情感广告的心理接受过程。消费者接受一则广告后,必定会产生两方面的反应:认知反应和情感反应。一般来说,认知反应能增强消费者对信息的了解,即事实的学习;情感反应则表现为广告在消费者心里所引起的情感体验。具体来说,广告受众作为感性的人,在接受广告信息时,首先是对广告内容的识别,力

图 10-1　Smirnoff 酒广告

图从理智上辨明对象的性质。这其实是人的一种本能反应,不论面对什么对象,理智都会要求他去辨明它,哪怕是错误的理解。与此同时,广告中的情感表现也被受众接收。但受众对情感内容的解释过程和对理性内容的解释不一样。对情感内容的解释依靠的是直觉,是和大脑情感记忆库中的情感记忆进行直接比对,当找到与之类似的情感记忆时,就会被从情感记忆库中调出。对受众来说,就会把该记忆和广告的情感表现在内心"叠印"到一起。这是一个对感性广告所表现的情感"赋值"的过程:如果情感对象和情感记忆库中的愉悦记忆吻合,该情感广告就会被赋予和该记忆相似的"色彩";如果和一些消极的记忆吻合,就会引起一些不愉快的情绪反应。实际上,这是对感性广告的情感表现进行个人化的心理过程。情感反应的个体差异就源于此。

此外,广告受众对同类情感广告的情绪反应总体上是一致的,但也有完全不一致的情况,这都是由于受众的情感反应均是在"赋值"后才会出现的结果。有一个真实的事例:第二次世界大战后的欧洲,在一次上层人士的聚会上,当乐队演奏优美的舒伯特《小夜曲》时,一位来宾突然痛苦地叫嚷起来,并制止乐队的演奏。原来他是纳粹集中营的幸存者,在集中营遭到过残酷的拷打,而纳粹分子每次施暴时,都会用留声机播放舒伯特的这首《小夜曲》。这说明受众对情感刺激的态度完全取决于他个人的情感记忆。当然,在大多数情况下,个人对特定情感的记忆和社会所公认的是一致的。

广告受众在接受广告信息刺激后,把感性广告所表现的情感与大脑情感记忆库中的情感记忆进行比对的过程,就是初步的情感联想。但情感联想的过程并非就此止步,除了会引起对以往经历过的情感的回忆,联想往往还会进一步展开。广告信息激起的对往日情感体验的回忆,一般是给广告受众的情绪反应定下一个基调;而进一步的联想则摆脱了记忆的束缚,给人们插上想象的翅膀。

对于一则诉诸情感的广告,给接受者一些回忆旧日经验的线索,让受众对广告的情感反应有一个基调,这只是第一步;情感广告真正发挥效果,还要寄希望于进一步触发的富有情感背景的联想。这时的联想会把由广告所激发的情感转化为使用广告产品的体验。

这些联想也进一步丰富了广告的表现领域。例如,"万宝路"香烟广告中那个策马驰骋于草原的西部硬汉,能在观众心目中产生渴望"做个自由的男子汉"的情感,而吸烟者在广告的影响下也会把该情感和自身的幻想联系起来,在吸烟时自然而然地会产生这些体验。同时,他又自由地把这些体验加以丰富,充实到广告的画面中去,使情感和体验之间建立起持久的关系。

情感联想对于感性广告来说,最理想的情况是引起广告移情效应,即情感反应通过情感联想影响人们对广告的态度和转化使用经验,从而影响对商标的态度,并进一步影响对商标的选择,决定人们是否购买该品牌的产品。

对广告的态度、使用经验的转化及情感反应也会受到情感联想的影响。尤其是情感反应,它与情感联想的联系更为紧密。广告受众通过回忆自身情感体验,结合广告中的景象,激发自身情感联想,同时这些情感又巩固和加深了受众对广告产品的认知。例如,电视广告画面中好友聚会时主人拿出雀巢咖啡来招待大家。雀巢咖啡被染上了一层感情色彩,充满和谐、亲切的情感,暗示它是聚会时招待亲友的最佳饮料。消费者也会受到感染,认为雀巢咖啡是亲朋好友聊天聚会时的最佳饮品,在这样的气氛下应该来一杯。再如,很多营养保健品都被广告定位成馈赠亲友的最佳礼品,于是电视广告上不断呈现的是好友亲朋喜相逢时欢乐、感人的场面。这样当广告受众需要购买礼品馈赠亲友时,自然而然会联想到那些广告画面,从而去选购广告推介的产品。

图 10-2 是稻花香酒电视广告的《重逢篇》。该广告将创意的沟通点确定为"人生丰收时刻——稻花香!",利用各自获得事业成功的好友多年后重逢时举杯对饮的感人场面来激起广告受众的情感反应。

图 10-2　稻花香酒电视广告之《重逢篇》

广告受众的情感联想能否建立,是感性广告有无成效的标志。如果不能建立有效的情感联想,看上去再热闹的情感广告也是毫无价值的。

第二节 广告的感性诉求

一、感性受众与感性产品

情感诉求广告的特点,就在于它能诱导消费者形成一种有利于广告产品的情感态度,驱使消费者对广告产品实施购买行为。既然情感广告有如此高的促销功能,那么为什么在广告实践中,真正取得预期效果的情感广告,只是大量情感广告中的一小部分?这里面除了情感广告的制作难度较大,非优秀广告人难以胜任的原因外,广告受众和广告产品各自的特性也是重要原因。

大家常说"人非草木,岂能无情"。的确,每个人都是生活着的有血有肉的、有着七情六欲的感性个体,在情感诱因出现时,都会不同程度地产生情感激动。但对于消费者而言,其情感被激发的难易程度是不同的,有的人很容易就会被广告传递的情绪所感染,而有的人则不为所动,继续用理性的眼光来看待广告。特别是在情感因商业化的煽情而饱和并趋于麻木的现代社会,很多人在媒体面前已经变得"麻木不仁"了。因为现代人每天从睁开眼就处于媒体信息的包围之中,如果过于敏感,对每一次情感刺激都激动、流泪,精神可能早就崩溃了。可以说,在现代市场经济社会中,大多数的消费者对待广告的态度或多或少都是理性的,真正可以被情感广告感染的可能只是一小部分。

比如,当年备受好评的"威力洗衣机"的电视广告,以其煽情的画面和一句"威力洗衣机,献给母亲的爱!"让很多广告受众为之感动不已。但同时也有为数不少的消费者不为所动,甚至引起他们否定性的情感反应,有人还公开指责该广告是恶俗的煽情之作。所以,我们通常可以把广告受众分为感性受众与理性受众两类。不同的人在看待同一个对象时的反应会有很大差异。就像深秋季节,街道两旁的银杏树的金黄色的落叶飘落于路面,散步的行人会欣喜地欣赏这难得的美景,而清洁工面对此景担心的是这么多落叶如何能清扫得干净。

对于理性受众,广告的情感诉求往往难以奏效,他们总是用冷峻的眼光打量我们这个世界。他们用理智衡量和支配自己的行为,善于分析商品的各种利弊因素,通过周密的思考理智地作出购买与否的决定。他们面对商品广告时,通常只是注意产品的质量、价格和售后服务,至于广告中的情感元素则不在其视线之内。他们在选购商品时十分注重自己的内心体验,不易受其他因素的影响,更不易被广告所打动。对于这类消费者,情感广告一般是难有收效的。

而对于感性受众,他们的行为往往受其情绪所左右,购买商品带有浓厚的感情色彩,易受到各种外界因素的影响,特别是较易对广告产生情感共鸣,并往往在被广告激发的情感冲动的驱使下实现购买行为。对于这类消费者,广告只要能激起他们的情绪反应,一般就能收到较好的效果。所以,研究广告的感性诉求就必须了解感性受众的行为特征。

此外,就广告涉及的产品而言,并不是所有的广告产品都适合进行感性广告诉求。一般来说,与社会中的消费者个体不发生直接联系的生产资料、生产工具类产品,以及各种个人消费的高科技产品等,一般不宜运用情感诉求广告。因为消费者在购买这类产品时,理智的思考占据主导地位。他们主要考虑的是产品的性能、功效如何,价格是否合理等实际问题,而且购买它们也主要不是为了一种情感的满足,而是出于实际的迫切需要。因此,情感诉求广告由于不能解决上述问题而不能奏效,只有重在阐明产品性质、特征、功能等的理性诉求广告才比较适合。

与此相反,一般日常用品,如化妆品、食品、服装等,以及旅游、安全等产品的广告,则适合运用情感诉求,而不宜作理性诉求。因为这些产品总是与消费者的情感有着密切的联系,通过形象诉诸情感易于让他们作出购买决定,所以,针对这类产品或服务,情感诉求广告比较有效,而说明功效式的理性诉求广告则难以完成重任。我们称这类在购买时选择性较大,易受消费者情绪影响,因而最适合进行情感广告诉求的产品为感性产品。

感性广告如果运用得当,是可以取得很好的促销效果的。而要进行成功的情感广告诉求,感性目标受众群体和感性广告产品,是两个必要前提。

二、感性定位与感性诉求

广告策划者确定在一个感性受众市场对一种感性产品运用情感诉求,这只是奠定了广告活动成功的基础,接下来广告策划者将要面对的是:如何对广告进行感性定位?如何针对确定的感性定位寻找恰当的感性诉求点?

前面说过,人的情感是非常复杂的心理现象,其具体的表现形式可谓千变万化。广告的感性定位就是要在人类的各种情感形态中,为广告确定一个大的情感基调,然后再在这一基调涵盖的情感表现范围内,为广告寻求恰当的感性诉求。

如何确定情感基调,要根据广告产品的特性和目标受众的情况而定,这里面并没有一个可遵循的规则,完全要依靠广告策划者自己的经验、灵感加上随机应变。可以说只要运用得当,人类几乎所有的情感都可以作为广告诉求情感。广告情感的定位也不是非肯定性、积极性的美好情感不可,定位于消极情感基调的也大有人在。这一切都要围绕广告目标而定。

从感性广告的实践来看,在广告中被运用得较多的情感定位与诉求,从广告受众的心理效应方面看,主要有亲热型、幽默型和害怕诉求型。

1. 亲热型

亲热感包括人类的很大一类情感范畴,具体表现为积极的、温柔的、短暂的等类似的情感体验,总体上可以概括为一种愉悦感。与它有关的形容词有:和蔼、温柔、真诚、友爱等。

在广告画面中表现广告人物的亲热关系,如母子间的亲情、朋友间的友情、恋人间的爱情,都容易使消费者产生亲切、热情的感觉。引起这种亲热感的途径主要有两种:第一种是让观看者对广告画面中角色的情感体验产生共鸣。比如,海外游子远离祖国,那份思家之情深如海、重如山。孔府家酒的广告则牢牢地抓住了"家"这个字,请远渡重洋的影星王姬拍摄了一段亲人久别重逢、游子返家的欣喜场面,再配上当时广为流行的电视剧《北京人在纽约》的主题曲,一股思乡、盼望回家的感情深深地感染了离家的游子。孔府家酒,确实"叫人想家"。第二种是让观看者回忆起自己经历过的体验。比如,消费者一看到乐百氏奶广告中儿童天真活泼、愉快玩耍的情景,即唤起了他们对自己童年生活的回忆;南方黑芝麻糊广告中那声"芝麻糊哎"的叫卖声,则把人们拉到了对往日的回忆中去。年幼时的我们,也曾有那么一天,在听到芝麻糊的叫卖声后,迫不及待地飞奔出家门……

图 10-3 是高炉家酒广告《情满中秋 家好月圆篇》。高炉家酒的市场定位主要是象征着家的亲情,而中秋节是中华民族传统的节日,在这一天,家人团聚,赏月吃月饼,与高炉家酒的市场定位非常融合。之所以选取远山明月做背景,是因为黄色的月亮象征着安逸、祥和的节日气氛。而对于文字部分,广告主要考虑了中秋意境、家与团圆等因素,为了更好地突出情感基调,引起消费者的共鸣,采用了"情满中秋 家好月圆"这一广告语,把产品特征(家与团圆的关系)良好地融入进去。而产品本身的表现面积很小,则是为了突出整体的意境,让消费者在细细品味中体会画面所传达的情感。

图 10-3 高炉家酒广告

亲热感反映着肯定的、温柔的、暂时的情绪体验,它往往伴随着生理上的反应,以及有关家庭、朋友间关系的体验。

广告引起亲热感的程度有高有低,我们可以通过实验进行测定。当电视屏幕上显示出若干个广告后,让受试者在一份主观量表上填写自己观看广告时的主观感受。该量表由许多亲热等级构成,受试者可以选择与自己的情感反应相同的一级。比如,激动得含泪、热情、中性、缺少亲热感等。

我们也可以用皮肤电作为亲热度的生理指标来进行实验。心理学实验还表明,改变广告中所能感受到的亲热度,能影响广告的效果。对广告的喜爱程度、画面的回忆,以及购买的意向,都与广告的亲热度有很大的联系。研究者还发现,亲热的广告引起的效果要比一般的广告好得多。这些实验方法为广告的情感定位和寻找适当的情感诉求方法提供了辅助手段。

感性广告定位于亲热感,并运用和亲热感相关的情感表现,例如亲情诉求、友情诉求、爱情诉求等作为广告的情感诉求,是一种最常见、最保险也是非常有效的方法。

2. 幽默型

幽默感也是一种愉悦型的情感。俗语说"笑一笑,十年少"。而现代社会中,人们的生活节奏快,精神压力也特别大,迫切需要放松紧张的神经,因此对于能给人带来欢笑的东西总是非常欢迎的。幽默广告能在人们欣赏电视节目的空隙给人带来轻松、愉悦的情感体验,舒缓紧张的精神状态,同时又使这些积极的体验潜在地同特定商品发生联系,从而影响对此商品的态度。例如在我国台湾地区的可口可乐广告中,一位美国青年来一家华人小店买东西,他不懂中文,只得借助手势比划了一下可口可乐新包装的曲线,说要"曲线玲珑"的东西。老板误以为他指的是自己那漂亮的女儿,忙把自己的女儿拉到身后,以防他图谋不轨。最后误会总算消除,原来老外要的是"漂亮的"可口可乐。看了这则广告后,观众都忍俊不禁,在笑与开心中,人们对可口可乐的新包装留下了深刻的印象。

在一些国家和地区的道路上,交通安全广告也很幽默风趣,别有韵味。美国某海岸一条公路的急转弯处竖了一个告示牌:"如果您的汽车会游泳的话,请照直开,不必刹车。"这类幽默广告不仅不会使人感到难堪,还给人留下深刻印象,起到良好的社会效果。

幽默类型的广告可由文字陈述,也可由插图场景、动画等来表现。它以活泼逗趣、俏皮轻松见长,体现了一种高度的智慧。图10-4是一则健身房的广告,窄门进、宽门出,似

图10-4 某健身房的广告

乎是增胖了,但何尝不是强壮了呢?从而产生幽默效果。对幽默的理解受每个人的文化程度、社会背景、地理环境、生活习俗的影响。过雅,则难以理解;过俗,则流于低级;不恰当,则让人哭笑不得。

但是,并不是所有的感性产品都适合选用幽默广告。幽默广告也有一些不足之处:

其一,幽默广告能逗人发笑,却较少有说服力,而说服力不强的广告很难促进产品的销售。如某肠炎宁的范伟版电视广告,似乎也是幽默广告,大概情节是:范伟急跑进屋喊道:"打劫(大姐),打劫(大姐)"。一中年高大女人擒住范伟,喝问:"就你还打劫?"范伟表情无辜:"俺是叫大姐,俺拉肚子,请问哪有洗手间?"女人说:"拉肚子?肠胃不好,干吗不用××肠炎宁?"然后是受益的范伟,从病症切入介绍产品,说出产品广告语"常用肠安宁"。在整个广告中,幽默恰恰抢了产品的风头。广告的效果是,人们记住了幽默,忽略了产品。因此,幽默广告对那些产品和商标的知名度已达到很高程度的公司来说是比较适合的。幽默广告需要的是受众在会心一笑后,记住广告的内容。

其二,它可能把应该严肃对待的事情当儿戏。有资料表明,保险公司、银行等都很少采用幽默广告,因为生命、死亡和财产都不能作为开玩笑的对象,必须严肃对待。当然,这一原则并非金科玉律,已有越来越多的保险、银行广告运用幽默诉求。例如1997年戛纳广告节的获奖电视广告之一——某保险公司广告《博物馆篇》,就是运用幽默定位及诉求的经典作品。

文本卡片10-3

关于幽默广告

有一项关于500则电视广告的调查发现,在一系列广告的效果测验中,幽默广告更便于记忆,也更有说服力。该项调查还表明,金钱、财产、生命和死亡都不是取笑的对象,应避免当做儿戏。温伯格等人1995年对幽默在各种产品、各种媒体中运用的效果进行了研究,得出的结论是:尽管幽默使得广告更有趣、更逗笑,但幽默绝对不能保证广告更加有效。

幽默表现手法有利于达到较好的宣传效果,但要注意使用的场合。著名广告人D.丹尼尔为幽默广告的创作提出了下面四条原则,值得读者参考:

1. 在大多数情况下,幽默性广告只适宜用于推销低档商品,不适宜用于推销高档商品;
2. 幽默手法应能使老生常谈的话题获得新生,以加强读者的记忆力;
3. 利用幽默的笔法应能有效地把一个简单的内容讲得生动,便于记忆;
4. 幽默创作应能突出强调一个过去做法的愚昧可笑,从而为新产品或新方法扫清思想障碍。

资料来源:黄合水,《广告心理学》,厦门大学出版社2003年版,第241页。

3. 害怕型

害怕诉求是利用恐惧、害怕等消极情感进行的感性定位。它是指通过特定的广告引起消费者害怕、恐惧及有关的情绪体验,如惊慌、厌恶和不适等。这种特殊的否定性情感体验是一种威胁性的说服方式。人类本身就具有生存的欲望和躲避危险的本能,广告人则试图通过害怕诉求,让消费者遵照该广告宣传的要求去改变自身的态度和行为,起到"防患于未然"的作用。

害怕诉求广告应用得最多的是那些有关免受人身损伤和财产损失的产品。雕牌洗洁精的广告郑重告诉大家,国内外科学家研究发现,癌症发病率上升与农药用量增加有关,而雕牌洗洁精却能有效地清除瓜果蔬菜中的残余农药,让你"洗得干净,吃得放心"。现代人对癌症怀有极大的恐惧,当他们获悉没有洗净的瓜果蔬菜潜伏着这么大的隐患时,为了全家人的身体健康,自然愿意购买雕牌洗洁精。而舒肤佳香皂则"恐吓"年轻的父母们:使用普通香皂无法清除孩子手上的有害细菌,会给孩子的健康留下巨大隐患。只有常用能杀菌的舒肤佳香皂给孩子洗手,才能彻底保护孩子的健康。

害怕诉求在公益广告中也出现得比较多,尤其是有关环境保护和交通安全方面的公益广告。比如表现森林被滥砍滥伐后,暴雨引发山洪和泥石流的可怕场面;表现环境被严重污染,人们呼吸恶浊空气、饮用被污染了的水的令人恐怖的后果;表现交通事故的恐怖场面及受害人家属伤心欲绝的表情等。

然而,并非所有"害怕"诉求的广告都能取得很好的效果,它还取决于诉求的强弱程度。但是诉求强度很高,取得的效果未必会很高。有人曾做过一项实验,通过施以不同强度的诉求,来考察其说服的效果。强度诉求是:"牙齿的保养差,就无法补救","牙齿的保养差,定会有两三颗蛀牙";中度诉求是:"牙齿保养差,有时会坏掉两三颗蛀牙";无危险诉求是:"牙齿保养差,也不会有蛀牙"。结果一个星期后,只有中度诉求的那组受试者最服从说服的内容,而对于强度诉求和无危险诉求这两组的受试者却没有效果。从实验我们可以知道,害怕或威胁的诉求强度过高,可能会激发消费者的防御机制,回避所面临的问题;而一旦回避,则失去了宣传的意义,或使消费者怀疑广告的真实性,而拒绝接受信息。而强度过弱又引不起人们的注意和关心。因此,害怕诉求的强度适中才能起到最好的作用,获得最佳的效果。比如有一则交通安全公益广告:屏幕上,熙熙攘攘的车流中,主人公缓缓走来,汽车喇叭声不绝于耳,只有下方出现了一行字幕:"昨天是你的幸运。"只听一声尖锐的刹车声,镜头一变,只剩下一只运动鞋横躺在马路上,屏幕上又打出"今天……"最后,它向人们提出郑重告诫:"如果还有明天,请珍惜你的生命。"这则广告的害怕诉求程度不高,画面中没有一点血腥场面,却让那只独自躺在地上的运动鞋对人们提出了警告:"请注意交通安全,否则就只能像我一样躺着了。"无论是谁看到这则广告都会对交通安全予以高度重视。

当然,对于不同的对象,同一强度的害怕诉求引起的效果也不一样。"吸烟有害身体健康",对于那些不会吸烟的青少年可能会使他们遵照宣传的要求去做,而对那些已有较大烟瘾的吸烟者来说,几乎不会有任何积极的效果,至多引起他们对广告的回避。

多数害怕诉求都采用告诫、劝说的方法,有时还向你提供解决问题的方法,对你晓之以理、动之以情。例如,"苏泊尔"压力锅的广告,一位家庭主妇在使用压力锅的过程中,突然发生爆炸,这立即引起了观众对这则广告的关注,想知道如何才能解除这种危险。于是,广告中又说:新一代"苏泊尔"压力锅全然没有这种危险,能让你"安全到家"。有许多消费者正是在这种害怕诉求下动了心,决定选购该品牌的产品。

三、感性创意与感性表现

当确定了感性广告的情感定位及诉求点之后,如何通过创意有效地表现情感,就成为最为紧要的问题。

实际上,广告的感性表现都是通过创意来设计的。感性创意就是以感性材料为实现广告的手段,对广告表现内容的方法进行设计的过程。而感性表现则是广告创意的具体实现途径。简单地说,感性创意与表现就是如何用感性形象去传达广告主题的过程。

广告的感情力量直接关系到商品销售的实际效果。为了充分发挥广告的情感作用,广告策划者大多运用发散思维的形式,多角度地思考、发掘新的观念,抓住灵机一动的思想火花来进行创意。所有的情感体验都可以作为广告表现的对象,关键是要能更好地诱导消费者接受广告对产品的推介。而受众非被迫地、自由地接受广告信息的状态,决定了大多数有效的广告创意往往建立在积极的情感体验上。因为这种情况下,受众接受广告时会伴随一种需求满足时的愉悦体验。

"爱美之心人皆有之",谁不愿意看到赏心悦目的东西呢?美感是一种最常见的、积极的情感体验,也是广告中常用的情感诉求之一,尤其在化妆品、服装、时尚用品等广告中运用最多。例如,在洗发水的广告中,看到模特那一头柔软亮丽的秀发如瀑布般泻下时,消费者心中自然会涌起一种追求美的冲动,也想拥有它,从而产生购买的欲望。现代广告用美女作为表现手段几乎成了惯例,以至于有人戏称已进入"美女经济"时代。但不管怎么说,善于从"美"着手进行情感诉求,往往能获得较好的效果。

"爱"是人类另一种积极的情感体验。不同的对象之间有不同的爱。父母对子女的爱是一种只顾付出不求回报的爱;知己之间是一种患难时见真情的爱;情侣之间是一种甜甜蜜蜜、风风雨雨相伴一生的爱;儿女对长辈是一种尊敬、感激的爱……"爱"被广泛地运用在广告的情感中。比如,大多数营养保健品广告的创意,均是采用与"爱"有关的情感作为表现:有父母购买"葡萄糖酸钙"口服液,并关切地注视子女服用的场面;有女儿为了报答父母的爱,用自己的第一份工资买了一盒西洋参含片来孝敬父母的情景;也有探访多年不见的好友,主人恰好不在,客人深情地留下"麦斯威尔"礼盒,恋恋不舍地离去的画面。

此外,有些防蚊花露水、电蚊香等产品的广告也抓住了父母对孩子的爱这一情感诉求点。炎炎夏日免不了有蚊虫叮咬,母亲为了孩子能睡个好觉,使用了某种电蚊香或防蚊花露水后,果然一夜无蚊。画面上,孩子在静静的夜晚做着甜美的梦,这样的镜头会立即激起一份强烈而深厚的母爱,每一位母亲都愿意购买这些产品使孩子免受蚊虫叮咬。文学家说"爱"是文学永恒的主题;其实,"爱"也是情感广告的一个永恒的表现主题。

图 10-5 是一组吉百利牛奶巧克力的平面广告。该广告就是利用情感诉求,唤起受众对爱情、亲情、友情等美好情感的回忆,从而对广告产品产生亲近感。

图 10-5 吉百利牛奶巧克力广告

消极的情感体验被运用到广告中时,会给广告受众一种被强迫的感觉。故除了采用恐惧性诉求的广告,一般的感性广告创意时要尽量避免运用。

除了运用各种情感进行感性广告的创意,还有很多因素也应当是在对感性广告的情感创意进行表现时必须考虑的。它们都是广告的基本构成要素,是情感广告感性表现的主要手段。

1. 色彩

色彩在广告设计中的作用极为重要,因为色彩与人反应的某种固定联系使其具有倾向性。不同的颜色给人以不同的暗示,并能使人产生不同的情绪波动。生活中,红、黄、橙这些暖色,常给人以热烈、兴奋的情感,表示热情、温暖,而青、蓝、绿则显得较冷,给人以清爽、冷静的情感。所以,可口可乐广告以红色作为基调,而龙井茶广告则是以一片翠绿为主。

心理学家马谋超曾就颜色与心境、联想对象的联系进行过专门的调查,让被调查者对9种颜色的情绪含义作出答复,统计结果如表10-1所示。

表10-1 颜色与心境、联想对象的联系①

颜色名称	心境或情绪体验	联想的对象
红	振奋(兴奋、激动)、喜悦、幸福、朝气蓬勃、热烈占69.2%,危险、不安占8.2%	红旗、红衣服、节日、喜事、太阳、红花占51.6%,血、火、信号灯、危险标志占29.4%
橙	喜悦、轻松、幸福、希望、爱慕、朝气蓬勃、温暖占52.7%	橘子、水果占56.7%
黄	幸福(喜悦)、轻松(明快)、朝气蓬勃、振奋、爱慕占35.8%	服装、丰收的田野、家具占31.4%
绿	轻松、希望、朝气蓬勃(有生机)占49.1%	草(草原)、树叶、春天的田野、森林、植物、青山绿水占71.8%
蓝	轻松、安静占25.9%	蓝天、海洋占83.5%
紫	冷淡、严肃、寂寞、不安、忧郁、消沉占30%	紫花、服装占34%
白	纯洁占45%,安静占13%	雪、医院、白衬衣、白衣战士、白花占50.3%
灰	消沉、失望、冷淡、忧郁、不安、伤感占61.4%	阴天、灰衣服、灰建筑物占51.9%
黑	严肃、恐惧、悲伤、不安、伤感、寂寞、忧郁占52.7%	黑夜、黑衣服、黑纱、丧事、追悼会占80.8%

从表10-1可以看出:红色常同节日喜庆连在一起,给人幸福、欢乐的感觉,但它也会同火、血、危险标志产生联想,使人产生恐怖、愤怒、紧张的情感;橙、黄给人以阳光明媚、充

---

① 马谋超:《广告心理学基础》,北京师范大学出版社1992年版,第239页。

满希望的感受;绿色使人想起春天生机勃勃的景象,代表安静、平和、青春、健美;蓝色使人轻松;白色象征纯洁;灰黑色则令人压抑不安……在广告的感性表现上,设计者可以充分利用色彩的情绪诱导作用。

曾经有心理学家进行过这样的心理实验:让一些被试者分别喝红色西瓜汁和黄色西瓜汁,当问他们哪种颜色的西瓜汁甜时,大多数人都说红色的比黄色的甜,但实际上红色西瓜汁只是从黄色西瓜汁中分出一部分染上红色而已。由此可见,红色使人产生了肯定情感,并在主观上会产生更甜、更愉快的情感。为了使色彩能充分地发挥作用,广告策划者应把色彩诉求和主题诉求联系起来。"可口可乐"的广告中就运用了大量的红色,营造了一种活力洋溢的气氛,使观众不仅被广告所感染,还会产生热烈、亲热的情感。"雪碧"的广告则巧妙地利用了色彩的含义在观众眼前展现出大海、天空的迷人景色。天是蓝的,海也是蓝的,再加上"雪碧"绿色的包装瓶,这一系列冷色调在炽热炎炎的夏日给人们送来了丝丝凉意。虽然气温并没有降低,可消费者感觉上却凉爽了不少。"柯达"彩色胶卷为了突出其色彩艳丽、逼真的特性,在户外广告中运用了大量的红色、橙色、黄色和紫色,颜色鲜艳,特别引人注目。快餐店也大都采用红色、橙色等"热烈"的颜色作为店面装修的主色调,因为可以避免顾客心情过于镇静,从而加快进餐的速度。所以,色彩运用得当,可以使感性广告的感性表现取得事半功倍的效果。

图 10-6 系清凉润喉药品"金嗓子喉宝"的广告。它即采用了"清凉"的色调,让人一眼望去就有清爽的感觉。

图 10-6 "金嗓子喉宝"广告

我们在运用色彩技巧进行广告的感性表现时也要注意遵循一定的规律。如在设计食品广告时,一般不用蓝色、绿色,因为这种色彩容易使人联想到腐烂、发臭,令人恶心倒胃口。

2. 广告画面与构图

感性广告的画面安排对情感主题的表现也起着一定的作用。在感性广告中,广告画

面常见的形式主要有:

(1) 突出广告产品式

这种形式直接以所要宣传的商品作为画面主体,力求鲜明夺目。譬如,大多数轿车的广告都是让轿车成为广告画面的主角,向人们展示其漂亮的外形,在各种道路上驰骋的状况,以激起有购买意识的消费者的欲望。

图 10-7 为上海大众汽车公司"帕萨特"轿车的广告,画面以疾驶中的一辆帕萨特轿车为主体,背景被虚化处理,制造了一种平稳、宁静的动感效果。

图 10-7 "帕萨特"轿车广告

(2) 引导式

即画面主体不是商品而是人。此种广告形式借助人物生动的表情和举动,给画面增添了动态和精神色彩,容易引发观众的好奇心,并可加深对商品的印象。在"亨氏"婴儿营养米粉广告中,一个胖嘟嘟、活泼可爱的小男孩"不堪忍受"疼爱他的大人的拥抱,忙不迭地逃离了她们的怀抱。这一画面不仅激起观众的疼爱之情,而且还会在观众的心目中留下这样一个印象:吃了"亨氏"婴儿营养米粉的孩子长得既结实,又讨人喜欢。

(3) 寄体式

即画面中没有商品直接出现,而是纯粹表现一个美好诱人的境界或者通过某位具有鲜明个性特征的人物来引人入胜,使观众在身心的享受和陶醉中,去寻找根源,领略商品品质。像家喻户晓的"万宝路"广告就是此种方式的典型代表。广告画面中始终没有出现"万宝路"香烟的形象及人们吸烟的情景,它只是创设了一个自由自在、无拘无束的理想空间,在"万宝路"的世界里,人们可以任意驰骋。而消费者往往受其吸引,想亲自体验商品的品质。

(4) 名人式

由于人们对名人通常怀有爱慕、敬意和迷恋的情感,故请歌星、影星、球星等名人来做广告,会使观众感到亲切。消费者会认为名人乐于使用的商品一定是不同寻常的,只有名牌才请得起名人,也只有名牌才能使名人乐于推荐,随之产生移情效应,对商品也产生信任感。例如,"康佳"手机花巨资请来了《花样年华》的女主角张曼玉,试图以张曼玉那美丽而有品位的形象为自己的产品增色;濮存昕等影星为一些名牌西服所做的广告宣传海报在商场中随处可见;"力士"香皂的传统广告战略,就是请那些世界各地的影星来做模特。当然,制作名人式广告时需避免以名人为重心,不要拍摄成"名人的广告影片",而要以商品为重心,用名人衬托介绍商品。切记:名人是为广告、为商品服务的。

(5) 象征寓意式

即借用与宣传商品有关的带有特定含义的物体,以象征寓意式的形式来委婉地介绍商品的优秀品质,并含蓄地展开,让观众通过联想来理解主题,既加强记忆,又不露痕迹。比如一则童鞋广告,画面中没有鞋子出现,有的只是母亲的一双手捧着婴儿的一只小脚,由此含蓄地揭示出该鞋像妈妈的手一样柔软、舒适,使观众看后明理又动情,印象深刻。又如科龙空调的广告中,为了暗示空调无噪音的特性,展现了一幅小鸟停在空调上怡然自得的画面,让人感受到一种超然"静"界。而广告巨子奥格威为"劳斯莱斯"轿车所做的广告则宣称:"时速60英里时,最大的噪声来自车内电子钟"[①],等等。

图10-8是德国奔驰汽车的一幅平面广告,其利用轿车皮坐椅上一个安详熟睡的婴儿画面,来暗示奔驰汽车的高性能与人性化设计。

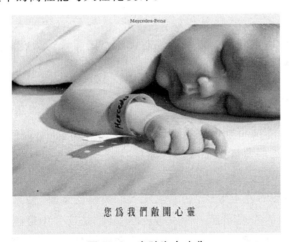

图10-8 奔驰汽车广告

3. 广告词

广告词对广告来说,是基础和灵魂。广告画面、色彩和音乐只是广告词有效的补充和必要的装饰。若一则广告的广告词用得精妙恰当,则必然能在消费者心中留下长久的印象。

那么,怎样的广告词才能激起消费者的内在情感呢?实际上,最主要的是突出以下五

---

① 何桂讯:《现代广告案例》,复旦大学出版社1998年版,第204页。

个字：

(1) 情

即广告词要淡化商品味，浓化人情味，以情动人，深入人心。例如，力士沐浴露广告中的广告词"女人就该对自己好一点"，就深深地打动了众多女人的心扉。在广告词中运用第二人称"你"或"您"也能给人一种亲近感，增加人情味。像"美加净"护手霜那句广告词——"放我的真心在你的手心"，就特别使消费者感到亲切，充分体现了厂家对消费者的体贴、关心。

(2) 趣

即广告词要生动有趣，不仅引人发笑，而且发人深省、令人回味。例如，美国某诊所劝导人们戒烟的广告词："为了使您的地毯没有洞，也为了使您的肺部没有洞——请不要吸烟。"

(3) 特

即广告词要打破常规、与众不同，不仅能够激发人们的好奇心，而且能够吸引人们的注意力。例如，"恒源祥"绒线公司的广告词只有简简单单六个字——"恒源祥，发羊财"。初听这句广告时，很多人都不知所以然，引起了人们的兴趣和好奇，于是人们在议论、猜测和询问中就记住了恒源祥的名字，还义务地为它作了宣传。

(4) 巧

即广告词要讲究语言技巧，运用巧妙的表达方式；既要打动人心，也要注意分寸。有时语言过分夸张、华而不实，就会显得做作、肉麻，这样反而会使人反感、厌恶，从而对产品、对企业留下不好的印象。动之以情并不意味着一定要说得天花乱坠，让人感动得泪流满面，真实、自然才是广告词的生命。

(5) 诚

即广告词要取信于消费者。过分夸大产品的功效只能给人"华而不实"的印象，只有发自内心、真诚的语言才能得到消费者的信任。例如，菲利浦电器的广告词"让我们做得更好"，用朴实的语言给消费者以很大的保证。

4. 音乐

音乐是富于情感性的艺术形式，它能激发人们美好的情感，使人身心愉悦。在影视广告中，音乐是不可或缺的表现元素。音乐与色彩一样，是广告中最感性的形式。音乐不仅极易被人们所记忆，而且能引起人们一定的情感和丰富的联想。音乐与画面巧妙地配合，可创造出特殊的意境和格调。

广告音乐，包括乐曲和广告歌，在广告中的作用是非常重要的。一部好的广告片必须配有一段与画面相适宜的音乐，才能形成和谐的整体感。尤其是在情节化的广告中，广告歌的作用更能得到充分发挥。它能使听者有印象、容易记忆，并能从优美的旋律、独特的音响效果联想到商品的特点。现在有大量的流行歌曲的前身就是广告歌，由于词曲俱佳，又基本上是由当红歌星首唱，所以人人传唱。如果广告播出能达到一定频度，或者歌词的指向性明确的话，广告的效果甚至能达到其他广告形式无法企及的程度。因为广告歌的旋律已经牢牢地与商品的形象融合到一起,消费者在听到熟悉的歌声时,脑海里不由自主浮现的就是广告商品的形象。

广告音乐除了用来表现广告主题,也可以用作背景加强效果。古典乐、交响乐、轻音乐和流行音乐引起的感觉、创造的意境是截然不同的。利用大家熟悉的音乐可以增加亲切感,缩短广告与消费者的距离。比如,人们听到《英雄交响曲》就会感受到雄壮的气势,听到《婚礼进行曲》就会联想到喜事。要注意的是,要选择熟悉的音乐做背景,必须让音乐激发的情感与广告主题、商品个性相符合。

此外,制作广告音乐时要注意先确定画面,再进行创作。这样,音乐与画面的起承转合往往会天衣无缝,显得十分完美。当年"太阳神口服液"的"当太阳升起的时候,我们的爱天长地久"的广告歌众人皆知,它就是在创作画面后再填写的。这首广告歌的曲作者针对产品的特点、画面的内容,使音乐在情节开展过程中得到充分体现,画面与音乐严格对位,因此给人以深刻的印象。

在成功的广告片中,还有许多是以优美的旋律来表现的,在广告片里根本找不到一句歌词。仅凭一段令人难忘的旋律,再配上精心创作的广告词,就能使你时时想起它,也时时想到该商品,甚至在自哼自唱的时候,间接地替那件商品件做了广告。

感性广告的创意及表现的手法是多种多样的,但无论采用何种方法,都不要忘记广告的真正目标是说服消费者购买产品。感性广告的创意及表现方面最容易出现的问题,就是沉浸于情感形象的创作,而忽视了广告表现的主题,以至于造成广告情感的表现与广告产品信息的传递完全分离。广告受众在被精彩的情感表现打动后,完全没有意识到广告产品的存在,是最令广告人悲伤的失败。所以,永远要记住:一切的情感表现都是在为有效传递广告产品信息服务的。

图10-9是一幅巧克力广告,但由于裸体女模特的图像占据了广告的大部分,且与广告产品间并无实质性联系,所以并不能有效地传递产品的信息。可见,感性广告的情感表现要最终起到促销作用,就必须要在情感与商品间建立有效的联系,广告的移情效应正是发挥了这样的作用。

图10-9　某巧克力产品广告

第三节 广告移情效应的发生

一、感性广告的有效到达

所有感性广告的最终目的,都是要实现广告目标,促进广告产品的销售。因此,在广告中运用情感因素只是一种手段,是为了让消费者能更好地接受广告产品的信息,并对广告产品形成好感,以促进其销售。这里面就包含了两个目标:首先,广告运用的情感因素能有效地对广告受众产生作用,即要让广告受众不仅接受这种情感的传递,还要被其打动,否则一切都无从谈起。这就要求在广告中对情感因素的运用要恰到好处,太浅无法对广告受众形成触动,太过则会变成"煽情",极易引起广告受众的反感。其次,在广告传递的情感因素打动广告受众后,还要让这种情感顺利地由广告情感因素转移到广告推介的产品上。也就是要发生所谓的"广告移情效应",这是情感广告获得成功的关键。否则,花费大量人力、物力策划制作出了广告,广告受众也接受了其中的情感传递,但注意力却被广告情节紧紧吸引住,而无法转移到广告产品上,那一切都是在白费力气。比如人们常说"美女香车",在汽车广告中出现美丽清纯的女孩形象,可以让广告受众把对这种美的感受转移到广告所推介的汽车上。但若是农药"敌杀死"的广告也让美女唱主角,可能就事与愿违了。

所以,感性广告的成功在于广告中的情感因素顺利地传递给广告受众,使后者产生情感的激动,并转而把情感投射到广告产品上。在这个过程中,情感广告有效地到达广告受众是最重要的一步。不能有效地到达广告受众,则广告移情就无从发生。感性广告与理性广告是有很大区别的,后者只要把产品介绍清楚即可;而感性广告要让消费者"跟着感觉走",除了广告自身情感因素的组织与传递,还要充分考虑到广告受众的接受情绪,否则,受众对广告就不会产生有效的情感反应。

消费者对广告的情感反应往往受多种因素的影响。一般来说,感性广告的有效到达需满足广告自身及广告受众、社会环境等方面的一些基本条件。具体来说,感性广告的有效到达必须满足以下条件:

1. 广告的自身条件

广告产品必须是适宜感性诉求的产品。由于感性广告诉求对广告产品的技术特性介绍明显不足,只是企图诱导消费者的情绪,使其产生购买欲望,所以那些消费者不熟悉或对技术参数要求较高的产品,使用感性广告诉求就难以达到预期目的。比如,电脑配件市场上就很少见到感性诉求广告。因为对电脑发烧友来说,关心的是产品的技术参数、产品的性价比。他们必须从广告中清晰地了解该产品的每一项性能指标,以便和其他同类产品进行比较,至于情感因素则很难影响他们的购买行为。

对于适合进行情感诉求的感性产品,广告在情感因素之外还必须在广告本身的真实性、劝诱方式和满足需求的针对性等方面符合要求。也就是说,感性广告不能只拿"情感"说事。消费者并不傻,被广告带入特定情绪状态并不能让他们掏钱购买,真正让他们决定购买的,还是因为产品能满足他们某些方面的需求。故而感性产品广告也必须传递产品的真实信息,让消费者能从广告中了解自己能从购买该产品中得到什么,无论是物质需要还是精神需要的满足。缺少产品自身真实信息的披露,而完全寄希望于广告的情感因素来打动消费者,是不切实际的幻想。

对于一件适宜感性广告诉求的产品,如何确定广告的情感定位和诉求,以及如何通过广告创意把这些恰到好处地表现出来,就成为关键。比如,一段时间以来,广告界流行"怀旧",即利用人们深藏心底的情感记忆来唤起消费者的情感共鸣。但"怀"什么"旧(情感)"、向什么消费群体"怀旧"、如何去表现这些"旧(情感)"等,都是首先要解决的问题。南方黑芝麻糊的电视广告《怀旧篇》之所以能取得成功,就是因为在这几方面都把握得比较准确。

从传播学角度看,实际上就是要求对需要传递的信息(附着于产品信息之上的情感)进行有效的编码。要让产品的信息与情感的信息相互融合,不能生捏乱编;并且,如此复合而成的信息还要既便于传递,又便于广告接受者对信息的解码(理解与共鸣)。

2. 广告的传播环境

感性广告作品的完成只是第一步,若要有效传达给消费者,情感广告的传播环境亦要适合广告受众正确地、不受干扰地接受广告信息。

首先,广告的刊播环境要合适,包括时间的选择、环境干扰的情况、对消费者的刺激强度等。如果广告播出时,正是电视节目最精彩时,观众对该广告就可能产生厌烦情绪。

其次,广告传递的情感应该符合社会的基本道德、文化背景和价值观念。在消费者心中,道德标准与价值观念是最不可以轻易改动的。若广告违背了这些标准,就会引起人们的反感。例如,前面所述的某酒类产品的广告公然暗示"包二奶",这完全违背了中华民族的基本道德准则,遭到大多数消费者的抵制,产生了与厂商初衷相反的结果。而许多传达符合社会的基本道德、价值观念的情感广告就获得了很大的成功。

最后,社会大众的文化、心理背景也同样不容忽视。就拿近年很常见的"怀旧"题材的情感广告来说,如果没有处于社会的转型期或变动期所特有的、社会性的怀旧心理背景,其实是很难取得效果的。图 10-10 是雕牌天然皂粉《泡泡漂漂晾起来篇》,其电视广告因利用人们的不良心理进行暗示,如"泡妞"、"嫖娼"、"喜新厌旧",而成为 2003 年最有争议的广告之一。

3. 广告受众的条件

情感广告最终都是要作用于广告受众的。前面我们就分析过,情感广告的作用对象其实是感性受众。对于理智型的消费者,情感诉求广告并不能显示出对理性诉求广告的比较优势。一个收入拮据、精打细算的家庭主妇,是不会仅仅因为被"亚洲神鹿"王军霞为国争光的举动感动得热泪盈眶,就去购买广告里王军霞推荐的"中华鳖精"的。

即使作为感性受众,也不是无条件地与情感广告发生共鸣,这里面的情况非常复杂,

图 10-10　雕牌天然皂粉广告

几乎不可能作定性、定量分析。就像世上没有两片完全相同的树叶一样,也不存在两个完全相同的消费者。即便是同一个人,在不同的场合、不同的时间段,其广告感受能力也会完全不同。当然,对消费者的感性广告接受条件也可以作一些总体的、概括的分析:人的情感是复杂而多样的,现实的情感接受能力,在很大程度上与其过去的生活经历,以及沉积心灵深处的情感记忆有关。这几年一些地方出现的知青饭店,就是以唤起曾经到农村插队落户的知青们的青春情结为市场切入点的。看到曾经和自己的青春相陪伴的那些农具、蓑衣、印着革命话语的生活用具(对于饭店,这些都是情感广告的重要道具),旧时的记忆会不由分说地浮现眼前,以至于许多作为饭店消费者的知青们对此歆歆不已,把这里当成祭奠自己逝去青春的精神家园。

　　广告受众作为具体的人,除了情感经历,受教育程度、审美能力、社会地位等,都会影响他们对情感广告的接受。这在一些利用民俗、高雅艺术等作为特色性广告情感载体的情感广告中表现得尤为突出。甚至同一广告在不同的受众间还会引起截然相反的感受。比如,对广告中的民俗元素,有的人认为俗不可耐,有的人则会觉得亲切和温暖;而对广告中的高雅艺术元素,有的人会获得强烈的审美感受,有的人却感到虚假、做作、肉麻,并对广告产生严重的抵触。

　　另外,消费者的个人情绪也会对情感广告的接受产生极大的影响。人的情绪在一段时间内往往有一个基本的格调,它受消费者的个人生活、工作环境和个性的影响,不同的情绪状态会直接影响消费者对情感广告内容的接受水平。当然,广告人不可能去控制消费者的接受情绪,但对广告在消费者不同情绪状态下的适应性问题,广告人预先应当有所分析,以最大限度地适应消费者的情绪状态,达到最佳的传播效果。

感性广告的有效到达,主要是由广告自身的策划、创意、制作水平,广告传播的社会环境背景以及广告受众的接受条件、状态等方面因素共同决定的。在整个广告信息传递的过程中,只要有任何一个环节出现偏差,就会直接影响情感广告的接受效果。

图 10-11 是北大仓财神酒广告《财神篇》。该广告就是利用"民俗文化",借用"财神"鲜明的心理形象和视觉形象,借助民间流传的四大民俗文化中的"禄文化",造成一种大俗的广告形象。但这种广告诉求容易受到广告受众自身因素的影响。因为"民俗"在一些人眼里闹不好就成了"俗不可耐"。

图 10-11　北大仓财神酒广告之《财神篇》

二、感性受众的接受情绪

现实生活中的人是复杂的,即使是对同一个体,他的情绪状态也不是一成不变的,有时心情愉快、有时闷闷不乐、有时又愤愤不平。而人在不同的情绪状态下对广告的接受是完全不一样的。因此,有必要对人在接受广告时的情绪状态作一番讨论。

人们通常不把情绪和情感这两个词作严格区分。实际上,这两者之间是有一些区别的。情感是人反映客观现实的一种形式,表示人对其需要满足的主观态度,以及人的主观态度与其形成的观念是否一致。对于现实中的对象或现象,人们总持有各种各样的态度,从而产生各种不同的心理体验。例如,子女考取了名牌大学,每一个父母都会感到自豪;观赏一场高水平的演出,会使人感到身心愉悦;而生活中的麻烦事,又会引起我们的烦闷、不安……所有的这些自豪、愉悦、烦闷和不安等,都是人们对客观现实的情感体验的不同表现形式。

在我们的日常生活中,情感和情绪这两个词经常互相通用。但严格说来,只有涉及带有暂时性的情感体验,如喜悦、愤怒、伤心、恐惧等才被称为情绪。情绪是同有机体生理需要相联系的体验,往往伴有生理的变化和外部的表现,这些心理结果会对人与外部世界的即时交流带来很大影响。而那些诸如爱国主义、集体荣誉感、责任感等对现实的稳定态度的体验,则常用情感来表示。它是在情绪的基础上与理性的作用下,在社会诸关系形成进程中发展起来的。在某种程度上可以说,情绪是情感的外在表现,而情感是情绪的本质内容。人的情感决定了广告受众对广告接受的基调,而且是比较稳定的。

比如,爱国主义情感强的受众,对表现诸如中国运动员在国际大赛上获奖场面的广告,会留下深刻而美好的印象;慈爱的母亲对表现母子深情的儿童用品广告总是乐于接受;而一个爱憎分明的道德感极强的人则会对那些弘扬正义的广告产生共鸣。广告只要在这些情感方面加以表现,就应当能收到效果。但同时我们还要注意到,人的情感尽管可以是多种多样的,但在每一个具体的时刻,人总是处于特定的情绪状态之中。比如,一位慈爱的母亲可以因为子女闯祸而处于愤怒的情绪状态之中,也可以因子女取得好成绩而喜悦。所以,情感广告在确定了一个情感定位以后,直接影响广告效果的往往就是广告受众在接受广告信息时的情绪状态。就像一个因失恋而悲伤不已的年轻人,对表现恋情的广告是不会有好印象的。而当他和恋人重归于好,心情轻松、情绪极佳时再看到那个广告,则又会非常喜爱地接受。当然,作为广告发布者是不可能去揣摩每一个广告受众的情绪状态的,只能在广告媒体的选择、广告发布的时机上尽量做到在时间与空间上覆盖得更广,以达到让尽可能多的广告受众,在最有利于广告接受的情绪状态下都能接受广告的目的。

人的情绪多种多样。人们通常把快乐、愤怒、悲哀、恐惧作为最常见、最基本的情绪形式。[①] 而在不同的情绪状态下,受众对于情感广告的接受水平是不一样的:

快乐往往是在希望达到的目的达到后体验到的愉悦。快乐的程度和内心激动的程度则取决于愿望满足的意外程度。快乐的程度可以分为满意、愉快和狂喜。在快乐的情绪状态下,人们总是乐于接受广告所传递的信息,较少对广告内容进行挑剔与否定。

悲哀是一种与所热爱的事物的失去以及所盼望的东西的幻灭有关的情绪。悲哀的强度依存于失去的事物的价值。悲哀所带来的紧张的释放则产生哭泣。有各种程度的悲哀,如从遗憾、失望到难过、悲伤、哀痛。悲哀情绪下的受众对情感广告的接受,会根据造成悲哀情绪的原因的不同而出现选择性。比如,正沉浸于失去亲人的哀痛的受众,很容易对热热闹闹的"喜临门"酒广告产生反感。

愤怒是由于遇到与愿望相违背或愿望不能达到并一再地受到妨碍,从而逐渐积累了紧张的情绪而产生的。愤怒也分不同程度,可以从轻微不满、生气、激愤到大怒、暴怒。特

---

① 曹日昌:《普通心理学》,人民教育出版社 1987 年版,第 353 页。

别是在所遇到的挫折是不合理的或有人恶意所为时,愤怒最容易发生。一般来说,愤怒情绪下的受众很难对广告作出适当的反应,除非情感广告本身就是诉诸愤怒情感的。所以,愤怒是最不利于情感广告发挥效果的一种情绪状态。

快乐和愤怒都是企图接近、达到引起快乐和愤怒的目标。恐惧则相反,它是企图摆脱、逃避某种情景的情绪,往往是由于缺乏处理或摆脱可怕的情景或事物的力量和能力造成的。例如,熟悉的情景发生了变化,失去掌握和处理它们的办法时,就会产生恐惧;奇怪、陌生也都可能引起恐惧。处于恐惧情绪下的受众往往会接受特定类型的情感广告。比如,一些保险公司的广告、安全用品的广告就是利用了受众的恐惧情绪,利用受众急于摆脱恐惧、寻求安全感的心理,来达到推销自己的目的。

在类似这些基本情绪形式的基础上,可以派生出许许多多种情绪。例如,与感觉刺激有关的情绪,可以有疼痛、厌恶、愉快;与自我评价有关的情绪,可以有骄傲与羞耻、罪过与悔恨;与他人有关的情绪,可以有爱和恨。这些情绪又可以分化派生并复合成多种形式,而且可以被赋予各种社会内容。由疼痛引起的不愉快是比较单纯的,而悔恨、羞耻则包含着不愉快、痛苦、怨恨、悲伤等复杂因素,它们又由于包含的内容和对人的意义的不同而有着不同的组合。由于一个人的个人特点和所遇到的环境情景的不同,哪怕是对同一事物,情绪反应也可以是不同的,但仍可归纳出情绪表现的不同类别。所以,不同情绪状态下的广告受众对情感广告的反应是复杂的。单一情感诉求的广告,是不可能在所有的受众情绪状态下都能有效发挥作用的。

就同一种情绪而言,按其表现程度又可分为心境、激情、应激几种状态。广告受众在同一类型情绪的不同状态下,对情感广告的接受情况也是有差别的。

心境就是我们平时常说的心情,是一种使人的一切其他体验和活动都感染上情绪色彩的、比较持久的微弱的情绪状态。心境不是关于某一事物的特定的体验,它具有弥散性的特点。心境还具有持久、稳定的特点,它是其他一切心理过程赖以发生的背景。当一个人处于某种心境时,他往往以同样的情绪状态看待一切事物。人的全部生活都会染上某种感情色彩:良好的心境使人在待人接物中产生兴致,易于处理。比如,会对平常漠不关心的事情表现出某种兴趣,遇上不太熟悉的人也会热情地打招呼并寒暄几句。不良的心境则使人对凡事都感到枯燥无味,容易被激怒,遇到困难也难以克服,而且再好的良辰美景都会染上一层灰色,显得毫无意义。心境可以由对人具有比较重要意义的各种不同情况所引起。工作的顺逆、事业的成败、人们相处的关系、健康的情况,甚至自然环境的影响,都可以成为引起某种心境的原因。过去的片断回忆,无意间的浮想有时也会导致与之相联系的心境的重现。心境对情感广告有很大的影响。积极、良好的心境有助于受众积极性的发挥,能使人头脑清楚,工作效率高。这样消费者就能主动地、较好地接受广告传递的信息。此时受众易对广告产生好感,也较易记忆广告内容。消极、不良的心境则使人厌烦、消沉,会阻碍受众对广告信息的接受。广告受众易对广告产生挑剔、排斥的情绪,并殃及产品。

激情是强烈的、爆发式的、激动而短促的情绪状态。像暴怒、恐惧、狂喜、剧烈的悲痛、绝望等都属于激情。激情通常是由一个人生活中具有重要意义的事件所引起的。对立意向的冲突或过度的抑制都容易引起激情。激情的产生也与机体状态有关。激情有很明显的外部表现，它笼罩着整个人。处于激情状态下，人们会有强烈的内部变化和明显的外在表现。狂喜时，仰天大笑，手舞足蹈；恐惧时，脸色发白，浑身发抖；伤心时，号啕大哭，悲痛欲绝；愤怒时，怒发冲冠，吹胡子瞪眼……人的激情一旦产生，有时很难控制，对周围事物的理解力会有一定程度的降低，并会带来消极影响，容易"意气用事"。此时人的认识活动的范围往往会缩小，人被引起激情体验的认识对象所局限，理智分析能力受到抑制，控制自己的能力减弱，往往不能约束自己的行为，不能正确地评价自己行为的意义及后果。当然，对于广告来说，激情也具有积极意义。一般来说，激情状态对广告受众对情感广告信息的接受是不利的。但从另一方面来看，激情使受众的理智分析能力下降，这让情感广告有机会乘虚而入，发挥意想不到的作用。甚至在某种程度上，情感广告之所以能有效发挥作用，正是因为激情状态对人们理智分析能力的抑制。人们往往有这样的体会：在厂商请来歌星、影星助阵的促销现场，消费者容易被现场的热情气氛感染，产生强烈的购买激情，结果买回一大堆平时根本用不着的东西，而这在比较理智的状态下是不可能的。

应激是出乎意料的紧张情况所引起的情绪状态。在突如其来或十分危险的条件下，必须迅速地、几乎没有选择余地地作出决定的时刻容易出现应激状态。这时需要人迅速地判断情况，利用过去的经验，集中意志力，在一瞬间果断地作出决定。但是，紧急的情景惊动了整个有机体，它能很快地改变有机体的激活水平，心率、血压、肌紧度发生显著改变，引起情绪的高度应激化和行动的积极化。在这种情况下，比一般的激情更甚，认识的狭窄使得人们很难实现符合目的的行动，容易作出不适当的反应。应激状态下的人可能有两种表现：一种为目瞪口呆，手足无措，行动紊乱，毫无头绪；另一种则是急中生智，头脑清楚，调动各方面的力量，化险为夷。现代社会中的人们生活节奏快、工作压力大，因而机体的应激状态长期存在，对人的健康影响很大，许多人都出现严重的亚健康状态。处于亚健康状态的受众对情感广告的反应往往是迟钝，甚至是逆反的。所以，情绪的应激状态对广告信息的接受是不利的。

总之，在感性受众对情感广告的接受过程中，受众的情绪状态是非常重要的，它直接影响到广告的效果。只有在受众的情绪状态适宜接受广告中的情感因素时，情感广告才能发挥应有的作用。所以，广告受众的接受情绪处于适合状态，是广告移情效应有效发生的前提。

三、广告共鸣与广告移情

"共鸣"本来是物理学上的一个概念，指两个振动频率相同的物体因共振而发出声音的现象。比如把两个频率相同的音叉靠近，其中一个振动发声时，另一个也会发声。后来这个概念被借用到文学艺术领域，指欣赏文艺作品时，欣赏者的情感与作品中蕴涵的情感相通或基本一致,从而产生感应交流,引起强烈的情绪激动。① 这是一种特殊的心理现象,也是文艺欣赏所追求的最高境界。同样,在感性受众对情感广告作品的接受过程中,也存在情感共鸣的现象。当广告所传达的情感元素与受众的固有情感或特殊的情感记忆相吻合,而受众又正好处于特定的情绪状态时,有可能出现类似于文艺欣赏中的共鸣现象,即受众完全忘记了广告的商业属性与功利目的,把自己的情感完全投射到广告作品中,从而达到一种强烈的情绪激动状态,并且有可能把自己由此产生的强烈情感转而投射到广告所推介的商品上,产生广告移情效应。所以,让广告受众对情感广告产生共鸣是每一个广告人孜孜以求的最高境界。

广告移情效应之所以能发生,与人的心理机能是密不可分的。情绪体验一般由特定的对象唤起,但实际上这种唤起的指向是模糊的,在特定情况下,与该对象联系紧密的其他对象也能唤起情绪。这就是美学里所说的"移情"效应。人们可以把对特定事物的喜爱之情转移并投射到与该事物有紧密联系的其他事物上,古语所谓"爱屋及乌"就是如此。而"一朝被蛇咬,十年怕井绳"的成语,则是把由于被蛇咬过所产生的恐惧情绪不自觉地扩散到了形如蛇状的井绳上去。也就是说,井绳被赋予了惧怕的情绪色彩,或者说成为惧怕反射的条件刺激物。这种现象也表现在消费行为上。例如,消费者一般会表现出对展销会或展览会上的展品有更大的兴趣和好感。因此,往往在这种场合下,对展品,哪怕是市面上早已售出的一般产品也更容易接受。

由于移情可以使人们把对某一事物的喜爱之情向其他事物进行转移,而这两种事物间可以仅仅存在表面的联系,而无多少内在的、本质的、必然的联系。这就给广告提供了一个可以充分制造这种联系的空间。所以移情效应在商业广告中是经常被使用的一种策略。大量的明星、名人广告就是运用广告移情效应的典型。而20世纪80年代进入中国内地市场的"力士"(Lux)香皂就是其中的代表。"力士"香皂是联合利华公司于20年代推出的产品,也是一直坚持广告走"明星"路线的著名国际品牌。80多年来,一代代不同肤色、不同国籍的女明星成为"力士"在不同国家和地区的形象代言人。"力士"香皂就在这一代又一代深受人们喜爱的女明星的推介下成为世界名牌,销售网络覆盖全球。

图10-12是百事可乐在中国投放的广告,即以F4、周杰伦、郭富城、郑秀文等深受青少年喜爱的歌星作为产品的形象代言人,有效地利用了广告移情心理效应。因为百事可乐的主要消费群体是青少年,而这些歌星的主要崇拜者也正是这一群体,因而以他们为形象代言人,其广告的号召力是足够大的。

一切人类美好的情感都可以成为广告移情的对象。在这方面,一些深层次的情感,如爱国感、道德感、亲情等,往往比对明星的喜爱等表层情感的作用更大。比如,日本三菱重工在20世纪80年代进入中国内地市场时,在市场的广告推广上就下了很大的工夫。由于日本军国主义在近代以来对中国人民犯下了难以饶恕的罪行,中国人的潜意识里对日

---

① 方可畏、严云绶:《文学概论》,安徽人民出版社1989年版,第311页。

图 10-12　百事可乐广告

本企业有一种排斥心理,所以三菱重工的广告就着重于解除中国人的戒备心理。在广告中,重点突出代表中日两国人民友谊的鉴真大师形象,利用中国人对鉴真大师东渡日本这段历史的美好记忆,告诉中国人民以前是中国人无私地帮助了日本,现在三菱重工为感谢中国人在以前对日本的帮助,来到中国帮助中国人民建设国家。广告巧妙地利用了移情效应,让中国人民把对透过鉴真形象表现出的古代中日两国人民友好的情感,迁移到今天的三菱重工身上。应当承认,这个广告在当时取得了很好的效果,基本消除了人们对日本企业的抵触心理。

当然,感性广告接受中的移情现象,对企业来说是一柄双刃剑,如果广告受众被广告中的情感形象激起的是厌恶等消极情绪,则也会迁移到对产品的态度上。例如,青年演员赵薇,因在电视连续剧《还珠格格》中扮演"小燕子"而走红,成为多家企业的形象代言人,频频在各种广告里露面。但后来由于"日本军旗装"事件,其个人形象受到严重影响,直接殃及其代言的企业产品的形象,一时间广告身价大跌。

情感广告的目标就是通过广告中的情感因素与广告受众产生共鸣,并使受众将激起的情感迁移到广告产品上去,以促进产品的销售。所以,情感迁移的发生是感性广告策划的重要目标。

本章提要

随着"硬销"时代的过去,现代广告越来越强调与受众进行情感的交流。由于市场趋于同质化,产品之间品质的差异减小,激起广告受众的情感反应就成为广告推销产品的重要手段。而广告中的情感因素如何有效地传递、如何准确地激起受众的情感共鸣,进而把由此产生的情感迁移到广告产品上,这些问题就成了广告学研究的重要课题。

感性广告是依靠图像、音乐、文字等方面的技巧,对消费者的情绪进行定向诱导,使其对广告产品产生购买欲望的一种广告方法。它一般是采用日常生活中最易于激发人们情感的细节的表现,来达到广告的目的。

当人的需求得到满足时,内心体验到的一般都是快乐、愉悦等积极的、肯定的情绪;当人的需求得不到满足时,内心体验到的通常是压抑、沮丧、恐惧、愤怒等消极性、否定性的情绪。

情感广告设计者在找到目标广告受众情感记忆激发点后,面临的问题就是找到广告受众情感被激发的规律,这样就可以用最有效、最经济的广告表现手法去实施情感广告。

只有当感性广告的情感刺激唤起了受众的情感记忆时,受众的内心才会激动。从情感刺激到唤起情感记忆,这之间的桥梁就是情感联想,并且情感联想的作用除了唤起情感记忆,还一直贯穿感性广告情感作用的全过程。没有情感联想,感性广告就完全不能产生效果。

情感诉求广告的特点,就在于它能诱导消费者形成一种有利于广告产品的情感态度,驱使消费者对广告产品实施购买行为。

感性广告如果运用得当,是可以取得很好的促销效果的。而要进行成功的情感广告诉求,感性目标受众群体和感性广告产品,是两个必要前提。

广告的感性定位就是要在人类的各种情感形态中,为广告确定一个大的情感基调,然后再在这一基调涵盖的情感表现范围内,为广告寻求恰当的感性诉求。

从感性广告的实践来看,在广告中被运用得较多的情感定位与诉求,从广告受众的心理效应方面看,主要有亲热型、幽默型和害怕型。

广告的感性表现都是通过创意来设计的。感性创意就是以感性材料为实现广告的手段,对广告表现内容的方法进行设计的过程。而感性表现则是广告创意的具体实现途径。简单地说,感性创意与表现就是如何用感性形象去传达广告主题的过程。

感性广告的成功在于广告中的情感因素顺利地传递给广告受众,使后者产生情感激动,并转而把情感投射到广告产品上。在这个过程中,情感广告有效地到达广告受众是最重要的一步。不能有效地到达广告受众,则广告移情就无从发生。

现实生活中的人是复杂的,即使是对同一个体,他的情绪状态也不是一成不变的,有时心情愉快、有时闷闷不乐、有时又愤愤不平。而人在不同的情绪状态下对广告的接受是完全不一样的。

当广告所传达的情感元素与受众的固有情感或特殊的情感记忆相吻合,而受众又正好处于特定的情绪状态时,有可能出现类似于文艺欣赏中的共鸣现象,即受众完全忘记了广告的商业属性与功利目的,把自己的情感完全投射到广告作品中,从而达到一种强烈的情绪激动状态,并且有可能把自己由此产生的强烈情感转而投射到广告所推介的商品上,产生广告移情效应。

广告移情效应之所以能发生,与人的心理机能是密不可分的。

案例分析

星辰表的母亲节广告
（文案）

妈妈以时间换取我的成长：

推动摇篮的手就是统治世界的手,也是最舍不得享受的手。

1/4 的妈妈没有表：

不是买不起,只是她认为在家里忙家务,戴不戴手表都无所谓,何不把钱省下来贴补家用。

2/4 的手表是旧表、老表：

妈妈们的手表至少有一半以上是旧表、老表,有的是结婚前的,有的甚至是儿女嫌旧不要的……她们舍不得享受,即使是旧的,她们也认为蛮好的。

3/4 的妈妈还要戴表：

虽然妈妈经常为了料理家务而不方便戴表,但是她们偶尔外出购物、访友、娱乐身心时,她们需要佩戴一只表。

向伟大的母亲致敬,别再让母亲辛苦的手空着,本公司为庆祝母亲节,特地洽请星辰表业提供最适合母亲佩戴的女表 5 000 只,即日起到 5 月 11 日止,以特别优惠价供应,欢迎子女们陪同母亲前来选购,送母亲一份意外的惊喜。

请分析：
1. 这是一则进行什么诉求的广告？
2. 该广告诉求的内容是什么主题？
3. 该广告会引起受众怎样的心理反应？
4. 该广告所确定的情感基调是什么？
5. 该广告的情感基调对所宣传的星辰表有何作用？

情景模拟

情景 1　广告语"再穷不能穷教育,再苦不能苦孩子"；

情景 2　广告语"我们只有一个地球"；

情景3　广告语"假如你在他人困难时伸出双手"。
……

请就这些公益广告语展开想象,为它们分别配上关于支持教育、爱护环境、援助他人的有关画面,并分析广告受众会产生怎样的心理情感。

小组讨论

1. 什么是感性诉求广告?
2. 为什么感性广告总是借用日常生活中的感人细节?
3. 感性广告是如何激发受众的情感记忆的?
4. 广告接受中的"移情"是如何发生的?
5. 感性广告多用于哪些产品?
6. 为什么说药品广告不适宜进行感性诉求?

广告心理学教程(第二版)

第十一章

广告受众的态度形成与改变

知识要求

通过本章学习,掌握:
- 广告受众知识结构的构成、特点及其意义
- 广告理性刺激影响广告受众的因素
- 受众认知广告过程中的同化、调节心理
- 理性广告诉求的理论与要点实务
- 广告受众态度的形成及改变的过程

技能要求

通过本章学习,能够:
- 分析广告受众的认知心理
- 运用广告理性诉求的方式
- 运用广告促进消费者态度形成
- 运用广告促使消费者改变态度

第一节 广告受众的认识基础

著名广告人埃德加·威森·豪尔曾说:"做生意,没有广告,就如同在黑暗中向姑娘挤眼送秋波;你知道你在做什么,但是别人谁也不知道。"由此可见广告在现代商品销售中的地位与作用。

可在世界经济全球一体化、商品和服务高度同质化、广告充斥我们生活的方方面面的今天,广告主又如何使自己与众不同,如何确保所做广告的促销力与打动力呢?

因此,准确把握广告受众接收、加工处理信息的能力和过程,了解消费者对商品的态度就非常关键。而不同的消费者,由于其知识结构的差异,应对广告刺激的差异和处理、对待外界信息的方式也不一致,所以呈现出的认知能力也差别明显。

一、广告受众的知识结构

(一)知识结构的定义和构成

知识是人的社会、历史经验的总结,它常以思想内容的形式为人所掌握。知识虽然不同于人们熟知的技能和能力,但三者之间既相互联系又相互区别。技能是操作技术,它以行动的方式为人所掌握。能力是指为顺利完成某种活动并直接影响活动效率的,在个体身上经常且固定地表现出来的心理特点,在行为科学上也称为"本领"或"本事"。能力只有在活动中才能体现,活动中对具体动作的掌握是技能;而在掌握技能中,如果支配动作

的心理过程进行的敏捷性能够经常出现,并成为巩固的动力系统时就成为一种动作敏捷的能力。知识是经验系统,而对经验材料进行加工的活动过程的概括化则是能力。它们三者又密切相关,知识、技能的掌握要以一定的能力为前提,能力制约着掌握知识、技能的快慢、深浅、难易和巩固程度,而知识的掌握又会促成能力的提高。

这里我们所讲的知识并非一般意义上所指的人文科学知识、社会科学知识和自然科学知识的总括。它特指消费者对生产、生活领域商品及服务消费所需运用和掌握的知识。因而广告受众的知识结构,即消费者从事各类消费活动时所拥有的各类消费知识的有机构成。

一般来说,它由产品专业知识和个人经验知识两部分组成。例如某消费者是牙医,凭其专业知识,他认为中华药物牙膏有止血脱敏的功效;经过半年的使用,证明效果确实不错。于是他对中华药物牙膏便形成了一定的态度偏好,有较完整的消费知识。

前面,我们曾经介绍美国心理学家马斯洛于1943年提出了一个被人们广泛接受的需要层次理论。该理论把人的基本需要分为五个层次,按照其重要性排列,较低层次的是生理需要,最高层次的是自我实现的需要,中间的几个层次依次为安全需要、社会需要和自尊的需要。马斯洛认为,个体在高层次需要出现之前,首先必须寻求对较低层次需要的满足;在基本需要得到满足之后,才会出现新的较高层次的需要,由此激励个体不断地去追求更高层次的需要满足。

我们都知道,开发和设计新产品之前,都必须进行准确的市场细分,而马斯洛的需要层次理论则是进行产品的心理细分的理论基础。因而,我们也可据此将产品的目标市场划分为以下五大类:满足生理需要的生活必需品市场,满足安全需要的保险、医药类产品市场,满足社会需要的社交用品市场,满足自尊需要的享受类产品市场,满足自我需要的发展类用品市场。既然消费品可划分为这五大市场门类,那么消费者消费时也需具备这几方面的知识。

1. 生活必需品消费知识

生活必需品包括基本食品、服装、普通家具和洗涤用品等一般日用品。改革开放三十年来,我国城乡居民收入水平日益提高,恩格尔系数逐渐下降。目前我国正处于全面建设小康社会的关键时期。尽管如此,生活必需品支出仍是广大居民的一项基本支出,它与我们的生活息息相关。而且由于社会进步、收入增长,生活必需品的种类、数量和质量都较之以前有巨大变化。

2. 满足安全需要类产品消费知识

满足安全需要的产品主要由药品、卫生用品、保健品、保健器械、各类保险产品等构成。如今随着社会经济的发展和人民生活水平的提升,消费者对自身及其家庭成员的生命安全和心理安全的保障、保护意识日益加强,所以商品及服务的"安全性"受到人们的普遍关注。那些顺时而为,产品和服务能让消费者得到或感受到有"安全、保障"功能的经营者也终将获利。

3. 社交用品消费知识

社交用品市场主要包括烟酒、化妆品、饮料、鲜花和各类礼品等产品。由于人们生活水平的提高,各类大众传播媒介(如报纸、广播、电视)的普及和各类新型传播媒介的涌现,卫星通信、网络互动产品的出现,以及四通八达的交通运输网的开通,人类活动的空间和视野日益拓展。个人在生存空间中的"孤独感"日益膨胀,转而对社会交往及其相关知识的渴求也越来越强烈。据统计,人们用于这方面的消费开支正以平均每年10%以上的速度递增,与之相关的礼品回收、寄卖市场也因此而兴旺。因此,开发包装精美、质量上乘,富有独特性、时尚性和文化气息的产品将有很好的回报。

4. 享受类产品消费知识

目前,我国人民已基本过上小康生活,温饱已不再是难题,人们开始追求高层次的生活。我国东部沿海发达地区的人们更是如此。人们开始了对高级服装、旅游、文化娱乐、工艺品及高级轿车等类消费品的追求。人们的消费开始讲究"名"了,即注重起品牌消费来,并将它与一个人的品位、身价、地位等联系起来。

5. 发展类产品消费知识

人们对于学习用品、书报杂志、终身教育、智力开发以及个性、特长发展等方面的消费需求构成了发展类产品市场。这类产品主要用于满足人们发展个性并最终达到自我实现的需要。其产品范围虽然十分广泛,但主要是精神类和教育类产品。目前社会上蓬勃发展的职业教育和培训,以及各种认证考试教育等即属此类。

(二)消费者知识结构的特点

1. 发展性

消费者所掌握的知识并不是一成不变的,而是随着时间的推移、社会的进步而不断发展变化。例如,我国城镇居民于20世纪80年代初开始讲求对绿色食品的消费,继之对于红色食品如红枣一类营养型食品的需求增加了,接着又出现了对于黑色营养型食品的需求,如黑米、黑枣、香菇等。

2. 稳定性

由于社会发展总是循序渐进的,反映到消费者知识的习得上也就有一个渐进的过程;另外在某些领域,消费者不可能时时关注,所以消费者知识结构具有相对稳定性。

3. 社会性

通过观察我们可以发现,不同的消费者由于其所从事的社会职业、家庭角色、性别等因素,对某些消费领域很熟知,而对其他领域或一无所知或知之甚少。例如,女性特别是已婚女性在如何挑选和购买蔬菜、在哪儿买、讨价还价等方面绝对比男性或其他年龄层的女性强。[①]

(三)了解消费者的知识结构的意义

正如前面所提到的,知识的掌握又会促成能力的提高,而能力的大小又会导致消费者

---

① 参见马谋超、陆越祥:《广告与消费心理学》,人民教育出版社2002年版,第178页。

在消费过程中表现出不同的态度、呈现出个性差异。所以掌握了消费者的消费知识结构，我们就可以了解其消费能力，进而知其态度，制定出相应的比较科学的广告宣传方案。

1. 消费者的能力结构

人们为完成某项活动，通常需要各种能力相互结合，既要有一般的能力，也需要一些特殊能力，而且不同类型的活动所需要的能力结构也不同。

（1）一般能力

是指在各种活动中都必须具备的并且表现出来的基本能力。作为消费者，在购买活动中一般要有以下几种能力：观察能力、记忆能力、比较能力、想象能力、决策能力。

（2）特殊能力

是指从事或完成某项专业活动所需要的能力。这种能力对消费者要求较高，需要大量知识、技能的积累。如购买珍贵首饰的鉴别能力、购买古董文物的鉴赏能力。

2. 消费者消费过程中的能力差异

消费活动是一项复杂的社会活动，需要消费者具备多方面的能力。而消费者由于消费能力形成和发展的主客观条件不同，所以无论在能力的水平还是结构上都存在明显的差异。消费者在消费过程中的能力主要表现在以下几个方面：

（1）观察力

是指消费者对即将购买的商品的观察注意能力。一般来说，经验丰富的购买者往往能在很短的时间内迅速从琳琅满目的商品中观察到所需商品。

（2）识别力

是指消费者识别、辨认商品的能力。识别能力也与个人经验有关。消费者对于商品的知识越渊博、购买经验越丰富，其识别能力就越强。特别是对于购买特殊用途的商品更是如此。例如，某些有经验的家庭主妇买花生油往往只需一闻、一看就知道油质的好坏。

（3）评价力

是指消费者依据一定标准分析判断商品性能、质量，从而确定商品价值大小的能力。评价能力越高，越容易作出正确的判断，消费者行为进行得也越迅速。

（4）鉴赏力

是指消费者的艺术欣赏能力。许多商品不仅有使用价值，还有一定的欣赏价值。而消费者由于个人艺术修养、受教育水平、社会阅历的不同，所表现出的欣赏水平和角度也不同。

消费者在消费过程中的这种能力差异会直接影响消费者消费行为的进行。消费能力强的人，受外界因素影响小，挑选商品迅速，能果断决策；而消费能力弱的人，往往拿不定主意，此时往往需要外界的力量，如广告的参与和推动。

二、广告受众的理性刺激

说到刺激就不能不与感觉、知觉联系起来。我国著名心理学家马谋超先生认为，感觉是对刺激的个别属性反映;而知觉则是选择、组织和解释感觉刺激,使之成为一个有意义的、连贯的现实映象的过程。

美国学者哈勒尔将知觉理解为:"认识、选择,并解释广告作用对我们的刺激过程"。对商品和服务的知觉,既依赖于消费者接受刺激的方式,也依赖于消费者理解这些刺激的方式,后者有时被称为"知觉编码"。消费者对产品知觉的差异性形成了对产品的态度和行为的差异性,而引起这一差异性的重要因素是刺激。

人是复杂体,既没有纯理性的人,也没有纯感性的人。只不过有的人是理性多于感性,有的人是感性多于理性。因此在广告活动中,广告受众对广告刺激也表现出一定的倾向性,有的人倾向于接受理性刺激,有的则相反。而且知识越丰富的人越倾向于理性刺激,知识越贫乏的人越倾向于感性刺激。

广告刺激通常是理性刺激与感性刺激的统一体,二者共同起作用。这里我们侧重于谈理性刺激。常见的理性刺激主要从信息源、信息和受众三方面考虑。

(一) 确保信息源的可信度、魅力和能力

可信度包括专业知识、客观性和值得信任的程度。信息源的可信度和态度改变信息的数量之间有着直接关联,这种信息可能是提供一种常识性建议。因此,广告商应在广告中充分显示出可靠信息的特征,如请医生、护士、药剂师为健康产品做广告,请演员、明星为化妆品、服装做广告,因为他们被认为是这方面的专家。

文本卡片 11-1

建立消费者良好态度的策略

增加消费者对商品的好的评估认知,让消费者更多地了解有关商品好的评估信息就很重要。很多时候,功能学派的理论被用在增加对商品的认识上。在广告中经常出现的与功能有关的商品信息策略有:

1. 商品本身所能带给消费者的具体功能;
2. 商品本身所能带给消费者的抽象功能;
3. 商品本身所能达到的工具性功能;
4. 让消费者看到其他人从商品中得到的好处——楷模的作用;
5. 商品是给具有某种想法及价值观的人用的。

除了上述与功能相关的认知信息外,广告还可以用以下几种方法来增加消费者对商品的良好的态度:

1. 强调商品某一方面信息的重要性,例如说明带有静音功能的空调机可以使人有舒服的睡眠,第二天精力充沛;
2. 近乎夸张地说明商品的某种性能,例如某品牌的空调机静音性能好到连针掉到地上都可以听到;

> **3. 协助消费者综合各项商品信息而形成一个对商品的总体感觉。**
>
> 这类建立良好态度的策略，需要具有可信性才能使消费者接受信息中所说的，其理性广告的效果则得到显现。
>
> 资料来源：杨中芳，《广告的心理原理》，中国轻工业出版社1999年版，第182页。

（二）信息的数量、难易程度、表现形式和暴露频次

一则广告提供的信息不能过多。哈佛大学心理学家乔治·米勒曾说过："一个人的记忆一次最多能容纳七条信息。"广告大师奥格威在谈广告时，也说要尽量写短句子，不要让广告受众感到难以阅读和理解记忆。

难易程度指广告信息要符合受众理解、学习习惯，或者是他们比较熟知的。例如，奥美中国公司为中国网通做宽带业务广告时，考虑到宽带是个新兴的技术性、理论性很强的产品，照通常的解释、传达很难奏效，所以干脆用"宽"的概念予以表现和传达。于是制作了"宽"系列广告，如《飞机篇》、《风筝篇》、《公路篇》等，再配以广告语"由我天地宽"，结果宣传效果非常好。

表现方式指在广告中恰当地运用各种艺术表现形式，帮助人们理解记忆。例如，将广告词写成诗歌、顺口溜、对联等形式，可以使之合辙、押韵，朗朗上口；而使用成语、双关语、谐音等，则能巧妙说明商品的性能，可以做到语意双关、引人入胜。

暴露频次则涉及媒体策略。像广告投放时的暴露频次及暴露时段就很关键，次数太少可能被同类广告或其他广告淹没，次数太多不仅浪费巨大的广告资源，而且易让人产生逆反心理，进而视而不见。

（三）受众的知识结构、宗教信仰、社会习俗

俗话讲"入境问俗，入国问禁"。广告宣传也需如此，否则就很难打开市场销路。例如，美国化妆品进入日本市场多年，效果一直很差，广告宣传没少做，促销手段也不少，但是日本人却无动于衷。后来经过调查才发现，美国化妆品的色彩不适合日本人。美国人认为略为深色或稍黑一些的肤色是富裕阶层的象征，因为有钱人才去旅游、才去海边晒太阳，所以化妆品也多为深色调。而日本人属黄色人种，崇尚白色。在日本，艺人化妆也是以白色作为最高境界。

总的来说，消费者的态度具有后天习得性，所以如果广告刺激得合理、到位，那么消费者的态度就会朝已有利的方向改变。消费者的态度一旦形成，又会保持很长一段时间的稳定性。稳定的态度常使得消费者的购买行为具有一定的规律性、习惯性，从而有助于某些购买决策常规化、程序化。因此，搞好理性刺激意义显著。

三、认知中的同化和调节

瑞士心理学家皮亚杰曾提出"发生认识论"，认为：如果人们既有的心理结构能对新的刺激信息进行"消化"处理，那么就意味着这个新的信息被吸收、同化了；但是，如果新

的刺激信息不能被吸收与同化,那么他的心理结构就得进行自我改造和调节,以便能重新对信息进行吸收与同化。这一同化与调节理论告诉我们,在广告接受中,消费者总是按照自己的心理结构在同化接受广告信息,或者调节后再接受广告信息。

消费者在认知广告信息的过程中,难免会出现这样或那样的矛盾。这时往往需要对信息进行同化和调节。这种改变往往导致一种新态度的出现。

美国心理学家 L. 费斯廷(L. Festinger)提出了著名的认知失调论。他认为,人们对于周围的事物有许多认知因素,如自身环境、自身状况,以及自己的行动、知识、意识和信念等。在这些认知因素中,有些相互联系,有些相互独立,有些可以同时并存,而有些又是不协调的。当认知因素之间不协调的程度加大时,消费者要减轻或消除这种不协调的愿望就越强烈。

例如,一位消费者面临这么几种认知因素:(1)个人工作需要,计划购买一台笔记本电脑;(2)个人兴趣爱好,需要一台性能卓越的摄像机;(3)女友生日快到了,是否送她心仪已久的那条项链。以上三方面均需消费者投入大笔资金,而其现有存款又只能满足一方面的开支,于是消费者便出现了认知上的不协调。

费斯廷认为,消费者减少或消除不协调认知达到平衡有三种方法:一是改变认知中不协调的某一方,使矛盾双方趋于协调;二是增加新的认知因素,改变认知系统的结构,缓和矛盾的认知因素;三是强调某一认知因素的重要性,降低另一认知因素的重要性,不协调的认知关系得到减弱。

上面例子中消费者就可能面临以下几种解决方法:一是爱情为重,先买项链;二是个人兴趣为重,其他先压后;三是事业为重,先买笔记本电脑;四是凑足钱,先满足其中两项或全部满足。

所以在广告宣传中,我们应了解消费者所需,采取适当的表达方式和策略,使消费者形成这种商品确实很好、很重要的认知态度。只有这样,消费者在广告信息的同化和调节上才可能采取有利于商品销售的举措。

第二节 广告的理性诉求

对于"一则好的广告有什么样的标准"这个问题,马谋超教授曾说:"几年以前我们曾经做过从消费者的视角来看广告作品评价系统的研究,该研究显示对消费者来说有以下六个评价要素:(1)可信度——让人觉得真实、可靠。(2)吸引力——创意的新颖性和表现力引人注目。(3)适合度——定位准确、能引起消费者的购买欲望。(4)感染力——使人产生情感感受。(5)认知力——让人了解广告主题并记住它。(6)必要信息——广告信息的必要性和适量性等。所以我认为有必要倡导广告向理性回归。不管对于以理性诉求为主的信息广告,还是对于以感性诉求为主的形象广告,都应强调理性因素的增加。就形象广告而言,强调理性便是要强调广告是否能让广告受众借由广告形象(沟通物)对品牌或产品产生认知继而形成品牌态度,而对于诉诸理性的信息广告则要强调广告的信息量并寻求最佳的信息诉求点。"

一、理性受众与理性产品

(一)理性受众

理性受众是指能够控制自己的行为,理智地接受信息的人。反映在广告受众认知心理上,消费者往往更关心广告宣传的产品本身的特点,以及广告所能给予他们的实惠和承诺。我们的广告还没有完全从产品情报时代转为生活情报时代,从销售主义转为品牌主义。这就要求我们在广告中尽量平实地诉求,记取"切实的承诺"才是广告成功的关键。例如,中国人对"可口可乐,挡不住的感觉"、"欢迎进入万宝路的世界"之类的广告颇感疑惑,觉得这些未免太虚、太空,而在心理上更喜欢"蓝天六必治"、"喝了娃哈哈,吃饭就是香"等实实在在的承诺。这样的例子还有很多,不再一一赘述。

在较长时期内,大众的消费形态仍是理性消费占主导,即主要因产品的实际功能而非广告赋予的感性功能消费产品。消费者选择一个产品或品牌,首先是因为产品或品牌在其生活中有意义,其中既包括感性利益,更包括功能性利益,在大众生活水平还处在有待逐步提高的阶段,并不太可能为了虚无缥缈的所谓感性利益而支付额外的费用,在大量的日常生活消费和非炫耀性的消费行为中理性消费显得尤为突出。

物品丰盈的时代使消费者选择商品的不确定性增加。与以往物品匮乏的年代不同,商品品种的丰盈,在使得消费者消费多样化和个性化成为可能、生活日益丰富多彩的同时,也使得他们在消费时面临的不确定因素增加了,消费的风险性也随之增大,消费者在购买任何一样物品时,几乎都面临着或大或小的选择,都潜藏着对商品信息的需求。

受众对广告信息的需求有着现代社会的认知特点。随着人们生活节奏的加快及信息的大量涌入,受众停留于广告信息的时间缩短、注意力减弱,加之受自身的认知经验和认知习惯所限,对于连篇累牍的产品功能、性能罗列详述的信息广告,不易产生注意,即使注意到了,由于其对某一商品的了解是不完全的和不专业的,事实上必然造成大量信息的无效传播。此外,经验的积累、消费环境的熏陶又使得消费者的生活、消费知识日益丰富,大量的以常识性观念作为诉求点的广告以及互相模仿的广告表现带给受众的信息量也几乎为零。

所有广告都十分努力地将产品的优势告诉大众。只不过有的广告做得比较巧妙,有的广告做得比较笨拙罢了。比较巧妙的广告告诉你关于产品的一个非常突出的优势,给你留下深刻的印象;比较笨拙的广告则恨不能在有限的 30 秒或 60 秒里告诉你关于产品的所有优势,而你却往往什么也没记住。所以针对理性受众,不同的产品的定位就非常重要了,在下面一节中我们就会讲到理性定位的内容。

(二) 理性产品

理性产品是指生产者生产出来的物品的功能是针对购买者所追求的利益,商品的特性或属性体现在有形产品和附加产品上。

澳大利亚心理学家马克斯·萨瑟兰曾经说道:"高介入程度的购买行为是相对于那些低介入程度和低价位购买行为而言的。人们在打算花一大笔钱购买诸如彩电、汽车或度假时不会轻率地作出决定。对于绝大多数消费者而言,这些是属于高介入程度的决定。在作出这些决定之前,我们通常会向朋友打听与预期的购买行为有关的尽可能多的信息。"[①]这些需要高介入的商品,在一定意义上就是理性产品。因为它们是需要消费者进行理性消费的,即消费者会慎重地考虑它们的各种价值,从而作出消费决策。

如果一则广告说:"我这有某某产品,你们大家快来买吧",那么买这个产品的人肯定特别少。广告要使我们相信、喜欢并购买其产品,必须采用某种方法和手段来说服我们。这些方法和手段就是"广告策略"。广告会采用各种策略来说服你,如告之、劝说、夸耀、引诱,甚至是"施加压力"。作为一个成熟的消费者,我们要知道,这些策略是从两个方面来"包围"我们的。这两个方面,一个是前面我们曾经说到的"情感诉求",另一个则是"理性诉求"。

二、理性定位与理性诉求

(一) 理性定位

理性定位,即经过调查、判断、推理等科学的研究过程,对采用何种广告、营销等策略理智地作出决定。

多年来,我们很熟悉的一个话题是关于产品质量的问题,即把产品质量看做是企业的生命。但是在市场上出现了一些新的现象,比如,同样一个车间生产出的手机有两个牌子,一个是卖给国外的知名品牌,一个是卖给国内的品牌,结果发现国外的知名品牌卖的比国内的品牌要好得多,这就是说声誉也是一个很强大的竞争力。由于我们国家仍无国际级的品牌,以至于一些很好的产品卖不出好价钱,即质量好的产品身价低。所以,实施名牌战略已经到了刻不容缓的地步。名牌的巨大市场价值是建立在名牌效应基础上的。而名牌效应与消费者的认牌购买之间有着内在联系。也就是说,一个品牌产品若是被目标对象不断地重复着认牌购买,它自然就会成为一个拥有市场优势的品牌——名牌。因此,认牌购买可以看做是名牌效应的一种消费者行为特征。认牌购买行为特征的形成是人们对品牌态度的发展结果。它大致经历了由知名度向美誉度再向忠诚度的渐进发展的过程。其间知名度、美誉度、忠诚度环环相扣。知名度提供认牌购买的必要条件;美誉度是认牌购买的核心;忠诚度是美誉度持续发展的结果。当忠诚度转化为消费行为时,便出现了重复购买。

---

① 〔澳〕马克斯·萨瑟兰著:《广告与消费心理》,世界知识出版社2002年版,第11页。

众所周知,任何一个商品都会有若干特性、功能和用途,比如速溶咖啡具有方便、省时、提神、口感独特等特点。在确定产品卖点时,广告商很自然地针对人们饮用新鲜咖啡费时、费力的缺点,而突出其省时、省事的独特卖点。然而出乎意料的是,广告推出后市场反应冷淡。后来,通过一项有关的心理学研究,才揭开其中的真正原因。原来当时主妇们以承担家务为己任,否则就是一个懒惰的、挥霍浪费、不善于持家的女人。而速溶咖啡突出的"一快二方便"恰与这一自我意识相冲突。后来广告传播避开偏见锋芒,销路从此打开。

(二)理性诉求

理性诉求指的是广告诉求定位于受众的理智动机,真实、准确、公正地传达广告企业、产品、服务的客观情况。

这种理性诉求的广告策略可以作正面表现,即消费者购买广告产品或接受服务会获得什么样的利益;也可以作反面表现,即消费者不购买产品或不接受服务会对自身产生什么样的影响。这种诉求策略一般用于消费者需要经过深思熟虑才能决定购买的产品或服务,如高档消费品、工业品等。图 11-1 是一则 Jeep 越野车的平面广告,其将凹凸不平的钥匙齿,幻变为崎岖不平的山麓,喻示 Jeep 车的主要性能即越野,从而很好地对产品进行了理性的诉求。

图 11-1　Jeep 越野车广告

理性诉求广告往往传达以下几个方面的信息:(1)产品或服务的质量;(2)服务的范围或产品的性能;(3)消费者购买产品或服务可能获得的利益;(4)消费者不购买产品或不接受服务可能受到的影响。

在过去很长一段时间里,由于多方面的缘故,商品之间没有太大的竞争。在进行广告宣传时,只要从概念化、理性化的角度来诱导消费者即可,如告诉他们什么样的冰箱最省电、什么手表最准时等,我们称这种广告为理性广告。当然,理性和感性是相对的,理性广告仍然是现今广告的重要诉求手段之一,比如在耐用消费品的广告中就用得比较多,因为它需要消费者深思熟虑后才能决定购买。

心理学家鲁道夫·阿恩海姆认为,艺术创作是以知觉为基础的,它不是凭空创造,而是以生活积累和生活体验为基础的,而艺术家的生活积累则是以知觉为媒介,艺术创造的基础就是对客观对象的表现性的知觉。感性诉求广告本身就是一种浪漫型的艺术,它的创作也应以现实为基础、以现实为对照,不满足于现实而表达理想和激情。同样,这种激情应来源于生活、来源于内心深处对生活的热爱和憧憬,只有做到这一点才能真正被受众所接受。

理性诉求是基于商品的功能和特性的一种诉求。商品的功能是针对购买者所追求的利益,商品的特性或属性则体现在有形产品和附加产品上。它含有产品事实性的信息线索,诸如价格、质量、性能等。信息加工理论就是理性广告的一种说服理论。其基本假设是:消费者在接受理性广告时,是一种积极的信息加工者。因此,广告的诉求应立足于传播商品功能的优点。

而将这些信息告知受众,就是企业和广告人的责任了。广告信息是公开传播的商业社会信息,是对商品、劳务等客观事物的运动状态的陈述,经公开传播后,可以消除受众对于商品、劳务等认知的不确定性,影响其消费观念与行为,所以广告信息传播的过程,就是消除受众对商品、劳务等的不确定性的过程。

在广告信息传播过程中,广告信息量的有无及大小最终受制于受众;也就是说,广告信息进入受众的认知并降低了他关于商品或劳务的不确定性的时候,广告信息量才真正地得到不同程度的呈现。因此,受众的认知心理、信息需求及其社会文化背景是广告寻求信息量和确定有效信息诉求点的出发点和根本。

在这些影响受众的因素中,其对广告信息的需求特点的了解是广告制作时信息采集和选定的决定因素。受众对广告信息的需求呈现多种状态,有些是有意识的、自觉的,为此其甚至会主动寻求信息;而有些则是无意识的、潜在的,只是在恰好与广告诉求暗合的时候被唤醒,由此激活其认知活动,产生认知并记忆。受众在接触广告时大多呈现一种被动的状态,其认知结构处于某种"待机"状态,一旦对之能形成刺激,结构便开始活动了。这种能形成刺激的外界信息并非一味是对其欲望和感官的刺动,而更应该是对其广告信息需求的暗合,因为受众有着广泛的、大量的对产品、劳务或品牌信息的理性需求。

三、理性创意与理性表现

(一) 理性创意

理性创意就是广告人员根据市场调查结论、品牌形象特征和公众心理需求,运用联想、直觉、移植等创造性思维方法,提出针对购买者所追求的利益的主题设想,设计广告宣传意境和表现情节的构思过程,从理性方面来打动受众。

消费者不是一个可以任意施加影响的消极主体,而是一个具有一定的要求、信念、定势和意向,有着判断是非标准的积极客体,他们对广告的内容完全是根据自己要求的价值标准加以摄取或排斥的。所以,说实话、抒真情是广告的生命,是赢得受众的本质力量,也是对社会负责、对消费者负责的表现。

比如,水源是农夫山泉一直宣扬的主题:追求品质健康,这是一个美好的、不懈追求的梦想。"农夫山泉有点甜"的广告诉求虽然收到了较好的效果,但若树立起像依云巴黎水Pieer这样的品牌形象,还需作许许多多不懈的努力。其有待加强一种脱俗的强化其品牌特质的品牌形象,即像Pieer那样的创意形象。农夫山泉也许是想在中小学生对于天然水与纯净水之争中寻求突破口,因而广告对象过多地集中在学校,难免给人以传播对象有点偏窄的感觉,况且过多强调不带促销力的戏剧性细节,使广告想要传达的优质概念的力度和强度较弱。那么,该怎样精心打造其"中国优质水领导者"的形象呢?品牌形象广告片是一个需要突破的命题。创意需要震撼力,同时建立符合"中国优质水领导者"的整合传播基本策略也是一件十分重要的事情。

"好水喝出健康来"比"农夫山泉有点甜"更深入一步、更明确化。此广告前期主要讲农夫山泉为什么是好水,接下来广告的重心应当是把"好水"与"健康"之间的桥梁关系明确化、强烈化,用广告语言来说即使之更具震撼力。不过,对一般消费者来说,尽管水能养生是一种更好的选择,但有时也容易给人以小题大做的印象。何况纯净水通过娃哈哈与乐百氏的大力渲染,其实也是一种带有时尚潮流的健康之水。所以未来瓶装饮用水品牌之战的关键点还是在于坚持不懈的创意以及不断地整合营销,只有这样,才能使农夫山泉"水"的品牌独领风骚、长盛不衰。

(二) 理性表现

我们这里所说的理性表现,就是用理性诉求的方式表达出广告的主旨。理性诉求不难理解。一个广告在说明某种产品的特性及使用这个产品的好处时,就是采用了"理性诉求"的策略。高露洁牙膏广告,说明其牙膏中的双氟成分能防止儿童龋齿;力士柔亮营养洗发水广告,强调其含有全新去屑配方OCTO,能有效去除头屑;娃哈哈AD钙奶广告,则宣传"要补钙,维生素D不可少"……这些广告都直接表明了产品的特点或优势,即通过讲道理来说服人购买。

在考虑用理性诉求还是情感诉求表现的时候,广告制作者往往更钟情于情感诉求的表达方式,不仅因为情感诉求常常比理性诉求更有效,是现代广告的潮流,也因为它为广告制作者提供了更多的发挥其创造才能的机会。

目前,国内城市形象广告的诉求方式大都是感性诉求,采用理性诉求的很少。而在广告史上却有则经典的案例,即广告大师奥格威为波多黎各撰写的著名的招商广告,却向人们展示了理性诉求在城市形象广告方面的威力。许多专家称"它是以一场广告宣传活动改变了一个国家形象的唯一例子",因而它成为理性诉求广告的典范之作。

奥格威在波多黎各的招商广告中,将投资者最关心的问题,即优惠政策摆在最醒目的位置予以陈述:"现在波多黎各对新工业提供百分之百的免税"。且在正文首段再以算账的方式论述免税可以给投资者带来的巨大利润。这种不断地突出重点和层层深入的分析,把投资波多黎各能给投资者以丰厚的回报的主题,表达得十分鲜明,有着很强的说服力。

为什么目前理性诉求的城市形象广告这么少？笔者认为有以下两点原因：（1）媒体选择限制了诉求方式。由于许多城市领导认为电视的影响力大，因而不惜斥巨资在央视或其他电视台做广告，故只好采取感性诉求方式。（2）国内广告公司的惯性。大家都做的是感性诉求的形象广告，而且也不乏成功的案例，那么为保险起见，最好也跟着潮流走。

幽默广告之所以受到人们的喜爱，根源在于其独特的美学特征与审美价值，它运用"理性的倒错"等特殊手法，通过对美的肯定和对丑的嘲笑两种不同的情感复合，创造出一种充满情趣而又耐人寻味的幽默境地，促使接受者直觉地领悟到它所表达的真实概念和态度，从而产生一种令人会心微笑的特殊审美效果。

（三）理性广告的要点

综合以上消费者对广告信息的理性需求及其认知特点，我们不仅能够看到理性广告巨大的市场需求和潜力，而且能够看到如何寻找有效的信息诉求点是广告活动成功的关键，而这一信息诉求点的有效性取决于它是否能在产品的客观特性、受众的认知需求以及与同类产品或品牌的区隔之间找到一个最佳的契合点。这一契合点作为选定的广告信息诉求点必须包含以下几个要素：

1. 与同类产品或品牌形成区隔

这一区隔的形成源自两个方面：产品功能的独特性与信息诉求方式的新颖性。前者是内容，起决定作用；后者是形式，是形成认知的必要条件。两者相辅相成，缺一不可。

在商品经济日趋成熟的市场中，完全独创的新产品必将越来越罕见，大量的所谓新产品都是改良型和市场细分型产品，而且竞争的激烈也使新产品的生命周期有缩短的趋势。因此，如何延长产品的生命周期和成熟期的营销策略决定了产品从入市开始就要进行市场改进，从产品的功能、性能、品种到款式、包装等都要不断地也是有的放矢地完善和改进，而这些改进的信息便可以很自然地成为相应阶段广告的理性诉求内容。比如，以"白天吃白片不瞌睡，晚上吃黑片睡得香"的广告诉求一炮而红的"白+黑"感冒片，与其说是广告创意的成功，不如说是产品改进和细分的成功，由于产品具备了这一新功能而最终使得到功能性支持的广告诉求受到认同，从而切入受众的认知并使其记忆深刻。再如"去屑"的"海飞丝"、"有点甜"的"农夫山泉"、"二十七层净化"的"乐百氏纯净水"、"弹性十足"的"今麦郎弹面"、"不伤手"的"立白"洗涤系列，其品牌认知和态度的形成无不得益于产品独特的功能性支持。

当然这些信息能否打动受众还受制于广告表现。例如，"立白"洗涤用品的系列广告便是运用了谐趣的表现手段，通过喜剧演员陈佩斯的诙谐表演，以及在美国某机场与安检人员的有趣冲突，使人在忍俊不禁时轻松自然地进行了认知和识别。

广告表现形式的新颖、独到甚至猎奇是广告创意研究的重要内容，但创意的独特必须以广告的功能性支持为核心和重心，否则再新、再酷、再美的广告表现也只能是无本之木、无源之水，是无法实现促进销售的广告目的的。

2. 广告信息诉求点对受众广告信息需求和认知结构的契合与激活

产品不应仅在广告推介时而应在开发和改进的阶段就必须考虑到与同类产品的区隔,这一区隔既非同类产品和竞争品牌在短期之内所能模仿的,又是符合消费者需求或者能唤起其注意和认同的。对后者的重视,在已是买方市场的现代消费社会中显得尤为重要。自20世纪90年代以来,由美国营销学家D.E.舒尔兹教授倡导的整合营销(IMC)是"21世纪企业决胜的关键"。IMC的重要意义在于它提出了一个全新观念,即强调以消费者为核心,综合运用各种手段来传递"一个声音",以求给消费者传达统一而清晰的信息,从而实现传播目的。它强调了受众在处理组织所传达的信息时的主动权。这一主动权,一方面表现在受众的认知经验和特点上,如果传播的信息与已有的认知完全相符或全不相干或互相冲突,那么他会对这一信息熟视无睹或加以拒绝而无法形成认识;另一方面,也取决于他对商品及消费商品的不确定性和潜在需求,这种不确定性和潜在需求是普遍存在的。生活水平、消费能力的提高必然伴随着生活质量的提高,在消费上则表现为消费的多样性、个性化及对消费品品质的多方位要求,即不仅需要消费物品的主导性功能,还对诸多附加功能产生需求。例如,不仅要求洗发水具有清洁头发的功能,还要求其具有养发护发的功能;不仅要求空调能制冷制热,还希望其真正"节流、静音、净呼吸";不仅要求食品美味可口,还要"绿色"营养;不仅要求服装色彩、款式合意,还要注重面料是否天然、做工是否精细。这种普遍广泛的潜在需求给了产品创新及广告信息诉求以无限的创意空间。值得强调的是,信息广告创意的有效性应以下述流程作保证:消费者的潜在需求(或对产品某一创新、细分的认可和重视程度)—产品创新及改进—广告诉求内容及形式的创意。

消费者的潜在需求,有些是他关注的、重视的、能表述的,而有些则是潜在的、未意识到的但却能被暗合的、诱发的。在大量的日常消费中,这是一种普遍的状态。心理学家Krugmann指出,在高投入的情况下,说服的改变历程是由"认知"到"态度"再到"行为";而在低投入情况下,则是由"认知"到"行为"再到"态度"。两者是不同的改变历程。对广告而言,既然行动改变才是消费的最终目的,那么越能提早改变受众行动的方法,自然也就越符合广告的基本市场功能。而要促使受众采取行动,比如尝试性购买,利用明星代言产生的爱屋及乌的晕轮效应诉诸感性固然是一种方法,然而更有效的是让受众从广告中了解他可能消费的某一产品能带给他的额外的实际利益。如果这个额外的利益是他所认可或需要的,又是别的产品所不具备的或不被认为、不被知晓是具备的,那么尝试产品新的功能便极为可能。

所以,广告必须增加理性因素,即必须增加产品的实际功能,这一实际功能与其他产品或品牌形成独特的差异,并在受众的功能需求及认知特点上找到结合点。这一结合点能有效降低消费者对产品的不确定性和风险感。例如,"采乐"洗发水所进行的理性诉求:

在十年的时间里,以营养、柔顺、去屑为代表的"宝洁三剑客"——潘婷、飘柔、海飞丝几乎垄断了中国洗发水市场的绝对份额。想在洗发水领域有所发展的企业无不被这三座大山压得喘不过气来,无不生存在它们的阴影里难以重见天日。而西安杨森生产的"采乐"去头屑特效药,上市之初便顺利切入市场,销售量节节上升,一枝独秀。

"采乐"面世时,国内去屑洗发水市场已相当成熟,从产品的诉求点看,似乎已无缝隙可钻。然而,它的成功则来自于产品创意,即以治病为突破口,把洗发水当药来卖。再让黎明做其代言人,利用黎明在香港歌坛"四大天王"中相对比较年轻,有一个较好的公众形象的优势,让他告诉受众:"采乐,专业去屑"。在利用黎明做宣传的同时,还采用别出心裁的营销渠道——"各大药店有售"。

去头屑特效药,在药品行业里找不到强大的竞争对手,在洗发水领域里更如入无人之境!采乐找到了一个极好的市场空白地带,并以独特的产品品质,成功地占领了市场。

"头屑是由头皮上的真菌过度繁殖引起,清除头屑应杀灭真菌;普通洗发水只能洗掉头发上的头屑,我们的方法,杀灭头发上的真菌,使用8次,针对根本。"这些独特的产品功能性诉求,以理性的力量抓住了目标消费者的心理需求,使消费者要从根本上解决头屑问题时,忘记了一般去屑洗发水,而想起了"采乐"。

第三节 广告受众态度的形成

一、理性广告的有效到达

理性诉求广告(rational advertising)是用摆事实、讲道理的方法把产品的优点或长处一一列出,然后提供给受众一个或多个不能拒绝的购买理由,让消费者用理智权衡利弊、作出判断,进而听从劝告并采取购买行为。

理性诉求广告最大的特点就是将消费产品的理由和给人带来的好处清楚地表述出来。其表现手段常常被用来阐述消费者可能还不清楚的事实,或者创建一种新的消费观念或消费模式。

(一)理性广告的现实运用

在现代广告中,产品科技含量不断增加,功能逐渐多样化、复杂化,受众的文化层次也普遍提高,于是理性诉求越来越普遍和重要。在理性诉求广告中,常用一种简明的形象或文案(多是二者配合)将富有哲理性的人生感悟展现给受众,让受众在理性思考中认识和接纳商品或企业形象。广告哲理表达的目的在于引起受众的积极心理情绪,使其更好地认知商品,因此,作为广告形象所表达的哲理内涵应和指称对象有一定的内在联系,以便受众在更深刻的理性层面认知和理解指称对象。哲理必须有一种"佛家常说家常话"的知解性,并与目标受众的民族文化趣味和水准相符合。作为广告哲理,应有一定的意味,并可用简洁单纯的画面形象加以直观表达和描述。准确选择指称对象和目标消费者对于说理性表达是最为重要的。理性广告,必须联结指称对象的功能特性或技术要求,以及消费者微妙的需求动机。如果说理性表达选择的指称对象和目标消费者不当,那么无论说理性表达多么有逻辑性和说服力也是苍白无力的。说理性表达符合逻辑性是基本的要求,逻辑性不仅包含思维逻辑性,更为重要的是还要符合生活逻辑;广告说理要符合人们特定的生活常识和习惯,使受众有亲切感,这样才能使受众通过广告很快地认知和接受广告商品。说理性表达一般以文案为主。对指称对象功能品质的描述重在写实,不宜渲染、夸饰。对产品或劳务的品质、质量和技术性能的介绍要实事求是、准确可信。理性广告的文案要有特殊的风格和文采,语言力求简明,论证要有力而精确。此外,理性广告也应注意情感因素,达到理中有情、情理交融的审美境界。

(二) 理性广告的有效到达

理性广告能否有效地到达消费者是至关重要的问题。在这之前,我们必须探讨消费者对广告信息的加工过程。Petty 和 Cacioppo 提出的精细加工可能性模型(the elaboration likelihood model)有助于说明不同的广告内容在消费者态度改变过程中的作用,便于我们说明理性广告如何才能有效地到达。这一理论模型把消费者态度改变归纳为两个基本路径:中枢说服路径和边缘说服路径。中枢说服路径把态度改变看成是消费者认真考虑和综合信息的结果,即消费者进行精细的信息加工,综合多方面的信息,分析、判断广告商品的性能与证据。边缘说服路径认为,态度的改变不在于考虑商品本身的性能及证据,不进行逻辑推理,而是根据广告中的一些线索,如专家推荐、广告诉求点的多少、信息源的可信度、广告媒体的威望、广告是否给人以美好的联想和体验等直接对广告作出反应。

Pallak 认为,广告的信息内容和策略与潜在消费者的路径选择有密切关系,处理认知性信息时,中枢路径被激活;处理情绪性信息时,激活的则是边缘路径。但是,路径的选择除了和广告内容有关以外,还和消费者自身的条件有关,因此,弄清楚不同的路径起作用的条件是至关重要的。

MacInnis 和 Jaworski 认为,消费者是否通过中枢路径对广告进行精细加工取决于其 MAO 水平。M 指动机(motivation),即消费者必须处于高卷入状态下;A 指能力(ability),即消费者必须具有必要的知识和信息加工技能;O 指机会(opportunity),即消费者接触广告时的条件是促进还是妨碍信息加工的程度,如分心的刺激或时间限制不利于信息加工,而适当的重复则有利于信息加工。只有同时满足了这三个条件,精细的信息加工才有可能实现。因此,当消费者具有较高的 MAO 水平时,中枢路径在品牌态度的形成过程中起主要作用。这时若接受的是具有强有力的诉求点的认知性信息,消费者就容易被说服;若接受的是缺少认知信息的情感广告,消费者就会认为广告只是在制造一种气氛,并没有实质性内容。反之,当消费者的 MAO 水平较低时,边缘路径起主要作用。这时理性广告会因为消费者缺乏相应的信息处理的动机或能力而显得枯燥,而情感广告则容易引起消费者的共鸣。

消费者行为学也认为,信息收集和加工是消费者购买决策过程中的重要阶段,而消费者的卷入程度则是影响消费者信息收集的重要因素之一。消费者的卷入指产品对消费者具有的重要性和相关性,它包括两个方面:其一是产品类型卷入,即对产品的知觉风险。

知觉风险高的产品容易使消费者达到较高的卷入程度。其二是产品和消费者的相关性，具有购买打算的消费者往往在加工信息时采取品牌策略，即主动地对广告中的品牌信息进行加工，目的是对广告品牌形成一个总体评价或获得广告品牌的信息；而没有购买打算的消费者则采取非品牌策略，在接触广告时有其他目标，如仅仅欣赏广告中的内容，并不激活记忆中的适当的品牌或产品知识来对广告信息进行精细加工。因此，必须同时满足这两个条件才能使消费者达到较高的卷入程度。

结合我国目前的实际情况，我们的消费者还不算特别富裕，同时，假冒伪劣商品还屡禁不止，消费者在购买商品，特别是贵重物品时，仍存在较大的购买风险，产品质量、性能、价格、售后服务等仍然是消费者十分关注的问题。因此，广告要适当地传达这些信息内容。根据 Petty 和 Cacioppo 的精细加工可能性模型，消费者的动机和能力水平是影响消费者处理广告信息时路径选择的重要因素，于是我们运用理性广告能较好地传递产品信息，在消费者心中树立良好的信任形象。因为理性广告在到达目标受众的时候似乎比情感广告更容易为消费者所接受，效果也更好。

二、理性广告的认可契机

（一）成功的广告需要良好的契机

广告除了要切中需求、进行告知外，一定不能忽视对时机的把握。选对时间或抢尽先机，对一个好广告而言，简直是如虎添翼。只是对营销负责人或广告从业人员来说，一个市场稳定、销售通路健全的产品，广告的安排已成例行公事，难有太大的改变。而对于一个成长期的新产品，在前景未明、市场变数很多的情况下，拿捏广告时机，就变得尤为重要。

如何掌握最佳时机推出广告，是颇值得深思的问题。因为这是一个关键点，往前，所有的前置作业，都据此推动；往后，所有的广告活动，都由此开始安排。这个时机的确定及掌握，对广告活动的成败影响巨大。但是在我国，对于广告时机的把握，普遍得不到企业的重视。从现行的大部分企业的广告运作来看，均不知如何根据不同的市场时期，对广告的制作和发布采取不同的应对策略。我们很难分得出其广告的引导期、调整期、深入期与维持期。通常的做法是：将电视广告、广播广告、报纸广告、杂志广告、POP 和促销等放在一个盘子里搅拌，然后一股脑撒向市场，强行向消费者灌输信息，认为这样就会产生效应。殊不知，不同的媒体具有不同的作用，虽然不分青红皂白的广告轰炸多少也能带动销售，但这其中，必定有很多的资源浪费，最为直接的就是企业广告费的无谓流失，说不定在无形之中还丧失了很多良机。

一个好的时机是广告成功的契机，抓住一个契机往往会事半功倍。比如，耐克公司在刘翔以 12 秒 88 破纪录 14 个小时后，首先在新浪网推出 15 秒广告，紧接着立体广告全面铺开，《北京晨报》、《东方体育日报》头版刊登了耐克 12 秒 88 的广告；北京、上海的大型户外广告也换上 12 秒 88 的内容；CCTV-5、北京、上海等地的体育频道也开始播放耐克 12

秒 88 的影视广告。

看来,任何成功的广告,无论是理性广告还是感性广告,都需要一个好的契机,才能发挥出巨大的效应。

(二)理性广告的认可契机

理性广告与感性广告的本质性区别决定了理性诉求广告需要更好的契机,在发布的时间、版面和媒体选择上有更高的要求。把握理性广告的契机,离不开对广告受众心理的理解和把握。尤其在营销以消费者为中心、传播以受众为导向的今天,企业如果对广告受众的认知心理一无所知,无异于像"黑夜里送秋波"一样;甚而,企业如果对影响广告受众认知心理的传统文化因素一无所知,恐怕连"送秋波"的机会都没有。

比如,2010 年对于中国人来说,上海世博会乃是最为关切的大事,任何品牌如能自然、合理、合法地利用这一契机进行广告传播,效果无疑会成倍放大。像交通银行,在其百年发展史上,已与世博会结下了不解之缘。1906 年,曾任交通银行负责人的"状元银行家"张謇,组织我国各省企业参加了在意大利举办的万国博览会。1914 年,他再次组织我国商界人士,参加了在日本东京举办的大正博览会。这无疑是交通银行与世界博览事业同步发展的最好证明,也为交行与世博会的再次牵手与合作埋下了浓情伏笔。当世博会在我国上海举办时,交通银行理所当然地成为其全球合作伙伴。交通银行充分利用其强大的资源优势和广泛的服务网点,推行"有交行的地方,就有世博元素"的宣传策略,推广世博元素,传播世博理念。交通银行成功发行了"金"彩世博卡、上海世博会主题信用卡、太平洋世博场馆主题卡等一系列银行卡,为世博会的推广和宣传提供了优质的载体。交通银行还为世博会基础建设提供了充足、形式多样的金融支持与保障。同时,交通银行还成为上海世博会门票销售指定代理企业,以多种方式代销上海世博会门票 500 多万张。在此背景下,交通银行在中央电视台、星空卫视等强势媒体上播出了其《通宝篇》形象广告:在古色古香的背景下,一枚硕大的、象征百年交通银行的"宋元通宝"铜钱,在丝绸之路、在市井闹市、在通衢大道上缓缓滚过,滚入上海、弛进世博;而画外音则为"百年交行,辉煌世博;沿着丝路精神,为上海世博提供解决方案;2010 年上海世博会,全球合作伙伴——交通银行!"显然,交通银行正是利用世博会这样的契机,推出这则广告,提升了人们对于交通银行的品牌认可度。

三、广告受众顺意态度的形成

(一)消费者态度的结构模型

态度作为个体对特定对象的一种心理反应是有一定结构的,如图 11-2 所示。在此图中,作为中间变量的情感、认知和行为倾向性是态度结构的基本因素。

信息时代广告可谓无处不在。现如今中国的消费者对广告的态度已经从心理抵触转为接受、欣赏,广告的影响也是潜移默化的,即使是最不愿留意广告的人,当他进入商场购物时,都会自觉不自觉地选择做过广告宣传的产品。

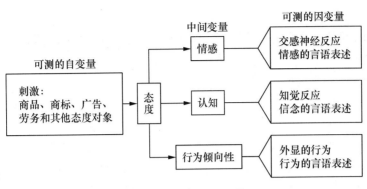

图 11-2 态度的结构①

从心理角度看,态度是主体对外界事物一贯的、稳定的心理准备状态或一定的行为倾向。消费者的态度结构由三部分组成:(1)认知成分;(2)情感成分;(3)行为倾向成分。认知成分是主体对态度对象的认识和评价,是人对于态度对象的思想、信念及其知识的总和;情感成分是主体对态度对象的情绪或情感体验;行为倾向成分是主体对态度对象向外显示的准备状态和持续状态。这三种成分各有特点,认知成分是态度的基础,其他两种成分是在对态度对象的了解、判断的基础上发展起来的,即情感成分对态度起着调节和支持的作用,行为倾向成分则制约着行为的方向。

(二)影响消费者态度形成的因素

1. 需要欲望的满足与否是形成消费者态度的重要因素

态度是人们对事物肯定或否定的反应倾向,这种倾向的形成常常受消费者个人需求愿望的影响。对凡能满足自己需要的事物或能帮助自己达到目标的事物,都会使其产生好感;而对阻碍达到目标或引起挫折的对象,则会使其产生厌恶、不满的态度。需要是引起消费者购买商品的最根本的原因,因而能否满足消费者对商品的期望和要求,则是消费者评价商品的一个首要条件。

消费者在购买商品时,总是按照自己的需要去选择商品。当看到某一商品和自己想象中的要求基本相同时,消费者就会对该商品产生好感并乐于购买;当商品与其期望不相符时,则根本不会注意这些商品,即使注意到了,也会因其不能满足自己的需要或不合心意而不愿购买。由此,企业的产品要获得消费者的好感,首要一条是要考虑如何能满足消费者的需要。

美国推销专家戈德曼在其所著的《推销技巧》中指出:"所谓推销,就是要使顾客深信,他购买你的产品是会得到某种好处的"。"买卖一种产品,目的在于满足人们的某种需要,买卖本身只不过是达到这一目的的一种方式。推销员不应该单纯向顾客推销产品,而应借助所推销的产品,想方设法唤起并刺激顾客,使他们为满足其现在或将来的需要产生

---

① 参见马谋超、陆越祥:《广告与消费心理学》,人民教育出版社2002年版,第201页。

购买欲望,商品推销本身则处于次要地位"。

那么广告的诉求也是如此,理性广告可以激发消费者心灵深处的欲望,从而产生购买行为;理性诉求可以使消费者产生积极的购买态度。

2. 信息对消费者态度的影响

现如今的消费者面临的是一个丰富多彩、变化万千的商品世界。新产品的不断出现、旧产品的更新换代,使消费者再不能像过去那样仅凭自己以往的知识、经验来选择商品了。大量的新产品涌入人们的生活,如何了解这些产品的性能、质量及使用状况,是现代消费者常常面临的一个问题;此外,商品经济的发达导致市场竞争的加剧,同类商品占据市场的不再是屈指可数的几种老牌号,而是演变出几十种、上百种新牌号,如何识别、评判其良莠、购买到称心如意的商品,也成为消费者在选择商品过程中经常遇到的一个难题;还有,如何才能及时获得对消费者实际生活及购买商品有重要价值和意义的商品信息?如市场上现在是否有某种商品出售?在哪儿可以买到?哪家商场出售的商品质量较好、售后服务最有保障?凡此种种,使得越来越多的消费者开始借助外界的各种信息,加强对所要购买商品的了解,以减少购买风险和购后的心理失衡。由此,信息已经成为现代消费者了解和认识商品、参与购买决策的重要手段。而广告信息无疑成为最重要的信息源之一,它一步一步地改变着消费者的态度、观念,对消费者的购买行为发挥着神奇的作用。

文本卡片 11-2

牙买加——夏威夷

把广告内容与一个很出名的事物挂上钩,就容易引起受众的注意。

位于加勒比海的牙买加为了把其旅游资源优势变为经济优势,决心大力开发和宣传旅游资源。经过仔细分析,发现其旅游资源与世界最著名的旅游胜地夏威夷不仅差不多,而且还有自己的独特优势:有夏威夷那样高达 7 402 英尺的高山,有夏威夷那样长达 62.5 英里的海岸线,有夏威夷那样的自然美景,有夏威夷那样最宜游泳的海滩,有夏威夷那样全年都宜人的气候,甚至有夏威夷那样四季盛开的各种鲜花……而且它还有夏威夷所不具有的优势:有大西洋的墨西哥湾暖流造成的渔场,可以品尝到在夏威夷品尝不到的某些鲜鱼。对欧洲旅游者来说,牙买加比夏威夷近得多,如乘飞机,要近三分之一;如坐船,比经巴拿马运河到夏威夷近一半多,可以节省一大笔旅游费用。

经过分析后,他们推出了一个以"欢迎到加勒比海的夏威夷——牙买加来旅游"为主题的广告系列,结果大获成功。

资料来源:〔美〕艾·里斯等著,《广告攻心战——品牌定位》,中国友谊出版社1995年版,第30页。

3. 商品形象影响人们对商品的态度

商品形象在这里主要指两方面的含义:一方面,是指一种商品的外在特征留给消费者的印象,如商品的外观、造型、色彩、款式等方面的特点。同质、同价的商品由于外在特征的差异,消费者会对外在特征满意的那一个产生好感并愿意购买。另一方面,更多的是指一种商品在消费者心目中享有的声誉,即经过长期使用,得到多数消费者一致公认的商品。像一些名牌产品就属于这种情况。当消费者在选择那些对商品功能性要求不强、属于装饰性或起美化作用的商品时,其外在特征留给消费者的印象对消费者评价这一商品具有重要影响;而对于选择那些装饰性要求不强而功能性要求较强的商品来说,商品的内在形象对于消费者评价这一商品和形成对该种商品的态度就起着至关重要的作用。

实际上消费者接触和使用过的商品是很有限的,如何评价那些消费者不熟悉、从未使用或购买过的商品,并指导他们对这些商品进行选择呢?很多情况下,它取决于一种商品在社会上所享有的声誉。正因为如此,名牌产品总是更容易赢得消费者的好感。因而一种商品在消费者心目中的形象对于形成人们对这一商品的态度具有重要意义。

鉴于上述原因,一种新产品要想在最初投放市场时赢得消费者的好感就要特别注意商品形象(既包括内在形象,也包括外在形象)的塑造,即争取做到一炮打响。因为从人们的一般心理来讲,对于第一次接触的新鲜事物会特别认真、细致地观察、评判,而且初次的印象和感受会使人长久不忘,且不易改变。所以,一个新产品由于考虑不周而匆匆投入市场,或者产品本身还存在着许多缺陷和不足,或者某个广告不切实际地过分夸大了产品的性能和质量,这个企业或这个牌子的产品会很容易因此而遭受失败的命运,即使企业今后在各方面都有所改进,往往也很难改变消费者已经对这一产品形成的不良印象。可见,我们在进行广告诉求的时候也应该把握形象要素的影响,在理性广告表达中要切合商品的实际,塑造出令人信任的产品形象。

此外,还有诸如消费者个人的知识与经验、消费者之间态度的相互影响、消费者所属群体、个性差异、企业形象等也影响消费者对商品的评价和看法。我们在进行广告诉求的时候,一定要把握这些因素的影响,使广告能起到积极的引导作用。

(三) 广告顺意态度的形成

市场经济是竞争的经济,随着市场由卖方市场向买方市场的转化,竞争进一步加剧,广告在市场竞争中的作用越来越大,因此,许多企业不惜巨资大打广告战,但是,实践证明,有的广告达到了预期的目标,有的效果却不甚理想,消费者并不是任由广告主摆布、消极地接受广告刺激的客体,而是根据自己的需要和兴趣对广告主动地进行选择和加工的主体,因此,必须研究消费者对广告的接受心理,在此基础上进行广告创意,才能使消费者沿着广告的指向形成一种意向,这种意向就是广告顺意态度。

不同的消费者对广告有不同的诉求和期待,但是对广告传播的信息进行加工并形成自己的态度时,他们有一点是共同的,就是只接受自己认同的功能性信息,只与自己期待的情感表达产生共鸣,所以广告要通过不同的认知路径与消费者沟通。认知路径是联结产品和消费者的通道,所以疏通和链接这种认知路径,对于广告传播来说是极为重要的。理性的说服路径是把功能层面的价值的可能性选择系统化的层级结构,它为消费者理性的认知提供了信息平台。每种产品都包含多种多样的功能价值点,这些可能性功能价值点系统化组合成一个层级结构,便提供了消费者理性认知路径的平台。广告总是针对特定的消费群进行功能价值点的诉求,播出产品在某些承诺。这些承诺就链接成一个广告说服路径。

消费者理性诉求和要求理性广告播出它所认可的功能价值点概念。消费者认知的心理活动所依据的概念库是平面的、树状的,广告可以通过功能价值点的细化来完成产品在消费者头脑中的定位,也可以通过功能价值点的重新概括与综合来完成产品在消费者头脑中的定位提升。这种对消费者的脑库的占领,比起单纯吸引消费者的眼光更有说服力、效果更持久。感性的说服路径是把审美层面的意义的可能性选择系统化的层级结构,它为消费者感性的认知提供了审美对象(可选择的审美对象体系)。广告要契合消费者的审美诉求,用受众可以理解的艺术语言,塑造出受众欣赏和向往的美,唤起受众愉悦的感受和共鸣。这种对消费者的情感的尊重和关怀,可以使消费者感到情感上的某种释放,这种广告才有吸引力、才能形成一种亲和力。一种产品的亲和力以及消费者对产品的信任度对其行为倾向的作用远远比对产品的认知要大得多。当今世界上绝大多数国家都要求香烟厂家必须在产品包装上标明诸如"吸烟有害健康"之类的语句,这句话虽然妇孺皆知,但广大烟民早已熟视无睹。而前些年美国的一则戒烟广告却避开了这句老生常谈,用一根烟变软、下垂来暗喻吸烟会导致阳痿,广告播出后在众多男性烟民中引起了恐慌,收到了极好的宣传效果。

消费者顺意态度的形成除了与广告有密切的联系外,与自身的联系也是非常紧密的,消费者对广告态度的形成取决于其 MAO 水平。总之,外部和内部两个因素决定了广告顺意态度的形成。

第四节 广告受众态度的改变

一、态度的定义

态度的概念在社会心理学和受众行为研究中占据中心地位,受众行为理论强调态度在解释受众行为中的重要性,而应用研究强调利用态度预测行为、评价广告。

态度是指对特定刺激的一般心理倾向,即以可预测的方式进行活动的倾向。态度有积极、消极之分,可以是喜欢或不喜欢某客体或思想等。哈格斯将态度定义为"个体对客体特性的喜爱或不喜爱的倾向性"。

行为科学家对态度的成分尚未达成共识,一些观点认为,态度是一种心理倾向,它包括认知、情感和意向三个因素。认知因素指了解和信任,如我认为可口可乐最好喝;情感因素指喜欢或不喜欢,如我喜欢可口可乐;行为意向因素指行为倾向的准备状态,如我总是买可口可乐。任何一种心理倾向,只要它包括了这三个因素,我们就把它叫态度。

态度有助于消费者寻找满足其需要的产品或服务,这种适应性功能与消费者动机相联结,几种产品或服务可能同时满足消费者同样的需要,所以,对产品的偏爱态度有助于消费者以最经济的方式,利用时间、精力、金钱和记忆资源去实现其所期望的目标。

不仅态度会影响行为,而且行为也会影响态度的形成。市场营销人员发现,消费者经常利用广告信息及其包含的信息,去调整或强化以前的购买行为,支持消费者决策的信息可影响其未来的购买行为。所以,我们在这一节着重谈如何改变广告受众的态度,以及如何让受众改变对产品或服务的态度,重新形成偏爱态度,做到认知协调。

文本卡片 11-3

认知反应模式

认知反应模式最早是由认知心理学家格林·瓦尔德于 1968 年提出的。后来,经怀特和佩蒂、卡西奥波加以发展完善。该模式的提倡者认为,在广告的接触过程中,受众积极主动地卷入信息加工过程中,他们根据已有的知识和态度对广告信息加以分析评价。认知反应就是发生于传播活动过程之中或之后的积极思考的过程或活动。一般来说,认知反应会影响最终态度的改变,甚至成为态度改变的基础,认知反应模式的基本思想概括起来,即广告接触导致认知反应,认知反应影响态度改变。其线性示意为:广告接触→认知反应→态度改变。

资料来源:黄合水,《广告心理学》,厦门大学出版社 2003 年版,第 200 页。

二、态度的改变策略

(一)广告频次的加强

广告信息必须通过媒介这一载体传达给广告受众,再好的产品或服务、再好的广告创意,如果采用的媒介策略没法让受众记住或无法改变受众对广告产品或服务的态度,那么广告目标也无法达到和实现。

媒体策略的基本考虑有三方面的内容:广告对象、广告次数和广告时间。这三者转化到媒体指标上,即是到达率(reach)、暴露频次(frequency)以及持续性(continuity)的确定。在固定媒体预算条件下,这三个变数如有一个增加即会迫使其他两个减少。有些学者提出,暴露频次最能左右广告效果,所以,媒体计划应以此变数为中心去考虑。

暴露频次是指在一段时间内,某一广告暴露于目标消费者的平均次数。受众接触广告次数的多少,与他们对广告产品产生的反应有着直接的关系。广告次数过少,未能超过受众的感觉阈限,广告就没有效果;广告次数过多,不仅浪费,而且还会引起消费者的厌烦情绪。

下面假设某受众在不同广告频次下的反应:

第一次广告出现——她没注意;

第二次广告出现——"又一个新牌子";

第三次广告出现——"它到底有什么好?";

第四次广告出现——"让我再仔细看看";

第五次广告出现——"有道理";

第六次广告出现——"我有点心动了";

第七次广告出现——"我真应该有一个";

第八次广告出现——"明天得去买个试试"。

消费者对频次的反应,当然不会完全机械地按照上述的情况发展。但它基本上反映了消费者从接触广告到最终产生购买行动通常所经历的层级反应过程,即所谓从知名、理解,到喜欢、偏好,最后产生购买。由此可见,购买的促成有赖于广告频次的累积,即必须累积到一定的频次才能促使效果产生。

那么,对一个品牌来说,广告量究竟是多少才算适当?这就引出了一个"有效暴露频次"(effective frequency,EF)的问题。

在理论上,有关有效暴露频次的问题争论已久,至今尚无定论。主要原因是影响它的变数实在太多。传统的认定是以 3 次为有效频次底线。这源于 Krugman 博士在 1972 年提出的"三打理论"。他认为,人们普遍相信的"广告需要不断强化才能防止受众忘却"的观点是片面的,广告不断暴露,并不如广告发布最初的 2—3 次有效。他的核心观点是:消费者第一次看广告时知道是什么产品,第二次看广告时则了解产品的特征,第三次接触广告时就可以明确了解产品是否符合自己的需求,以后再看多少次,其效果都是一样的。这 3 次,就是 Krugman 博士认为的"饱和点"。

美国广告专家赫尔·克鲁曼经过调查和分析认为,消费者最善忘,他们多数是在漫不经心的情况下接触广告的。所以当他们接触广告 3 次时,才会在脑海中对该广告信息产生记忆。消费者接触第一次广告时,只接收了大概的广告信息;第二次接触时,对广告信息与自己有无关系进行判断;第三次才真正地对广告信息有加深的记忆,也就是在广告推广中我们常说的记忆度。

对于平面媒介的广告发布,广告的发布次数(相同的内容和表现方式)应该不低于 3 次。而对于电子媒介来说,投放时段内广告的发布次数也应该不少于 3 次。

如此,广告发布的次数到底是多少才是合理的?据分析,从投入与效果比以及消费者接受的程度来说,6 次是广告的最佳出现频次。出现频次如果太少或太多,效果都会大打折扣。如果广告发布频次少于 6 次,消费者含糊不清,不能产生大的影响;如果广告出现 8 次以上,消费者由于信息重复过多,就会开始麻木,渐渐对其产生厌倦和烦躁情绪,甚至出现抗拒心理。所以,广告频次的加强也是有限度的,并不是越多越好。从经济效果看,不一定划算;从消费者的情绪反应来看,不能妥善处理重复过多的问题,也不一定能收到预期效果,恒源祥的"十二生肖"广告即是典型的代表。

2003 年年底开始火暴的雅客 V9,通过在央视的集中投放,产生了一个非常好的传播效果。雅客过去十年来陆陆续续地投过不少广告,在省级卫视上也有一些投入,但由于到处撒网,效果都不非常明显,几乎没有什么知名度,最后采用集中原则,集中在央视并且在节假日进行脉冲式的轰炸,比之前的细水长流和平均分配效果好得多,并即将问鼎中国糖果业老大的位置。可见,频次的加强有助于受众对产品的认知、记忆,从而产生一定的情感、态度,最终决定受众的购买行动。

(二) 广告创意的调整

大多数消费者都是通过广告来了解产品或服务,然后采取购买行动的。广告所呈现的内容极大地影响着受众对产品的第一印象,所以,采用什么样的方式传达广告主想要传达的信息是至关重要的。

广告创意是在广告创意策略指导下,围绕最重要的产品销售信息,凭借直觉和技能,利用所获取的各种创造元素进行筛选、提炼、组合、转化并加以原创性表现的过程。它是广告活动中的一个重要环节,对于"打动大众,促进大众去购买"起着重要作用。

广告策划中的"创意"要根据市场营销组合策略、产品情况、目标消费者、市场情况来确立。针对市场难题、竞争对手,根据整体广告策略,找寻一个说服目标消费者的"理由",并把这个"理由"用视觉化的语言,通过视、听表现来影响消费者的情感与行为,达到信息传播的目的,消费者从广告中认知产品给他们带来的利益,从而促成购买行为。这个"理由"即为广告创意,它是以企业市场营销策略、广告策略、市场竞争、产品定位、目标消费者的利益为依据,不是艺术家凭空臆造的表现形式所能达到的"创意"。

广告创意贵在创新,只有新的创意、新的格调、新的表现手法才能吸引公众的注意,才能有不同凡响的心理说服力,才能加深广告影响的深度和力度,才能给企业带来无限的经济价值。

在创意过程中,要从研究产品入手,研究目标市场、目标消费者、竞争对手、市场难题,有的放矢地进行有效诉求。创意人员在思维上要突破习惯印象和恒常心理定势,从点的思维转向发散性思维、多渐性思维;善于由表及里、由此及彼地展开思维;学会用水平思维、垂直思维、正向思维与逆反思维,以使思路更开阔、更敏捷;在发散思维的同时,把握住形象思维与逻辑思维的辩证规律,充分发挥创意人员的想象力,使广告更加富有个性和独创性。

广告创意必须符合广告产品的整体营销目标,为此,广告创意人员必须充分掌握产品、市场竞争对手以及目标消费者的消费心理等各类信息,以期从中发现或开发出能够有效地达成营销目标的创意主题。

创意策略可细分为以下五种策略:

(1) 目标策略。一个广告只能针对一个品牌、一定范围内的消费者群,才能做到目标明确、针对性强。目标过多、过奢侈的广告往往会失败。

(2) 传达策略。广告的文字、图形应避免含糊、过分抽象,否则不利于信息的传达。要讲究广告创意的有效传达。

（3）诉求策略。在有限的版面空间、时间中传播无限多的信息是不可能的，广告创意要诉求的是该商品的主要特征，即把主要特征通过简洁、明确、感人的视觉形象表现出来，使其强化，以达到有效传达的目的。

（4）个性策略。赋予企业品牌个性，使品牌与众不同，以求在消费者的头脑中留下深刻的印象。

（5）品牌策略。把商品品牌的认知列入重要的位置，并强化商品的名称、牌号。对于瞬间即逝的视听媒体广告，要通过多样的方式强化，适时出现、适当重复，以强化公众对其品牌的深刻印象。

优秀创意在提高消费者对品牌与产品的接触、记忆、认知、认同与购买方面的作用是巨大的。比如一个没有创意的广告，在当今信息过度的媒体上被读者看见的几率可能是5%，而一个优秀创意的广告被读者看见的几率可能是90%，同样的广告费，后者的广告实际到达率是前者的18倍。再如一个创意糟糕的广告，不仅没有使原来对品牌持否定态度的消费者改变态度，反而会使对品牌有认同倾向的消费者放弃认同，从而放弃对该品牌的购买，广告主是"赔了夫人又折兵"；而优秀的广告创意可以大大提高消费者对品牌与产品的认同度、偏好度和忠诚度，从而提高品牌购买率，既提升了品牌形象，又提升了产品的销售。

20世纪70年代初，日本本田公司在美国市场推销本田摩托车，广告策略仍然沿用其在日本本土的广告策略，即一味诉求本田摩托车的品质、功能等如何优异。但两年过后，本田摩托车在美国市场上却无人问津。基于此，本田公司更换了广告代理公司，新任广告代理公司在接受本田公司的广告代理委托之后，首先运用水平型思维方式，努力寻找出本田摩托车在美国市场销售不佳的原因。经过调查分析，广告公司的创意人员发现消费者对本田摩托车本身并没有什么不满，而是因为他们长期受警匪片中的反面人物均是骑摩托车的场面影响，形成了一种凡是骑摩托车的人都是坏人的印象，这直接阻碍了他们对摩托车的购买欲望。问题找到了，在广告创意上自然就容易对症下药。这样，创意思维就有了明确的目标，其广告创意的主题就由过去对产品品质的诉求转变为对摩托车使用者身份的宣传，即骑摩托车的都是好人。广告表现也很简单，以在美国深受人们尊重的律师、教授、医生等有着正当职业和身份的人做本田摩托车的广告模特，从而在心理上逐步消除人们"恨屋及乌"的消费心理，一举扭转了本田摩托车在美国市场不景气的销售状况。

（三）整合传播的应用

如前所述，整合营销传播理论是由美国西北大学教授舒尔兹等人提出的，被认为是市场营销理论在20世纪90年代的重大发展。整合营销传播是一个营销传播计划的概念，其基本含义是"要求充分认识用来制订综合传播计划时所使用的各种带来附加价值的传播手段，如普通广告、直效广告、销售促进和公共关系，并将之结合，提供具有良好清晰度、连贯性的信息，使传播影响力最大化"。

消费者对一个公司及其各个品牌的了解，来自他们接触到的各类信息的综合（包括媒体广告、价格、包装、售点布置、促销活动、售后服务等)。整合营销传播的目的在于使公司所有的营销活动在市场上针对不同的消费者进行"一对一"传播,以形成一个总体的、综合的印象和情感认同。这种消费者建立相对稳定、统一的印象的过程,就是塑造品牌,即建立品牌影响力和提高品牌忠诚度的过程,也就是让受众态度转变、稳定的过程。

简单地说,"整合传播"是研究如何向别人有效并高效地传递信息,以致最终改变人的认识和行为的理论。为了达到"有效",就必须了解对方想了解什么信息、什么样的信息最容易使其接受,并最终影响到其行为的产生。为了达到"高效",就必须把多种传播方式、手段整合起来,达到传播的最佳效果。具体来说,"整合传播"就是解决"对谁传播"、"传播什么"、"怎么传播"、"在何时、何处传播"以及"如何使传播更为有效"等一系列问题的。

整合传播的核心思想是什么?不在"整合",也不在"传播",而在"沟通",即通过深度沟通,达到与消费者共同利益的最高点,并最终成为消费者的朋友。

本章提要

本章通过分析广告受众的认知基础和理性广告诉求方式对受众的影响因素,进而利用态度的结构模型阐述了广告受众态度的形成过程及最终顺意态度的确定。广告受众的知识结构,即消费者从事各类消费活动时所拥有的各类消费知识的有机构成。一般来说,它由产品专业知识和个人经验知识两部分组成。

消费者的知识结构主要包含如下内容:生活必需品消费知识、满足安全需要类产品消费知识、社交用品消费知识、享受类产品消费知识、发展类产品消费知识。消费者的知识结构具有以下特点:发展性、稳定性、社会性。

知识的掌握又会促成能力的提高,而能力的大小又会导致消费者在消费过程中表现出不同的态度、呈现出个性差异。消费者的能力结构则包含一般能力与特殊能力。消费者消费过程中的能力,无论在能力的水平还是结构上都存在明显的差异。消费者在消费过程中的能力主要表现为:观察力、识别力、评价力、鉴赏力等。

在广告活动中,广告受众对广告刺激也表现出一定的倾向性,有的人倾向于接受理性刺激,有的则相反。而且知识越丰富的人越倾向于理性刺激,知识越贫乏的人越倾向于感性刺激。常见的理性刺激主要从信息源、信息和受众三方面考虑。在广告宣传中,我们应了解消费者所需,采取适当的表达方式和策略,使消费者形成这种商品确实很好、很重要的认知态度。只有这样,消费者在广告信息的同化和调节上才可能作出有利于商品销售的举措。

在广告的理性诉求中,需对理性受众与理性产品、理性定位与理性诉求、理性创意与理性表现的辩证关系进行辨析与把握。

而在促成广告受众态度形成方面,则需从理性广告的有效到达、理性广告的认可契机、广告受众顺意态度的形成等方面进行认识与把握。

由于原有的消费经验以及既有的广告影响,广告受众往往形成较为稳定的产品态度,而广告的使命就是对他们的态度进行影响与改变。其态度改变的策略主要为:广告频次的加强、广告创意的调整、整合传播的应用等。

案例分析

理性"乐百氏"广告 vs 感性"娃哈哈"广告

20世纪90年代中期以来,全国瓶装水市场竞争激烈,在广告战烽烟四起的氛围中,"娃哈哈"矿泉水与"乐百氏"纯净水先后脱颖而出,成为全国性的著名饮品品牌。一般认为,瓶装水属广告导向类的商品,其广告策略的选择是夺取市场最关键的一步。"娃哈哈"与"乐百氏"这两个良性竞争对手,在广告策略的选择上,各有韵致、各领风骚,给人诸多启迪。

娃哈哈广告主打年轻人这一目标市场。年轻人是瓶装水的大量饮用者,锁定这一目标,就意味着锁定了大片市场。1996年,其广告《我的眼里只有你篇》以歌星景岗山为广告代言人,运用 VALS 创意模式,根据年轻人的价值和生活形态,进行感性诉求,表现颇有力度。广告歌《我的眼里只有你》,引得众多歌迷争相学唱,而且众歌迷爱屋及乌,跟着帮衬娃哈哈矿泉水。

娃哈哈在又多又杂的水品牌中,以清晰的策略、煽情的表现、出众的制作,脱颖而出且后来居上,确实不易。而乐百氏又在娃哈哈有先行之利的情况下,于1997年7月推出乐百氏纯净水,且在当年即获得2亿元左右的销售额,其难度就更可想而知了。乐百氏纯净水的制胜之道,最关键的一步,在于其竞争性的广告策略选择得当。

瓶装水市场是个高度同质化的市场,广告还能说什么呢? 这时,广告大师奥格威的形象策略,即与其说产品怎么样,还不如形容产品是什么,便成了金科玉律。于是,水广告一片"至清至纯",或吆喝,或温馨,或抒情,万变不离其宗。不仅商品同质,连广告也同质了。

乐百氏公司可谓慧眼独具,在了解水市场的同质化之外,还洞察到另一个触目惊心的现象,即劣质产品充斥市场。有些不法之徒,竟然将乡间池塘里的水不作任何处理就装瓶上市。众多丑恶现象经媒介频频曝光之后,消费者对瓶装水的质量疑虑重重。这个时候,对消费者来说,水的品质是最为重要的。随着消费者的成熟,他们不仅对水的品质要求越来越高,而且舍得为品质高的水多花一点钱。乐百氏敏锐地抓住这一点,在广告里大张旗鼓地"说品质"。

乐百氏不惜重金,选择一家著名的国际性广告公司为其制作广告。广告以"27层的净化"作为品质诉求,出色的广告表现使"品质保证"看得见、记得住,实现了"心目中的品质"的理想传播,从而在消费者心中造成了强烈的品牌差异,占据了制高点。

乐百氏的广告策略是理性的,表现也是理性的。在蓝幽幽的背景上,一滴晶莹的水珠被一层层地净化。每到一层,都有紫光一闪,给人"又被净化一次"的联想。经过27层的净化,乐百氏纯净水才"千呼万唤始出来"。尽管表现硬邦邦的,一点也不温情,一点也不幽默,但是调查却显示,这则广告大获消费者的好评。的确,这则广告体现出营销传播的"硬道理"——说消费者最关心的问题,广告表现紧扣广告策略,对"品质"进行了与众不同的演绎。结果,造成了鲜明的传播差异。更为重要的是,乐百氏不仅在短短数月之内便割得2亿元的市场份额,而且它的价格也略高于竞争对手。

请分析:
1. 为什么"娃哈哈"与"乐百氏"的感性与理性广告均获得了成功?
2. "乐百氏"的理性广告针对的是消费者怎样的心理?
3. 如果你是"娃哈哈"的消费者,你会怎样评价"乐百氏"的理性广告?

情景模拟

全国著名风景区安徽黄山,以云海、奇松、怪石、温泉"四绝"闻名天下。明代旅行家徐霞客曾对黄山盛赞有加,他的话被演绎为"五岳归来不看山,黄山归来不看岳"。如果说黄山风光是以自然风光为主,那么它的周边由于是历史上著名的"徽商故里",则以人文景观居多,如"屯溪老街"、"棠越牌坊群"、"歙县许国牌坊"、"齐云山摩崖石刻"等,其中最著名的则是黟县古民居"西递"、"宏村"。这两个村庄由于大量的明清时代的徽派建筑得到保护,而被联合国授予世界文化遗产保护单位。

请就如上旅游资源信息,形成旅游情景性的产品,并为其旅游广告进行理性的诉求设计与传播设计。

小组讨论

1. 请以苹果iPod播放器为例,分析其目标受众的知识构成及特点,阐述其可能对购买产生哪些影响。
2. 结合案例说明理性广告创意与表现征服广告受众的优势。
3. 试分析消费者的态度结构模型及其含义。
4. 论述影响消费者态度形成的主要因素及广告顺义态度的形成过程。
5. 论述整合营销传播对消费者态度形成与改变的意义。

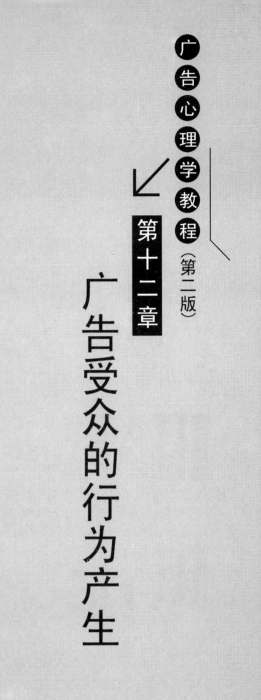

广告心理学教程（第二版）

第十二章 广告受众的行为产生

知识要求

通过本章学习,掌握:
☞ 广告受众对于广告的言语行为
☞ 广告受众由广告引发的消费行为
☞ 广告受众广告接受的从众效应与逆反效应
☞ 广告心理向消费心理转化的发生因素

技能要求

通过本章学习,能够:
☞ 分析消费者广告接受引发的行为
☞ 分析广告受众接受广告产生的效应
☞ 把握消费者消费心理中的品牌认可定势
☞ 分析消费者消费中的冲动行为
☞ 分析消费者进行消费瞬间的决策心理

第一节 广告受众行为的分类

一、言语行为

(一)言语与语言

所谓言语,即俗话所说的口头语言。其区别于"语言"的概念。从历史上说,言语的事实总是在前。如果人们不是在言语中碰到观念和词语形象的联结,他们怎么会进行这种联结呢?而且,我们总是听见别人说话才学会说话的;它要经过无数次的实践,才能储存到我们的脑子里。因而,促使语言演变的是言语,听别人说话所获得的印象改变着人们的语言习惯。由此可见,语言与言语是相互依存的;语言既是工具,也是言语的产物。

(二)言语与言语行为

自古以来,人们总是将言行区别对待的,"言"和"行"似乎成了相对立的两个方面,如"言论的巨人,行动的矮子"、"行动胜过言辞"等。但是,言和行也有其一致的一面。言语也是一种行为,即言语行为。那么,什么是言语行为呢?简单地说,人类运用言语进行交流的行为就是言语行为。其定义虽然简单,而其行为却非常复杂,它有多种侧面,涉及范围也十分广泛,只有弄清人类语言行为的基本框架,并掌握了求出这种框架的方法,才能确定言语行为的真正范围和真正对象。

本书所研究的仅是广告受众的言语行为,即广告受众针对广告信息进行言语交际的过程。其定义包括以下两个方面:(1) 它区别于一般的言语行为,具有特定的目的性,或者说是话题性,即针对广告内容而发表的言论,是对广告信息的一种反映和反馈。(2) 它是以言语的形式,而非以文字或其他形式而表现出来的一种行为,即其所依靠的载体或媒介是言语。这种悠久而又灵活多变的介质也是其区别于一般性行为的重要特点。

(三) 广告受众的言语行为的类型

1. 从语句的表达来看

从语句的表达来看,可以把言语行为分为以下三种:

(1) 疑问类行为。例如,广告受众面对艺术手法比较夸张的广告形式,常常不禁产生疑问:这是真的吗？表达的是一种怀疑的态度。

(2) 陈述类行为。例如,"这幅广告作品不错"、"我更喜欢那张广告"等只是一般的表述,语气十分平缓,但却直陈其意,毫不拖沓。

(3) 感叹类行为。例如,"啊"、"哈"等感叹词的运用可以更直接地反映出受众的喜好及心理活动,富于强烈的感情色彩与情绪表达。

2. 从语义结构来看

从语义结构来看,可以把一个言语行为过程分为以下三个部分:

(1) 话语意图。是指言语行为的动机、目的和目标。动机是普遍存在的。一切言语行为都是有动机的。动机与立场、出发点、角度、利益关系、态度等有关。广告受众的意图是什么,其动机何在？是肯定,还是否定？是褒扬,还是贬损？都可以从其言语中或直接或间接地体现出来。

(2) 言内之义。顾名思义,是话语的直接意义,即由句子和词语表达出来,可以直接理解的意义。这里无须多言。

(3) 言外之意,即话语直接意义之外隐含的意义。言外之意常常是发话方所要表达的真实意义。例如,一个小男孩在看过一则运动鞋的广告后,对其母亲说:"妈,这鞋真不错,对吧？"显而易见,他的用意不在于征求母亲的意见,而是想买这双运动鞋。这种言外的深意,在研究广告受众的言语行为时,须特别注意。

(四) 广告受众的言语行为与什么有关

1. 人物

交际双方即发话方和受话方,在此指各个广告受众。它涉及以下三个方面的因素:(1) 广告受众相互间的关系,是亲戚、朋友,或是一般的过客,其相互关系直接关系到其言语行为的相互影响力;(2) 会话动机及意图,是劝服,还是诱导;(3) 态度及会话方式,不同的态度及会话方式显然会导致不同的结果。

2. 内容

是指围绕话题展开的会话内容,即各自对广告信息或商品的见解、是否有争议、是否与会话人利益有关、是否是敏感话题(例如广告中的性表现等)、是否有足够的信息量,等等。

3. 语境

包括参与会话的人数、具体场合、相关的话题(关于各个广告、产品或是其他)、背景、广告受众的文化底蕴、对产品的了解程度,等等。

二、消费行为

消费者可分为两类:个体消费者与集体消费者。因此,消费行为也相应地分为个体消费行为与集体消费行为两类。本书只限于对个体消费行为的分析。

(一) 消费行为的定义

消费行为就是消费者寻找、购买、使用和评价用于满足需要的商品和劳务所表现出的一切脑力活动。消费行为这个定义包含以下三个主要内容:

1. 消费行为是有目的的

消费行为可以表述为寻找、购买、使用及评价用于满足需要的商品和劳务的活动。这些活动本身都是手段,满足消费者的需求才是他们的目的。这种手段—目的的关系,可以用以下事例加以说明。假设一个消费者在接受广告信息后想买一台电冰箱,为此他可能要作一系列的活动。最后,他选购了一台称心如意的电冰箱。看起来他所做的都是为了买一台称心如意的电冰箱,其实,他的最终目的还是满足家庭的需要。这个例子所列举的手段—目的的关系属于功能性的。另一种手段—目的的关系是自我表达性的,例如买件礼物送给亲朋好友,以表示自己的心意。

通常情况下,消费行为都不会是单个目标,而是多个目标的总和。比如对于一个商品,它可能包括外形、性能、价格、知名度等方面。而消费者购买一个商品,实际上要追求的是这诸多利益的满足。如果经营者能够了解消费者这种潜在的或是正在追求的利益,那么在广告表现上,他就可以展现出更"适销"或"对路"的产品,给消费者最大的吸引力。

2. 消费行为是一种复杂的过程

消费行为的复杂性表现为决策的活动数量及其难度。虽然在现实生活中也会有偶发性的消费行为发生,例如偶然因素引起的购买,但是,通常的购买活动,特别是那些重要的、具有风险的购买,都是经过深思熟虑才完成的。这种消费行为被称为理性的或特意的消费行为,且只有它才能表现出消费行为的复杂性来。为了能够买到称心如意的商品,特别是大件商品,许多购买者不得不去了解必要的信息。可是对来自广告的或其他渠道的信息,他们又常常抱有期盼与戒备并存的心态。在选购时,面对众多可供参考的品牌,他还得权衡各个品牌产品的特性。此外,为了减少购买可能带来的损失,他也许还要与家人商讨。可见,作出一个审慎的购买决策是需要费精力、花时间的。在现实社会中,为了省时、省力而又能较有成效地进行购买活动,消费者通常会采取这样一些手段:(1)把决策目标定在"满意",而不是尽可能完美上;(2)借助他人的购物经验;(3)对于重复购买的产品形成商标忠诚性。

尽管购买决策可以借助这些手段而加以简化,但是这并不意味着否认消费行为的复杂性;相反,这正是其复杂性的体现。

3. 消费行为是由多角色合成的

在个体消费行为中,往往由多人扮演着不同的角色,并由多角色共同合成消费行为。这些角色大致可分为倡导者、决策者、影响者、购买者和使用者几种。而在某种情况下,一个人可能只充当一种角色;在另一种情况下,一个人则可能充当多种角色。可以肯定的是,任一消费行为均是由诸多角色合成的。

(二) 消费行为与市场策略

1. 市场策略的制定

市场涉及众多的要素,诸如产品、价格、促销和渠道等。每一种要素都是一种策略元素。它们形成了总体市场营销组合的概念。这些元素与消费者以及影响这些元素与消费者的自然力和其他条件等构成了复杂的市场关系。

经商者只有理解消费者的行为才能有效地制定出各种市场策略,从而达到预期的目的。1984 年我国运动员在洛杉矶第 23 届奥运会上奋力拼搏取得了令人鼓舞的成绩。以某种方式表达这种情感成了当时消费者的一种特别强烈的心理需要。有眼光的商人审时度势,迅速作出反应,打出相应的广告宣传攻势,不仅满足了消费者的需要,而且获得了大量的利润。例如,一家商号,在其针织背心、棉毛衫、T 恤衫上印上"女排胜利纪念"、"奥运会衫"等字样和应时图案,适时地投入了市场,使得这些原本滞销的针织背心、棉毛衫供不应求,一时成为人们争相购买的热门货。这一实例说明,有关消费行为的知识是制定有效市场的基础。

2. 测定市场成效和找出滞销原因

消费行为不仅影响市场策略,而且反映市场策略的效果。例如,一个特定的橱窗陈列对消费行为的效果,就可以通过仔细记录路过它时停下来的行人比率来测定。又如,一个制造风扇的厂家,其风扇广告与众不同。它强调的不是风扇本身的风有多大,而是突出"柔柔的风",而且这种风引出的是"甜甜的梦"。这种广告语的效果从风扇市场上消费者的行为便可得到确认。许多购买者甚至不知风扇的商标,而是向销售员表示要买"柔柔的风",说明这种广告策略已经获得了良好的效果。

当销售不畅时,也可以从消费者的行为中分析原因。比如,早先上海生产过一种保温瓶,造型和图案都很美观,在南方颇受欢迎。可是到了北方,这种保温瓶却滞销了,原来消费者觉得它的样子虽好,但容量太小了。从消费者的这种行为可以看出,北方空气干燥,需水量大,因而对北方消费者来说,水瓶的容量是最为重要的。

3. 市场细分

市场是由在教育、年龄、兴趣、收入、职业、态度、居住条件等方面各不相同的消费者组成的。他们各有所好,并且希望产品更能反映他们个人的需要、愿望和生活方式。面对这样庞大的市场,试图制定出包罗万象的市场策略,去影响每个消费者的购买行为是难以奏效的。因此,有必要把整个潜在的市场分解为较小的部分,作为一定产品的销售目标,针对不同目标市场,发布不同的广告。每一个消费者都有其特性,但在某一方面又具有相同的特征。因此,所谓市场细分就是按消费者的特征,例如他们的需要、购买能力和购买愿望等标准,对消费者进行必要的划分。有了这种划分,就可以选定某一或某几部分消费者,作为综合运用各种市场策略的目标市场,针对不同目标市场,发布不同的广告。

利用市场细分,市场策略就可以更有针对性,也就更有可能占领目标市场。消费者行为的研究为更多地了解消费者及其兴趣提供了依据,并为市场细分奠定了必要的基础。

(三) 研究消费者行为的意义

消费者行为是人类行为的组成部分,从这一侧面去研究其规律和特点将会加深对人类整个行为规律的了解。在现实生活中,无人不使用和消费食品、服装、住房、交通设施、娱乐设施、体育设施,以及各种各样的生活必需品,甚至是理论、思想。这中间充满了各种心理活动,尤其是有关需要、动机的形成,态度的发展和变化,信息的处理和决策以及人际间的交往等。研究它们的活动规律,将充实和丰富人类一般行为的知识。因此,研究消费者的行为有着一般的理论意义。

文本卡片 12-1

消费者购买行为类型

按消费者的购买态度与要求进行分类,消费者的购买行为可分为以下几种类型:

(1) 习惯型。消费者对某种产品的态度,常取决于对产品的信念。信念可以建立在知识的基础上,也可以建立在见解或信任的基础上。属于此类型的消费者,往往根据过去的购买经验和使用习惯采取购买行为,或长期惠顾某商店,或长期使用某个厂牌、商标的产品。

(2) 慎重型。此类型消费者的购买行为以理智为主、感情为辅。他们喜欢收集产品的有关信息,了解市场行情,在经过周密的分析和思考后,做到对产品特性心中有数。在购买过程中,他们的主观性较强,不愿别人介入,受广告宣传及售货员的介绍影响甚少,往往要经过对商品细致的检查、比较,反复衡量各种利弊因素,才能作出购买决定。

(3) 价格型(即经济型)。此类型消费者选购产品多从经济角度考虑,对商品的价格非常敏感。例如,有的从价格的昂贵确认产品的质优,从而选购高价商品;有的从价格的低廉评定产品的便宜,从而选购廉价商品。

(4) 冲动型。此类型消费者的心理反应敏捷,易受产品外部质量和广告宣传的影响,以直观感觉为主,新产品、时尚产品对其吸引力较大,一般能快速作出购买决定。

(5) 感情型。此类型消费者情感体验深刻,想象力和联想力丰富,审美感觉也比较灵敏。因而在购买行为上容易受感情的影响,也容易受销售宣传的诱导,且往往以产品的品质是否符合其感情的需要来确定购买决策。

(6) 疑虑型。此类型消费者具有内向性,善于观察细小事物,行动谨慎、迟缓,体验深而疑心大。他们选购产品从不冒失仓促地作出决定,在听取营业员介绍和检查产品时,也往往小心谨慎和疑虑重重;他们挑选产品动作缓慢,费时较多,还可能因犹豫不决而中断;他们购买商品需经"三思而后行",购买后仍放心不下。

(7)不定型。此类型消费者多属于新购买者。他们由于缺乏经验,购买心理不稳定,往往是随意购买或奉命购买商品;他们在选购商品时大多没有主见,一般都渴望得到营业员的帮助,乐于听取营业员的介绍,并很少亲自再去检验和查证产品的质量。

资料来源:中国品牌总网。

除了理论上的一般性意义,研究消费者行为的实际意义是多方面的。我们每个人作出的消费行为决策会影响到众多的行业,如运输业、原料业和市场的调配,更直接地影响着一些产业的发展和另一些产业的衰落。因此,消费行为是整个商业兴衰的一个综合因素。研究消费者行为的实际意义可分为以下几个方面:

(1)研究消费者行为可以指导设计新产品和改进现有产品。任何科学的企业管理,在开发新产品或在生命周期的起始阶段,务必明确该产品将服务于什么对象,即满足哪些方面的需求。

(2)研究消费者行为可以有效地制定市场策略,包括市场细分、广告、包装、商标、价格、零售渠道等。

(3)研究消费者行为可以为政府部门制定保护消费者利益的政策和法律提供科学资料。例如,制定工矿企业和交通运输工具的噪音容许值标准、合理包装和标记的条例,设计适合顾客需要与愿望的交通网、文化中心、娱乐设施等。

(4)研究消费者行为可以为对外贸易服务。每个国家和民族都有各自不同的经济水平、文化传统、生活方式和风俗习惯。出口产品只有体现了上述特性才有可能占领国际市场。如红色包装在我国和日本是喜庆的象征,可是在瑞典和德国却被视为不祥之兆;八卦与阴阳图对西方人完全是个无关的刺激,可是东方人却容易把它跟道教联系起来,韩国人则把它视为喜爱的标志。这样的"跨文化"研究已经被包含在消费者行为的知识体系中了。

此外,了解消费者行为的知识对其本身也有好处,特别是有助于识别一些容易使人上当的销售手段。例如,一些贩卖者用"贱卖"、"便宜"等叫卖声来引诱消费者,以达到推销次货、陈货的目的。还有一些摊贩,雇一些"托儿"造成一种从众的气氛,引诱一些消费者上当受骗。了解他们的这些骗人手段,可以免受其害。

(四)环境因素对消费行为的影响

1. 文化因素对消费行为的影响

人类的行为是社会化行为。消费者的消费习惯与方式无不被打上社会文化的烙印。了解社会文化对消费行为的影响及其影响方式,对于市场营销的日常决策是必不可少的。广告心理学研究者认为,"在市场营销中,下述情景经常发生:一种产品的质量和服务都很好,但在市场中却备受冷落。其中的原因是没有体现甚至违背了当地的风俗、习惯、信仰和价值观等因素,即文化的影响"。① 例如,"万宝路"香烟的广告形象——牛仔,最初就没有被香港人所接受,其原因是:牛仔在香港人的眼中是个地位低下的劳工。于是,后来"万宝路"在香港的广告改为在牧场的大草原上,迎面走来一群风度翩翩、年富力强的绅士。显然,这样的形象更能从文化上得到香港人的认可。

2. 社会因素对消费行为的影响

消费行为不仅受社会文化的影响,还受社会阶层、社会团体、家庭等社会因素的影响。例如,家庭的结构——扩大型家庭、核心型家庭、夫妻型家庭,使得不同家庭的消费行为截然不同;在家庭的角色结构中,如倡导者、影响者、信息收集者、购买者、使用者,又形成不同的消费行为,其中女人对日用品、男人对大件耐用品、小孩对食品与娱乐等,则往往起着主导作用;而在不同的家庭生命周期中,如单身阶段、新婚阶段、做父母阶段、做父母后阶段、分解阶段,其消费的重心均不相同,自然也就影响到其消费行为。

第二节 广告受众的接受效应

广告是广告主为了实现某种特定的目标而借助媒介或形式、面向受众的信息传播活动。广告受众即广告诉求的对象是广告传播活动中极其重要的一极。作为广告信息接受者的广告受众,对广告的认识、理解以及作出的行为反应自然会对广告的传播效果产生重要的影响。广告运作的成败,固然受制于许多因素,但最终是通过受众的态度与行为的变化表现出来的。

了解广告受众的接受效应,有利于提高广告的传播效果。对广告主来说,可以使广告的结果朝着广告主的预期演变。广告效果可分为预期效果和非预期效果。前者是指结果与预期相吻合,即广告受众在接受广告信息后,作出了广告主期望出现的大量购买行为。这也是广告活动追求的理想状态。后者是指结果与预期相异或背道而驰,这意味着广告活动的失败。广告是一门说服的艺术,广告制作者要说服广告受众即目标消费者使用其广告中代理的商品或服务。理解广告受众不同的接受心理,便于"对症下药",以提高广告的说服性。

我们要研究广告活动,就不能不研究广告受众的接受效应。下面从广告心理与消费行为学的角度着重研究广告受众的两种典型的心理效应:从众效应和逆反效应。

一、从众效应

(一) 含义

广告受众的从众效应,是指广告受众在接受广告信息后,产生的由从众心理到从众行为的过程。要理解从众效应,得从"从众"谈起。

---

① 马谋超:《广告心理》,中国物价出版社 1997 年版,第 307 页。

"从众",通俗地讲,就是按照群体中多数人的意见行事,自己不搞另一套,即当他人从事某一活动时,自己也去从事某一活动。从社会心理学的角度来说,从众,指个体在实际存在或想象存在的群体压力下,在知觉、判断、信仰及行为上,改变自己的态度,放弃自己原先的意见,表现与群体多数人一致的现象。从众在消费领域则表现为,消费者自觉或不自觉地跟从大多数人的消费行为,以保持自身行为与多数人行为的一致性,从而避免个人心理上的矛盾和冲突。广告受众从众效应的直接后果,就是让消费者产生从众的消费行为。

从众是社会生活中普遍存在的一种社会心理和行为现象。从消费领域来讲,从众通常是在相关群体和社会风气的影响下产生的,跟随他人购买特定的产品和特定的品牌,而未顾及自身的特点和需要。持从众心理的消费者,其购买行为受他人的影响较大。许多消费者为了寻求保护,避免因行为特殊而引起的群体压力和心理不安,而被迫采取"随大流"的消费行为,所以从众行为往往是受众被动接受的过程。从众现象通常是由少数人模仿、追随开始,当模仿的规模扩大,出现多数人的共同行为时,就发展为从众行为。虽然广告能够激发消费者的从众心理和从众消费行为,但是广告受众的从众效应的发生需要一定的客观环境和诱因刺激,如在社会环境不稳定、人心浮动的情况下,个人易追随多数人的消费行为。

(二)从众行为产生的心理依据

社会心理学研究认为,群体对个人的影响,主要是由于"感染"的结果。

当个体受到群体的一种精神感染式的暗示或提示时,人们会不由自主地产生这样的信念,即多数人的看法比一个人的看法更值得信赖。于是,暗示得当就会"迫使"个人行为服从群体行为。如广告主不惜重金聘请名人做广告就是给广告受众一种"名人用名品"的信誉暗示。

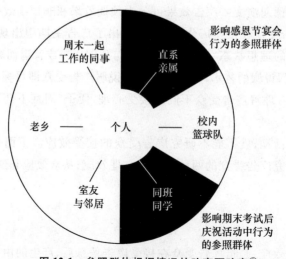

图 12-1 参照群体根据情况的改变而改变①

---

① 参见〔美〕德尔·I.霍金斯等著,符国群译:《消费者行为学》,机械工业出版社 2001 年版,第 129 页。

消费者在接受暗示时,会产生与他人行为相类似的模仿行为。如受2001年上海APEC会议期间莅会的各经济体的领导人都身着唐装的影响,一时间唐装在大街小巷随处可见。消费者在产生模仿行为的同时,各个体之间又会相互刺激、相互作用,形成循环反应,从而使个体行为与多数人的行为趋向一致。上述暗示、模仿、循环反应的过程,就是心理学研究的求同心理过程。正是这种求同心理,构成了从众行为的心理基础,如图12-2所示。

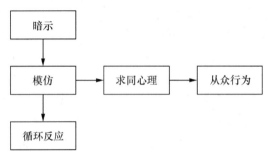

图12-2 从众心理流程

(三) 从众效应的原因

从众,既然是一种直觉的心理反应,代表一种个人的心理倾向,那么为什么人们会避免使自己鹤立鸡群或与众不同,而采取从众行为呢?心理学研究表明,产生从众的原因,是实际存在的或头脑中想象的社会或群体压力,如社会舆论、群体气氛、暗示等,主要又取决于"信息压力"和"规范压力"两个因素,具体表现为:

1. 提供的信息将有助于认知

生活经验告诉人们,个人生活所需要的大量信息,都是从别人那里获得的;众人提供的信息更加全面、可靠;群体可以提供自己所缺乏的知识和经验,群体的意见值得信赖。消费者之所以遵从别人的意见或仿效别人的行为,是因为受众觉得他们的知识和信息将有助于自身,多数人正确的几率总是较高的。如消费者购物时,对产品的性能、质量等的判断往往要靠亲朋好友和售货员的指点。

2. 消费者行为参照的需要

在许多情境中,人们由于缺乏进行适当行为的知识,因而必须从其他途径来获得行为引导。根据社会比较理论,在情况不确定的时候,其他人的行为具有参考价值,而从众指向的是多数人的行为,自然是最可靠的首选参照系统。比如在了解不多的情况下,广告受众自然愿意到人多的商店购物、到人多的地方旅行。消费者会自然地假定,那么多人出现自有他们出现的理由,而在这些理由中,其自身行为的合理性也包含在其中。

3. 希望得到众人的认同

人们通常有一种共同的心理倾向,即希望自己归属于某一较大的群体,被大多数人所接受,获得众人的认同,以便得到群体的保护、帮助和支持。"木秀于林,风必摧之"这句格言提醒人们,对群体一般状态的偏离会面临巨大的群体压力和制裁。那么,任何人对群体的偏离都有很大的风险,人们一般不愿意被人称作是越轨者和"不合群"的人,尽量避免因"不同"而带来的后果。

消费者在购物时,往往会承担知觉上的社会风险,如我的家人和朋友同意我的选择吗?我穿这样的衣服大家会怎样想?我所购买的产品和我周围的人使用的产品相似吗?所以广告受众往往由于缺乏安全感而跟随大众。由于缺乏安全感,消费者会购买和别人一样的产品或某一特定的品牌,以免花冤枉钱或遭到朋友的批评。

(四)从众效应和品牌的大众化

受众的从众效应是指消费者为了保持与别人步调一致而跟随大多数消费者的购买行为,从而购买特定的产品和品牌。品牌大众化程度即品牌的流行程度。一个品牌"颇具大众化",传递的是什么信息呢?应理解为包含"该品牌已经试用,并值得信赖"、"我们总是选择最好的"、"成千上万的人都在使用该品牌"、"大家都在使用的品牌不会太差"、"不可能大家都是错误的"、"我们没有理由怀疑某一颇受欢迎的品牌的选择"等信息。显然,别人都在使用该品牌强化了消费者的信心,相信其是合乎潮流的,能被众人所认同。图12-3诉求传播的是可口可乐的品牌形象,它显然在激发人们的从众心理。

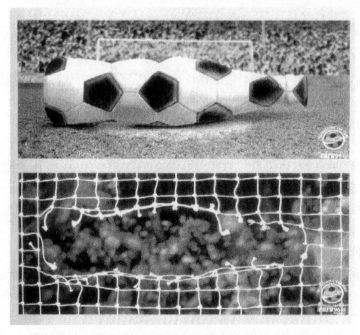

图 12-3 可口可乐广告

可见,正是广告受众的从众效应,促使广告主力求品牌的大众化,因为人们会更愿意购买一个大众化的品牌。也正是消费者的从众机制加固了人们购买某一品牌的意愿,而很少考虑为什么要购买该品牌。消费者为了将自己融入大众之中,倾向于购买大众化的品牌。如果一个新品牌从一开始就引人注目,成为人人都在谈论的话题或被认为有越来越多的人都在使用它,即其越是流行、越是大众化,对消费者就越有吸引力。

一个越是大众化的品牌就越容易进入消费者心智中的品牌排行榜。在这里,"大众化"可理解为"重要性"。品牌越是大众化,其重要性就越是靠前,消费者就越会更多地考虑该品牌。而广告会影响人们对该品牌的熟悉程度和人们对该品牌大众化的理解程度,而所有这些又会影响到广告受众对该品牌的购买。但是如果广告促使一个品牌过度大众化,可能会降低该品牌的含金量,应尽量避免。

二、逆反效应

(一) 含义及原因

消费者在从事消费活动时,不断地受到来自商品本身、广告宣传及厂商的各种各样的消费刺激,倘若某种刺激持续的时间过长或刺激量过大,超过了消费者所能承受的限度,那么消费者即受传者的心理状态就与广告主的期望相反,乃至采取反方向的购买行为,这就是逆反效应。

逆反心理是一种普遍的、常见的心理现象。在广告宣传中某些不适当的表现形式、诉求方式也会形成过度刺激,引起广告受众的逆反心理。比如,表现手法单一化、雷同化,会降低消费者的兴趣和注意力;同一时间连续播放几十则广告,会造成消费者的心理疲劳;过分渲染或吹嘘,会引起消费者的怀疑和不信任;表现内容庸俗低级,以噱头吊胃口,会招致消费者的厌烦、抵触,以致产生"广告做得好产品不一定好"、"广告宣传越多越不能买"的逆反心理。

在心理机制上,受众的逆反心理,是由于其对包含广告的消费刺激的感受存在一定的限度,而超过限度的过度刺激会削弱、抑制消费者的感受力,使之发生逆向变化。在心理形态上,逆反心理表现为消费者态度的失衡,即态度的认知、情感、行为倾向等三种成分在作用方向上不一致,其中某种成分与其他成分发生偏离。例如,消费者虽然对价格下调后应增加购买已形成认知,但在情绪上对调价持怀疑态度,从而导致整体态度倾向于不增加购买。就心理方式来考察,在逆反心理的产生阶段,消费者通常受到某种欲望、需求、思想观念或习惯性思维方式的影响和催动,对过度刺激下意识地产生逆反倾向。此时的逆反心理是非理性的、不自觉的、情绪化和不稳定的,是一种内在的心理冲动。而在逆反心理形成并转化为相应的购买决策及行为阶段,广告受众则表现为有意地坚持逆反倾向,并为这种心理倾向付诸实现而进行行动准备。这时受众的逆反心理是理性的、自觉的和稳定的,是公开的、符合逻辑的态度倾向。

现实中导致消费者逆反的原因是多方面的,既有需要、欲望、个性、思维方式、价值观念等个人心理因素,也有群体压力、社会潮流等外部环境因素。例如,具有求新需要的消费者,往往富有好奇心,喜欢追逐新奇,渴望变化,因而容易对传统、陈旧、一成不变的消费刺激产生逆反心理;而争强好胜的心理要求,则会经常驱使一些消费者无视各种限制,有意采取相反的举动;有的人外部压力越大,抵触情绪越强,越有可能采取相反的行动;有的人当大多数人持逆反心理时,则采取追随和从众的方式,以逆反的行为与多数人保持一致。导致逆反心理的各种要素,在有些情况下会分别起作用,在有些情况下也会交织在一起综合发生作用。

(二) 逆反效应的行为模式

逆反心理对消费者行为具有直接的影响。由逆反倾向产生的逆反行为与正常的消费行为有着明显的差异。通常,正常心理作用下的消费行为,是消费者受到内外部因素的刺激,产生需要、引发动机、驱动行为的结果。逆反心理作用下的消费行为则完全不同。如果输入的刺激因素超过消费者所能接受的限度,引起反感、抵触、排斥的心理体验,消费者就会在逆反心理的驱使下,改变行为的方向,进行相反的新的决策过程。其行为模式如图 12-4 所示。

图 12-4 逆反行为模式①

受众的消费行为同样要经历一系列的程序和阶段。首先,对过度刺激加以认识,并产生相反的心理体验;其次,在逆反心理的作用下对各种消费刺激作出否定的评价;再次,重新探索可能选择的各种相反的决策方案,并从中确定与刺激方向相反的最佳决策;最后,将反向的购买决策付诸实施。

以上模式是对受众逆反行为的抽象概括。实际中,由于逆反心理的形成原因不同、强弱程度不一,逆反行为的表现形式也是多种多样的,我们应该具体分析。

(三) 逆反心理及其行为的调适

逆反心理与行为是客观存在的消费现象。从广告主的愿望出发当然是取得消费者的认可、支持、配合,而受传者的态度却有可能是逆向的,这一状况的发生,不仅不能取得预期的效果,反而有可能由积极走向消极。因此,必须掌握消费者的逆反心理的特点及其运动规律,对受众的逆反心理加以调适,根据各种不同的逆反行为的表现采取相应的策略。

1. 根据受众的感受限度,调节消费刺激量和强度,避免逆反心理的产生

在多数情况下,逆反心理和逆反行为是刺激过度造成的,因此适当地调整消费刺激量以及时间和强度,使之与消费者的感受能力相适应,是预防逆反心理和逆反行为的首要策略。应该采取间断式、有节奏、适度的刺激方式,以便使消费者在接受刺激后,形成正常的心理体验和行为反应。

2. 及时采用引导和调节措施,力求在萌芽阶段使逆反心理得到扭转

某些逆反心理的产生,往往是由于获得的信息不全面,接受了错误和失真的信息,对信息发出源不信任或不准确的判断等造成的。企业的营销人员和广告制作者应该采取各

---

① 郭国庆:《市场营销学通论》,中国人民大学出版社 2000 年版,第 88 页。

种引导和调节措施,向消费者全面、准确地提供有关商品的信息,满足消费者的知情权;应尽量选择专家、权威部门、有影响力的新闻媒介等作为信息发出源,使消费者打消疑虑,增强信任感;同时,就消费信息作出客观的分析,帮助消费者纠正不正确的心理预期。这样可以把刚刚出现的逆反心理消除在萌芽状态,避免进一步形成逆反行为。

3. 有意设计刺激诱因,激发消费者的逆反心理,促成预期的逆反行为

对于不熟悉、不了解的新奇事物,消费者往往具有强烈的好奇心,特别是在信息通道受到人为阻隔的情况下,更易激发探求真相的欲望,促使消费者主动地接受信息。例如,某国外啤酒商别出心裁地在路边设置了一座小木屋,四面挖有小孔,同时贴出禁止观看的字样,过往的路人出于好奇争相窥视,只见屋内一桶酒,酒香扑鼻而来,引得人们的购买欲望大增。当然,运用这种技法应以高质量的商品为保证。

4. 发挥意见领袖的作用,促成大规模的逆反行为

许多受众采取逆反行为,往往并不是出自个人的逆反心理,而是追随大多数人行为的结果。此时消费者的心理带有很大的盲目性和从众性。如果能够说服意见领袖采取逆反行为的话,就会造成大规模、群体性的逆反行为,使其达到广告主期望出现的购买。

5. 面对广告受众的逆反效应,对广告运作加以调适

(1)广告内容不能哗众取宠。例如,由巩俐代言的哈尔滨制药六厂某口服液以希望工程的名义向学生赠送该产品作为卖点,结果引来了媒体的追根究底。具体情况如下:广告中一个小学生来信感谢巩俐寄来的口服液、感谢希望工程;但中国青少年发展基金会却表示从未收过巩俐送来的口服液,并指出此广告是利用希望工程搞噱头,因为希望小学是希望工程不可或缺的重要组成部分。而这则广告也正是利用这一点,来达到提高产品形象的目的。青基会已正式向政府主管部门递交了报告,要求对哈尔滨制药六厂及广告商所做违法广告予以查处。后来,哈尔滨制药六厂被迫撤下巩俐代言的广告,才使得风波渐趋平息,但其产品的美誉度无疑受到影响。

(2)广告频率和密度要合理安排。对于有明确时效的广告,广告投放相对较少且时间紧凑。而没有明确时效或对时效要求并不严格的广告,需要有一个反复刊播的过程,因为受传者从认知到行动,需要不断的刺激,但是投放密度过大或频率过快,特别是知名度较高后,会造成受传者的"心理破坏",形成逆反心理。

(3)恰当地运用"扬"与"抑"。一般来说,如果广告中自我表扬的成分过多,话说得太满,让人不可思议,就会造成受众的逆反心理,效果会适得其反。

(4)恰当地把握方法的"新"与"旧"的关系。总的来说,方法上千篇一律,难以引起人们的注意甚至造成逆反心理。而一味地求新,以至于出格,也会造成逆反心理,使消费者难以接受。

第三节 广告心理向消费心理的转化

一、品牌认可定势

广告及其他营销手段对消费者的影响,促使消费者对商品及其生产企业形成一定的印象,这些印象可能是具体全面的,也可能是笼统抽象的,还有可能是模糊不清的,人们习惯于使用"商品形象"、"企业形象"以及"品牌形象"这些概念来描述。

（一）品牌及品牌形象

国内所谈论的品牌概念是非常模糊甚至是混乱的,大部分书中对品牌的定义是:用来识别特定商品或劳务的名称、术语、符号、图案及其组合。现代营销中,品牌概念已经演化出"品牌价值"、"品牌忠诚"、"品牌资产"、"品牌策略"、"品牌管理"等子概念,按照这样的定义,能说品牌的价值就是品牌符号与图案的价值吗？品牌忠诚是对这些品牌符号与图案的忠诚吗？答案肯定是否定的,这不是普遍意义上的品牌概念。在菲利普·科特勒的新著中,品牌的概念中加上了"它是卖方作出的不断为买方提供一系列产品特点、利益和服务的允诺";1999年麦可·贝克主编的《营销大百科》中,已经不再解释品牌的符号与图案的意义了,而是详细地描述了品牌的价值构成。基于此,可以说品牌是商品价值或服务价值的综合体现,品牌以特定的形象符号作为标记。

品牌形象是品牌构成的要素在人们心理上的综合反映,比如在品牌价值、商品属性、品牌标记等方面给人们留下的印象,以及人们对品牌的主观评价。在商业运作的模式里,品牌形象的基础是产品及其服务,只有把产品与服务经营好了,才有可能经营好一个品牌及品牌形象。

国内企业管理品牌及品牌形象存在六大误区:一是在品牌形象的理解方面,把商品的商标、标志、符号等同于品牌的形象;二是把产品的包装形象混同于品牌形象;三是忽略了品牌形象中的产品属性或产品基础;四是把阶段性营销广告的形象等同于企业的品牌形象;五是有些企业仍然没有明确的定位,频繁地更换品牌形象;六是有些企业仍然不重视品牌形象建设。这些误区,显然需要引起我们的深思。

（二）品牌形象对消费者的影响

品牌形象对消费者心理行为的影响主要表现为三个方面：

一是品牌形象影响消费者的认知。在满足消费需要日益方便的时代,消费者产生需要的动力有落后于企业生产的趋势,往往是企业已经生产了相应的商品,经过营销手段达到消费者,消费者才对这些商品形成认知,而这样的认知过程,明显受品牌因素的影响。消费者已经熟悉的、认知的品牌,对于新商品的认知较为容易,态度上趋向于采取积极的方式,而对于不熟悉、不了解、从未认知的商品,消费者的认知需要较长的时间。

二是影响消费者的决策速度与品牌选择。名牌商品、老字号的商品,容易引起消费者的购买。消费者在购买这类商品时,由于有着长久的消费习惯,对它们更为放心,因而风险与决策阻力小,决策时间短。尤其是对追求高档名牌的消费者来说,购买名牌商品会毫不犹豫。

三是影响群体的购买行为。一般规模大、形象稳定的品牌,在市场上的影响大,在消费者心目中产生的印象深刻,并处于最显要的位置。由于了解该商品的人比较多,对这类商品的议论也多,消费者在处理该商品所发生的问题时,可以相互参考,购买该品牌的商品容易产生从众性的行为。

(三)品牌认可的基础

虽然每一位消费者对各个品牌的认可千差万别,但归纳起来,保持高认可度的基础是一致的,可以包括五个方面的心理行为基础。

1. 品牌知名度很高

虽然消费者对于自己不忠诚的品牌可能有较高的品牌认知度,但对于自己所认可的品牌,必然表现出最高程度的认知。比如未提示知名度与提示知名度都在100%或接近100%,总体评价与综合评价分值很高,总体评价得分超过4.5分(5分制);对于该品牌各个属性的评价也有较高的得分,包括商品的总体质量、商品的包装与形象、商品的档次、商品的服务质量、商品的价格适应性、商品的价值、对于消费需要的满足性等。这是消费者出现高品牌认可度的基本心理。

2. 对品牌的价值判断很高

消费者对于价值的判断要通过价格反映出来,如果消费者认为商品的价格小于或等于商品的价值判断,购买阻力就小一些;如果商品的价格高于商品的价值判断,购买的阻力就会大大增加。所以消费者对商品的价值判断对忠诚行为有非常重要的影响,较高的价值判断会降低消费者的购买阻力,长期保持稳定、重复的购买行为。

3. 消费者的满意度很高

满意度是消费体验、情绪与态度的综合表现形式,只有消费者很高的满意度才能促使其重复购买。当消费者的满意度降低时,下一次就不愿意再购买这样的品牌了,忠诚行为被中断。比如牙膏市场,认可度高的品牌所获得的总体满意度接近于满分,而认可度低的品牌,满意度得分大致在3.5分以下。

4. 对消费行为保持稳定的购买习惯

高的认可度,意味着消费者在较长时间内,对于该品牌表现出较高频率的重复购买行为。与其他品牌比较而言,消费者习惯性的购买行为与消费频率明显要高。比如快餐食品的消费中,忠诚度高的品牌,消费者购买的频率可达到每月4—6次甚至更多,而对竞争品牌的购买频率甚至不到每月一次。

5. 消费者出现向他人介绍与推荐的现象

对于认可度高的品牌,消费者十分乐意向其他消费者进行介绍和推荐,比如很乐意介绍自己使用这种品牌的经验,希望与亲朋好友共同分享消费这种商品的快乐,介绍购买这种品牌的渠道等。这种行为在消费群体中具有典型的示范作用,消费者在无形当中推动了品牌形象的传播,并延伸了品牌认可度。

认可度高的品牌,除具有消费者的自身特征之外,起作用的外在因素还包括:长期稳定的商品质量;商品本身的特色,这些特色与消费者动机相吻合;优美的营业环境与特色,与消费者的购买风格一致或接近;长期稳定的商品形象与广告诉求;有相对稳定的消费群体,如果这个群体分化了,认可度也会随之分化。

(四) 定势:消费者对品牌的"成见"

所谓"定势",即心理学上所阐明的人们对一种心理态度、一种行为所具有的心理指向性。在消费行为中,突出的体现则是人们每次去商店时对某一品牌所产生的倾向性。这种心理定势或心理倾向性模式起因于惯性(inertia),即某种品牌被购买仅仅是因为这样做要求付出比较少的努力。这种品牌消费定势的形成原因多种多样,如听亲友对某品牌产品作过介绍、曾经消费过该品牌的产品或服务,但更多的是靠广告日复一日地传播、宣传,从而在消费者心理上刻下了深深的烙印,并成为对品牌认可的心理定势。应该说,这种定势对一定品牌的消费,无论对品牌主或是消费者本人来说,均是幸事;因为,它提高了双方达成买卖的几率,降低了时间成本。例如,设计师把人们对"百事可乐"的定势引申到流行鞋上,就很成功,如图 12-5 所示。但对新的品牌产品而言,却是一大障碍,因为要改变无数消费者的心理定势是件非常困难的事。

图 12-5　百事流行鞋广告

二、产生消费冲动

虽然消费者的心理定势相对稳定,但是如果出现了另一种由于某种原因而更加愿意购买的产品,比如它比较便宜,或者它比较有名,或者原来那种产品缺货,消费者就会毫不犹豫地改换品牌。试图改变某种以惯性为基础的购买模式的市场竞争者经常能够相当容易地达成目的,因为只要提供合适的刺激,它遇到的抵制改换品牌的阻力将会是很小的。由于只有很少甚至没有对于某个特定品牌的潜在感情联系,所以像卖点展览、大量的优惠券或大幅度降价等促销手段都足以使消费者的习惯定势被打破,引发消费冲动。

传统的市场营销理论告诉我们,一类产品的生命周期总是经历介绍期、成长期、成熟期和衰落期四个阶段。基于这一理论,有些企业侧重于开发革命性的新产品,以建立"先行者优势";有些企业在初级阶段持观望态度,等到一类产品的需求被激发出来之后才进入市场;有些企业则是走稳妥发展的道路,希望能后发制人。但是随着产品更新换代速度的加快和竞争的日益加剧,能够后发制人的企业越来越少,在市场上被"拖着走"的企业比比皆是。

所以越来越多的企业,特别是中小企业开始追求"先行者优势",希望通过创新,来扩大企业的生存空间。但是盲目追求"先行者优势"又带来了新问题,很多企业开始扩大生产规模、加大市场宣传的力度,可是等这些投资到位之后,本来期望能带来更大的收获,但市场需求却稳定在一个水平上,甚至莫名其妙地下降,这种状况令很多企业家费解,不知道出了什么问题。

(一)从细分消费者看消费冲动产生的差异

经过多年的研究,美国人发现了问题的根源,并总结出了"市场陷阱"理论。研究结果表明,一类产品的生命周期并不是一条连续的曲线,在产品的生命周期中有三个陷阱存在。有些新产品之所以会停滞不前,甚至很快衰落,就是遇到了第一个"市场陷阱"。为了深入地了解这些"陷阱",我们不妨把消费者分成"先锋型消费者"、"实用型消费者"、"保守型消费者"、"怀疑型消费者"四大类,研究这些人在消费动机、消费特征方面的差异,对生产厂家来说十分必要。

"先锋型消费者"的消费动机主要体现在两个方面:一是通过采用最新的技术和产品,建立企业或个人的竞争优势,树立企业在同行业或个人在圈内的领先形象;二是喜欢追求"革命性"的突破,对新技术、新动态、新产品非常感兴趣。这类人的消费特征是追求最新技术,赶时髦,偏爱高风险、高回报的产品,即使产品不成熟也愿意尝试,对产品性能指标非常关心,而对价格并不敏感。对于这类消费者来说,企业是否具备"先行者优势"至关重要。

"实用型消费者"的消费动机也体现在两个方面:一是以提高生产效率或改善生活质量为目标,量力而行;二是追求"革新性"的改进与提高,关心实质性的进步。这类人的消费特征是在没有成功的范例之前,不轻易尝试新产品,愿意跟着"先锋型消费者"的足迹走,不冒太大的风险;只买成熟的产品,对产品质量、服务和价格都很敏感。对于这类消费者来说,企业必须让消费者放心,并有可依赖的成功典范说明问题,有好的口碑。

"保守型消费者"的消费动机所体现的两个方面则为:一是只有在大多数人都消费时才考虑,不愿出风头;二是在迫于环境压力时才消费,保存"面子"。这类人的消费特征是不愿承担任何风险,对价格极为敏感,对产品非常挑剔,但是他们相信专家和好朋友的推荐。对于这类消费者来说,企业必须提供"千锤百炼"的成熟产品,最好是社会公认的优选品牌。

"怀疑型消费者"是大多数企业放弃的一类消费者,因为他们属于得过且过的一类消费者,总能找出理由不消费,对任何新生事物总持有怀疑态度,不到万不得已不会消费一类产品。

了解这四类不同的消费者,就能明白为什么一些产品能进入占人口比例80%的主流消费群体,而另外一些产品只能成为占10%的"先锋型消费者"的"玩具"。总之,如果一个企业的目标客户群是"先锋型消费者",就要在发明创造上下工夫,并尽快将产品推向市场,争取先行者优势。如果一个企业的目标客户群是"实用型消费者",就要紧跟市场潮流,在把握市场动态方面下工夫,不失时机地将产品推向市场。如果一个企业的目标客户群是"保守型消费者",就要在产品质量、服务和品牌上下工夫,以物美价廉为特色为产品争取消费者。"实用型消费者"与"保守型消费者"合在一起称为主流消费群体,他们所消费的产品才能称为主流产品。

需要强调的是,一个人在消费不同的产品时会表现出不同的消费特征,而不是说某个人总是属于某个类型的消费群体,同时一个企业也可能同时向不同的消费群体提供产品与服务,"市场陷阱"的概念只是产品定义与决策时的参考工具。

(二)导致"消费冲动"的几种因素

1. 刺激寻求 VS 感觉剥夺

人要寻求一定量的外部刺激输入,如果被剥夺,不能接受足够的外部感觉信息,则会导致心理异常,并寻求机会重新获得足够的外部感觉输入。出于这个原因,消费行为会先高涨,再回落至正常水平。

2. 期望正向反差(大喜过望 VS 大失所望)

若现实远远好于期望,则会产生意外的惊喜,驱动快乐消费。出于这个原因,消费行为会短期内爆发,再回落至正常水平。

3. 紧张情绪的释放

高度紧张乃至恐惧后,人需要有一个心理重整的过程,调适自己,释放负面的情绪,特别是释放掉积聚的能量。例如,在高度紧张恐惧时,人会动员自身所有生理的和心理的资源投入抵抗,确保防御的效果。出于这个原因,消费行为会短期内爆发,再回落至正常水平。

4. 仪式化作用(喜庆祝贺)

人逢喜事,总会庆祝一下。出于这个原因,消费行为会是短期行为,很快恢复。

5. 逆反现象(弹簧效应)

是人对外部作用力的一种常见反应,以相反的形式或方向表现出来。出于这个原因,消费行为会先涨后落(摆动一个周期),再恢复正常。

6. 应季消费

是指由于季节更替而购置所需商品。出于这个原因,消费行为只是一时的行为,会很快消退。

7. 最佳唤醒水平

是指由于每个人都会有一个自己最适宜的习惯化的行为水平,消费行为也一样,如喜好逛商场、外出吃饭等。如果因外部力量偏离这个水平,无论是偏高还是偏低,人都会感到不舒服,会尝试回复到自己所习惯的行为水平。出于这个原因,消费行为会直接恢复正常,并持续保持。

8. 账户分离现象

在商品经济充分发达时期,一般人对自己不同方面的消费需求会有一个分离心理账户,即在不同的事物上花不同数量的钱。一个心理账户短期内节省下来的钱,一般不会转入存储,而是最有可能先寻找其他机会消费掉,再考虑转入其他账户消费掉。当这些可能都不存在时,才会考虑存储。出于这个原因,消费行为会直接恢复正常,并持续保持。

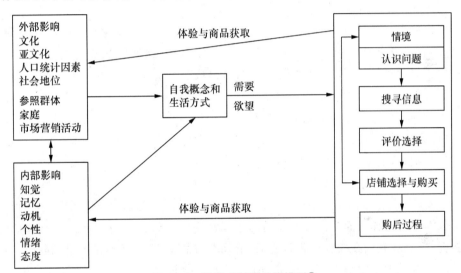

图 12-6　消费者行为总体模型①

三、消费瞬间的决策

广告与消费者心理学试图从两个角度对消费者行为进行描述,其一是把消费者描述为理性的、有计划的决策者;其二是把消费者描述成对广告内容的主动理解者,特别是他们所处的社会文化背景会影响其对广告与营销策略的反应。这就是当代消费者决策理论发展的基本走势。

一个完整的消费心理与行为过程要经过一个由心理到行为的转换过程,即从唤起消费需求、消费动机到消费态度形成与改变直至购买行为的过程。从消费者心理学角度讲,就是消费者购买决策的过程。因此,一个有效的广告策划必须构建在对消费者购买决策心理过程的认识与分析的基础上,否则很难产生出有创意、令人激动的广告来。

---

① 参见〔美〕德尔·I.霍金斯等著,符国群译:《消费者行为学》,机械工业出版社 2001 年版,第 15 页。

根据对消费者行为的描述,在现实社会中,一个人或者说消费者身上可能同时兼有心理、社会、文化以及经济因素的表现,比如心理学家和社会学家对于一个人购买小汽车的理解就会有很大差异。心理学家可能会从态度、决策标准等方面来解释这一行为;社会学家可能会从社会环境、社会地位、社会阶层等方面来理解这一行为。这两种理解可能都有各自的道理,但都不可能全面。可见,理解消费者的决策行为是非常复杂的。

消费者的决策过程不总是一个简单的线性过程,同时并不是所有消费决策都是高卷入的过程。因此,在广告与营销策划中,要分析影响消费者决策的因素并据此进行策划。

文本卡片 12-2

广告的"羽毛效应"

广告的大多数效应并不总是很有说服力的。往往一些微妙的效应不是显而易见的,但却有广告自身的特点。为了理解广告,我们就必须理解和衡量这些效应。当小孩在成长时,我们不会注意到他们每天的身体成长变化。但经过一段时间后,我们就能注意到他们已经长大。要想衡量一个孩子在过去 24 个小时内长高了多少,就像你在看过一则商业广告后立即对其效应进行评论一样难。在广告传播中,由于变化过于细微,以致无法引起我们的注意。但广告产生的即使很小的效应对我们选择商品品牌也会产生影响,特别是在所有其他的因素相同,以及所选择的品牌相差无几时。

此时,消费者的心理就像一架"天平",它的两端每款品牌的分量都相同,这时天平处于平衡状态。但如果在天平的一端加上一根很轻的羽毛,即可使天平发生倾斜。由于可供消费者选择的商品品牌通常看起来非常相似,那么购买行为的天平会向哪一端倾斜呢?因此,我们在探究广告效应时,更加看重的是羽毛,而不是沉重的砝码。

广告的效力常常是微不足道的,但由于天平倾斜效应,即便是细微的变化也会导致天平倾斜。长此以往,经过不断的重复,这些细微的增值就会导致品牌间发生显著的变化。只不过人们很难感觉到这一进程的发生罢了。

资料来源:〔澳〕马克斯·萨瑟兰著:《广告与消费心理》,世界知识出版社 2002 年版,第 6—8 页。

消费者决策理论中关于消费行为的理解有四个假设:

1. 经济的观点

在经济学理论中,消费者通常都是被描述为能够作出理性的决策。这种"经济人"的理论模型,已经由于许多原因而受到消费者研究人员的批评。要像经济学所说的那样作出理性的行为,消费者应该:(1)了解所有可以获得的产品选择项;(2)能够按照每一个选择项的利弊来正确地将它们排序;(3)能够找出最好的选择项。然而在现实中,消费者很少能够拥有所有的信息或充分准确的信息,也很少有足够大的参与欲望和动机来作出这种所谓的"完美的"决策。

同时,消费者心理学研究认为,由于如下所述的原因导致经典经济学的完全理性消费者模式是不现实的:(1) 人们受他们已有的技巧、习惯和反应能力的制约;(2) 人们受他们已有的价值和目标的制约;(3) 人们受他们的知识范围的制约。消费者常常是在一个并不完全理想的世界中进行决策,在这个世界中他们并不是进行经济方面的考虑,如价格与数量关系、边际效用等问题。事实上,消费者通常并不愿意进行广泛的决策,他们更可能进行一个"满意的"、"足够好的"决策。比如,近来的研究发现消费者讨价还价的最初动机不是像我们长期以来所认为的那样,是为了获得一个较好的价格,即以更好的价位购买,而是与成就需要、归属需要和支配需要相关。这一点对研究广告与营销策划具有重要的启示意义。

2. 被动的观点

与消费者的理性经济观点相反的是,被动观点将消费者描述为总是受到自身的利益和营销人员的促销活动的影响。至少在某种程度上,消费者的被动模型受到那些竭力促销的、传统的超级销售人员的赞同,在他们接受的训练中,都将消费者看做是可以控制的对象。

被动模型的主要局限在于它没有认识到消费者即使不在许多购买情形中占据支配性的地位,至少也处于同等的地位。有时他会搜寻关于产品备选项的信息并选择看起来会提供最大满意度的产品,有时他也会冲动地选择一个能够满足当时的心境或情绪的产品。然而,目前更多的理论认为消费者在当前市场下很难成为营销者控制的对象。

3. 认知的观点

认知模型将消费者描绘成一个思维问题的解决者。在这一框架内,消费者常常被描绘成或是接受或是主动搜寻满足他们需求和丰富他们生活的产品与服务。认知模型主要研究消费者搜寻和评价关于某些品牌和零售渠道的信息的过程。

在认知模型框架中,消费者通常被看做信息的处理者,即对信息进行处理加工导致形成偏好并最终形成购买的意向。认知的观点同样也认识到消费者不可能尽力去得到关于每个选择的所有可能信息。相反,当消费者认识到他们已经拥有了可以作出一个"满意"决策的那些选择项的充分信息时,他们就会停止搜寻信息。就像这种信息加工观点所认为的那样,消费者常常会利用捷径式的决策规则(也称作启发式或试探法)来加快决策过程。此外,他们还会运用决策规则来应对信息太多的情况,例如信息超载。认知或问题解决观点所描述的消费者处于经济观点和被动观点所描述的极端情况的中间,他没有或不可能有关于可获得的产品选择项的所有知识,所以无法作出完美的决策,但是他仍然会积极搜寻信息并尽力作出令人满意的决策。

4. 情绪的观点

尽管营销人员早已了解消费者决策的情绪或冲动模型,但他们仍然偏好于根据经济或被动的观点来考虑消费者。然而事实上,我们每个人可能都会把强烈的感情或情绪,例如快乐、恐惧、爱、希望、性欲、幻想甚至是一点点"魅力"与特定的购买或物品联系在一起。这些感情或情绪可能会使个体高度投入。

当消费者作出一种基本上是情绪性的购买决策时,他会更少地关注购买前的信息搜寻;相反,则更多地关注当前的心境和感觉。消费者的心境对购买决策的影响是重要的。

所谓"心境",是一种情绪状态,是消费者在体验一则广告、一个零售环境、一个品牌或一个产品之前就已经事先存在的心理状态。一般来说,处于积极心境中的个体会比处于消极心境中的个体回忆起更多的关于某一产品的信息。但也有研究表明,除非事前已有了一个品牌评价,否则在作出购买决策时所诱发的积极心境对购买决策并没有多大影响。

但是,随着市场的发展,人们的消费观念越来越多地体现出情绪化的特性,以至于人们提出了"体验经济"一说。美国营销专家约瑟夫·派恩等人曾经说道:"体验本身代表一种已经存在但先前并没有被清楚表述的经济产出类型……当企业提供信息类商品或者提供体验的信息时,信息才真正创造经济价值。是经济提供物而不是各种情报,构成了买卖交易的实质。"①也就是说,当消费服务中所提供的信息构成一种让消费者形成体验的情境时,往往引发情绪化或冲动型消费,即促成了买卖交易的形成。显然,面对这一消费趋势,广告人就不能不对消费者的这种消费瞬间的决策心理进行分析与正确把握。

本章提要

本章通过分析广告受众的消费心理过程、消费行为及其产生的原因和相关影响因素,进而在整体上架构出消费者心理及其行为过程模式。

广告受众行为主要可分为两类:一是广告受众的言语行为,它是广告效果的无形体现;二是广告受众的消费行为,它则是广告效果的直接体现。但无论是言语行为还是消费行为,均可从多角度进行认识与分析。

广告受众在对广告产生的接受效应中,往往"从众效应"和"逆反效应"表现得最为突出。前者是跟随大众进行消费,后者是反潮流进行消费。本章对从众行为的心理依据、从众行为的原因、逆反行为模式以及消费者逆反心理的调适等进行了分析与介绍。

本章还揭示了在广告受众那里,广告接受心理会转化为消费心理。其间,介绍了消费心理中的对品牌认可的心理定势,以及这种心理定势对品牌消费的正反作用。在消费者总是存在定势的前提下,往往会由于广告的作用以及不同消费者不同的心理特征,产生一些冲动性消费现象,并引发消费瞬间的购买决策。"体验经济"与广告的"羽毛效应"是研究广告心理学所要注意的两个重要的新概念。

案例分析

经济危机中买车的"小九九"

一边是汽车促销的凶猛攻势铺天盖地袭来,馋得人直流口水;另一边是经济危机的阴霾渐渐扩大,压得人透不过气。身边不少朋友都动了买车的念头,却又瞻前顾后、磨磨唧

---

① 〔美〕B.约瑟夫·派恩等著,夏业良等译:《体验经济》,机械工业出版社2002年版,第3页。

唧。作为一个爬遍全网、吃透促销信息、刚刚购进Jeep指南者的"过来人",跟大家分享一下我的心得:

1. 该出手时就出手

年底走量,厂商给经销商返利,本来已经不计成本,再加上经济危机的影响,促销手段已经从简单的降价、赠礼,发展到送油、送保养、免购置税、零首付零利率贷款……总之,价格已经差不多见底,促销已经无所不尽其极——短线省钱。

2. "省钱"、"节油"两手抓

鉴于我国开征燃油税这一大势所趋,买个省油的车过冬才是细水长流地节省银子的好办法——长线省钱。

下面给大家推荐几款我研究过的促销厉害又省油的车,仅供参考:

再算计也不能丢了个性!RAV4、新欧蓝德、超级维特拉、科帕奇倒是在我的选择范围之内,但是挑来挑去最后还是选了比较有个性的Jeep指南者。我买的是运动版的,现在比原始价降了两万元,还赠1万元的油卡,或者可以办零利率贷款,里外里省3万元。价钱方面,一吉普降这么多,也还算厚道。SUV是酷、是帅,就是油耗大让人太闹心,所以现在很多厂商都推出了节油SUV。

一般看一个车是不是省油,首先比较油耗综合工况,值越小越好。像Jeep指南者油耗只有8.7,在几款车中最小。但这是厂家数据,所以只能参考。其次,看重量。车越重,耗油量越大。从这点上看,维特拉最小,其次是Jeep指南者。值得一提的是,指南者虽然小,但是边梁式车架结合非承载式的车身,却能实现高抗扭性和抗冲击能力,所以在安全性方面是让人放心的。再次,要选择低耗油量的发动机。像D-VVT、VTEC技术,CVT变速器,这些都省油,但还是双VVT最省油。最后,看百公里实际耗油量,这个最直观。SUV的通常油耗在10—12升/百公里,而指南者不足10升/百公里。百公里就差两升多,不是小数目吧?同时,看看发动机的参数,就可以知道"小指"的性能真没得说。

我整理了一个表,大家可以参考看看:

	油耗综合工况	发动机	重量(公斤)	百公里油耗(升)
Jeep Compass 运动版	8.7	2.4 L 直列 4 缸 双 VVT 可变气门	1 550	9.5
本田四驱 CR-V 经典版	8.8	2.0 L 直列 4 缸 双 VVT 多点电喷	1 590	10—12
丰田 RAV 4 标准版	9.3	2.4 L 直列 4 缸 VVT-i 发动机	1 590	10
新欧蓝德	8.4	2.4 L24 气门 双顶置凸轮轴	1 645	10—12
超级维特拉	9.1	2.4 L 和 3.2 L 和 VVT	1 505	12
科帕奇 2.4 AT7	9.3	2.4 L 直列 4 缸 双顶置凸轮轴	1 770	10.4

要实惠就要实惠到底。有两款10万元钱以下的小排量车,最近的降价势头简直勇得雷人!如果单纯买车代步,就真没有再犹豫的必要了!一个是雪佛兰新乐骋1.2SL。乐骋的节油性算是同等价位小轿车中比较好的7.75升/百公里。原价不足7万元,现在又降了1.4万元,也就是降了20%,绝对见底了!乐骋的问题是配置一般,但这个级别的车该有的装备它也都有,综合性价比还是不错的。还有一个就是前段时间因为价格崩太紧卖得不好的马自达2,赶着春节促销,马2终于松嘴了!1.3L车型优惠5000元,最低配置车型卖7.98万元;1.5L车型优惠6000元,最低配置车型售价8.98万元。虽然降价幅度不大,但是马2本来也没有太大的降价空间,再加上它的油耗7升/百公里,绝对是一个细水长流省钱的宝贝。

　　作为一个普通买车的人,此贴写得还是很辛苦的,都是我近来的研究所得啊!希望各位大侠多多捧场,总之大家要抓住这个好时机,买个又便宜又省油的车!给您拜早年了!

资料来源:http://bbs.news.sina.com.cn/treeforum/App/view.php?fid=582022&tbid=3693&bbsid=9&subid=0。

请分析:

1. 这位车主购车中"省钱"、"节油"的小算盘及其在购车时所做的诸多功课,体现了消费者怎么样的心理?

2. 这位车主为什么要很辛苦地写贴,将他的购车经验贴到网上?

情景模拟

　　在我国经济迅速发展、居民收入得到迅速提高、城市化进程日益加快的当前,住房已成为人们最主要的消费对象。一般来说,目前的房地产开发商总是根据不同消费者的需要,推出不同的户型,最常见的有:30—40平方米的公寓房;60—80平方米的小户型房;100—130平方米的中户型房;150—180平方米的大户型房;200平方米以上或别墅型的成功人士房。

　　请根据这些户型,找到各类户型的目标消费者,并分析他们的职业、收入、心理。

小组讨论

1. 小组成员依次详细谈一谈自己在近期的一次购买中,选择某个品牌而不选其他品牌的心理过程。

2. 列举广告受众的言语行为的类型以及有关因素。

3. 如何依据消费行为制定市场策略?

4. 什么是从众效应和逆反效应?简述其产生的原因。

5. 列举导致消费冲动的几种因素。

再版后记

"《广告心理学教程》需要再版了!"北京大学出版社的叶楠老师告诉我。

还是2003年春好柳绿到秋高叶黄期间,我与武汉大学的张金海教授,湖北工业大学的蔡嘉清教授,北京大学出版社的张文定副社长、林君秀老师、叶楠老师数度商谈,于是便有了本套"广告学精品教程"丛书的编写、出版。而我则自告奋勇地承担下了这本《广告心理学教程》主编的任务。

"广告心理学"的研究,一定意义上乃是一切广告活动的基础,因为只有针对人的心理奥秘所进行的广告传播,才可能是有效的,并直接体现到市场业绩之上。基于这一认识,当时我与本书的副主编李贞芳博士几经拟写、修改,并广泛地听取专家、同行的意见,才定下本书的编写提纲。之后,我们又向全国兄弟院校对广告心理卓有研究的专家学者发出邀请,以便以集体的智慧来共同完成具有挑战性的本教程的编写。其具体分工为:

第一、二章 李贞芳(华中科技大学)

第三、四章 梁晓丽(中南财经政法大学)

第五章 李彩霞(山西大学)

第六章 邓东(湖北经济学院)

第七章 汪浩、邓东(武汉职业技术学院、湖北经济学院)

第八章 阮卫、张红池、张若瑶(江汉大学、武汉大学)

第九章 黎泽潮、沈幼平(安徽师范大学)

第十章 沈幼平(安徽师范大学)

第十一、十二章 张贤平(中南民族大学)

作为主编,我当时对本教程的定位就是要区别于一般广告心理学教材,同时要切实从广告各环节行为主体的心理出发,于是对广告主心理、广告传媒人心理、广告人的沟通心理等多方面内容进行了开拓性的研究与阐释。这一尝试经过初版六年的实践检验,得到了学界与业界的认可,由此就有了再版的机会。

考虑到本教程各章内容相对成熟,而各位参编者的教学科研任务又较为繁重,于是我邀请我的博士生——中南民族大学的铁翠香老师担任副主编,与我一同进行再版修订。再版修订中,我们根据历次广告教育会议上使用本书的老师们之反馈,以及从邮件、出版社等渠道获得的建议与意见,在对本教程的内容、风格、版式保持稳定规范的基础上,对最新理论、有关案例等进行了充实、更换、修改,以使再版后的本教程既保留了原有的优势,又有了鲜活性。

在本教程的编写、发行、修订这一漫长期间,北京大学出版社的林君秀、叶楠老师为本书做了大量的工作,在此特致深深的谢意。本书引用的诸多材料,我们均尽可能地以注释、资料来源等方式进行了注明,但行文中所涉及的许多材料却无法一一注明出处,因此还请这些智慧的提供者予以谅解。而从我们内心深处,却会对你们——为广告心理学作出思维贡献的作者们存以深深的敬意与由衷的感谢。

此外,由于我们自身水平所限,又由于时代的发展实在太快,因而本教程即使进行了再版修订也必然存在不足。对此,我们诚挚地期盼广大师生与读者朋友一如既往地提出各种批评与建议,就像本书所探讨的对象一样,我们非常在乎您——读者的心理感受与判断!

舒咏平

2010 年夏·武昌喻园